Karbaum

Studien zur Geschichte der
Bayreuther Festspiele (1876–1976)

»Neunzehntes Jahrhundert«
Forschungsunternehmen der Fritz Thyssen Stiftung

Arbeitsgemeinschaft »100 Jahre Bayreuther Festspiele«

* erscheint im Prestel-Verlag, München

Printed in Germany — ISBN 3-7649-2060-2
Gesamtherstellung: C. Brügel & Sohn, 8800 Ansbach

Michael Karbaum

Studien zur Geschichte der Bayreuther Festspiele (1876-1976)

Teil 1
Textteil

Teil 11
Dokumente und Anmerkungen

Gustav Bosse Verlag Regensburg 1976

Inhalt

Vorwort

Die vorliegende Studie zur Bayreuther Festspielgeschichte entstand 1970–1974 als Forschungsauftrag der Fritz Thyssen Stiftung im Rahmen der Arbeitsgemeinschaft »100 Jahre Bayreuther Festspiele«. Die überaus umfassenden Recherchen in den einschlägigen privaten und öffentlichen Archiven konnten im Herbst 1973 abgeschlossen werden. Im Januar 1974 lagen der Dokumenteteil, im April 1974 schließlich auch der Textteil zu den »Studien zur Geschichte der Bayreuther Richard Wagner Festspiele (1876–1976)« dem Herausgeber, Herrn Prof. H. Becker (Bochum), manuskriptfertig vor.

Die ursprünglich in voller Übereinstimmung mit dem Hause Wagner begonnene Publikation wurde nach Fertigstellung in Bayreuth vorgelegt und bis Oktober 1975 durch Einspruch, der die Qualität eines Vetos hatte, an der Veröffentlichung gehindert. Mit der Drucklegung konnte nach einer zwischen Herausgeber und Verfasser abgesprochenen Textrezension erst im Frühjahr 1976 begonnen werden.

Es darf im übrigen nicht unerwähnt bleiben, daß die unveröffentlichte Arbeit des Verfassers ohne ausdrückliche Erlaubnis von Herrn Wolfgang Wagner seinem Sohn Gottfried Wagner und Herrn Prof. Hans Mayer, der mit einer Arbeit gleichen Inhalts befaßt war, Anfang 1975 zugänglich gemacht und — wie inzwischen eingeräumt wird — hinsichtlich der Dokumentation auch verwertet wurde. Der Verfasser hat an geeigneter Stelle bereits seiner Verwunderung über solche Verfahrensweisen zum Ausdruck gebracht und ist überzeugt, daß Wissenschaft und Publizistik diesem Fall die notwendige kritische Beachtung schenken werden. Dem Verfasser gegenüber hat Herr Wolfgang Wagner wiederholt bestätigt, daß zahlreiche in vorliegender Dokumentation erstveröffentlichte Dokumente bisher vollkommen unbekannt waren. Diese Feststellung betraf insbesondere auch eine Vielzahl jener Dokumente, die im Richard Wagner Archiv des Hauses Wahnfried vom Verfasser entdeckt wurden.

Dem Verfasser ist es angenehme Pflicht, an dieser Stelle einer Vielzahl von Personen zu danken, die seine Arbeit durch direkte und indirekte Beiträge gefördert haben. Mit Rat und Tat zur Seite standen mir unter anderem Frau Prof. Dr. H. Brenner (Berlin, Bremen), Frau Dr. S. Grossmann-Vendrey (Frankfurt M.), Frau Gertrud Strobel (Bayreuth), Dr. F. W. Beidler (Zürich), Dr. H. J. Bergfeld (Bayreuth), Dr. H. Curjel † (Zürich), Prof. Dr. C. Dahlhaus (Berlin), Dr. M. Geck (Dortmund) und RA Prof. Dr. W. Nordemann (Berlin). Dem Herausgeber, Herrn Prof. Dr. H. Becker, sei für sein herausfordernd-kritisches Engagement, Frau Aster Karbaum für Kritik, Geduld und Hilfe beim Korrigieren, der Fritz Thyssen Stiftung schließlich für die Bereitstellung der notwendigen Mittel mit Nachdruck gedankt. Auf die Herkunft der einzelnen Dokumente wurde entsprechend verwiesen. Der Verfasser fühlt sich den zahlreichen privaten und öffentlichen Leihgebern für die Bereitstellung ungeöffneter Nachlässe und Archivalien tief verpflichtet.

Berlin, Anfang Juni 1976.

Der Verfasser

I. Einleitung

Die Bayreuther Richard Wagner Festspiele sind als Idee, Anspruch und Institution das ebenso herausragende wie zugleich typische Mittelstück bürgerlicher Musik- und Theatergeschichte des 19. und 20. Jahrhunderts. Sie sind zugleich aber Synonym für einen epochalen Kulturbegriff, der im Laufe seiner Geschichtlichkeit allen gesellschaftlichen wie kulturellen Umwälzungen mit eigentümlicher Konsequenz trotzte. Wohl gilt der asynchrone Entwicklungs- und Veränderungsprozeß von ökonomischer Basis und kulturellem Überbau als gesicherte Erkenntnis, doch ist nur wenig bekannt, in welchem Ausmaß bestimmte Funktionen des Überbaus Träger demokratiefeindlicher Residualvorstellungen und als solche von hemmenden Einfluß auf den gesamtgesellschaftlichen Prozeß waren und sind. In diesem Licht gilt Bayreuth mit seinen Festspielen als paradigmatischer Fall. Wagners Festspiele stehen nicht nur unter dem womöglich von außen herangetragenen Verdacht der Ideologie, sie waren selbst Ideologie von Anfang an. Und überall dort, wo sich die Wagnerianer und das offizielle Bayreuth um Wahnfried herum gegen die vermeintliche Politisierung von außen glaubten wehren zu müssen, geschah dies wider besseres Wissen, war es zynische Ideologieverachtung. Siegfried Wagners berühmtes »Hier gilt's der Kunst!«, das den überbordenden Rechtsradikalismus der 1924 im Bayreuther Festspielhaus versammelten Weimarer Rechtsopposition kaum einzudämmen vermochte, verkehrte — auf einen bündigen Nenner gebracht — Bayreuths kulturgeschichtliche Realität und ästhetischen Anspruch ins Gegenteil: die latente Ästhetisierung politischen Wollens gehört zu den Merkmalen der Geschichte des Bayreuther Gedankens, schließlich zum Faschismus-Syndrom überhaupt[1].

Der Vorwurf erneuter Ideologisierung am Beispiel Bayreuths ist daher untriftig und erweist sich als methodischer Vorwand einer Betrachtungsweise, die ihren Gegenstand aus dem gesamtgesellschaftlichen Prozeß heraushebt und mit dem Etikett besonderer »kultureller« Erhabenheit versieht. In der Geschichte der Bayreuther Richard Wagner Festspiele fand das anachronistische Bemühen um bewußte Distanzierung nach allen Seiten und um jeden Preis seinen bestimmtesten Ausdruck in einem universalen Führungsanspruch, der wenigstens von 1876 bis 1944 über die eigentliche künstlerische Aufgabe weit hinausragte.

Im Rahmen eines Versuches, die hundertjährige Geschichte der Bayreuther Festspielinstitution unter besonderer Berücksichtigung bisher unbekannter Quellen kritisch zu würdigen, müssen solche Überlegungen notwendigerweise am Anfang stehen. Zur Befestigung methodischer Prämissen dürfte es überdies zweckmäßig sein, sich der kaum umstrittenen, eingeschränkten Brauchbarkeit vorhandener Literatur zu vergewissern, die sich mit Richard Wagner und den Bayreuther Festspielen befaßt. Fernab von jeder Kritik war es namentlich eine auf Bündnistreue und Sendungsbewußtsein eingeschworene Schar von Wagnerianern, die diesen mittlerweile traditionsreichen Literaturzweig flüchtig überblickt zu einem der umfangreichsten und zugleich merkwürdigsten Teilbereiche der Musik- und Theatergeschichte anwachsen ließ. Es ist keine Frage, daß in der Ära Cosima Wagners verstärktes Bemühen einsetzte, jede Kritik an der Persönlichkeit und dem Werk Wagners schon im Ansatz zu lähmen. Selbst nach dem späten Rückzug

---

[1] Vgl. W. Benjamin, Das Kunstwerk im Zeitalter seiner technischen Reproduzierbarkeit (1936), Frankfurt M. 1963, S. 21 und 51

der »Herrin von Bayreuth« aus dem Festspielbetrieb sollte sich daran kaum etwas ändern. Auch jene Autoren, die sich in der Beschränkung auf das bloße »wie es gewesen ist« als Historiker der Person und dem Werk Wagners methodisch widmeten, unterwarfen sich freiwillig dem einschränkenden Zwang dieses Zeitgeistes. Und wo es nicht gerade unverhüllt bis grob panegyrisch zuging, wo man nicht aus purer Extase Fakten unterschlug und dadurch Geschichte fälschte wie etwa Graf du Moulin-Eckart oder Carl Friedrich Glasenapp, dem Wagner-Biographen, den Wahnfried allen Ernstes zum Nobelpreis-Kandidaten bestimmt hatte, wo es nicht in peinliche Unterwerfung und Denkmalpflege ausartete, waren es emsige Philologen, deren Buchstabentreue im Vergleich zu den bis dato üblichen Retouchen wohl schon beachtlichen Fortschritt und Lockerung darstellte, die das Gesamtbild aber unangetastet ließen. Für sie war sachlicher Ernst meist gleichbedeutend mit dem Bayreuther Dogma der Pietät, das intern »Dienst am Werk« genannt wurde und hinter dem in greifbarer Entfernung Wagners Bayreuther Missionsbefehl und der später mit »Führerprinzip« zeitgemäß verdeutschte »Wille des Meisters« aus der Cosima-Ära noch durchschimmerten. Vor lauter Philologie und Angst, den Boden wissenschaftlicher Exaktheit zu verlieren, rettete man sich in verengende Betrachtungen isolierter Fakten und vermied es ganz bewußt, die ausgewählte Problematik einem Erkenntniswert von größerem Radius zuzuordnen. Wo dies jedoch geschah bzw. versucht wurde — und dafür stehen nicht bloß die bekanntesten Bayreuther Autoren, wie z. B. Houston Stewart Chamberlain, Ludwig Schemann, Michael Georg Conrad, Wolfgang Golther, Karl Richard Ganzer, Hans von Wolzogen, Kurt Blessinger, Kurt von Westernhagen, Karl Grunsky etc. — wurden die Initialen der völkisch-Konservativen und Faschisten im Namen Wagners überdeutlich transparent.

Freilich leisteten die Philologen in Vergangenheit und Gegenwart auch nennenswerte kritische Arbeit wie z. B. Ernest Newman, aber in der Tendenz erschöpften sie sich letztlich — teilweise auch heute noch — im Kompilieren und bloßen Edieren. Wo einer Stellungnahme absolut nicht mehr auszuweichen war, ersetzten Zitate die Analyse — vielgeübte Praxis der Wagner Philologie, von der im ungünstigsten Fall nicht mehr als erneute Verdunklung und Mystifikation aller mit und um Wagner und Bayreuth sich auftürmenden Fragen zu erwarten war. Nur so ist es zu erklären, daß die Schriften von prominenten Bayreuth-Außenseitern — darunter Thomas Mann und Th. W. Adorno, um nur die exponiertesten Beispiele zu nennen — trotz und wegen ihres kritischen Engagements heute noch über ganze Wagner-Bibliotheken hinausragen. Immer hat Kritik wie diese Bayreuth am Ende paradoxerweise mehr genutzt als geschadet. Ihr Ansatz lag methodisch weniger im punktuell-philologischen als im kultur- und gesellschaftstheoretischen Feld.

Mit gutem Recht kann von einer kritischen Aufarbeitung der geschichtlichen Grundlagen der Bayreuther Richard Wagner Festspiele erwartet werden, daß sie Begriff und Methode aus dem traditionellen Reproduktionsverhältnis dessen, was ist, herauslöst, um sie im weiteren Umfeld ihrer gesellschaftlichen Verwertungszusammenhänge anzusiedeln. Den Anforderungen funktionsbezogener Kulturanalyse ist dabei möglichst so zu entsprechen, daß die dialektische Einheit von Kunst und Gesellschaft im Vorfeld der Betrachtung erkennbar bleibt und die Festspiele von Bayreuth als eine wichtige Entwicklungsstufe bürgerlichen Kulturbetriebs wie auch als einen kulturpolitisch bestimmenden Faktor thematisch und methodisch abdeckt.

Was die Geschichte der Bayreuther Festspiele nie war, ist und sein konnte, bringt die breite Wagner-Literatur — mit Ausnahmen — auf einen negativen, aber bündigen Nenner: sie war nicht bloß eine Summe exzeptioneller Musikfeste, eine Revue großer Künstlernamen, eine Chronologie künstlerischer Erfolge und bühnentechnischer Triumphe.

Diese Darstellungsweise Bayreuths als Summe von Materialem und Ästhetischem, Kunst und Fleiß und Künstlichem, Dienst und Opfer am Werk hat Tradition und Methode, sie basiert letztlich auf dem Mißverständnis vom »Gesamtkunstwerk«, das Thomas Mann schlicht als »starkes Stück« abgekanzelt hat.

Positiv ausgedrückt heißt das: Die Richard Wagner Festspiele waren zu jedem Zeitpunkt ihrer Ideengeschichte, ihrer Praxis und Wirkung nach Manifest eines präzisen künstlerischen Willens und Kunstbetrieb wie andere Theater auch, zugleich aber auch auf charakteristische Weise Widerspiegelung einer ganz bestimmten Stufe gesellschaftlichen Seins — und eben hier, in der für Bayreuth eigentümlichen politisch reaktionären Qualität dieses Urteils liegt das Unterscheidende und Prekäre. Damit zerbricht das zwar von ihrem Gründer proklamierte, nie aber verwirklichte Argument ihrer besonderen Existenzform jenseits des üblichen Kulturbetriebs, ihrer Realität ohne Vorbild. Zerbrechen muß auch die verzerrte Interpretation Bayreuths als titanenhafte Einzelleistung wider zeitgenössischen Unverstand, als Trotzdem und Dennoch im Zeichen kulturellen Untergangs, dem Wagner und die Bayreuther mit der Formel vom »deutschen Geist« wirksam entgegentreten zu können glaubten. Mit dem Bayreuther Gründungsjahr 1872 waren die von Wagner so sehr verachtete Kunstherrschaft mächtiger Intendanten, Primadonnen und Virtuosen, auch der tatsächliche Theaterschlendrian nicht beseitigt, sondern paradoxerweise stabilisiert: denn das Münchner Hoftheater mit seinem künstlerischen Personal hat Wagners Bayreuther Erfolge weitgehend erst möglich gemacht. Und dazu bedurfte es ebenso königlicher Verfügungen wie auch der Mitwirkung des Münchner Hoftheaterintendanten Ernst von Possarts, dessen Abberufung Wagner, der sich dabei als ungeschickter Taktierer bewies, mehrmals von seinem König gefordert hatte.

Als Komponist schuf er Neues, als Theoretiker mit ausgesprochenem Hang zum Sektierertum aber war er schon in seinem Jahrhundert veraltet, wann immer er das Musiktheater verließ. Nicht einmal die Tatsache, daß er zu den wichtigsten Anregern Nietzsches gehört, steht im Widerspruch dazu. Sein musikdramatischer Stil wirkte als Vorbild weit über Bayreuth hinaus, seine Vorstellungen von einer kulturellen Regeneration der Menschheit aber blieben trotz auflagenstarker Verbreitung seiner Schriften und jahrzehntelanger Wiederbelebungsversuche liegen. Wagner blieb Prediger und politischer Dilettant.

So fest und sicher das Werk Richard Wagners dem Ideengut deutscher Romantik und des »magischen« Idealismus, den Wertvorstellungen des Liberalismus und — wenigstens bis 1848 — des romantischen Antikapitalismus verhaftet ist, Traditionen, die den zeitüblichen Geniebegriff und seine individualistischen Denkmuster ausprägten, so unzweifelhaft ist es als notwendige Reaktion im gesamtgesellschaftlichen Prozeß verankert und begründet. Gerade deshalb kann die Geschichte der Wagnerschen Festspiele nicht länger als eine isoliert dastehende Erscheinung mit eigenen Maßstäben und Gesetzen dargestellt werden, die außerhalb aller kulturellen und gesellschaftlichen Bezugssysteme angesiedelt sind. Bayreuth war gerade wegen und trotz seiner exponierten Stellung stets abhängig von den realen Bedingungen und Beziehungen der herrschenden Gesellschaft und letzten Endes Verkörperung und ideologischer Reflex ihrer besonderen Interessen.

Wo blieb, so wäre weiter zu fragen, in der Bayreuther Wirklichkeit Wagners ästhetische Konstruktion vom Kunstwerk der Zukunft, die mit der ursprünglichen Festspielkonzeption aus den Züricher Tagen eng verflochten war? Von der Züricher Festspielidee des Jahres 1850, die Wagner mehrfach in seiner Korrespondenz mit Kietz, Uhlig und Liszt, in der Schrift »Ein Theater in Zürich« (1851) und in der »Mitteilung an meine Freunde« (1851) skizzierte, führt keine lineare Kausalität nach Bayreuth. Dazwischen liegen zwanzig Jahre biographischen und werkgeschichtlichen Reichtums, ein gescheiterter Versuch, mit königlicher Protektion das ideale Konzept in München zu realisieren, schließlich erneute Emigration. Gleichwohl, nach Bayreuth hat Wagner das hinübergerettet, was er als *seinen* Beitrag zu einem solchen Festspiel nach Züricher Muster angekündigt hatte: nicht mehr und gewiß auch nicht weniger als die inzwischen zur Ring-Tetralogie erweiterte Konzeption von Siegfrieds Tod und das eigens zum Zweck dieser Aufführung nach seinen Vorstellungen erbaute Festspielhaus. Materialisierte sich damit auch nur ein geringerer Teil vom geplanten Ganzen, so war und blieb es bloß der Rahmen für das, wovon Briefe und Schriften so laut tönen. Mit seinem Theater wollte sich Wagner vor allem gegen die zeitübliche Bühnenpraxis absetzen[2], die er in Bayreuth wohl unterlaufen, doch ohne ein eigenes Ensemble nicht verändern konnte. Das Theater »in seiner jetzigen Gestalt« wäre nach Wagners Ansicht mit einer solchen Gründung nicht nur in Frage gestellt, sondern »gänzlich verschwunden«, wenn man seinen Reformvorstellungen nur erst Gehör schenken würde. Theater würde dann überhaupt »aufgehört haben, eine industrielle Arbeit zu sein, die um des Gelderwerbens willen ihre Leistung so oft und dringend wie möglich ausbietet; vielleicht würde das Theater dann den höchsten und gemeinsamsten gesellschaftlichen Berührungspunkt eines öffentlichen Kunstverkehrs ausmachen«[3]. Solche Gedanken verliehen der kulturpolitischen Diskussion seiner Zeit sicherlich viel markantere Impulse als zum Beispiel der später in der »Richard-Wagner-Stipendienstiftung« (gegründet 1882) rudimentär weiterlebende Gratis-Effekt, der den Freunden seiner Kunst als Beweis der Uneigennützigkeit galt, von Wagner und seinem unselbständigen Gefolge aber als entscheidende soziale Tat mißverstanden wurde. So oft und gerne Richard Wagner und später das Bayreuth der Wagnerianer auf diese für propagandistische Zwecke dankbare Geste zurückgriffen, war es doch in Wirklichkeit ein allzu untaugliches Mittel, das in tiefe Klassengegensätze gespaltene gesellschaftliche Gefüge antasten oder gar verändern zu wollen.

Die Züricher Festspielidee tradiert bei aller Spontaneität, mit der sie entworfen wurde, im tiefen Grunde das ewig Konventionelle des bürgerlichen Kulturbetriebs, das nur äußerst vage in der Züricher Idee, nicht aber in der Münchner Variante und schon gar nicht in der Bayreuther Wirklichkeit aus seiner vorbestimmten Rolle als Distributionsapparat kultureller Ware heraustritt, um statt dessen dem gesellschaftlichen Bedürfnis nach vermehrter Kommunikation zu entsprechen. Die Geschichte der Festspiele hat das bestätigt. Seit Zürich arbeitete Wagner an seiner Selbstinszenierung, innerhalb eines liberalen Musikbetriebs, der exzeptionelle Kunstereignisse ebenso kannte wie routinemäßige Banalität, noch nicht aber die Festlegung auf den Kultus am Einzelnen und dessen hermetische Institutionalisierung. Gewiß nicht zufällig war Nietzsche, der wie Wagner Zeit seines Lebens die eigene monumentale Kanzel suchte, von der er zu seiner Gemeinde sprechen konnte, nach Wagners eigenen Worten der einzige, der ihn verstand und — wie er es in anderem Zusammenhang einmal ausdrückte — »der weiß, was ich will«[4]. Mit der Festlegung auf ein Wagner-Theater für Wagner-Werke — ein in der frühesten Festspielkonzeption enthaltener Gedanke — entlarvte Wagner natürlich auch einen guten Teil seiner sogenannten Reformschriften. Hinter diffusen Spekulationen wurden mit einem Mal Zielvorstellungen erkennbar, die tief in die Tradition des deutschen Irrationalismus zurückfielen. In seiner autobiographisch belangvollen »Mittei-

[2] R. Wagner, GS IV, S. 544
[3] R. Wagner, GS V, S. 49
[4] R. Wagner an F. Nietzsche, Brief vom 21. 9. 1873. Aus: E. Förster-Nietzsche, Das Leben F. Nietzsches, Leipzig 1897, S. 130

lung an meine Freunde« erklärte Wagner seine Absicht, das Publikum »zu wirklichen Gefühls- (nicht kritischem) Verständnisse« künstlerisch zu erziehen und fügte hinzu: »Eine weitere Folge ist mir ebenso gleichgültig als sie mir überflüssig erscheinen muß«[5]. So schloß die öffentliche Ankündigung des Nibelungen-Festspiels, so lautete das Fazit der Idee vom Publikum der Zukunft. War mit diesem a priori nicht jede Hoffnung auf Veränderung eigentlich schon begraben? Als Richard Wagner 1876 die »Freunde seiner Kunst« nach Bayreuth rufen konnte, präsentierte er ihnen von der eigenen, noch als provisorisch bezeichneten Kanzel, die die Gestalt einer äußerst sinnreichen Theaterkonstruktion hatte, mit der Uraufführung der Ring-Werke nicht mehr und nicht weniger als einen wahrhaft monumentalen Kunstgenuß.

Richard Wagners Bayreuth vermochte der Musik- und Theaterdiskussion insgesamt weniger theoretische als richtungsweisende theater- und darstellungspraktische Impulse zu geben, die den Führungsanspruch als Pflegestätte musikdramatischer Kunst am Beispiel Wagner dann für lange Zeit, nicht aber für immer begründeten. Reformerische Anliegen, die über Bühne und Orchestergraben hinausweisen sollten und wie sie die Schriften Wagners immer wieder ausbreiten, sind nie in die Festspielwirklichkeit eingedrungen. Mühsam genug sind sie von den in Vereinen organisierten Wagnerianern und dem Bayreuther Kreis um Wahnfried wiederbelebt, aktualisiert und durch das uferlose Schrifttum mitgeschleppt worden.

Bayreuth hat in seiner Geschichte oft genug an seine künstlerische Autonomie geglaubt, obgleich unschwer zu zeigen ist, wie scheinbar diese Unabhängigkeit und wie sehr gerade Bayreuth in den zeitgenössischen europäischen Theaterbetrieb integriert war. In der entscheidenden Frage nach geeignetem künstlerischem und technischem Personal war und blieb das Festspielunternehmen sich seiner Abhängigkeit schmerzlich bewußt. Auch zukünftig, denn Wagners Gedanke von einer in Bayreuth zu errichtenden Schule zur Ausbildung im musikdramatischen Bayreuther Gesangsstil war noch zu Lebzeiten gescheitert. In bezug auf die Ausbildung eines spezialisierten Künstlernachwuchses, der sängerisch und darstellerisch gut genug auf die Bayreuther Aufgaben vorbereitet war, sah sich die Festspielleitung auf die Vor- und Mitarbeit anderer Bühnen verwiesen. Wagners Enttäuschung war entsprechend groß, nachdem er sich gemeinsam mit Franz Liszt per Zirkular im Jahre 1877 direkt an ausübende Künstler und Intendanten gewandt hatte und jede Resonanz ausgeblieben war. Es war der letzte und wichtigste Versuch, den Bayreuther Festspielen institutionelle und künstlerische Unabhängigkeit zu sichern, sich über die Schulung eines eigenen Ensembles vom Theater- und Kunstbetrieb seiner Epoche zu isolieren.

Mit Wahnfrieds Duldung wähnte sich die »Wagnerei« oder »le Wagnérisme« der Wagnerianer, was einen guten Teil der Festspielgeschichte ausmachte, zu jeder Zeit auf siegreichem Vormarsch, sah sich an der kulturpolitischen Front kämpfen und begriff nicht oder allzu spät, daß sich ihre gesamte Energie eigentlich in Rückzugsgefechten verschliß. Existenz und Wirkung der völkisch-präfaschistischen Wagner-Literatur, die sich und die Bayreuther Sache politisch unverhüllt exponierte, sollen damit nicht verharmlost werden. Sie leistete überall dort, wo sie sich über die Bühnenrampe des Festspielhauses hervorwagte, dem Faschismus mehr als bloße literarische Vorspanndienste und erlebte ihre Blüte mit der Weissagung und Begrüßung eines wider Vernunft und gesellschaftlichen Fortschritt sich ausrichtenden Bayreuths. Es ist nicht einfach als unvermeidliches oder von außen gelenktes Ereignis abzutun, daß dieser Teil Bayreuther Tradition, der immer und zugleich auch massiven Anteil an der kulturpolitischen Meinungsbildung des wilhelminisch-völkischen und faschistischen Deutschland hatte, sein

[5] R. Wagner, GS IV, S. 343

Ziel erreicht sah mit dem Augenblick der Erfüllung dessen, was Wagner von Bismarck vergeblich erhoffte: nämlich das Protektorat des Deutschen Reiches. So war in gewissem Sinne der Augenblick geschichtlicher Selbstverwirklichung Bayreuths gekommen, als Hitler — von der Festspielleitung in alter Verbundenheit begrüßt — ab 1933 regelmäßig das Festspielhaus betrat und zu seinem »Hoftheater« (Thomas Mann) degradierte.

Charakteristischer negativer Zug und entscheidendes Manko Bayreuther Festspielgeschichte bleibt das nicht den jeweiligen Verhältnissen der Wirklichkeit, des Fortschritts und der Vernunft entsprechende Kalkül. Die verhängnisvolle, von Richard Wagner und seinen Erben bewußt perpetuierte Trennung der Institution Festspiele vom Wertreich des Rationalen stellte die Einrichtung nicht, wie beabsichtigt, an die Spitze oder als Antithese außerhalb des bürgerlichen Musikbetriebs, sondern manövrierte sie tief zurück in ihre Vorgeschichte, in die antizivilisatorischen Traditionen eines Weltverbessertums, das seinen Zukunftsbegriff aus dem Mythos[6] schöpfte. Mit Wagner hatten sich viele der sogenannten Achtundvierziger unter vulgärsozialistischen Parolen zusammengefunden, die sich — und das läßt sich in Wagners Vormärz-Schriften unschwer nachweisen — für allerlei utopisches und reformistisches Flickwerk einsetzten. Gedacht und geschrieben ohne jede Gefahr für Kapital und Profit, standen ihre Parolen dem sozialistischen Gedanken der internationalen Arbeiterbewegung freilich entgegen, deren Theoretiker um Reinhaltung ihres Revolutions- und Gesellschaftsbegriffs nicht minder wortreich bemüht waren. In diesem Licht verliert Wagners Festspielkonzeption ihren oft beanspruchten utopischen Charakter. Sie verliert ihre im Utopiebegriff noch enthaltenen progressiven Kräfte, die sie aus dem Umfeld sozialrevolutionären Elans illegal bezog, und beruht auf dieser Stufe der Abstraktion auf nichts anderem als einer Weiterentwicklung des politisch begrenzten Horizonts der von Marx so bezeichneten Feudal- oder Bourgeoisiesozialisten. Ihre historische und kulturpolitische Dynamik aber war demzufolge eindeutig nach rückwärts orientiert und ihre Kraft, so könnte man sagen, war die einer negativen Utopie. Das Bild von der rückwärts gerichteten oder negativen Utopie, anwendbar speziell auf Bayreuth und einen Teil des Wagnerschen Gesamtwerks, ist mehr und zugleich ein Teil von Adornos Regressionsmechanik[7] sowie Korrelat zum »affirmativen« Kulturbegriff H. Marcuses. Es ist jener Kultur der bürgerlichen Epoche zugeordnet, die »im Laufe ihrer eigenen Entwicklung dazu geführt hat, die geistig-seelische Welt als ein selbständiges Wertreich von der Zivilisation abzulösen und über sie zu erhöhen. Ihr entscheidender Zug ist die Behauptung einer allgemein verpflichtenden, unbedingt zu bejahenden, ewig besseren wertvolleren Welt, welche von der tatsächlichen Welt des alltäglichen Daseinskampfes wesentlich verschieden ist ... Die Rezeption dieser Kultur wird zu einem Akt der Feierstunde und der Erhebung«[8] und — um mit einem anderen Autor fortzufahren — restauriert die überwundene »auratische« Daseinsweise des Kunstwerks[9]. Der Bayreuther Kulturbegriff findet hier seinen geschichtlichen Ort.

Die Frage nach dem Inhalt der Bayreuther Festspielkonzeption ist, zumal nach Wagners Tod, mit dem dogmatisch-pietätvollen Hinweis auf Wagner selbst beantwortet worden. Es hat in der Ära Cosima Wagner, die genau genommen erst 1914 ihr Ende fand, ver-

[6] R. Wagner, GS IV, S. 311
[7] Th. W. Adorno, Versuch über Wagner (1937/38), in: Th. W. Adorno, Ges. Schr. Bd. 13, Frankfurt M. 1971, S. 111
[8] H. Marcuse, Über den affirmativen Charakter der Kultur (1937), in: H. Marcuse, Kultur und Gesellschaft I, Frankfurt M. 1968, S. 63
[9] Vgl. W. Benjamin, op. cit., S. 16 und 20

einzelte Versuche gegeben, auf das Programm der Festspiele und sogar auf Statusfragen Einfluß zu nehmen. Von welcher Seite sich die Stimmen auch erhoben, und es war nicht bloß die Front bayreuthfeindlicher Kritiker, Wahnfried reagierte stereotyp beleidigt, sprach von unerwünschter Einmischung und kultivierte jenen Geist des Subalternen, der aus allen von Wahnfried autorisierten Bulletins herauszulesen ist, voran »Bayreuther Blätter« und Festspielführer, die immerhin bis 1938 beziehungsweise 1939 regelmäßig erschienen. Als Wagners Witwe Cosima 1906 die Leitung der Festspiele und damit den wichtigsten Teil des Erbes dem Sohn übergab, stand die Hausmacht Wahnfrieds in ihrem geschichtlichen Zenit. Siegfried Wagner, der in einem durch und durch wirklichkeitsfremden Milieu aufgewachsen und zum ergebenen Nachfolger erzogen worden war, übernahm zu diesem Zeitpunkt das künstlerisch wie materiell glänzend reüssierende Familienunternehmen. Überdurchschnittlich reich fließende Tantiemen garantierten ihm ein arbeitsloses Einkommen ohnegleichen. Was jedoch Cosima Wagner bis dahin noch unbesorgt lassen konnte, denn erst 1913, also frühestens mit Ablauf der Schutzfrist für die Wagnerschen Werke waren die Grundlagen des Wohlstands ernstlich bedroht, vermochte Siegfried Wagner nach den unerwarteten, kriegsbedingten wirtschaftspolitischen Umwälzungen nur noch testamentarisch zu retten. Indem er seine Familie bis in die dritte Generation darauf festlegte, im Festspielhaus ausschließlich festliche Aufführungen Wagnerscher Werke zu veranstalten, handelte er nicht nur als Willensvollstrecker Wagners, sondern auch in ganz eigener Sache. Mit diesem Dokument ist das Bayreuther Kultur- und Traditionsverständnis zum Kultus am Einzelnen nachträglich zementiert und legalisiert worden. Zugleich versprach es künftigen Wahnfried-Generationen ein einträgliches Brot und den unbestreitbaren Anspruch auf Herrschaft im kulturellen Umfeld Bayreuths.

Die Vielzahl derjenigen Äußerungen Wagners, die sich mit der inhaltlichen Konzeption Bayreuths befassen, ist zwar widersprüchlich, gibt aber der Vermutung einigen Raum, daß er sich als schöpferische Potenz von Rang mit der bloßen Nachschöpfung seiner eigenen Werke, mit der ständigen Pflege des eigenen Denkmals auf die Dauer nicht begnügt hätte. Das Fehlen eines Testaments und ganz exakter Bestimmungen über die Nutzung des Festspielhauses ist von Wagners Nachfolgern 1883 auch nicht ansatzweise dynamisch oder kreativ interpretiert worden. Unbestreitbar bot die Offenheit der Situation die Chance zu einmaligen Möglichkeiten, dem Ausbau Bayreuths zum Modell, zur Alternative. Doch flüchteten sich die Hinterbliebenen vor lauter Unsicherheit in die ängstliche und verengende Auslegung relevanter Aussprüche, die dann als TestamentErsatz zum »letzten Willen des Meisters« zusammengeflickt wurden. Die Verfahrensweise zeigt, daß die konsequente Desintegration der Öffentlichkeit einschließlich der berufenen Fachleute Bayreuths historischer Fehler werden mußte und wie wenig Wagners Nachfolger der Lage und allein beanspruchten Verantwortung einer künstlerischen und kulturellen Aufgabe gewachsen waren. Anstatt Grenzen zu beseitigen, ist das äußerlich Trennende, Unterscheidende gerade betont und schließlich nach allen Regeln der Kunst dogmatisch befestigt worden.

Die hundertjährige Geschichte der Bayreuther Festspiele muß den schon nach zwei, wenn auch gewichtigen Eingriffen allzu früh angetretenen Rückzug Bayreuths aus dem theater- und musikgeschichtlichen Prozeß beklagen. Bald nach Wagners Tod sollte sich die kaum begonnene Diskussion um Bayreuth auf rein Formales verlagern. Das Niveau der Leistungen konnte durch wiederholte Übung bis zur Perfektion gesteigert werden. Seitdem beansprucht auch in Bayreuth der einzelne Interpret wieder die Aufmerksamkeit, die er von den Brettern der profanen Repertoirebühne gewohnt ist. Inhalt und Werk stehen in dieser Phase längst außer und über jeder Diskussion. Der vielberufene genius loci vermag den wahren spiritus rector der Sache nicht zu ersetzen.

Wagner produzierte und erschöpfte dabei sich selbst, Bayreuth aber reproduziert Wagner, und zwar unter freiwillig auferlegten Restriktionen, die das Festspielhaus, wenigstens zeitweise, zum Reservat einer längst abgestorbenen Kunstrichtung machten. Schon zu Beginn der Ära Siegfried Wagner, nachdem das Bayreuther Repertoire vom Holländer bis Parsifal erst einmal abgesteckt worden war und als Antithese zur zeitgenössischen Wagner-Interpretation Anerkennung gefunden hatte, wurden die gesetzmäßig unausbleibenden Folgen der »einfachen« Reproduktionsmechanik im Unternehmen bemerkbar. Die periodische Wiederholung und formale Erneuerung derselben Folie führten zum notwendigen inneren Stillstand, zu kritischen Rissen, die von einem zu unverändertem Konsumverhalten erzogenen Publikum und von publizistischen Barrikaden rings um den grünen Hügel von Bayreuth verdeckt werden mußten. Auch die auf immer neuen Wegen angestrebte und verwirklichte Glattheit der Lösung beziehungsweise künstlerischen Vollendung blieb eine leere Zielvorstellung. Bayreuth als Distributionsapparat erlesener Kunst-Ware unterwarf die Festspiele — nicht anders als vergleichbare Einrichtungen auch — dem harten Gesetz »industrieller« Produktion.

Die für das Nachkriegsbayreuth geprägte Formel »vom Tempel zur Werkstatt« kennzeichnet auf der einen Seite eine erfreuliche Tendenz zur Versachlichung, ist aber auf der anderen Seite mindestens ebenso irreführend wie die historische Floskel von der »lebendigen Tradition«. Zumal dann, wenn die unveränderten Verhältnisse »einfacher« Reproduktion den Schein des Produktiven für sich in Anspruch nehmen. Frühzeitig hatte die Institution auf eine Erweiterung ihres Produktionsumfangs verzichtet — einzige Ausnahme und deren hybride Bestätigung zugleich: Beethovens IX. Sinfonie. Musikalisch-interpretatorische und szenisch-darstellerische Kriterien beherrschen zuletzt das Bayreuther Gespräch und verweisen das Ereignis nur noch in die einschlägigen Kapitel musikdramatischer Aufführungspraxis, und zwar in jene, wo nicht mehr die Rede davon ist, wann und wie wirklich Neues entstand, sondern wann und wie Altes aber Bewährtes neu façonniert und konsumiert wurde. Die Bayreuther Festspiele verdanken ihr Überleben weder dem Verdienst einzelner noch dem Hinweis auf exzeptionelle technische Einrichtungen allein, noch dem von allen Mitwirkenden zu allen Zeiten getragenen Willen zu disziplinierter und gediegener Theaterarbeit. Die Frage nach ihrer ungebrochenen Existenz berührt in letzter Instanz den priviligierten und überlebten Status der ganzen Einrichtung, die längst von einer gleichwohl ungefragten Öffentlichkeit getragen wird zur Aufrechterhaltung einer unangetasteten Kunstherrschaft um ihrer selbst willen.

II. Vom idealen zum pragmatischen Festspielkonzept. Richard Wagners Bayreuth.

Richard Wagners Festspielgedanke und die verschiedenen Stadien der Ring-Konzeption waren werkgeschichtlich bedingende Teile ein und desselben künstlerischen Kalküls mit nahezu synchronem Entwicklungsverlauf. Mit welcher unerhörten Konsequenz Wagner über mehr als 25 Jahre die praktische Verwirklichung seiner Idee verfolgte, wie er sie von der einen in eine andere, total veränderte politisch-wirtschaftliche Realität hinüberrettete und schließlich den Umständen zum Trotz konkret durchsetzte, das war und blieb nicht seine geringste Leistung, das allein schon hätte ihn zur ragenden Figur seines Jahrhunderts gemacht.

Der Weg des Dresdener Bürgers und des Züricher Emigranten nach Bayreuth war im Besonderen die Geschichte der Festspielidee. Sie trat zum ersten Mal in das Stadium geschichtlicher Greifbarkeit, als Wagner nach einem flüchtigen Besuch Bayreuths im April 1871 den fränkischen Ort durchaus geeignet fand und beschloß, hier nach eigenen Vorstellungen, die seit seiner frühesten Kapellmeisterpraxis gereift waren, ein Festtheater für sein musikdramatisches Werk zu errichten. Mit der Wahl Bayreuths als Standort und der gleichzeitigen Vollendung des Aufsatzes »Über die Aufführung des Bühnenfestspiels Der Ring der Nibelungen« begann im engeren Sinn die Geschichte der Bayreuther Festspiele. Der Weg vom Züricher Festspielplan bis zu dessen endgültiger Materialisierung auf dem grünen Hügel in Bayreuth ist der Weg vom idealen zum pragmatischen Festspielkonzept. Was diesen Weg zunächst ganz allgemein kennzeichnet, sind Energieverluste und Kompromißtendenzen, denn was von den verschiedenen Skizzen aus der Jahrhundertmitte im ersten Festspieljahr 1876 noch zu erkennen war, konnte als das Bestmögliche, keinesfalls aber als Optimierung des idealen Entwurfs gelten. Grob zusammengefaßt war das vom Ganzen gewiß nicht der geringste Teil dennoch — was der ursprünglichen Idee ihre Dynamik verlieh, nämlich das im Kern der Sache Undeterminierte und Provisorische, davon war zu Wagners Bayreuther Zeiten nur noch ein schwacher Appell übrig geblieben, den die Schriften des Freundeskreises mühsam genug weitertransportierten bis zu dem für die Entwicklung der Festspiele verhängnisvollen Augenblick, da die Praxis der Ära Cosima Wagner denselben gänzlich verbaute. Nach 1883 haben keine wirklich neuen Impulse in das Bayreuther Familienunternehmen Einzug gefunden. Wagners Pragmatismus sollte schon bald in einem falschen Traditionsverständnis und in den sklavischen Interpretationen seiner künstlerisch und geistig abhängigen Nachfolger erstarren. Seine Erben bremsten als Festspielleiter prinzipiell noch offene Entwicklungsmöglichkeiten und fesselten damit jede künftige Chance in eine sakrosankte Verbindlichkeit, aus der das Werk Wagners erst viel zu spät entlassen worden ist. Was in Richard Wagners Biographie als Sensibilität für das eigene Denkmal noch legitim interpretierbar wäre, hatte für seine Erben und die orthodoxe Wagner-Gemeinde einen durchaus pejorativen Nebensinn. Zusehends verwischte bereits in der Ära Cosima Wagners der qualitative Unterschied von Denkmalpflege und Errichtung ästhetischer Verbotstafeln. Zu ergänzen bliebe, daß unter reger Anteilnahme Wahnfrieds das Königreich Bayern den 100. Geburtstag des Bayreuther Meisters im Jahre 1913 zum Anlaß nahm, Richard Wagners marmornen Einzug in die Walhalla bei Regensburg zu feiern. Torso dagegen blieb ein in den Dreißiger Jahren vom Leipziger Oberbürgermeister Goerdeler befürwortetes sowie reichs- und parteiamtlich unterstütztes Millionenprojekt in Erz mit dem Arbeitstitel »Richard Wagner Nationaldenkmal des deutschen Volkes«.

Die nach 1871 schlagartig einsetzende Diskussion um Bayreuth eröffnete Wagner mit dem Vorsprung der *Tat*. In enger Zusammenarbeit mit Künstlern und Technokraten war der Festspielgedanke unter seiner Regie in weniger als fünf Jahren verifiziert. »Sie haben jetzt gesehen, was wir können«, wandte sich Wagner nach dem ersten Aufführungszyklus 1876 an das Bayreuther Publikum, »nun ist es an Ihnen zu wollen. Und wenn Sie wollen, so haben wir eine Kunst!«[1] Nach den Spielen zog er Bilanz: über das künstlerische Ergebnis äußerte sich Wagner enttäuscht, finanziell stand das Festspielunternehmen vor dem legalen Bankrott. Wagners Rhetorik des »wenn Sie wollen« verhallte hinter diesen drückenden Tatsachen, sie fand nicht die erhoffte Resonanz. Die ersten Festspiele sind weder als Vorschlag noch als Denkanstoß aufgefaßt worden, sondern wurden wie eine fertige Lösung, gleichsam als kulinarischer Gipfel konsumiert, nicht wesentlich anders als die Uraufführung an irgendeinem beliebigen Hoftheater auch.

Der Titel »Patron der Bayreuther Bühnenfestspiele« war ein Privileg, das nur dem ohnehin Privilegierten vorbehalten war. Insofern mußte sich der Verwaltungsrat der Bühnenfestspiele der falschen Rhetorik bewußt gewesen sein, als es 1882 vor den zweiten Festspielen hieß, Wagner hätte sich nun dazu entschließen müssen, die Aufführungen auch an das zahlende Publikum »freizugeben«. Die erhaltenen Lohnlisten der Bayreuther Festspiele von 1876 sprechen freilich eine andere Sprache: diese Unterlagen sind nicht nur eine wertvolle Rekonstruktionshilfe für die ökonomische Seite des Unternehmens, sondern verdienen auch als Dokumente des extremen sozialen Gefälles besondere Beachtung. Dort wird beispielsweise der Tagesverdienst einer Näherin mit dreieinhalb und der eines Bühnenarbeiters mit etwas mehr als zwei Mark ausgewiesen, während die Teilnahme an der Aufführung eines Ring-Zyklus, was nur einem Drittel-Patronatschein entsprach, als »Patron und Förderer der Bayreuther Bühnenfestspiele« immerhin dreihundert Mark kostete. Ab 1882, nach Auflösung des Patronatvereins, betrug der Einheitspreis für Einzelbillets lange Jahre unverändert 30 Mark. Zum Vergleich: Emil Scaria bezog im Parsifal-Jahr 1882 für die Partie des Gurnemanz, die er mit Siehr alternierend bestritt, bereits eine Gage von 3.400 Mark. Und schon in den Neunziger Jahren waren fünfstellige Sängerhonorare für Spitzenkräfte (z. B. Perron als Wotan) keine Seltenheit mehr. Alle Behauptungen gehören in das Reich der Legende, daß Künstler — Ausnahmen hat es freilich gegeben (z. B. Hans Richter und Arturo Toscanini) — allein Bayreuth zuliebe auf berechtigte Forderungen jemals verzichtet hätten.

Wagner ist 1876 als Theater-Reformer nicht zum Durchbruch gelangt. Für manchen wohlmeinenden Betrachter sah nach Erfolg und Bestätigung aus, was Wagner selbst als Schwäche und Fehler seiner Unternehmung bewertete. Nicht ohne Wohlgefallen am Nebensächlichen vermerkte er das gesellschaftliche Gepränge und den Glanz des äußeren Rahmens, intern jedoch wollte er verändern und verbessern. »Fangen wir von vorne an!« — so sprach Richard Wagner, der Pragmatiker des Musiktheaters. Das hohe Ansehen, das Wagner als Komponist und versierter Theatermann, als Festspielveranstalter und Theaterbesitzer zweifellos genoß, ließ ihn gleichwohl über einen von ihm selbst maßlos überschätzten Punkt nicht hinwegsehen. Vergeblich war er bemüht, das Deutsche Reich und die Öffentlichkeit vom nationalen Charakter seiner Bayreuther Gründung zu überzeugen; mehr als einmal hatte er seine Theaterpläne Bismarck und dem Reich sozusagen als kulturelle Morgengabe angeboten. Bismarcks Gründe für seine

---

[1] C. F. Glasenapp V, S. 294 f.

definitive Absage an Wagner lagen jedoch auf der Hand. Einmal gab es politische Rücksichten, befand sich Bayreuth doch nicht auf preußischem, sondern auf bayerischem Territorium; zum anderen aber wurde ein preußisches Vorgehen zusätzlich dadurch erschwert, daß Wagner praktisch unter dem persönlichen Schutz des Bayernkönigs stand, der ihm seit 1864/65 immerhin mit einem Ministergehalt seine materielle Existenz garantierte — eine Feststellung, die im übrigen noch völlig offen läßt, wer in dieser ungleichen Beziehung der gebende und wer der nehmende Teil gewesen ist.

Wagners wiederholte Versuche, Preußen und Bayern als Alternative gegeneinander auszuspielen, sind sowohl in München als auch in Berlin übel vermerkt worden. Die entsprechende Korrespondenz Wagners mit Ludwig II. zu diesem Thema klang mitunter gereizt. Selbst als der Bayernkönig (am 20. 2. 1874) dem Festspielunternehmen mit einem Garantiebetrag von 216.152 Mark aus schlimmster Not geholfen hatte, richtete Wahnfried im Oktober 1875 ein allerletztes Gesuch um finanzielle Unterstützung nach Berlin, und zwar diesmal direkt an den Kaiser über Vermittlung des Hausministers Schleinitz[2]. Von diesem bereits genehmigt, ist es schließlich von Delbrück im Reichskanzleramt mit der gleichzeitigen Empfehlung an Wagner zurückgewiesen worden, Wagner solle sich öffentlich an den deutschen Reichstag wenden[3]. Allerdings ist es höchst unwahrscheinlich, daß Bismarck an dieser Entscheidung völlig unbeteiligt gewesen sein und davon nichts gewußt haben soll, wie Wagner in seinem 1878 verfaßten »Rückblick« behauptete[4]. In Wahrheit dürften politische Rücksichten der Reichsregierung den Ausschlag gegeben haben, denn Wagners Anliegen wurde dort als eine Frage der Loyalität gegenüber einem Bündnispartner aufgefaßt. Dieser Fehlschlag, die bedrohliche Finanzierungslücke kurz vor den Festspielen doch noch mit Reichsmitteln zu schließen, wurde in Wahnfried mit entsprechend deutlichen Unmutsäußerungen quittiert. Dabei traten mangelndes politisches Einfühlungsvermögen und eine in Wahnfried vorherrschende opportunistische Grundstimmung wiederum deutlich zutage[5]. Die Berliner Episode fand ihren vorläufigen Abschluß mit unzweideutigen Anmerkungen des gekränkten Dichterkomponisten über das erste deutsche Parlament und seine Volksvertreter. Aber auch das hinderte Wagner nicht, schon 1877 während einer Ansprache an die Abgesandten des Bayreuther Patronatvereins erneut Avancen in Richtung Reichstag vorzuschlagen, von wo er sich immer noch die wirksamste Hilfe etwa in Gestalt regelmäßiger Subsidien erhoffte[6]. Gewiß wäre solche Widersprüchlichkeit gerade bei Wagner noch nichts Besonderes, wenn er an dem Motiv der nationalen Rückversicherung seiner Kunst nicht so unnachgiebig festgehalten hätte. Wagner glaubte an die Phrase vom deutschen Geist, als sei sie etwas, wonach man Kunst und Gesellschaft ordnen und in vernünftige Beziehung setzen könne. Aus dem frühen Beginn seiner Beziehungen zu Ludwig II., die auch als freigewählte Abhängigkeit vom Mäzenatentum eines schwankenden Monarchen zu sehen wäre, stammte übrigens der klassische Ausruf des gerade mit der Vollendung der Meistersinger-Partitur befaßten Komponisten: »Wäre in Deutschland eine Spur von deutschem Geist, von Achtung für Großes und Edles vorhanden, so würde es nicht solch künstlicher Umwege bedürfen, um einen Mann, wie mich, zwischen Fürst und Volk bedeutungsvoll zu placieren.«[7]

[2] Marie v. Schleinitz, die Gattin des Hausministers, war im übrigen Mitbegründerin und tätigster Förderer des Bayreuther Patronatvereins

[3] Vgl. K. v. Westernhagen, Wagner und das Reich, in Neue Wagner Forschungen, hrsg. v. O. Strobel, 1. Folge, Karlsruhe 1943, S. 43 ff.

[4] R. Wagner, GS X, S. 107

[5] Dok. I — 1.

[6] R. Wagner, GS XII, S. 327

[7] R. Wagner an A. Röckel, Brief vom 25. 10. 1866. Veröff. in: Festspielführer 1934, S. 123

Nachdem das unter Ludwigs Auspizien zusammen mit Gottfried Semper geplante Münchner Festspiel-Theaterprojekt 1868 endgültig gescheitert war und nachdem die wider Wagners Willen am Münchner Hoftheater aufgeführten Ringwerke Rheingold und Walküre zusätzlichen Anlaß für die Trübung der Atmosphäre geliefert hatten, zog sich Wagner abermals in die Schweiz zurück. Von dort aus erneuerte er Ludwig gegenüber für die Zukunft die bestimmte Hoffnung, den Ring des Nibelungen als Bühnenfestspiel, losgelöst von den Forderungen und Einengungen der Repertoirebühnen, abseits vom Getriebe großer Städte und mit ausgesuchten Kräften aufzuführen, um nicht mit den bestehenden Theatern zu »kollidieren«. Von diesem Konzept ist Wagner — unter Ausklammerung der Finanzierungsfrage — schließlich nicht mehr abgewichen. Insofern boten die an seinen künstlerisch unabdingbaren Forderungen vorbeigehenden Münchner Rheingold- und Walküre-Aufführungen sogar willkommenen Anlaß und gewichtiges Argument, den König an sein Wort und seine Glaubwürdigkeit überhaupt zu erinnern. 1869 richtete Wagner an seinen königlichen Freund die entscheidende Frage, »mit deren Beantwortung Uns alle Zukunft vorgezeichnet wird: Wollen Sie mein Werk wie ich es will, — oder: wollen Sie es nicht so? — Wollen Sie, so erkenne gewiß ich nicht minder wie Sie und Andere die ungemeinen Schwierigkeiten, die sich Uns entgegenstellen: — allein, diese Schwierigkeiten sollen Uns nicht trennen, sondern vereinigen«[8].

Richard Wagner hatte, als er sich in dieser Form seinem königlichen Mäzen mitteilte, sein Ziel fest vor Augen. Nur die Frage des materiellen Risikos war noch nicht geklärt. Wagner hielt allein den König dazu in der Lage, ihn nicht nur als Künstler zu verstehen, sondern auch konkret Verantwortung zu tragen. Und er trug sie, obgleich es noch 1872, zur Zeit der Gründung des ersten Bayreuther Patronatvereins, mit aller Klarheit die bündigsten Versicherungen gegeben hatte, daß der König im Falle eines Defizits nicht dafür einstehen könne[9]. Wagners Rechnung wäre ohne Spekulation auf die königliche Schatulle letzten Endes nicht aufgegangen. Mit dieser stillen Rückversicherung blieb er trotz Gründung des Bayreuther Patronatvereins, trotz Verwaltungsrat und Wagner-Vereinen im In- und Ausland, also trotz ansatzweiser Demokratisierung des Bayreuther Gründungsprozesses dem bayerischen Herrscherhaus verbunden, weitaus mehr jedenfalls als seinen tätigen und opferwilligen Freunden und noblen Gönnern. Deren gewiß redliches aber vereinzeltes Bemühen, das bei Wagner auch wiederholt Anerkennung fand, stand nicht und konnte auch gar nicht in angemessener Relation zu den jedes Maß damaligen Kulturbetriebs übersteigenden Dimensionen seiner Festspielgründung stehen. In einer Zwischenbilanz vom 30. 8. 1873 befreite sich der Theater-Unternehmer Wagner vom Unmut über den enttäuschenden Verlauf der Dinge seit der Grundsteinlegung (1872): »War es möglich, die geforderte Summe schnell, wie dies bei Aktienausschreibungen und Staatsanleihen geschieht, gezeichnet und eingezahlt zu erhalten, so war die Ausführung meiner Absicht, die angekündigten Aufführungen zum mindesten im zweiten Jahre stattfinden zu lassen, ebenfalls gesichert. Hiegegen hat nun aber die Erfahrung herausgestellt, daß der Charakter des deutschen Publikums eine so einfache Beantwortung meiner Anfrage nicht zuließ: der eigentlich vermögende Teil desselben, namentlich die wirklich Reichen, fanden weder ... für meine künstlerischen Leistungen und Tendenzen, noch auch in dem Geiste der von unserer Zeitungspresse geleiteten öffentlichen Meinung einen bestimmten Antrieb

[8] R. Wagner an Ludwig II., Brief vom 20. 11. 1869. Veröff. (u. a.) in: Festspielprogramm V, Bayreuth 1972, S. 6

[9] Düfflipp an R. Wagner, Brief vom 25. 3. 1872, in: D. u. M. Petzet, Die R. Wagner-Bühne König Ludwigs II., München 1970, S. 814 f.

zur Beteiligung an meinem Unternehmen ... Während des Weiteren die politischen Kreise des Reiches ... völlig unberührt blieben, war es nur der unvermögendere Teil des mir geneigten Publikums, welcher durch Vergesellschaftung die Förderung meiner Zwecke sich mit dankenswertem Eifer angelegen sein ließ.«[10] Aus der Sicht Richard Wagners entsprach dies durchaus den Tatsachen, denn weder die Bemühungen des nach einer Idee des Berliner Pianisten Karl Tausig gegründeten und unter der tatkräftigen Regie der Freifrau Marie von Schleinitz fortgeführten Bayreuther Patronatvereins, noch die auf die Initiative des Mannheimer Musikalienhändlers Emil Heckel seit 1872 im In- und Ausland ins Leben gerufene Bewegung der Richard-Wagner-Vereine hatte dem Bayreuther Unternehmen eine solide Eigenbasis zum Zwecke der laufenden Deckung des objektiven Finanzbedarfs verschaffen können. Da die Gelder nur allzu schleppend einliefen, mußte von den drei in Wagners Auftrag handelnden Verwaltungsräten, dem Bankier Friedrich Feustel, dem Bayreuther Bürgermeister Franz Muncker und dem Advokat Kaefferlein wiederholt moniert werden, daß die gesammelten Beträge von einzelnen Ortsverbänden zurückbehalten und vorübergehend für eigene Zwecke zinsbringend angelegt wurden. Die den Bildungsbürger lockende Aussicht, in Bayreuth einem kulturellen Jahrhundert-Ereignis beizuwohnen, sicherten den unter und mit Wagners Namen agitierenden Vereinen in den Siebziger Jahren verhältnismäßig starken Zuspruch und ansehnliche Mitgliederzahlen.

Jeder von den mit 300 Thalern bezahlten Patronatsscheinen, von denen bekanntlich auch Bruchteile zum Angebot gelangten, verbriefte das statutenmäßige Recht auf die Teilnahme an der Aufführung eines gesamten Ring-Zyklus im Bayreuther Festspielhaus. Der ursprünglichen Kalkulation gemäß hätten 1000 Patronatsscheine ausreichen müssen, um das Unternehmen vollständig zu finanzieren. Zu Beginn des Jahres 1875, also eineinhalb Jahre vor Festspielbeginn, mußte Wagner einräumen, daß das Unternehmen — man war erst bei 490 Patronatsscheinen angelangt — praktisch als gescheitert zu betrachten sei, nachdem neue Kalkulationen einen Gesamtbedarf von 1300 abzusetzenden Scheinen errechnet hatten[11].

Der Bayreuther Patronatsgedanke rückte das Festspielunternehmen Richard Wagners wenn auch ungewollt in die Nähe zeitüblichen Gründertums von Aktiengesellschaften, allerdings mit der reizvollen Variante einer in Aussicht gestellten individuell transzendierbaren künstlerischen Rendite. Wagner hatte solche Gleichsetzung, wenn auch in dementierender Absicht, selbst provoziert und sah sich darob von seinen Kritikern in den verhaßten Zeitungen heftig attackiert. Seinen Aufruf an die Patrone von 1873 interpretierte die ausgeschlossene Öffentlichkeit als Wagners letzten Notschrei und Brüskierung seiner gutmeinenden Helfer und Förderer. Freilich war scharfe Polemik im Spiel, die Wagner von der damaligen Pressemacht hinnehmen mußte und die die ungenau informierte öffentliche Meinung außerhalb der Wagner-Gemeinden nicht immer zu Wagners Gunsten beeinflußte. Aber ja nicht die Presse, sondern Wagner selbst hatte sich über das Künstlerische hinaus als Innovator und mit dem selbst erhobenen Anspruch einer nationalen Tat so sehr exponiert. Auch der Beweis, daß es feindliche Publizistik etwa allein vermocht hätte, eine breite Öffentlichkeit gegen Wagner und sein Bayreuther Projekt zu mobilisieren, konnte bis heute nicht schlüssig geführt werden. In ihrer Mehrheit waren die Vorwürfe, sofern sie Richtiges enthielten, auf Wagners widersprüchliche Motivation abgestellt: denn von einem wahrhaft nationalen Unternehmen konnte guten Gewissens so lange keine Rede sein, als Wagner sich mit seiner

[10] R. Wagner, GS XII, S. 316 f.
[11] R. Wagner an E. Heckel, Brief vom 4. 2. 1876. Zit. nach K. Heckel, die Bühnenfestspiele in Bayreuth, Leipzig 1891, S. 44

Sache auf die Seite der herrschenden Finanz- und Bildungselite schlug. Obgleich er sich von den »wirklich Reichen« und den »politischen Kreisen im Reich« unverstanden und im Stich gelassen fühlte, war dies in Wirklichkeit nichts anderes als ein wirkungsvoller indirekter Appell eben an die Adresse der tragenden Kreise des Reiches. Zum großen Verdruß Wahnfrieds und der Wagnerianer sind ferner Titel und Tendenz seiner 1869 wiederaufgelegten und mit einer »Nachschrift« versehenen Arbeit »Über das Judentum in der Musik« (1850) nach der Bayreuther Grundsteinlegung als »Gründertum in der Musik« paraphrasiert und als entsprechend wirkungsvolle und dankbare Argumentationshilfe von der Gegenseite verwendet worden. Wirklicher Schaden ist den Festspielen dadurch freilich nicht erwachsen. Umso mehr aber verdeckte der Hinweis auf solche Anfeindungen, die man schließlich von allen Seiten auf sich zukommen sah, Mängel und Unzulänglichkeiten in der Bayreuther Planung. Zugleich gaben solche Angriffe den noch unkoordinierten Kräften einen verstärkten inneren Zusammenhalt und manövrierten die gemeinsamen Bestrebungen auf die Ebene eines gefährlichen Diaspora-Bewußtseins, das über die eigentliche Sache hinweg auch ideologisch untermauert wurde. Kulturkampf und Regeneration waren wichtige Formeln des älteren Bayreuther Kreises, der sich selbst als uneigennützige, völkisch-national ausgerichtete Minderheit verstand, und das Festspielhaus auf Bayreuths grünem Hügel als erhabenes Bollwerk gegen eine vom kulturellen und rassischen Verfall bedrohte Nation betrachtete.

Der nationale Aspekt war erst in den Sechziger Jahren zur Ring- und Festspielkonzeption vor dem Hintergrund politischer Machtverschiebung in Deutschland und Europa hinzugetreten. Wagner war von der Frantz'schen Reichsidee, die eine Einigung Bayerns mit den übrigen Bundesstaaten vorsah, um Österreich und Preußen das Bündnis zu diktieren, in völliger Verkennung der tatsächlichen Machtverhältnisse nie ganz losgekommen. Seinem Freund Ludwig II. empfahl er die Ideen des Constantin Frantz als »wahrhaft deutsche Politik« (1865)[12] und montierte Teile davon in sein für den jungen König bestimmtes politisches Programm noch vor Beginn des preußisch-österreichischen Krieges Anfang Juni 1866[13]. Als sich der Deutsche Bund schließlich doch für das Bündnis mit Habsburg entschied, stellte sich Wagner ganz auf Preußens Seite[14]. Anfang 1867 riet er Ludwig in seinem sogenannten »Testament« dann zur Einigung mit Preußen und brach zugleich in offene Kriegstreiberei gegen Frankreich aus[15]. Wagners Einstellung zum Preußentum und folglich zu Bismarck hatte inzwischen nach der Lektüre von Thomas Carlyle's »Geschichte Friedrichs II.« (deutsche Ausgabe 1869) entscheidend gewonnen. »Die Zustände in Deutschland waren zu arg, dieser Krieg kann noch einmal zeigen, was an den Deutschen ist«, so soll Wagner den Krieg gegen Frankreich begrüßt haben[16]. Ihm schien unter den Vorzeichen dieser von ihm als politisch günstig bewerteten Konstellation der Zeitpunkt gekommen, Bismarck in der Hoffnung auf eine zunächst wenigstens ideele Förderung für die Pläne seiner Kunst zu gewinnen. Dieser jedoch gab Wagner kein freundliches Zeichen. Weder der rüde Chauvinismus patriotischer Kriegsverse, die Wagner eilends verfaßte, noch der rasch komponierte Kaisermarsch, noch Wagners Gedanken über »deutsche Kunst und deutsche Politik«, nicht einmal seine informierende »Bayreuth«-Broschüre beförderten das Festspielprojekt zur künstlerischen Schwester des neuen Deutschen Reiches.

[12] O. Strobel I, S. 281 f. Vgl. auch K. v. Westernhagen, op. cit., S. 44 ff.
[13] O. Strobel IV, S. 147 ff.
[14] O. Strobel IV, S. 154 f.
[15] O. Strobel II, S. 167 f.
[16] du Moulin I, S. 504

Zweifellos war der Zeitpunkt für die Gründung eines mit so viel nationalem Anspruch versehenen Unternehmens von Wagner günstig gewählt. Für ihn war das oft beschworene »Vertrauen auf den deutschen Geist« durchaus keine leere Formel. Gewiß war auch die unausgesprochene Hoffnung im Spiel, ähnlich wie die zeitgenössischen Gründungen des Industrie- und Bankwesens vom kreditgünstigen Klima herrschender Staats-Prosperität anteilig zu profitieren. Daß dieser Anschluß nicht glückte, hat Wagner den Bayreuther Patronen und Vereinsmitgliedern in seiner großen Enttäuschung nur sehr verschlüsselt mitgeteilt. Mit allem Nachdruck wehrte er sich damals gegen jeden Vergleich mit profit-orientierten oder Aktien-Unternehmungen. Seine Argumentation war daher nicht anders und besser zu stützen als mit dem Hinweis auf das, was Bayreuth ein für allemal von ähnlichen, jedoch gewinnbringenden privaten Theaterunternehmen seiner Zeit unterscheiden sollte, nämlich: die Bayreuther Festspiele als Unternehmung von wirklich »Beteiligten« und unter Ausschluß des sogenannten »zahlenden Publikums«. Aus diesem Widerspruch vermochten sich weder der Meister selbst, obgleich um Worte sonst nicht verlegen, noch seine Nachfolger jemals ganz zu befreien. Mit plakativen Wendungen wie der vom »nationalen Charakter des Unternehmens«, vom »Vertrauen auf den deutschen Geist« und von einem »den Deutschen eigenen Theater« führten die Wagnerianer einen wahlkampfähnlichen Werbefeldzug für Bayreuth und teilten das kulturelle Lager in zwei feindliche Hälften — in Freunde und Gegner des Bayreuther Meisters. Freilich wußte Wagner, daß auch die Motive seiner Förderer nicht immer nur selbstlos, sondern durchaus berechnend sein konnten. Auch Nietzsche sah beispielsweise, als er sich zeitweise in Bayreuth engagierte, darin möglicherweise ein Vehikel, eigene Bedürfnisse zu artikulieren, was notwendigerweise zur Kontroverse führte. Auch der Bayreuther Magistrat schwankte zwischen Mäzenatentum und Profitsucht, als er seine historische Chance in der unbürokratischen Förderung des ehrgeizigen Unternehmens erkannte und auch wahrnahm: der Baugrund, auf dem das Festspielhaus errichtet wurde, war immerhin ein Geschenk der Stadt.

In Wahnfried war man schon zu Lebzeiten Wagners bestrebt, das stets reine, lautere Bemühen, die Selbstlosigkeit und Opferwilligkeit der Verantwortlichen ins rechte Licht zu rücken. Vor allem Cosima Wagner trug das hohe Ethos ihres späteren Amtes wie ein Ornat zur Schau und reagierte auf Widerspruch und Kritik verletzt wie ein absoluter Fürst. Es war keineswegs Polemik, sondern konsequente Beweisführung, als der Bayreuth-Kritiker Moritz Wirth lange nach Wagners Tod noch einmal einen allergischen Punkt zur Sprache brachte, der Wahnfried elementar treffen mußte: ausgerechnet auf einer Generalversammlung der Wagner-Vereine in Bayreuth bestritt Wirth das alleinige Eigentumsrecht der Familie und definierte den Status des Festspielhauses als eine »donatio sub modo der Patrone«[17]. Weder Wahnfried noch die Schriften des Bayreuther Kreises hatten vergessen machen können, daß Grund und Boden, auf dem das Theater erbaut wurde, als ein Geschenk der Stadt verbucht werden mußten. Schließlich durfte daran erinnert werden, daß immerhin fast drei Fünftel des Gesamtetats für den Bau des Hauses und die ersten Festspiele des Jahres 1876 durch Patronatsscheine aufgebracht worden war (Dok. I — 5 a/b). Es wurde in Patronats-Kreisen als unbillig empfunden, daß dieser erhebliche materielle Einsatz, der letztlich den Aufbau Bayreuths ermöglicht hatte, so gering bewertet wurde. Diese nicht unwesentlichen Vorleistungen der Patrone schrumpften in der offiziellen Selbstdarstellung der Festspiele immer mehr auf das Niveau bedeutungsloser Größenordnung zusammen. Wahnfried

[17] Vgl. W. Schüler, S. 147 f. (Anmerkung 77). Die Generalversammlung verwahrte sich lt. Protokoll »gegen eine Identifizierung mit den Ansichten des Herrn Wirth«. Vgl. BBl 1891, Beilage zum XII. Stück, S. 3

sorgte dafür, daß aus solchen Leistungen Rechte irgendwelcher Art nicht hergeleitet werden konnten. Letztlich führte das natürlich im Freundeskreis zu latenten Mißverständnissen, die die Geschichte der Bayreuther Festspiele wie ein roter Faden durchziehen. Obgleich eine möglichst breite Öffentlichkeit wiederholte Male zum Zwecke der Erhaltung und Fortführung der Festspiele als Spender und Förderer nicht umgangen werden konnte — so z. B. in den Jahren 1872/76, 1921/24, 1929 und zuletzt 1949/51 — ist sie nach scheinbaren Integrationsprozessen schnell und bestimmt wieder desintegriert worden. Mitsprache in künstlerischen und administrativ-organisatorischen Bereichen ist von außen genügend oft verlangt und mindestens ebenso oft als grobe, unerlaubte Einmischung von der jeweiligen Festspielleitung zurückgewiesen worden.

Als Wagner kurz nach seiner Münchner Berufung (1865) sich im Windschatten königlichen Mäzenatentums zu der schmucklosen Übertreibung hinreißen ließ: »Ich bin der deutscheste Mensch. Ich bin der deutsche Geist!¹⁸«, formulierte er bereits Gedanken, mit denen sein Publikum erst sehr viel später vertraut gemacht wurde. In die gleiche Zeit fielen wichtige werkgeschichtliche Daten wie z. B. die Uraufführung des Tristan (1865), die erste Prosafassung des Parsifal und kurz darauf der Beginn der Meistersinger-Komposition. Mit seinen für Ludwig II. bestimmten krausen Anmerkungen zum Thema »Was ist deutsch?« (1865), die gesammelt gleich im ersten Jahrgang der Bayreuther Blätter (1878) erschienen, wandte sich Richard Wagner fragend an den konservativen Constantin Frantz und vor allem an Paul de Lagarde, den Verfasser der »Deutschen Schriften«. Wagners »Vertrauen auf den deutschen Geist«, was auch immer er sich darunter konkret vorstellte, hatte am Vorabend nationaler Morgenröte mitunter enthusiastische Züge angenommen und war freilich verbunden mit dem Gefühl ökonomischer Sicherheit, die ihm genügend Spielraum für kreative Entfaltung ließ. Wagners politische Euphorien und andere weltanschauliche Abwegigkeiten, wie sie sich in den zum sogenannten Regenerationskomplex zählenden Schriften niederschlugen und wovon ein guter Teil, wie z. B. der Aufsatz »Erkenne dich selbst« besser ungeschrieben wäre, begleiteten die ideale Festspielkonzeption in ihre erste konkrete Phase. Mit der 1871 erfolgten Ankündigung eines deutschen Nationalunternehmens in Bayreuth (1871) machte er die breitere Öffentlichkeit erstmals auf sich aufmerksam. Doch schon ein Jahr später, zur Grundsteinlegung von 1872 in Bayreuth mußte er sich und die Schar der Freunde fragen: »Wo wäre die Nation?« In seiner ganzen Enttäuschung über die ausgebliebene große Reichsunterstützung aus den 71er Milliarden fiel der Agitator Wagner wieder zurück in das Vokabular des Vorkriegs-Chauvinismus. Unter dem Druck plötzlich erkennbarer Belastungen und Fehleinschätzungen entluden sich Ängste und letzte Hoffnungen unmittelbar vor Festspielbeginn in dem zweifellos überspannten Ausruf Wagners: »Ich bin mit Bismarck der einzig lebende Deutsche, der etwas wert ist.«¹⁹ Sind auch die situationsbedingten Zusammenhänge solcher Äußerungen gerade bei Wagner nicht außer Acht zu lassen — Zitat und Gegenzitat stehen bei Wagner oft nebeneinander — bleiben angesichts ihrer erschreckenden Häufigkeit und inhaltlichen Stereotypie für seine kulturgeschichtliche Standortbestimmung doch einige bedenkliche Aspekte zurück. Wagner konnte mit humanistischem Ethos in Briefen und Schriften zu Werke gehen und auf der anderen Seite mit Leichtigkeit seine gesellschaftliche Verantwortung als Künstler einfach abstreifen, obgleich gerade ihm durch seine expo-

¹⁸ Eintragung R. Wagners vom 11. 9. 1865 in das sog. Braune Buch. In: O. Strobel, R. Wagners »Braunes Buch«, Festspielführer, Bayreuth 1934, S. 120
¹⁹ Tagebucheintragung Felix Mottls vom 28. 6. 1876. Veröff. in: F. Mottls Tagebucheintragung aus den Jahren 1873—76. Mitget. von W. Krienitz in: Neue Wagner-Forschungen I, op. cit., S. 200

nierte Stellung davon ein hohes Maß auferlegt war. Es ist nicht zu unterschätzen, welche mittelbaren und unmittelbaren Einflüsse von Wagners antirationalistischer Einstellung auf die von ihm erreichten Kreise ausgingen. Den Frieden seiner Hausmacht störte es jedenfalls wenig, daß Antisemitismus und Chauvinismus von den fortschrittlichen Kräften des 19. Jahrhunderts als Zeichen zurückgebliebenen gesellschaftlichen Bewußtseins gebrandmarkt worden waren.

Geben wir noch einmal einen Überblick: die Gründung der Bayreuther Festspiele fiel nicht zufällig in die prosperierenden Jahre nach der Reichsgründung von 1871. Will man dem historischen Material keine Gewalt antun, gehen zumindest all jene Deutungsversuche an der Wirklichkeit vorbei, die Bayreuth als »künstlerische Schwester des neuen Reiches« oder als eine Art von »Gegengründung« begrifflich zu fassen versuchten. Wagners eigener Wunsch, seinem Bayreuther Unternehmen eine positive nationale Bestimmung zu geben, bleibt davon unberührt. In wichtigen äußeren Gesichtspunkten der organisatorischen und betrieblichen Leistung hält das Bayreuther Unternehmen den Vergleich mit zeitgenössischen Industrie- und Wirtschaftsgründungen durchaus stand. Ohne das hochgesteckte künstlerische Ziel aus den Augen zu verlieren, mußten die unternehmerischen Dimensionen und die finanziell riskante Größenordnung bewältigt werden, waren die ideelle und politische Rückversicherung bei einflußreichen Leitstellen des Reiches, des Königsreichs Bayern, bei Finanz und Aristokratie, sowie nicht zuletzt beim Großbürgertum als Mehrheit der Patrone einzuholen. Zwar stammte die zahlenmäßige Mehrheit seiner Förderer aus Kreisen des politisch konformen Bildungsbürgertums, das sich nach dem Vorbild studentischer Korporationen, Sängerschaften und bürgerlicher Musikvereine in Wagner-Vereinen organisieren ließ und scheinbare Bewegung in das kulturelle Leben brachte, die einflußreichste war sie gewiß nicht.

Auch mit propagandistischen Appellen Bayreuths an die Vertreter der deutschen Nation, durch öffentliche Unterstützung den freien Zutritt für Unbemittelte zu garantieren, also Wagners Stipendienidee zu retten, war eine soziale Sache daraus noch nicht zu machen, auch nicht, nachdem man sogar einige Hausfrauen und Studenten in den Gästelisten ausfindig gemacht hatte. Wagners Kulturidee, die jedoch erst von der durch einen Regenerationsprozeß geläuterten Menschheit voll zu erfassen sein sollte, erwies in der Bayreuther Wirklichkeit vollends ihren rückwärts gerichteten utopischen Charakter. Was dort entstand, war und blieb ein Privileg der Privilegierten, die durch Stand, Herkunft, Bildung etc. auf den Konsum kultureller Werte genügend vorbereitet waren. Auch die noch zu Lebzeiten Wagners gegründete Stipendienstiftung (1882), die die ursprüngliche Idee des freien Eintritts vor dem völligen Vergessen bewahren und deren Hilfe nach Wagners Worten nur den sogenannten »Bedürftigsten unter Germaniens Söhnen« zugute kommen sollte, ging keineswegs aus dem Versuch einer Durchdringung der gesellschaftlichen Problematik hervor. Dazu taugte sie freilich nicht. Die Richard Wagner Stipendienstiftung war letztlich ein Atavismus aus den Tagen des romantischen Antikapitalismus und apolitischen Weltverbessertums, als Wagner sich noch zur Gedankenwelt des »Jungen Deutschland« der Revolutionszeit bekannte.

Chronologie und Berichterstattung über die Eröffnungsfestspiele von 1876 müssen hier unter gleichzeitigem Hinweis auf die in der Standardliteratur zusammengetragenen Details nicht noch einmal referiert werden. Die punktuelle Auflösung des Gesamtbildes, wie es etwa von Carl Friedrich Glasenapp gezeichnet worden ist, verstellte in Anbetracht der Fülle der Fakten nur den Blick auf das Wesentliche. Wagner hatte mit den Bayreuther Ereignissen von 1876 weithin sichtbare Zeichen in die kulturelle Landschaft seines Jahrhunderts gesetzt. Offensichtliche Mängel in der Durchführung, namentlich auf szenischem, darstellerischem und auch musikalischem Gebiet, wurden durch wertvolle Erfahrungen ausgeglichen, die das künstlerische Niveau der zweiten Festspielsaison (1882) günstig beeinflußten. Die primäre Bedeutung des Jahres 1876 aber lag im Beginn einer spezifischen Pflege des Wagnerschen Musikdramas — eine Aufgabe, die sich im Laufe der Geschichte zum stabilsten und bemerkenswertesten Teil Bayreuther Tradition auswuchs.

Es wird Wagner schwer gefallen sein, nach Beendigung der ersten Bayreuther Festspiele von einem Gedanken endgültig abrücken zu müssen, den er von Anfang an mit seiner Festspielidee besonders eng verbunden hatte: Seine leidenschaftlichen Hoffnungen, daß die Festspiele auf breites nationales Interesse stoßen könnten, erwiesen sich spätestens im Eröffnungsjahr 1876 als Irrtum. »Ich habe nicht geglaubt, daß Sie es zu Stande bringen würden«[20], soll der ehrlich erstaunte deutsche Kaiser nach der Ring-Uraufführung zu Wagner in Bayreuth gesagt haben. Wagner hat das ebenso stolz wie verbittert zur Kenntnis nehmen müssen. Zwei Jahre später erst gab er vor Freunden unumwunden zu, daß er sich in der Annahme, für seine Sache eine Spur von nationalem Interesse erweckt zu haben, gründlich getäuscht sehe[21]. In seinen bekannten Schlußworten, die er nach der Aufführung des ersten Ring-Zyklus an »Volk und Fürsten«[22] richtete, ließ Wagner die in die Geschichte zurückweisende Idee von einer »nationalen« bzw. originalen Kunst »wie sie Italiener und Franzosen besitzen«[23], ein letztes Mal aufflackern: »Sie haben jetzt gesehen, was wir *können*, nun ist es an Ihnen zu *wollen*. *Und wenn Sie wollen, so haben wir eine Kunst!*«[24] Indem er voller Genugtuung auf den glanzvollen äußerlichen Verlauf des Festspielsommers hinwies, schloß er mit jener bekannten eitlen Paraphrase des Sprichworts vom Sänger und König: Noch nie, verkündete Wagner, sei ein Künstler so »geehrt worden; denn hatte man erlebt, daß ein solcher zu Kaiser und Fürsten berufen worden war, so konnte Niemand sich erinnern, daß je Kaiser und Fürsten zu ihm gekommen seien«[25].

Wagner wußte indessen, daß im Grunde wenig Anlaß zu solcher Überschwenglichkeit bestand. Vor seinen 1877 nach Bayreuth gerufenen Patronen zeigte er sich — indem er einen Rechenschaftsbericht vorlegte — weitaus nüchterner, selbstkritischer und dadurch glaubhafter[26]. Jedoch schienen alle seine rhetorischen Anstrengungen vergeblich, denn die Patrone gaben Wagner durch geschlossene Passivität zu verstehen, daß sie sich für den Ausgleich des zurückgebliebenen Fehlbetrags von rund 150.000 Mark unzuständig fühlten und zogen sich aus Bayreuth vorerst zurück. Wagner sah sich allein gelassen und lenkte seine nächsten Schritte nach München.

Die Beziehungen München-Bayreuth bis zu den ersten Festspielen spiegeln sich in der Freundschaft zwischen Ludwig II. und Richard Wagner. Hatten das Scheitern der Münchner Festspielpläne von 1865 und die gegen Wagners Willen durchgesetzten Aufführungen von Rheingold und Walküre diese Beziehung bereits zweimal ernstlich gestört, stand sie vor ihrer schwersten Belastung jedoch erst im Zuge der Festspiel-Defizitverhandlungen. Führte auch von hier bis zu den sich zwischen den ungleichen Freunden auftürmenden Mißverständnissen wegen der 1882 von Ludwig gewünschten und von Wagner hinausgezögerten Parsifal-Separataufführungen kein gerader Weg, die persönlichen Beziehungen waren allemal erschüttert und verlagerten sich fortan mehr und mehr auf die technokratische Ebene der zuständigen Bayreuther und Münchner Admini-

[20] R. Wagner, GS X, S. 109
[21] Vgl. R. Wagner, GS X, S. 104
[22] C. F. Glasenapp V, S. 296
[23] ebda.
[24] ebda., S. 294 f.
[25] R. Wagner, GS X, S. 105
[26] R. Wagner, GS XII, S. 324—332

stration. Auf dieser Ebene kam es im Laufe etlicher Verhandlungen zu einer Reihe solider vertraglicher Vereinbarungen, die die für Bayreuth lebenswichtigen Beziehungen auch nach Wagners Tod — wenngleich nur rein formal — aufrecht erhielten.

Münchens Distanz gegenüber Wagners Bayreuther Plänen ging noch auf den Beginn der Siebziger Jahre zurück. Bekanntlich hatte Wagner den König von Bayern in seine weitgreifenden Überlegungen stets mit einbezogen. Schon 1874 mußte Ludwigs generöse Hand eine bedeutende Garantiesumme vorstrecken[27], die die sofortige Einstellung der Bauarbeiten am Festspielhaus im letzten Moment verhinderte und den Weg zum guten Ende ebnen half. Ludwigs Zögern in der Festspiel-Schuldenfrage nach 1876 bedarf vor dem Hintergrund des drohenden Staatsbankrotts eigentlich kaum der Interpretation. Hofsekretär Düfflipp soll seinem Nachfolger Ludwig von Bürkel das Hofsekretariat mit der hintersinnigen Bemerkung übergeben haben: »Verlangen Sie nie mehr etwas für Richard Wagner. Der König ist des Zahlens müde« (Dok. IV—2). Sicherlich kam hier noch einmal die ressentimentgeladene Atmosphäre zum Ausdruck, die in der Vergangenheit der Beziehungen von Seiten der Münchner Ministerialbürokratie heftig geschürt worden war, doch konnte Düfflipp spätestens in seinen »Promemoria« (1875)[28] für den Nachfolger im Amt den ruinierten Zustand der Staatsfinanzen nicht länger beschönigen. Die Schloßbauten, z. T. noch im Gange, hatten Unsummen verschlungen und unvorhersehbare Belastungen für deren Fertigstellung standen noch ins Haus. Insofern war Ludwigs schwankende Haltung Wahnfried gegenüber nur allzu verständlich. Die wahren Gründe blieben allerdings dem Verwaltungsrat der Festspiele zunächst verborgen, bis es Bürkels persönlichem Engagement für Bayreuth gelang, einvernehmlich mit Adolf von Groß als Wahnfrieds Bevollmächtigtem einen akzeptablen modus vivendi zu finden.

Ludwig von Bürkels Vorschlag in der Bayreuther Schuldendeckungsfrage stieß auf der Grundlage freundschaftlicher Beziehungen sowohl in München als auch in Bayreuth auf ungeteilte Zustimmung. In diesem Vertragswerk von 1878 erhielt Bayreuth die Zusage sofortiger Übernahme des Fehlbetrages, den der Verwaltungsrat inzwischen mit Wagners persönlicher Hilfe auf rund 100.000 Mark reduzieren konnte. Zugleich aber hatte Bürkel mit einem Kunstgriff für die Hofkasse ausreichende Sicherheiten für die baldige Tilgung dieses Betrages eingebaut: so sollte sich 1878 die Münchner Hofbühne gleich anderen Theatern zur Zahlung regulärer Tantiemen für Wagnersche Werke verpflichten, die gerade hier erhebliche Einspielergebnisse ausmachten. Wie schlecht es um die Zahlungsfähigkeit der Münchner Hofkasse um diese Zeit tatsächlich bestellt war, beweist das Eingreifen des Bayreuther Bankiers und Verwaltungsrats der Bühnenfestspiele, Friedrich Feustel, der den von München genehmigten Betrag (95.000 Mark) über die Geraer Bank erst flüssig machen mußte und für den Cosima Wagner schließlich die volle Rückbürgschaft übernahm (Dok. I—4).

Die Bestimmungen von § VIII dieses Vertrages (31. 1. 1878) machen deutlich, mit welcher Konzessionsbereitschaft Wagner seine Unterhändler nach München schickte. Das Aufführungsrecht für Parsifal, der zu diesem Zeitpunkt erst bis zur Orchesterskizze des II. Aktes gediehen war, sollte im ersten Vertragsentwurf unmittelbar nach der Bayreuther Uraufführung der Münchner Hofbühne tantiemefrei zufallen. Dieses von Wagner sicherlich als unbillig empfundene Zugeständnis konnte allerdings schon zwei Jahre später zugunsten des Komponisten wieder rückgängig gemacht werden. 1880 erhielt Bayreuth ferner die vertragliche Zusicherung der Münchner Chor- und Orchesterkräfte auf jährlich zwei Monate, ein Angebot, das die Festspielleitung dankbar entgegennahm.

---

[27] Dok. I—5 b (Rechnungsposten Nr. 65)

[28] L. v. Bürkel (Inventar Nr. 18). Handschriftenabt. der Bayer. Staatsbibl. München

Die zu Wagners Lebzeiten zwischen Bayreuth und München geschlossenen Einzelverträge, namentlich die Kreditvereinbarungen von 1874 und 1878, sind schon ein Jahr nach Ludwigs Tod von Münchner Seite angefochten worden. Wahnfried hatte es damals allein dem klugen Verhandlungsgeschick eines Adolf von Groß zu verdanken, daß die Rechtmäßigkeit der früheren Abmachungen erneut festgestellt werden konnte. Der bereits erwähnte Generalvertrag von 1887 sah bekanntlich vor, die beiden Kredite von 1874 und 1878 ab sofort über die Tantiemen der Münchner Wagner-Aufführungen ratenweise, wenngleich auch zinslos zu tilgen[29]. Indirekt konnte Wahnfried diese Regelung natürlich als Kapitalgewinn verbuchen, denn der Schuldenberg verringerte sich auf diese Weise ohne eigene Anstrengungen und merkliche Einbußen. Erst nach 30jähriger zinsloser Laufzeit waren die Münchner Vorschüsse zurückbezahlt: im 2. Quartal 1906 registrierte die Münchner Hoftheaterkasse den Eingang der letzten Schuldenrate, während günstige Festspielergebnisse den Festspielfonds längst nahe an die Millionengrenze herangebracht hatten und das Privatvermögen der Familie hauptsächlich durch Tantiemen bereits auf vier Millionen angewachsen war. München blieb überhaupt vor und nach 1906 Wahnfrieds Haupteinnahmequelle: die sich seit Erbauung des Münchner Prinzregententheaters progressiv mehrenden Tantiemen flossen nach Erledigung der Festspielschulden ungeschmälert in Wahnfrieds Privatschatulle[30].

Daß von Bayreuther Seite mehrfache Anstrengungen unternommen worden sind, das Protektorat des Reiches bzw. des Kaisers zu erlangen, war in München entsprechend vermerkt worden und warf ein bezeichnendes Licht auf die spekulative Politik Wahnfrieds bzw. der Bayreuther Festspielleitung. Die Absage des Reiches war schließlich deutlicher ausgefallen als befürchtet. Im Zusammenhang mit Wagners kaum jemals verwirklichtem Plan einer Schule zur Ausbildung von geeignetem Sängernachwuchs wurde 1879 auf Initiative des Verwaltungsrats (Dok. VIII—1) und in Gegenwart Ludwig von Bürkels (Dok. VIII—2) darüber diskutiert, das Münchner Festspielprotektorat und die damit verbundenen Hilfeleistungen in ein »formales und öffentliches« Alleinprotektorat aufzuwerten. An die zweite Stelle sollte namentlich auch für die zu gründende Bayreuther Stilbildungsschule das Protektorat eines anderen deutschen Fürsten treten. Doch schon im Laufe des Jahres 1880 gaben beide Seiten übereinstimmend bündige Versicherungen ab, daß irgendein Mitprotektorat nicht zur Debatte stünde und daß die Bayreuther Festspiele ausschließlich als eine bayerische Angelegenheit aufzufassen seien (Dok. II—4). Cosima Wagner stellte Bürkel gegenüber 1880 fest, daß der von einigen übereifrigen Patronen (Bürgermeister Theodor Muncker, Friedrich von Schoen, Hans von Wolzogen) verfaßte nochmalige Antrag an den deutschen Kaiser das Protektorat der Festspiele betreffend angeblich ohne Billigung des Verwaltungsrats erfolgte[31].

Nach Ludwigs Tod (1886) und Bürkels Abberufung sahen Cosima Wagner und der Verwaltungsrat in München schließlich wieder bayreuthfeindliche Kräfte die Oberhand gewinnen. Über Vermittlung der Großherzogin von Baden[32] und Philip von Eulenburg suchte Bayreuth damals erneut den Weg nach Berlin — und scheiterte abermals. In

---

[29] Die Höhe der Münchner Tantiemen betrug 4 % der Brutto-Einnahmen, die sich nach Tilgung der Vorschüsse auf 8 % erhöhen sollten.
Vgl. auch du Moulin II, S. 92 ff.

[30] Die Tantiemenstatistik von Dok. VIII—25 dürfte auf unvollständigem Quellenmaterial beruhen. Die erstmals ausgewertete Korrespondenz zwischen A. v. Groß und Wahnfried (vgl. auch Dok. VI—1 ff. sowie Aufführungsstatistik im Anhang) weist für einzelne Jahrgänge erheblich höhere Einnahmen nach.

[31] Vgl. O. Strobel III, Nr. 552 bzw. Nr. 554, S. 176, Anm. 1

[32] C. Wagner an A. v. Groß (vermutlich 1889). RWG (Hs. 2, 160)

einem Schreiben an Cosima Wagner gab Eulenburg vorsichtig zu verstehen, daß man in Berlin auf jeden Fall die Haltung des Münchner Prinzregenten abwarten wolle. Gleichzeitig fügte er die für Bayreuth keineswegs neue, aber dennoch enttäuschende Bemerkung hinzu, daß der Kaiser vor finanziellen Verpflichtungen zurückschrecke[33]. Cosima war unterdessen so weit gegangen, den Prinzregenten offiziel darum zu bitten, von sich aus das Protektorat der Bayreuther Bühnenfestspiele dem Kaiser anzubieten. Als Ludwigs Nachfolger sich schließlich doch auf die Wahrnehmung bayerischer Interessen in Bayreuth besann, wurde es um die Protektoratsfrage immer stiller. Vorläufig zum letzten Mal vor 1933 flackerte sie auf, als Friedrich von Schoen — Gründer der Richard Wagner Stipendienstiftung — den ehrgeizigen Plan eines »Gesamtprotektorats aller deutschen Fürsten« in Bayreuth zur Diskussion vorlegte (Dok. VIII—19), und das zu einer Zeit, da die Festspiele wie nie zuvor reüssierten und auf ihre völlige Unabhängigkeit stolz verweisen konnten.

Die Bayreuther Festspiele standen bekanntlich bis 1914 unter dem Protektorat der Wittelsbacher Krone. Für Wahnfried war die gesamte Protektoratsfrage entgegen anderslautenden Versicherungen natürlich kein rein formaler Prestigefaktor. Sie spielte im Vorfeld einer Politik des Kulturmonopols eine nicht unwesentliche Rolle. Das Motiv, sich und seine Sache um jeden Preis auf die Seite der Mächtigen zu schlagen, kam anläßlich diplomatischer Kulissengespräche hinter dem Festspielvorhang hin und wieder zum Ausdruck. Nur am Rande ging es dabei um irgendwelche Formen ideeller Anerkennung; hauptsächlich ging es Bayreuth natürlich um mehr oder minder konkreten materiellen Schutz. Erst der ausgesprochene Standesdünkel Cosima Wagners verschaffte — und zwar nicht ohne Geschick und Beziehungen — dem Bayreuther Unternehmen den gewünschten breiten Rückhalt vor allem in der europäischen Finanz- und Hofgesellschaft, was nicht zuletzt Cosimas Hausmacht in latenten Gegensatz zu den bürgerlich-akademischen Richard-Wagner-Vereinen brachte, denen Richard und Cosima Wagner nicht unfreundlich, aber im Grunde teilnahmslos gegenüberstanden. Auf vordiplomatischer und juristischer Ebene hat Wahnfried bei zunehmender Prosperität wenigstens bis 1914 nichts unversucht gelassen, Forderungen auf allen Gebieten (z. B. Rückerwerb von Aufführungsrechten, Briefen, Manuskripten etc.) durchzusetzen und Bayreuth als ein privates Kultur-Imperium zu befestigen. Den Anschluß an die Umbrüche und Entwicklungen des geistig-kulturellen Lebens mußte Bayreuth dabei notwendigerweise verpassen. Wagners Bayreuther Reformanspruch degenerierte allmählich zur unreflektierten Lust am Musealen.

Die Defizitfrage von 1876 ist von Richard Wagner noch vor erneuter Kontaktaufnahme mit München im Kreis seiner Bayreuther Patrone diskutiert, aber nicht gelöst worden. »Von allen verlassen« überschrieb Wagners Biograph Glasenapp dieses nicht unwichtige Kapitel der Festspielgeschichte. Die zu Beginn des Jahres 1877 angekündigte Gründung eines sogenannten »Zweiten Patronats zur Pflege und Erhaltung der Bühnenfestspiele in Bayreuth« kam mangels Beteiligung praktisch überhaupt nicht zustande. Bevor die königliche Kabinettskasse hilfreich eingriff, sah es für Wagner so aus, als habe er zum Dank für alle Anstrengungen die persönliche Haftung für den Schuldenberg von 1876 jetzt alleine zu tragen. Den Gedanken an die jährliche Wiederkehr von Festspielen hatte er nolens volens fallen lassen müssen. Daher beschränkte er sich in dem »Aufruf an die geehrten Vorstände der Richard-Wagner-Vereine«[34] darauf, Freunden und Publikum die Notwendigkeit der Pflege und Erhaltung Bayreuths nochmals eindringlich vor Augen zu führen. Einer Art Schule »für dramatisch-musikalische

[33] Ph. v. Eulenburg an C. Wagner (vermutlich 1888). RWG (Hs. 92)
[34] R. Wagner, GS X, S. 11 ff.

Darstellung« sollte die Aufgabe zufallen, für die Ausbildung eines künstlerischen Nachwuchses zu sorgen, der auf die spezifischen Bayreuther Ansprüche in geeigneter Weise präpariert wäre. Denn Wagner wußte nicht nur aus eigener Praxis, daß die unter dem Druck täglicher Aufführungen arbeitenden Theater einen Sängertypus heranbildeten, der auf das Neue seiner künstlerischen Forderungen tatsächlich ungenügend vorbereitet war, sondern er wußte auch, daß in Bayreuth daher mit unvergleichlich längerer und entsprechend kostspieliger Probenarbeit gerechnet werden mußte. Ergänzend zu diesem Schulgedanken kündigte Wagner (1877) den sich darauf stützenden »Schulplan« an. Dieser sah vor, gemeinsam mit jenen Kräften, die von Wagner und Franz Liszt am Beispiel klassischen Repertoires in Bayreuth auf ihre Aufgaben vorbereitet werden sollten, zunächst die Werke vom Holländer bis Parsifal in der Zeit von 1878 bis 1883 festspielreif einzustudieren[35]. Aber auch dieser Gedanke mußte noch vor Jahresende wieder zurückgenommen werden, nachdem man Wagner und Liszt vergeblich auf Anmeldungen hatte warten lassen. Der »Schulplan« von 1877 war innerhalb eines vom Bayreuther Patronatvereins jährlich aufzubringenden Garantiebetrages von 300 000 Mark abgesteckt, der sich durch en-bloc-Kartenverkauf der Reichsbehörden um weitere 100 000 Mark vergrößern sollte. Auf diese Weise sah er die Möglichkeit, eine größere Anzahl von Freiplätzen Unbemittelten, namentlich Jüngeren, Strebsamen und Bildungslustigen zuzuweisen[36]. Wenn auch dieser als Eingabe an den deutschen Reichstag adressierte Vorschlag unerledigt liegen blieb, in Vergessenheit geriet er nicht: Wagners Idee eines Reichsstipendiums für Bayreuth bot der faschistischen Regierung gleich nach der Machtübernahme eine erste und wirksame Möglichkeit, ihrer besonderen Verbundenheit und kulturpolitischen Verpflichtung an Ort und Stelle adäquaten Ausdruck zu verleihen. Indessen bedurfte es im Führerstaat keines Reichstags, um zwischen 1933 und 1936 den Massenankauf von Festspielkarten, die namentlich an die strebsame Jugend verteilt wurden, einvernehmlich mit der Festspielleitung anzuordnen. In Bayreuth wurde dankbar vermerkt, daß Wagners Vorstellungen nun endlich Gehör fanden: »Durch diese Maßregel würde auch am Zweckmäßigsten die Idee einer Nationalisierung der ganzen Unternehmung, zum großen Ruhme derselben, verwirklicht werden, und somit zum ersten Male einem theatralischen Institut der Stempel einer nationalen Bedeutung auch in bezug auf seine Verwaltung aufgedrückt sein«[37].

Ein von Martin Plüddemann verfaßtes Flugblatt vom April 1877 (Dok. I–3), dessen Inhalt gewiß nicht ohne Rücksprache mit Wahnfried und den Wagner-Vereinen zur Veröffentlichung gelangte, hatte diesen Gedanken Wagners weiterentwickelt und eine unverzügliche »Staatshülfe für Bayreuth« gefordert. Gemessen an der geringen öffentlichen Resonanz wäre dieser vergebliche Versuch eines einzelnen an sich bedeutungslos für die Festspielgeschichte, läge damit nicht aus den Reihen der Wagnerianer eine erste pointierte Selbstdarstellung und Standortbestimmung vor. Deutlichere Worte waren bis dahin nicht gefallen. Mit der Unterstellung, es sei die unbedingte Pflicht des Staates, den »Geschmack einer Minorität für das Gute und Edle« zu schützen, sollte nach Plüddemanns Ansicht Bayreuth aus seiner drohenden Isolierung befreit werden und nachträglich als ein öffentliches Anliegen Beachtung finden. Wohl könne, so argumentierte der spätere Bayreuth-Gegner, dieses Eingreifen der Öffentlichkeit nicht nur auf einen einzigen Komponisten beschränkt bleiben, dennoch genieße die Einzigartigkeit Bayreuths eben eine unbestreitbare Vorrangigkeit. Um die bisher gescheiterten Vorstellungen Wagners, Bayreuth zu einem »deutschen Nationalunternehmen« zu machen, rankten sich hier

[35] R. Wagner, GS X, S. 16 ff.
[36] R. Wagner, GS X, S. 14
[37] R. Wagner, GS X, S. 15

ganz konkrete politische Tagesforderungen vor dem Hintergrund monopolisierender Tendenzen einer Minderheit, die künftigen kulturellen Entwicklungen in und außerhalb Bayreuths den Weg versperrte, wo immer dies möglich war.

Die wachsende Sorge über das sich erst 1878 voll abzeichnende Defizit seiner ersten Bayreuther Festspiele (Dok. I—5a und b) wurde durch das Fehlschlagen des 2. Patronats und die in finanzieller Hinsicht unergiebigen Londoner Konzerte begleitet, die Wagner zusammen mit Hans Richter gab und die mehr als sonst an seinen physischen Kräften zehrten. Wagner spielte mit dem Gedanken, in die Vereinigten Staaten auszuwandern, und erwog Reisepläne, um sich durch Konzertaufführungen etc. zumindest den Grundstock eines Privatvermögens zu schaffen. Die Verhandlungsbereitschaft der Vertreter der bayerischen Kabinettskasse konnte bekanntlich erst durch Wagners — wenn auch nur vorübergehenden — Verzicht auf Parsifal-Tantiemen erreicht werden. In einem aufschlußreichen Lagebericht gab Wagner 1877 seinem Verwaltungsrat Friedrich Feustel eine subjektive Zusammenfassung seiner damaligen Situation: »Soviel glaube ich — um für alle Zukunft klar zu sehen — erkennen zu müssen, daß nicht mein Werk gerichtet ist, sondern — Bayreuth. Mein Werk wird überall aufgeführt werden und zahlreiche Zuschauer herbeiziehen, aber — nach Bayreuth will man nicht wieder kommen. Dieses ist der wahre Verhalt der Sache, und der Grund der eingetretenen Kälte für meine Unternehmung. Dem Orte kann ich nur insofern Schuld geben, als — ich ihn gewählt habe. Doch hatte ich einen großen Gedanken dabei: ich wollte mit Unterstützung der Nation, eine durchaus selbständige neue Schöpfung an einem Orte, der erst durch diese Schöpfung zur Bedeutung kommen sollte — eine Art Kunst-Washington. Ich dachte von unseren höheren Kreisen zu gut. Man hat das Opfer der ungeheuren Unbequemlichkeit Bayreuth's einmal — mir zu gefallen (auch zum Teil aus Neugier) — gebracht, schreckt aber vor dem Gedanken einer Wiederholung zurück«. Seinen Appell an Bayern und die Stadt Bayreuth unterstrich er durch den Hinweis auf die Angebote aus London, Leipzig, Würzburg und Nürnberg, wo angeblich alles bereit stünde, um das begonnene Werk nach seinen Vorstellungen weiterzuführen: »Bayreuth«, fuhr er fort, »könnte nur noch reüssieren, wenn mein Gedanke einer musikalisch-dramatischen Hochschule ... durchgeführt würde, so daß es zu bedeutenden Ansiedlungen daselbst führte. Die Stadt selbst, die so große Vorteile, wenigstens für ihre Einwohner, davon erwarten dürfte, könnte sich am Ende an den König, die Stände usw. mit einer Petition wenden. Was mich betrifft, ich werde wohl nichts mehr tun können, als mich abängstigen, um das Defizit zu decken und das Theater los zu werden!«[38] Aber schon ein Jahr später hatten sich die Verhältnisse durch die Münchner Garantieerklärung von 1878 vollkommen geändert. Diesmal konnte er dem Bayreuther Bankier und Verwaltungsrat der Festspiele Mitteilung machen: »Aus unserem Bayreuth — so denke ich — soll nun aber doch etwas werden«, und führte im einzelnen aus: »1. Parsifal erhalte ich einzig und ausschließlich für Bayreuth; selbst der König entsagt ihm für München, schickt mir aber seinen Chor und Orchester alljährlich dazu. 2. Alljährliche Aufführungen davon gegen Jedermann zustehendes Entrée (hoch!). 3. Der Patronatsfonds dient als Unternehmungs-Capital: mit der Zeit sich steigernde Höhe des Fonds durch die Kassa-Einnahmen dient zur weiteren Aufführung aller meiner Werke. Hierbei habe ich jeder Einnahme zu entsagen, da ich selbst die Partitur des Parsifal nicht einmal herausgebe«[39].

Das Bühnenweihfestspiel entstand in den Jahren zwischen 1877 und 1882. Es wurde *das* Bayreuther Werk schlechthin. Die ästhetische Nachbarschaft zum Gedankenkreis der Regenerationslehre sowie zu Wagners Lieblingsthema Religion und Kunst kann

---

[38] R. Wagner an F. Feustel, Brief vom 14. 6. 1877. In BBl 1903, S. 211
[39] R. Wagner an F. Feustel, Brief vom (?) 10. 1880. ebda., S. 217

hier nur angedeutet werden. Gewissermaßen kompositorisch umgesetzt, spiegelten sich in Wagners letztem Werk jedoch auch musikalisch-dramatische Erfahrungen, die die Praxis der ersten Festspiele, der Umgang mit den Eigentümlichkeiten der Bühne, des Orchestergrabens und der Akustik des Hauses gelehrt hatten. Allein schon aus diesem Grunde durfte die Bayreuther Wiedergabe des Parsifal mit Fug und Recht Authentizität für sich in Anspruch nehmen. Das Programm des Bayreuther Festspielsommers von 1882 umfaßte insgesamt 16 Parsifal-Aufführungen. Wagner sprach — wenn auch mit einigen Einschränkungen — nach der Uraufführung des Bühnenfestspiels von einem Erfolg. Gewiß war dieser Erfolg nicht denkbar ohne Hermann Levi und den Bühnenmaler Paul Joukowsky, nicht ohne die Mitwirkung eines glänzend vorbereiteten und zum Teil schon festspielerprobten Ensembles großer Sänger, darunter Namen wie Gudehus, Jäger, Winkelmann, Brandt, Malten und Materna, Reichmann, Scaria, Fuchs und Siehr[40]. Die Endabrechnung der 16 Aufführungen von 1882 erbrachte sogar einen bedeutenden Überschuß[41]. Gleichwohl, die nach allem Anschein positive Wendung, die das Bayreuther Unternehmen mit den Ereignissen von 1882 erfahren hatte, mußte Wagner nachdenklich stimmen: drei Freunde, auf das engste mit der Gründung der Bayreuther Festspiele verbunden, waren diesmal ferngeblieben — jeder mit seinem Motiv: Friedrich Nietzsche, Hans von Bülow und Ludwig II. von Bayern (Dok. II—6, 7 und III—1 bis 7).

Die in der Öffentlichkeit geteilte Meinung über die Festspiele von 1876 hatte man in Bayreuth unter anderem damit zu erklären versucht, daß in der Not ein beträchtliches Kontingent nicht abgesetzter Patronatsscheine an ein — wie es im Bayreuther Jargon hieß — nicht dazugehöriges, »zahlendes Publikum« wie gewöhnliche Theaterbillets abgegeben werden mußte, um Kasse und Parkett wenigstens halbwegs zu füllen. Einigkeit herrschte bei den Wagnerianern auch darüber, daß man Kritik und Diffamierungen sicherlich nur jenen zu verdanken habe, die sich als »Unberufene« auf diese Weise den Eingang ins Festspielhaus verschafft hatten[42]. Unmut gab es in Patronatskreisen auch deshalb, weil die Patrone ihre gegen finanziellen Einsatz quittierten Privilegien, die von vielen als stille Teilhaberschaft am Ganzen verstanden wurde, nicht entschädigungslos zu teilen bereit waren. Um also dieselben Patrone ein zweites Mal um erkennbare Hilfe überhaupt bitten zu können, mußte Wagner versichern, die damals noch für 1880 geplanten Parsifal-Aufführungen »ganz unter uns« zu verwirklichen, obgleich seine Verwaltungsräte und nicht zuletzt der Meister selbst von der Bodenlosigkeit solcher Versprechungen wissen mußten.

Mit der 1878 erfolgten Gründung der »Bayreuther Blätter« (1878—1938) schuf Wagner für sich und die Wagnerianer ein publizistisches Forum. In größter Ergebenheit Wahnfried ein Leben lang verbunden, sorgte Hans von Wolzogen als Herausgeber von 1878—1938 dafür, daß der streng hausbezogene Charakter dieses Organs durch sämtliche Jahrgänge gewahrt blieb. Bezieher der »Bayreuther Blätter« waren im übrigen ausschließlich die Mitglieder der Wagner-Vereine. Mit deren Beiträgen wurden satzungsgemäß die als Vereinsnachrichten bezeichneten »Bayreuther Blätter« sowie der Betriebs- oder Festspielfonds und nach 1882 auch die Stipendienstiftung unterstützt. Die Unterstützung des Bayreuther Festspielfonds durch die Wagner-Vereine sah im übrigen so aus, daß ein im Laufe der Zeit immer größer werdender Betrag nicht als direkte Zuwendung nach Bayreuth gelangte, sondern zum Ankauf von Eintrittskarten für die Vereinsmitglieder reserviert wurde. Aus Wahnfrieds Sicht boten die Vereine in den Achtziger

[40] Dok. IV—1
[41] Vgl. Aufführungsstatistik, Teil II, Anhang
[42] Vgl. dazu R. Wagner, GS XII, S. 324 ff.

Jahren noch dasselbe Bild der Unproduktivität und Unzuverlässigkeit wie schon vor 1876: als Feustel zu Beginn des Jahres 1880 den Aktivbestand des Festspielfonds mit 90 300 Mark bekanntgab, sah Wagner sich endgültig gezwungen, die Parsifal-Aufführungen durch Freigabe des Kartenvertriebs zu retten und seine Beziehungen zu den Vereinen endgültig zu klären. Seinem Freund und Gönner Ludwig II. gegenüber hatte Wagner schon frühzeitig seiner Meinung über die nutzlosen Bemühungen der Helfer in Patronat und Vereinen freien Lauf gelassen und ihnen ganz schlicht ihre Unfähigkeit bescheinigt[43]. Mit den Festspielen von 1882 löste sich Wagner von den letzten gegenseitigen Verpflichtungen: nach der zweiten ausschließlich für die Patronatsmitglieder reservierten Parsifal-Aufführung waren auf Wagners Anordnung sämtliche materiellen Forderungen der Vereine abgegolten. Die Vereine reagierten begreiflicherweise enttäuscht, sahen sich in ihrer Existenz aber dadurch keineswegs betroffen. Auf Wagners Wunsch sollten ab sofort die materiellen Anstrengungen der ehemaligen Bayreuther Patrone nur noch der im Festspieljahr 1882 gegründeten Stipendienstiftung zugute kommen, dem bescheidenen Rudiment der schon in das älteste Festspielkonzept verflochtenen Idee des freien Eintritts. Die Stipendienstiftung, die auch als 3. Patronat in die Festspielgeschichte eingegangen ist[44], stellte nach Wagners Interpretation einen »moralischen Akt des Publikums für das Publikum« dar und sollte unbemittelten, würdigen Besuchern die Teilnahme an den Spielen ermöglichen[45]. Diese Einrichtung entlastete Wagner in mehrfacher Hinsicht. Einmal konnte sie jenen vorgehalten werden, die gegen das Bayreuther Unternehmen den Vorwurf der Luxuskunst, des Theaters der Reichen erhoben. Zum anderen konnte die Bayreuther Stipendienstiftung — ausgestattet mit dem moralischen Segen des Meisters — die Energien der Wagnerianer so binden, daß sie von Festspieldingen unmittelbar ferngehalten wurden und dennoch das Bewußtsein nicht verloren, in einer wichtigen und würdigen Funktion der großen Bayreuther Sache zu dienen. Die Haupteinnahmen der Stiftung bestanden aus satzungsgemäß vereinbarten, jedoch entsprechend dem Mitgliederschwund in den Wagner-Vereinen konstant sich verringernde Abgaben. Spenden, Sammlungen und Schenkungen brachten das Stiftungsvermögen bis 1914 nahe an die Millionengrenze, bevor es der Inflation gänzlich zum Opfer fiel. Aus ihrem Selbstzweck-Dasein ist diese Einrichtung trotz ihres ansehnlichen Vermögens zu keiner Zeit ihres Bestehens herausgetreten[46]. Wohl hat sie im Laufe ihrer Geschichte eine statistisch beachtliche Zahl von Besuchern spesenfrei nach Bayreuth befördert, je mehr aber der »moralische Akt des Publikums für das Publikum« zum bloßen Alibi schrumpfte, desto hohler und vergeblicher war der rhetorische Aufwand, mit dem unter anderem Hans von Wolzogen und Wagners Schwiegersohn Houston Stewart Chamberlain an die moralische und erzieherische Bedeutung der Stipendienstiftung erinnerten[47]. Und auch Wagners Äußerungen zu diesem Komplex hatten einen durchaus doppelten Sinn; seine Genugtuung über das auf diese Weise endlich neutralisierte Verhältnis zu den ehemaligen Helfern konnte sich hinter der allseitig begrüßten Erfindung gut verbergen, und zwar unabhängig davon, mit welcher Deutlichkeit er gleichzeitig mit dem lästig gewordenen Vereinswesen abrechnete[48].

[43] R. Wagner an Ludwig II., Brief vom 28. 9. 1880. O. Strobel III, S. 183
[44] H. v. Wolzogen, Bayreuther Festworte. I. Das Bayreuther Patronat, BBl 1882, S. 225 ff.
[45] Nach § 1 der im Auftrage Wagners durch H. v. Stein vorgelegten Satzung
[46] Vgl. Dok. XVIII—1 ff.
[47] H. v. Wolzogen, 1878—1898, Teil V, in: BBl 1898, S. 355 ff. Vgl. dazu bes. Schüler, S. 210
[48] Vgl. dazu R. Wagner an H. v. Wolzogen, Brief vom 13. 3. 1882, in: GS X, S. 287. — R. Wagner, Offenes Schreiben an F. v. Schoen, 16. 6. 1882, ebda., S. 291 ff. — R. Wagner an H. v. Wolzogen, Brief vom 28. 9, 1882, in: R. Wagner, Briefe an seine Künstler, 2. Folge, Bd. XIV (hrsg. von E. Kloss), Leipzig 1910/12, S. 404 f.

Der erste auf Initiative des Musialienkhändlers Emil Heckel 1872 gegründete Mannheimer Richard-Wagner-Verein war in Wahnfried auf das lebhafteste begrüßt worden. Mit zuversichtlichen Hoffnungen beobachtete Wagner, wie sich seitdem ein verzweigtes Geflecht individueller Interessen unter seinem Namen aus freien Stücken zur gemeinsamen Förderung der Bayreuther Sache vereinsmäßig und wie er sagte, nach guter altdeutscher Gewohnheit[49] organisierte. Vielleicht hatte man in Wahnfried unterschätzt, daß solche Vereinigungen bisweilen ihrer eigenen Dynamik unterliegen und zur Verselbständigung tendieren, sofern Rechte und Pflichten erst einmal statutengemäß verankert sind.

Wagners Pragmatismus konnte in dem anfänglich noch relativ unkoordinierten und daher nur schwer manipulierbaren System lockerer Verbandsarbeit nicht immer wunschgemäß und flexibel genug aufgefangen werden, was schon früh zu latenten, wenn auch noch nicht prinzipiellen Disharmonien führte. Daß er die Vereine überhaupt gewollt hat, stand ganz offensichtlich im Widerspruch zu befürchteten und auch versuchten Ein- und Übergriffen der jungen Vereinsbewegung in den gesamten Ablauf der Bayreuther Arbeit. Indem Wagner sich ihre Mitsprache auf dem grünen Hügel grundsätzlich verbat, kostete es ihn gleichzeitig erhebliche Anstrengungen, ihnen ihre bloß dienende Funktion immer wieder klarzumachen. Aus der Sicht Wahnfrieds waren die bald über das ganze Reichsgebiet verstreuten Wagner-Vereine in der Hauptsache ein Propagandainstrument für die Bayreuther Festspiele: zusätzlich fiel ihnen die sehr ernst genommene Aufgabe zu, die Ideen der Gesammelten Schriften des Bayreuther Meisters zu verbreiten. Mit diesem Auftrag, der die Qualität eines Missionsbefehls hatte, schickte Wahnfried die Wagnerianer an die kulturpolitische Front der völkisch-wilhelminischen Ära, wo sie im Namen Wagners und Bayreuths in den offenen Kampf gegen Fortschritt und Vernunft auf allen Bereichen gesellschaftlichen und kulturellen Lebens eintraten. Wie und gegen wen agitiert wurde, bestimmten die von Wahnfried gelenkten Bayreuther Blätter, deren Inhalt in toto eines der dunkelsten Kapitel deutscher Geistesgeschichte füllt. In universeller Breite wurden darin die losen weltanschaulichen Versatzstücke der Wagnerschen Schriften, die nie als geschlossene politische Lehre taugten, zur Bedarfs-Ideologie der Wagnerianer zusammengetragen bzw. verengt und gedehnt, und das rückwärts orientierte Element dieses Weltverbesserertums auf die aggressiv-optimistische Ebene vaterländischen Kulturkampfes befördert.

---

[49] »Da wir für uns allein in dem großen Vaterlande nicht viel bedeuten, pflegen wir aber die gute altdeutsche Gewohnheit der periodischen bundesschaftlichen Vereinigungen; und siehe da, wenn wir so als Schützen, Turner oder Sänger aus allen »Winkeln« zusammenkommen, steht plötzlich der eigentliche »Deutsche« da, wie er eben ist, und wie aus ihm zu Zeiten schon so manches Tüchtige gemacht worden ist.«
Aus: R. Wagner, Zur Einführung, BBl 1878, S. 4

III. Meisterwille und Dienst am Werk. Wagners Erben und Nachfolger.

Wagner hatte kein Testament hinterlassen, das Erbschaft und Fragen der Festspielnachfolge eindeutig geregelt hätte. Gewiß war zu erwarten, daß Wahnfried diesen Spielraum für sich nutzen und jede auffindbare Äußerung Wagners entsprechend interpretieren würde. So sicher auch Cosima Wagner die Bayreuther Festspiele und Wahnfried später regierte, so berechtigt waren am Anfang die Zweifel zumal an ihrer künstlerischen Legitimation. Die Berufung auf Wagner schied eindeutig aus. Von den Hausfreunden und Wahnfried-Panegyrikern, die sich in der Wagner-Chronik minuziös auskannten, wußte keiner mündliche oder schriftliche Hinweise zu nennen, die Cosima Wagner zur einzigen und alleinigen Nachfolgerin Wagners gemacht hätten. Adolf von Groß[1] war nach Wagners Tod zum Vormund der Kinder, zu Feustels Nachfolger als Verwaltungsrat der Festspiele sowie zum Generalbevollmächtigten und engsten Vertrauten Wahnfrieds bestimmt worden. Die bisher ungeöffnete Korrespondenz zwischen ihm und Wahnfried, ferner die ebenfalls bisher unberücksichtigt gebliebene Chronik der Beziehungen München-Bayreuth, überliefert in den Aufzeichnungen des Münchner Hofsekretärs Ludwig von Bürkel[2], spiegeln die Verworrenheit der Bayreuther Szenerie seit dem 13. Februar 1883 wider. Diese Quellen werfen zugleich ein neues Licht auf sehr genau berechnete Schritte, die Wahnfried noch zur selben Stunde einleitete, um Besitz und Herrschaft nach gleichsam dynastischem Prinzip zu wahren.

Noch hinter schwärzester Trauerfassade bestimmte profanes Kalkül die mit gewisser Spannung erwarteten Entscheidungen über die Zukunft der Festspiele. Im Einvernehmen mit der sonst für niemanden ansprechbaren Witwe Wagners wurde die Erbfolge von ihrem Vertrauten Adolf von Groß so festgelegt, daß nur Cosima und Siegfried Wagner, und zwar zu gleichen Teilen, erben sollten (Dok. V—1, 2). Die vier Töchter Blandine, Daniela, Isolde und Eva wurden auf ihr Pflichtteil beschränkt. Es war auch nach der damaligen Rechtslage, in die obendrein noch schweizerische Bestimmungen komplizierend hineinspielten, nicht erklärlich, warum 1883 nur Siegfried als das einzig legitime Kind Wagners anerkannt werden konnte. Dagegen spricht viel für die Vermutung, daß es Cosima Wagners moralischen und dynastischen Denkmustern durchaus entsprach, allein diese Lösung zu favorisieren, die dann ein für allemal Besitz- und Statusfragen in Wahnfried durch gerichtlichen Beschluß präjudizierte.

Noch bevor die Frage nach der Zukunft der Festspiele und ihrer personellen Führung aktuell wurde, hatte sich Wahnfried ein gerichtliches Dokument verschafft, das wie eine postume Willenserklärung des Meisters aussah und das Wahnfrieds bzw. Cosima Wagners künftige Hausmacht, die bis 1883 allein auf der persönlichen Autorität Wagners beruhte, praktisch unanfechtbar machte. Aber noch aus einem anderen Grunde hatte Adolf von Groß so rasch und lautlos handeln müssen. Schon Wagner mußte wiederholt seinen ganzen Erfindungsreichtum aufbieten, um die latenten Forderungen der Wagnerianer nach Mitentscheidung in Bayreuth immer wieder abzubiegen. Die geschichtliche Entwicklung Bayreuths kann nur bestätigen, wie umsichtig Wahnfrieds Generalbevollmächtigter gehandelt und welchen Vorsprung er Wahnfried verschafft hatte, noch bevor die alten Auseinandersetzungen mit Wagner-Vereinen 1884 erneut einsetzten. Während in Vereinskreisen immer noch Status- und Personalfragen

[1] Dok. VI—1 ff.
[2] Dok. III, IV und V

der Festspiele auf der Tagesordnung standen, hatte Wahnfried längst die wichtigsten Positionen erobert.

Die Ankündigung der Inszenierung der Wagnerschen Frühwerke fand — um ein Beispiel zu nennen — zunächst den erheblichen Widerstand vieler Wagnerianer, gab der interessierten Öffentlichkeit dankbaren Gesprächsstoff und verbreitete über die Festspiele den Schein neuer programmatischer Dimensionen und künstlerischen Wagemuts. Ferner war damit begonnen worden, die Aufführungsrechte der musikalisch-dramatischen Werke Richard Wagners nach und nach zum größtmöglichen Vorteil Wahnfrieds geltend zu machen, wertvolles Brief- und Quellenmaterial aus privater Hand zurückzufordern. Adolf von Groß bekam von Cosima Wagner wiederholt den Auftrag, Veröffentlichungen von und über Richard Wagner zu verhindern bzw. darauf so Einfluß zu nehmen, daß das von Wahnfried mühsam und hoch genug stilisierte Wagner-Bild keinen Schaden litt.

Cosima Wagners historische Leistung bleibt in einem wichtigen Punkt allerdings unbestritten: sie fand Künstler und Mitarbeiter, die unter ihrer Führung Wagners Gesamtwerk der Oper endgültig entrissen und dem Bayreuther Publikum die musikdramatische Idee ihres Schöpfers in Musteraufführungen präsentierten. Wenn es jedoch in einem Zuge damit heißt, es sei ihr alleiniges Verdienst, die Bayreuther Festspiele überhaupt gerettet oder vor ihrem sicheren Untergang bewahrt zu haben, bedarf diese Feststellung doch ganz erheblicher Korrekturen. Wiederholt hat sich Cosima Wagners Schwiegersohn Houston Stewart Chamberlain zu der leicht widerlegbaren Behauptung verstiegen, daß es ohne Cosima Wagner keine Bayreuther Festspiele mehr gäbe. Viel eher trifft nach heutiger Kenntnis der Quellen die gegenteilige Feststellung zu, nämlich daß Cosima die alleinige historische Verantwortung dafür trägt, *was* bzw. *wie wenig*, um es knapp zu sagen, aus den Festspielen nach Wagners Tod gemacht worden ist. Gerade jener nicht unbeträchtliche Spielraum, den die halboffene Lage von 1883 bot, ist von ihr als Chance ignoriert und dann eigensinnig und autoritär für alle Zukunft verbaut worden. Mit ihrem Namen verband sich Bayreuth zum Inbegriff einer beispiellosen Kunstherrschaft, die sich anmaßend über alle Veränderungen im gesellschaftlichen und kulturellen Prozeß hinwegsetzte und ihre monopolistischen Ziele hinter die völkisch-konservative Kulturfront des wilhelminischen Deutschland stellte. Unter Cosima Wagner und ihres Sohnes späterer Leitung erstarrten die Bayreuther Bühnenfestspiele, kaum waren sie aus dem fruchtbaren Stadium der Erprobung entlassen, zum störungsfrei arbeitenden Distributionsapparat eines eigenwillig beschränkten Angebots künstlerischer Serienware. Parallel dazu vereitelte die Witwe des Meisters jede über Richard Wagner hinausführende Programmdiskussion schon im Ansatz und zwang die Festspiele in diesem Geiste unter das konsequenterweise zur inneren Stagnation führende ökonomische Gesetz der einfachen Reproduktion.

Über den zukünftigen Programminhalt des Bayreuther Unternehmens hat Wagner an verschiedenen Stellen übereinstimmend geäußert, es sei sein fernes Ziel, der Bayreuther Festspielbühne alle seine Werke vom Holländer bis zum Parsifal zu erschließen, wobei insbesondere die jährlich zu wiederholenden Parsifal-Aufführungen als »lebendige Schule« zur Befestigung seiner musikdramtischen Idee dienen sollten[3]. Am Beispiel »musikalisch-dramatischer Werke von wahrhaft deutschem Style«[4], aller »guten dramatischen Werke vorzüglich deutscher Meister« sowie klassischer Instrumental- und Kammermusik[5] plante Wagner ferner, im Rahmen der für 1878 angekündigten Bay-

---

[3] Vgl. dazu bes. R. Wagner, GS X, S. 16 ff., 32 f., 287 ff., 293. Ferner R. Wagner an Ludwig II., Brief vom 18. 11. 1882, in: O. Strobel III, S. 250 ff.

[4] R. Wagner, GS XII, S. 331

[5] R. Wagner, GS X, S. 16 f.

reuther »Stilbildungsschule« geeigneten künstlerischen Nachwuchs heranzubilden. Als auch dieses Projekt endgültig gescheitert war, sprach er, den Schulgedanken noch einmal streifend, zuletzt nur noch von den Sinfonien Beethovens (»diese meine Lieblingswerke«) und von sich selbst als »Beethoven-Konservator«[6].

Daß die Frage der inhaltlichen Zukunft Bayreuths für Wagner selbst noch keineswegs definitiv beantwortet war, daß er sie — anders als seine Erben — auch undogmatisch und keineswegs nur auf sich selbst fixiert zu betrachten verstand, kam 1880 in einer brieflichen Mitteilung an Friedrich von Schoen recht deutlich zum Ausdruck. Darin wußte er mit Rücksicht auf die bevorstehenden Parsifal-Aufführungen lediglich sein »hohes und rüstiges Alter« als einzigen Grund dafür zu nennen, der festspielmäßigen »Aufführungen von ›Zauberflöte‹, ›Freischütz‹, ›Fidelio‹ usw. enthoben zu sein«[7]. Ansichten über die personelle Zukunft des Unternehmens finden sich ebenfalls der späteren Bayreuther Korrespondenz anvertraut. In einem Schreiben an Hans von Wolzogen vom September 1882 wandte er sich in diesem Zusammenhang unmißverständlich gegen eine künftige Mitsprache der Wagner-Vereine und fügte hinzu: »Ein nach meinem Tode eintretendes, vielleicht schon bei meinen letzten Lebzeiten mich leitendes Comité«, hieß es dort, »will ich *nicht*!«[8] Doch zielten seine Worte nicht nur allein in diese eine Richtung. Wagner fuhr fort:»Ich bin nun 70 Jahre alt geworden und kann nicht einen einzigen Menschen bezeichnen«, und damit war wohl auch seine Lebensgefährtin angesprochen, »der in meinem Sinne irgend einem der bei solch einer Aufführung Beteiligten, sei es den Sängern, dem Orchesterdirigenten, dem Regisseur, dem Maschinisten, dem Dekorateur oder dem Costumier das Richtige sagen könnte. Ja, ich weiß fast keinen der nur auch im Urteil über Gelungenes oder Nichtgelungenes mit mir zusammentreffe, so daß ich mich auf das seinige verlassen könnte«[9]. Den Tenor dieser Feststellung paraphrasierte Wagner später noch einmal in seinem Brief an den Theaterunternehmer Angelo Neumann mit den Worten: »Meine Bayreuther Schöpfung wird vergehen und zwar mit meinem Tode; denn wer in meinem Sinne sie fortführen wollte, ist und bleibt mir unbekannt und unerkenntlich.«[10] Eigentümlicherweise enthalten nur die sogenannten Königsbriefe verwertbare Hinweise darüber, daß er seinen Sohn Siegfried, damals noch im zartesten Kindesalter, als alleinigen künstlerischen Nachfolger ins Auge faßte. »Ich stehe ganz, ganz einsam«, räsonnierte Wagner nach den ersten Festspielen von 1876 über Leben und Werk. Mit gewisser Zuversicht setzte er auf ein weiteres Lebensjahrzehnt, das ihm freilich nicht mehr vergönnt war, bis ihm der Sohn — wie er sagte — »zum Alter seiner völligen Mündigkeit« gereift sei — sonst wüßte er niemand, wiederholte er, dem er sein Amt guten Gewissens verantwortlich übergeben könnte[11].

Die Wahnfried-Biographen konnten an dieser Ausgangslage nicht ganz vorbeisehen, scheuten sich aber, Cosima Wagners Legitimation anzuzweifeln. Freilich regten sich auch vereinzelte Proteste, als sie das Bayreuther Festspielunternehmen in alleinigen Besitz nahm und nach eigenen Vorstellungen fortzuführen begann. In Hinblick auf Sieg-

[6] R. Wagner, GS X, S. 293

[7] R. Wagner an den Vorsitzenden des Executiv-Comités (F. v. Schoen), Brief vom 28. 6. 1880. Zit. n. K. Heckel, Die Bühnenfestspiele in Bayreuth, Leipzig o. J., S. 67 f. Dazu vgl. Dok. VIII—8

[8] R. Wagner an H. v. Wolzogen, Brief vom 28. 9. 1882. In: R. Wagner, Briefe an seine Künstler op. cit., S. 405

[9] ebda.

[10] R. Wagner an A. Neumann, Brief vom 29. 9. 1882. Zit. n. Festspielführer 1937, S. 61

[11] O. Strobel III, S. 144 und 250 ff.

fried Wagners Jugend glaubten Bayreuther Freunde nach 1883 lediglich an ein Interregnum Cosima Wagners, das sich aber schließlich über zwanzig Jahre hinzog und zu
einer historischen Ära auswuchs.

»Laßt mir das Grab und die Trauer«, so soll sich nach einer bisher unbekannten Quelle
Cosima Wagner im Frühjahr 1883 über den nächsten Festspieltermin geäußert haben,
»der Weiterverbreitung des Ruhmes mögen sich die Freunde annehmen, mein Mann
selbst dachte so, mir ist Alles recht —« (Dok. V—1). Mit diesem Dokument ist belegbar,
daß sich Wagners Witwe unmittelbar nach Wagners Tod zum Eingreifen in das Festspielgeschehen noch nicht legitimiert sah. Den Parsifal-Aufführungen für 1883 blieb sie
fern und überließ es im Todesjahr des Meisters dessen Freunden allein, für die »Weiterverbreitung des Ruhmes« zu sorgen. Die Festspiele von 1883 waren durch Wagner
selbst noch so weit vorbereitet worden (Dok. V—1), daß sie unter der Doppelleitung
Emil Scarias und Julius Knieses schon im März 1883 angekündigt werden konnten. Für
die Jahre 1883 und 1884 sollten nach Wagners eigenen Vorstellungen Wiederholungen
des Parsifal stattfinden. Mit diesen Aufführungen nahmen die Bayreuther Freunde und
Künstler letzten Abschied von ihrem Meister.

Wohl sind Julius Knieses Berichte über die Festspiele von 1883 die ausführlichsten ihrer
Art, keinesfalls aber taugen sie als Beweis für jene von der zeitgenössischen Bayreuth-
Literatur vielfach kolportierte Darstellung, daß 1883 nur noch Unfähigkeit, Nervosität
und übler Theaterschlendrian die Szene beherrschten und den Bayreuther Geist zu zer-
stören drohten. Knieses starker Wunsch, sich als zukünftiger Bayreuther Kapellmeister
verdient zu machen, hat seine einseitigen Urteile über Kollegen, Freunde und Künstler
vorherbestimmt. Für die Parsifal-Wiederholungen wußte er sich als unentbehrlicher Helfer qualifiziert, weil er Wagners szenische und musikalische Anweisungen der Probenarbeit von 1882 minuziös aufgezeichnet hatte. Mit diesem Klavierauszug terrorisierte er
Sänger und Musiker in falsch verstandener Orthodoxie und war ebenso eifrig wie rücksichtslos darum bemüht, den Aufführungen den Schein authentischen Formats zu geben. Knieses Übereifer stand am Anfang jener sklavischen Strenge, jener Pedanterie und
Gedankenarmut, die die szenische Wagner-Deutung Bayreuths zukünftig mitbestimm-
ten. Daß er dabei mit so erfahrenen Künstlern wie Emil Scaria, der die Spielleitung
übernommen hatte, und besonders auch mit Hermann Levi, dem er als rüder Antisemit
in keinem Punkt gerecht wurde, in unausbleiblichen Konflikt geriet, daß er selbst Un-
frieden stiftete und seine persönlichen Eindrücke obendrein noch in musikalischen Kreisen verbreitete, hat das negative Gesamturteil dieser Festspiele entscheidend beeinflußt.
Noch vor den Aufführungen ließ Kniese seinen Freund Carl Friedrich Glasenapp inti-
men Einblick nehmen in die geheimen Hoffnungen, die er ganz persönlich auf Bayreuth
setzte (Dok. VIII—4). Für Cosima und ihre Ratgeber bestand indessen kein Anlaß, die
alarmierenden Berichte eines verdienten Mitarbeiters in Zweifel zu ziehen.

In Wahnfried sah man sich zum unverzüglichen Eingreifen aufgefordert, nachdem auch
in der Öffentlichkeit von desolaten Verhältnissen auf dem Festspielhügel vermehrt die
Rede war. Übereinstimmenden Berichten zufolge war das Niveau der Festspiele von
1883 hinter dem des Vorjahres zurückgeblieben. Daß die bisherige künstlerische Solidarität zu zerbröckeln begann und daß jeder Mitwirkende auf angeblich Richtiges sich
glaubte berufen zu können, verstärkte den Eindruck, daß gewöhnliche Opernroutine die
hohen Bayreuther Ziele Richard Wagners langsam aufzulösen begann. Verständlicherweise scheuten sich die Bayreuther Künstler, Wahnfried durch eigenmächtiges, wenn
auch entschiedenes Vorgehen unnötig herauszufordern. Solange sich aber Wahnfried
in Schweigen hüllte, konnte billigerweise von dem Mitwirkenden allein keine Initiative
erwartet werden, die Festspielarbeit mit ebensoviel Phantasie wie Verantwortlichkeit
fortzusetzen. Für Eingeweihte bedurfte es weiter keiner Erklärung, warum Richard

Wagners Bayreuth nach den Festspielen von 1883 den Eindruck eines in Auflösung begriffenen, führerlosen Unternehmens machte.

Der Zeitpunkt für Cosimas Eingreifen war günstig gewählt. Im engsten Bayreuther Kreis sprach man schon einige Jahre später vom »Werk der Rettung Bayreuths«, als Wagners Witwe im Festspielsommer 1884 ebenso autoritär wie im wahrsten Sinne des Wortes unsichtbar die Führung der Bayreuther Festspiele übernahm. Freilich ist widerlegbar, daß es in der fraglichen Zeit an geeigneten Künstlerpersönlichkeiten gefehlt hätte, den Bayreuther Stil im Sinne Richard Wagners weiterzuentwickeln. Julius Kniese bestätigte immerhin, daß sich Hans von Wolzogen im Auftrage Wahnfrieds mit Hans von Bülow wegen der Bayreuther Führungsfrage in Verbindung gesetzt hatte. Bülow schied jedoch aus, weil er in Meiningen bereits andere künstlerische Wege betreten hatte und weil gerade ihm die Zusammenarbeit mit Cosima Wagner schlecht zumutbar war. Auch Franz Liszt war in Vorschlag gebracht worden. Doch stand bei allem Ansehen, das ihm in Bayreuth entgegengebracht wurde, sein hohes Alter einer Berufung objektiv entgegen. Weitere Namen sind in diesem Zusammenhang weder in Wahnfried noch im Bayreuther Kreis genannt worden. Die Möglichkeit der Umwandlung Bayreuths als Filialbetrieb der Münchner Hofoper wurde zwar vorgeschlagen, doch gleich wieder verworfen. Auch Knieses Vorstellungen von einer künftigen Schirmherrschaft des Allgemeinen Deutschen Musikvereins fanden in Bayreuth keinen Beifall, obgleich dieser Vorschlag einer Diskussion durchaus würdig gewesen wäre. Immerhin nahm Richard Wagner in der Geschichte des Allgemeinen Deutschen Musikvereins als Mitbegründer einen Ehrenplatz ein, Franz Liszt amtierte damals noch als Ehrenpräsident. Die Integration Bayreuths hätte für beide Seiten sicher mehr als nur ideelle Bedeutung gehabt. Durch eine spekulative Verbindung mit den Musikfesten des Allgemeinen Deutschen Musikvereins, so hoffte Kniese, würde besonders der seit 1878 liegen gebliebene Schulgedanke des Bayreuther Meisters wieder neuen Auftrieb erhalten. Beides hätte sich nach Ansicht Knieses institutionell auf ideale Weise ergänzt, zumal hinreichend bekannt war, welche Aufgeschlossenheit Richard Wagner den Musikfesten des Allgemeinen Deutschen Musikvereins entgegenbrachte (Dok. VIII—4).

Eine Aufteilung der künstlerischen Bereiche in verantwortlich geleitete Ressorts kam nicht einmal gesprächsweise in Betracht, obgleich Bayreuth praktisch in sämtlichen Sparten über Persönlichkeiten verfügte, deren außerordentliche Qualifikation eine verantwortliche Bindung an die Festspiele durchaus nahelegte. Dazu zählten im musikalischen Fach neben Hans von Bülow vor allem Hans Richter, Hermann Levi und Felix Mottl, Heinrich Porges und Julius Kniese (Korrepetition und Dramaturgie), ferner der nahezu unersetzliche Darmstädter Theater- und Maschinenmeister Fritz Brandt, sowie nicht zuletzt die Spitzensänger der Festspiele von 1882. Zumindest aus diesen Künstlerreihen mußte Cosima Wagner als Nichtfachmann mit einiger Skepsis rechnen. Vielleicht ist es weniger als Zeichen der allgemeinen Zustimmung, sondern eher als eine Verbeugung vor Richard Wagner zu bewerten, daß von berufener Seite kein deutliches Votum gegen die alleinige Nachfolge Cosima Wagners auf dem Festspielhügel laut wurde. In der offiziellen Bayreuth-Literatur wurde jedenfalls die Entscheidung wie ein Ereignis begrüßt, das alle Erwartungen bei weitem übertraf.

Wahnfried achtete streng darauf, daß von den Spannungen, die der von Cosima geforderte Geist der totalen Unterwerfung im Bayreuther Künstlerkreis hier und da hervorrief, nichts nach außen drang. Das prominenteste Beispiel: die Rolle des Bayreuther Parsifal-Dirigenten Hermann Levi. Die zwischen Cosima und ihrem Vertrauten Adolf von Groß gewechselte Korrespondenz gibt stellenweise tiefen Einblick in die demütigende Atmosphäre, der Levi als Nichtarier in Bayreuth ständig ausgesetzt war. Levi muß es bisweilen schmerzlich gespürt haben, daß er in Bayreuth als Künstler geachtet, als

Mensch aber nur geduldet war. Als er für das Festspieljahr 1892 schließlich vor der Direktion des Parsifal für immer zurücktreten wollte, wandte sich Cosima an Groß mit der abschätzigen Bemerkung: »Du wirst es nicht sehr männlich finden« und lehnte das Gesuch mit der Begründung ab, »daß weder er noch ich Wir (sic!) befugt seien die Dinge zu ändern, wir müßten uns gegenseitig ertragen.«[12]

Nach einer erst jetzt bekannt gewordenen Quelle muß Cosima Wagners Entschluß, das inhaltliche Konzept der Festspiele zukünftig allein zu bestimmen, bereits 1883 im Todesjahr des Bayreuther Meisters gefallen sein. Der von Eva Chamberlain überlieferte »Festspielplan von Mama für 1884 bis 1889«[13] veranschaulicht, daß sie das Bayreuther Programm bis in die Einzelheiten von Besetzungsfragen schon 1883 fixiert hatte, und zwar noch bevor die endgültige Absage Hans von Bülows sie erreichte. Nach diesem Dokument sollte ab 1885 mit der Inszenierung der Frühwerke begonnen werden, und zwar — abweichend von Wagners Schulplan[14] — neben parallelen Parsifal-Wiederholungen in der Reihenfolge: Tristan (1885/Bülow), Holländer (1886/Bülow), Lohengrin (1887/Bülow), Tannhäuser (1888/Bülow), Meistersinger und Ring (1889/ Bülow und Richter; Ring-Regie: Fritz Brandt). Bülows Absage zwang jedoch zu neuen Dispositionen. Stattdessen konnte Felix Mottl gewonnen werden, doch mußte der zeitliche Rahmen in der späteren Festspielpraxis mit Rücksicht auf ökonomische Überlegungen erheblich gedehnt werden, wobei auch eine Umstellung der Werkfolge notwendig wurde.

Ab 1884 begann Cosima Wagner mit ersten Eingriffen in die praktische Festspielarbeit. Ihr Auftreten war für die nächste Bayreuther Zukunft bereits von symbolischer Bedeutung. Cosima begann zunächst sich selbst zu inszenieren und spielte Theater im Theater: ein Verschlag aus schwarzen Tüchern hielt sie den Blicken der Mitwirkenden vollständig verborgen, ihre Korrekturen und Kommandos aber wurden auf Zetteln geschrieben durchs Festspielhaus befördert. Erst im Pausenjahr 1885 ließ sie per Zirkular ihre Amtsübernahme offiziell verkünden. Daraus ging übrigens hervor, daß ihre Führungsrolle in Bayreuth auf den Zeitpunkt befristet sein sollte, bis Siegfried Wagner in der Lage sein würde, die Festspielarbeit alleine fortzusetzen. »Dann — so Gott will —« hieß es 1885 in einem Briefentwurf Cosimas an Glasenapp, »wird es der Sohn des Meisters sein, welcher Vorschläge macht und entgegennimmt« (Dok. VIII—8). Beginnend mit Tristan (1886/Mottl) inszenierte Cosima Wagner schließlich die Meistersinger (1888/Mottl), Tannhäuser (1891/Mottl; 1894/R. Strauss), Lohengrin (1894/ Mottl), Ring (1896/Richter, Mottl und — zum ersten Mal als Dirigent im Festspielhaus — Siegfried Wagner) und Holländer (1901/Mottl; Regie S. Wagner). 1901 ersetzte Karl Muck den Parsifal-Dirigenten Hermann Levi. 1906 endlich beschloß Cosima Wagner mit einer Wiederaufnahme des Tristan unter der musikalischen Leitung von Felix Mottl ihre Festspieltätigkeit.

In Anbetracht dieser stolzen künstlerischen Bilanz und eines allseitig anerkannten Gesamtniveaus, das sie in fünfundzwanzigjähriger Tätigkeit für die Festspiele erarbeitete, ist in Bayreuth darüber hinweggesehen worden, daß Cosima Wagner zwar die Festspiele repräsentierte, geeignetes Künstlerpersonal verpflichtete, Szene und Darstellung ihr unverwechselbares Profil gab, daß sie aber wichtige Voraussetzungen dafür allein einem Manne zu verdanken hatte, der neben seinen eigenen Bankgeschäften als Verwaltungsrat der Bayreuther Bühnenfestspiele bis über die Kriegsjahre 1914—18 hinaus

---

[12] C. Wagner an Adolf v. Groß, Brief vom 4. 9. 1891. RWG
[13] Original in der RWG. Veröff. von J. Bergfeld, Ein neues Dokument zur Festspielgeschichte, in: Festspielnachrichten d. Nordbayer. Kurier, Heft 1, Bayreuth 1970
[14] R. Wagner machte über die Werkfolge der Festspiele nur provisorische Angaben. Vgl. R. Wagner, GS X, S. 18

das lückenlose Zusammenfügen komplizierter organisatorischer Details, Künstlerkorrespondenz, Verträge, Kalkulation, Buchführung und sogar die Auswahl von Sängern verantwortlich erledigte. Ein Mann, der in Bayreuth nur selten hervortrat und in ebenso seltener Ergebenheit seiner »Edlen«, wie er Cosima Wagner anzureden pflegte, die Unannehmlichkeiten des Festspielalltags, aber auch die Vermögensverwaltung und die Vormundschaft der Kinder, sowie den privaten Kleinkram stumm aus der Hand nahm und sich mit seiner Rolle als erster Diener Wahnfrieds zufrieden gab. Dies war Friedrich Feustels Schwiegersohn Adolf von Groß, der mit Hilfe nur eines einzigen Assistenten (Franz Wilhelm Schuler) etwas meisterte, wofür andere Theaterbetriebe schon damals ganze Stäbe in Bereitschaft hielten. Groß verzichtete im übrigen auf jedes Honorar, weil er sich als Bankdirektor solchen Verzicht leisten konnte. Was er für Wahnfried tat, geschah — anspielend auf Wagners Definition des Prädikats »deutsch« — grundsätzlich um der Sache selbst willen. Kritik am Detail müßte vor diesem Standbild der Lauterkeit und Uneigennützigkeit verblassen. Eine Profilskizze des Generalbevollmächtigten Adolf von Groß wäre aber unvollständig ohne den kritischen Hinweis darauf, mit welcher Distanzlosigkeit, die fast ans Devote grenzte, er Cosima Wagner verehrte und ihrem Hofstaat als erster Diener unter vielen beispielhaft voranging. Durch das Verhalten dieses Paladins ist der Geist des Subalternen, der in allen Wahnfried-Beziehungen dieser Ära eine Rolle spielte, charakteristisch mitgeprägt worden. Wirklich eigene Vorstellungen in bezug auf die Festspiele, sofern sie über Technokratisches und Historisierendes hinausgingen, wurden von ihm nicht entwickelt und wären einem Manne seines Schlages ungefähr wie Häresie vorgekommen. Wahnfrieds rechtlichen und materiellen Vorteil verfolgte er dagegen mit einer Effizienz, als wären — was doch nie der Fall war — eigene Interessen dabei im Spiel.

Die Übernahme dieser Ämtervielfalt durch Adolf von Groß im Auftrage und im Interesse der Festspiele und Wahnfrieds fiel in eine Zeit, als in Bayreuth — vor allem wirtschaftlich betrachtet — noch vieles im Argen lag. 1883 verlieh Cosima dieser Situation gerade Ausdruck durch ziemlich aussichtslose Bittgänge nach München, um von Ludwig II. die Fortzahlung von Richard Wagners regelmäßigen Bezügen aus der Hofkasse zu erwirken (Dok. III—9, 10; Dok. V—3). Bis 1914 endlich war es Adolf von Groß gelungen, den Festspielfonds über die Millionengrenze hinwegzubringen und für Wahnfried ein bedeutendes Millionenvermögen zu erwirtschaften.

An die geschäftliche Souveränität dieses Paladins gewöhnt, war in Wahnfried aber auch von seinem Vormund Groß versäumt worden, den Sohn der »Herrin von Bayreuth« rechtzeitig in die betrieblichen Aspekte und Notwendigkeiten des Unternehmens praktisch einzuführen. Wie verhängnisvoll dieses Versäumnis sich später auswirkte, sollte sich spätestens in den ersten Nachkriegsjahren zeigen, die den gänzlich unvorbereiteten Siegfried Wagner mit den Realitäten einer Wirtschaftskrise großen Ausmaßes sowie dem unternehmerischen Neubeginn konfrontierten. Mit Maßstäben, die noch aus der guten Zeit märchenhafter Sorg- und Verantwortungslosigkeit stammten, in der er aufgewachsen war, konnte Siegfried Wagner den strikten Anforderungen einer neuen Zeit nicht gewachsen sein. In diesem Sinne wäre es Adolf von Groß daher als Fehler anzulasten, daß er in gutem Glauben stets bemüht war, Cosima und speziell Siegfried Wagner von den ökonomischen Realitäten des Festspielbetriebs fernzuhalten. Als Cosima Wagner das Festspielhaus 1906 ihrem Sohn übergab, konnte Groß wegen erwiesener Unentbehrlichkeit noch lange nicht ab-, sondern nur einen kleinen Schritt in den Hintergrund zurücktreten. Wenn auch seinem einzigen Mitarbeiter F. W. Schuler etwa seit 1900 Stück um Stück der umfangreichen Verwaltungstätigkeit verantwortlich übergeben wurde, blieb Groß bis 1914 der unsichtbare und alleinige Geschäftsführer des Bayreuther Festspielunternehmens.

Mit Rücksicht auf Cosima ist Groß' persönliches Verhältnis zu Siegfried Wagner, dessen Vormund und Bevollmächtigter er war, nach außen stets gut und wohlmeinend gewesen. Siegfrieds Wagners Vormund hatte jedoch Grund — und das waren zugleich die Ursachen für das sachliche und persönliche Zerwürfnis der Zwanziger Jahre (Dok. VI—27) — nach all dem, was er an Erfahrungen mit dem »Meistersohn« hatte sammeln müssen, an dessen Befähigung zum alleinigen Festspielleiter ernsthaft zu zweifeln. Es dürfte gewiß nicht zu Groß' angenehmsten Aufgaben gehört haben, das Mittelmäßige und die Schwachheit des »Meistersohns« durch vollsten Einsatz seiner Autorität wiederholt vor Gerichten, Erpressern und Öffentlichkeit so zurechtrücken zu müssen, daß kein Makel auf Familie, Haus und Hügel verblieb[15]. Da Cosima Wagner diese Wirklichkeit aber um jeden Preis lange Zeit verborgen bleiben mußte — denn niemand wagte, ihr das Wunschbild, das sie sich von ihrem Sohn machte, zu erschüttern — litt die Kommunikation zwischen ihr und Groß unter wiederkehrenden Mißverständnissen. »Glaube mir«, so wandte sich Groß in einer für ihn ungewöhnlichen Tonart an das Haus Wahnfried, »Ihr unterschätzt das, was mit der Verwaltung zusammenhängt, es ist vieles nicht so einfach und mit dem Billetverkauf ist es nicht abgetan« (Dok. VI—13). Derartige Anspielungen waren selten in seiner an und für sich trockenen Prosa, die sich von der leeren, pseudo-literarischen Attitüde Wahnfrieds mitunter geradezu vorteilhaft abhob. Unharmonisches oder Klagen war man von ihm nicht gewöhnt. Seine stille Reserve schlug erst spät in deutliche Kritik um. 1923/24 versuchte Groß ein letztes Mal, Siegfried Wagner auf die Gefahren des laissez-faire in Verwaltungsdingen, die an Umfang beträchtlich zugenommen hatten, aufmerksam zu machen. Als er jedoch feststellen mußte, daß seine Einwendungen kein Gehör fanden, zog er sich mit väterlichen Vorwürfen von den Festspielen und aus Wahnfried endgültig zurück (Dok. VI—27). Nach der Wiedereröffnung der Festspiele von 1924 stand Groß in der denkmalbewußten Umgebung von Wahnfried nicht mehr sonderlich hoch im Kurs. Mit dem kaum direkt geäußerten Vorwurf, die großen Privat- und Festspielvermögen hätten durch klügere Anlage vor der Inflation gerettet werden können, entließ man einen Mann ins Alter, ohne dessen erfolgreiches Wirken die Bayreuther Sache wahrscheinlich noch vor der Jahrhundertwende gescheitert wäre. Der Abschied dieses Mannes, dem Wahnfried so viel zu verdanken hatte, fand dort kaum noch Beachtung. Sein Name verschwand schließlich in den Akten der Bayreuther Festspielgeschichte.

Die Korrespondenz zwischen Wahnfried und Adolf von Groß[16] enthält vielfache Belege, daß für Wahnfried und die Festspiele keine Entscheidung von Tragweite gefällt worden ist, die nicht vorher von Groß gebilligt oder zum eindeutigeren Vorteil des Hauses noch rechtzeitig von ihm umgebogen worden wäre. Vorübergehende Meinungsverschiedenheiten hatte es zum Beispiel gegeben, als Cosima Wagner gegen die energischen Argumente ihres Verwaltungsrats die Einstudierung des Tannhäuser schon 1888 durchzusetzen versuchte. Groß sollte aber auch in diesem Punkt recht behalten: 1887 gab es in Bayreuth keine Wiederholung des Tristan, sondern ein Pausenjahr; 1888 folgten dann zunächst die Meistersinger, bevor nach deren Wiederholung 1889 der Festspielfonds so gestärkt war[17], daß die Vorbereitungen für den kostspieligen Tannhäuser endlich in Angriff genommen werden konnten. Ansonsten vermied Cosimas Berater harte Worte auch dort, wo sie vielleicht am Platz gewesen wären, besonders aber dann, wenn es um das latente Geschick oder Ungeschick Siegfried Wagners ging. Auch in dem historischen Familienzwist, der sich nach der Jahrhundertwende zwischen Mutter

[15] Vgl. dazu M. Harden, Tutte le Corde. Siegfried und Isolde. In: Die Zukunft Bd. 87 (1913/14), S. 405—431 (Auszugsweise in: Dok. VIII—24)
[16] Auszüge in Dok. VI—1 ff. und VII—1 ff.
[17] Vgl. Anhang: Festspielstatistik/Abrechnungen

und Tochter, d. h. zwischen Cosima und Isolde, abzuzeichnen begann, hatte Groß — vermutlich sogar wider besseres Wissen — für die Prinzipalin Wahnfrieds Position bezogen. Es mag dahingestellt bleiben, ob er sich der doppelten Moral bewußt war, als er Cosima den Rat gab, sich gegen Isolde und den als Kapellmeister mit Siegfried rivalisierenden Schwiegersohn Franz Beidler zu entscheiden. Isoldes und Franz Beidlers Erbansprüche konnten schließlich zur größten Verwunderung der Eingeweihten gerichtlich abgewehrt werden. Damals war es Max Groß — der als Vorstand der Stipendienstiftung zwar ohne Einfluß auf die Bayreuther Dinge war, dem aber niemand sein kompetentes Urteil absprach — den Verbündeten seines Bruders Adolf von Groß eine unparteiische und mutige Rüge für ihre das Ansehen Bayreuths schädigende Strategie zu erteilen[18].

Es mußte bereits angezweifelt werden, ob Cosima Wagner nach 1883 wirklich als einzig berufene Nachfolgerin und Leiterin der Festspiele in Frage kam und ob für Bayreuth außer Liszt und Bülow wirklich keine realistische Alternative möglich gewesen wäre. Ein Veto gegen Cosima Wagners Amtsübernahme kam im übrigen nicht aus den Reihen der Künstler. Dafür wurde der Entschluß umso heftiger von den Wagnerianern kritisiert, die mit dergleichen oppositionellen Initiativen ein neues Kapitel der Festspiel- und Vereinsgeschichte aufschlugen, welches am Ende nicht minder trostlos ausfiel als das eben vorausgegangene. Cosima Wagner hielt es damals überhaupt nicht für nötig, die Abgesandten der Vereine zu empfangen, konnte sie sich doch auf Wagners Absage an das Vereinswesen berufen, die an Deutlichkeit nichts zu wünschen übrig gelassen hatte, sowie auf die ebenfalls von Wagner noch selbst diktierte Auflösung des Bayreuther Patronatvereins.

Unterdessen hatten die Vereinsvertretungen in München und Leipzig beschlossen, Wahnfried mit offensiven Mitteln zu einer nochmaligen klärenden Auseinandersetzung zu zwingen. Die Vorlage neuer Statuten-Entwürfe für eine »Internationale Richard Wagner Stiftung« und Satzungen für eine »Festspiel-Stiftung« sollte die Diskussionen über die längst noch nicht ausgeträumte Rolle der Richard Wagner Vereine in bezug auf das Bayreuther Unternehmen erneut in Gang setzen und mit neuen inhaltlichen Vorstößen begründen (Dok. VIII—5, 6). Obgleich in Wahnfried längst über den außerhalb Bayreuths liegenden Wirkungsbereich der Wagnerianer entschieden worden war, glaubten bestimmte Agitatoren unverändert an die Zukunft der Vereine als alleinige Träger und zuverlässigste Garanten einer Bayreuth erst noch zu gewinnenden Massenbasis.

Zwei Punkte dieser Diskussionsvorschläge mußten Cosima Wagner ganz empfindlich treffen: Erstens wurde von den Vereinen die Status- und Besitzfrage des Festspiel-Unternehmens erneut in Frage gestellt und diesmal zusätzlich mit dem Recht der »Ingerenz« sowohl in künstlerischer wie in geschäftlicher Beziehung gekoppelt. Zweitens tauchte darin die sonst nur noch von Anti-Wagnerianern und Bayreuth-Opponenten erhobene Forderung wieder auf, die Festspielbühne auch dramatischen Werken anderer, wenngleich betont »deutscher« Meister im Sinne Wagners zugänglich zu machen (Dok. VIII—6). In Wahnfried entschloß man sich zur völligen Nichtbeachtung dieser Eingabe, weil sie dort »so viel wie eine geistige Enterbung des Sohnes des Meisters« bedeutete[19]. Groß resümierte im Auftrag seiner Klientel: »In Wahnfried selbst berührte der Entwurf peinlich, und auch ich war nicht erfreut darüber; im Einverständnis mit Wahnfried ließe sich in München die Bitte aussprechen, man möge

[18] M. Groß an A. v. Groß, Brief vom 18. 11. 1913. RWA
[19] Handschriftliche Anmerkung A. v. Groß' auf einem Briefentwurf C. Wagners an C. F. Glasenapp, (Anfang) 1885. RWA. Vgl. auch Dok. VIII—7

den Entwurf zurücknehmen und uns dadurch einer Beantwortung entheben« (Dok. VIII—7).

Am Beispiel dieser Episode, denn mehr Bedeutung hatte diese Initiative für Wahnfried nicht, wurde deutlich, mit welchen Argumenten die in den Vereinen des In- und Auslandes mehr oder weniger lose organisierten Wagnerianer ihren im Grunde völlig aussichtslosen Positionskampf mit und notfalls sogar gegen Wahnfried fechten konnten. Ähnliche Bestrebungen waren dem streng auf Wahnfried fixierten Bayreuther Kreis vollkommen fremd. Unter Berufung auf Wagners schützenden Namen und mit einem beachtlichen rhetorischen Aufwand brachte es dieser Kreis endlich dahin, Wahnfrieds Prädominanz auf allen Ebenen geistigen und kulturellen Lebens zum Apriori eines Glaubenskatechismus für Wagnerianer emporzuheben.

Unter solchen Vorzeichen ist Wahnfrieds Auskommen gerade mit den Vereinsspitzen zu keiner Zeit konfliktlos gewesen. Jede Veränderung in deren Gremien, Statuten und Richtlinien bot theoretisch neuen Zündstoff für Reibereien, die allerdings nicht immer von so prinzipiellem Charakter sein mußten wie in den Jahren 1883 bis 1885. Die Gründung des »Akademischen Zweigvereins Berlin-Potsdam« begleitete Wahnfried sogar mit froher Zuversicht. Von dort hatte man nämlich vernommen: »wir wollen nur Geld sammeln und nach Bayreuth schicken« (Dok. VIII—9) — und mehr hatte man in Wahnfried schließlich nie verlangt.

1888 feierte die Festspielleitung nach erfolgreichen Aufführungen des Tristan und der Meistersinger das Jahr des offiziellen »Durchbruchs« (Houston Stewart Chamberlain)[20]. Gradmesser waren vor allem die Tatsachen erstmals völlig ausverkaufter Vorstellungen — nachdem noch im Tristan-Jahr 1886 buchstäblich vor halbleerem Haus gespielt werden mußte — sowie dementsprechend finanziell günstiger Abschlüsse und ferner die besonders von Cosima so sehr begrüßte Anwesenheit gehobener Publikumsschichten aus dem Ausland. Die Bayreuther Chronisten werteten diese günstigen Zeichen als eine Bestätigung der Festspielarbeit Cosima Wagners. Jetzt, da man sich sozusagen aus eigener Kraft gegen zahllose Widerstände von außen durchgesetzt hatte, betrachtete man die Bedeutungslosigkeit der Vereine als endgültig erwiesen und benutzte dieses Argument als ein scharfes Schwert gegen jede erneute Anfechtung aus dieser Richtung.

Endlich hatte der Generalvertrag mit der Münchner Hoftheaterintendanz von 1887 die Frage der älteren Festspielschulden von 1876 so günstig geregelt, daß auch größere Aufgaben wie eine Tannhäuser-Inszenierung unbesorgt in Angriff genommen werden konnten. Die Tannhäuser-Aufführungen von 1891 fanden im Bayreuther Publikum enthusiastische Aufnahme und ließen den Festspielfonds auf die Höhe von einer halben Million Mark sprunghaft anwachsen. Mit steigenden Besucherzahlen und entsprechend großen Überschüssen gewann die Festspielleitung an Selbstsicherheit. Das wiederum hatte mittelbar zur Folge, daß alle auf Bayreuth gerichteten Aktivitäten der Vereine ständig erneut an Boden verloren und die Mitgliederzahlen kontinuierlich zurückgingen. Etwa 8000 zahlende Mitglieder wurden zu Beginn der Achtziger Jahre registriert, bis 1896 war die Zahl schon bis auf dreieinhalb-[21], später auf zweitausend gesunken, wo sie sich schließlich einpendelte. Versuche, den Mitgliederstand durch Verlosung von Freikarten für die Bühnenfestspiele oder lotterieähnliche Praktiken wieder aufzubessern, sind meist noch vor ihrer praktischen Durchführung gescheitert.

Etwas abseits von typischen Vereinsanliegen der Wagnerianer gründeten Hans von Wolzogen und einige Altbayreuther mit propagandistischer Unterstützung Chamber-

---

[20] H. St. Chamberlain, 1876—1896. Die ersten 20 Jahre, BBl 1896, S. 32
[21] H. v. Wolzogen, »1878—1898«, Teil IV, BBl 1898, S. 327

lains 1886 das sogenannte Kleine Patronat, eine exklusive Spendenaktion zugunsten des Festspielfonds, der bis dahin noch immer nicht stark genug war, um das große Risiko einer einzigen defizitären Festspielsaison aufzufangen, geschweige denn ein von Cosima Wagner immer wieder ins Gespräch gebrachtes Projekt wie den Tannhäuser entsprechend abzustützen. Die Festspieljahre 1883, 1884 und auch das Tristan-Jahr 1886 mußten praktisch noch von den eingespielten Überschüssen des Jahres 1882 zehren; Verlusten hatte man bisher bekanntlich nur durch Verzicht auf Erneuerungen oder Veränderungen des Programms aus dem Wege gehen können. Die Entscheidung für Tristan beispielsweise fiel noch ausschließlich unter solchen Gesichtspunkten, d. h. zugunsten der relativ geringen Austattungskosten dieses Werkes, nicht jedoch aus rein künstlerischen Erwägungen.

Um die Festspiele vom Kartenverkauf unabhängiger zu machen, hatte sich Hans von Wolzogen daher vorgenommen, eine Finanzelite von nur fünfzig Personen ausfindig zu machen, die sich mit 1000 Mark jährlich an einem sogenannten Kleinen Bayreuther Patronat beteiligen würde. Doch Wolzogen scheiterte mit seiner exklusiven Sammelaktion, er fand keine fünfzig Auserwählte, die sich praktisch ohne Gegenleistung verpflichtet fühlten, in fünfjähriger Anstrengung den Fortbestand eines offensichtlich stagnierenden Familienbetriebs materiell zu sichern und Cosima Wagner pünktlich die Mittel für eine Bayreuther Tannhäuser-Inszenierung zu Füßen zu legen. Bayreuth mußte zur Kenntnis nehmen, daß es noch immer zu früh war, erneut an die Opferwilligkeit der Deutschen zu appellieren.

Was Wolzogen auf diesem Wege nicht erreichte, gelang der Festspielleitung mit den auf Wunsch Adolf von Groß' vorgezogenen Meistersingerjahren 1888 und 1889. Die Ankündigung der Meistersinger fand erwartungsgemäß in weitesten Wagner-Kreisen lebhafte Zustimmung, der Besucherandrang für damalige Bayreuther Verhältnisse war ungewöhnlich stark. Diese Entscheidung hatte nach den vier Jahren Bayreuther Parsifal-Esoterik und dem nicht gerade massenfreundlichen Tristan-Versuch von 1886 etwas Versöhnliches und bot dem Bayreuther Publikum auf dezenteste Art und Weise zugleich etwas von Wagners vielberufenem deutschen Geist, der in Bayreuth seine vorläufige Heimat gefunden hatte. Unter Hans Richters erfahrener musikalischer Leitung und mit Solisten wie Therese Malten, Rosa Sucher, Fritz Planck, Theodor Reichmann, Karl Scheidemantel, Fritz Friedrichs etc. bestätigte der Bayreuther Meistersinger-Erfolg ebenso die allgemeine Beliebtheit dieses Wagner-Werkes wie dessen neue Bayreuther Façon.

Ohne Zukunft war ebenfalls eine 1885 initiierte »Festspiel-Stiftung«, eine Initiative der Wagner-Vereine, die sich — wenngleich auch nur auf dem Papier — die staatliche Anerkennung ebenso wie die für sie natürlich weitaus wichtigere Anerkennung der Festspielleitung verschafft hatte. Trotz ihrer relativen Unabhängigkeit vom Haus Wahnfried war es für sie doch von lebenswichtiger Bedeutung, daß der engere Bayreuther Kreis, namentlich Wolzogen, seine schützende Hand darüber hielt. Im Grunde blieb die »Festspiel-Stiftung«, die die Jahrhundertwende gerade noch miterlebte, nichts weiter als ein Verein innerhalb der Vereine mit dem vielleicht einzigen Unterschied, daß sie mehr als die Wagner-Vereine durch Personalunion mit allen Bayreuther Instanzen verbunden und entsprechend anerkannt war. Ihre Rechenschaftsberichte, die ebenfalls in den Bayreuther Blättern zur Veröffentlichung gelangten, waren um keine Spur imposanter als die der Wagner-Vereine in München, Leipzig, Berlin oder Wien. Wenn sich die Praxis der »Festspiel-Stiftung« aus Bayreuther Sicht in einem Punkt dennoch vorteilhaft von der der älteren Vereine abhob, dann waren damit lediglich die viel ergiebigere Unterstützung der Bayreuther Blätter und der Stipenden-Stiftung sowie auch der vergleichsweise bescheidene Freikartenanspruch der »Festspiel-Stiftung« gemeint.

Noch einmal, als die Nachricht des für 1891 angesetzten Tannhäuser die Wagnerge-
meinden erreichte, riefen die Vereinsvertretungen auf zur gemeinsamen Aktion. Ohne
Zweifel galt gerade Wagners Tannhäuser nach dem Stand damaliger Bühnenpraxis als
jenes seiner Werke, dessen »Veroperung« am meisten fortgeschritten und das in bay-
reuthfremden Traditionen am tiefsten verwurzelt war. Mit dem Erfahrungshorizont
der Theaterprovinz betrachtet, mußte die Aufnahme des Tannhäuser zunächst wie ein
Widerspruch zur Bayreuther Idee aussehen. Cosima Wagner hatte sich jedoch durch
solche Argumentation nicht beirren lassen und fand eine szenische Lösung, die ihr
schließlich recht geben sollte. Auch jener Teil der Wagnerianer, der den Tannhäuser für
Bayreuth-unwürdig hielt, mußte nach den Aufführungen das erreichte Ziel als Erfolg
gelten lassen. Cosimas Schwiegersohn Chamberlain griff in seiner Begeisterung zu solchen Superlativen, daß der Eindruck hätte entstehen können, Cosima habe den Tannhäuser für die Bühne erst neu schreiben müssen. Er sprach schließlich von einem »Wende-
punkt«, der vielen Freunden Bayreuths erst zeigte, »daß sie zu Bayreuth gehörten«[22].
Wagners Frühwerk war mit den Bayreuther Ereignissen von 1891 endgültig der alten
Oper entrissen und als Musikdrama zu neuem Verständnis gelangt. Künftig konnte
kein ernstmeinender Praktiker an dieser neuen Erkenntnis vorbeigehen, ohne sich den
belehrenden Hinweis auf das Bayreuther Beispiel gefallen lassen zu müssen.

In Wahnfried zeigte man nur wenig Neigung, Cosima Wagners Tannhäuser-Erfolg
durch eine allzu prononcierte Würdigung mitwirkender und mitarbeitender Künstler,
Ausstatter oder Techniker schmälern zu lassen. Chamberlain und Wolzogen stellten
sich an den Beginn jener schlechten Tradition, die speziell den Bayreuther Tannhäuser
von 1891 einseitig als ganz persönlichen Erfolg der Festspielleiterin beschrieb und ihren
Anteil am Leistungsganzen so sehr herauschob, als seien herkömmliche Urteilskategorien
auf ihre Regiekonzeptionen überhaupt nicht mehr anwendbar.

Spätestens seit Beginn der Neunziger Jahre hatte Cosima Wagner »ihr« Bayreuth und
»ihre« Bayreuther Gemeinde so sicher im Griff, daß sie selbst an der Front interner
Streitigkeiten nicht mehr zu erscheinen brauchte. Neben Hans von Wolzogen und
Houston Stewart Chamberlain stand ihr mit Julius Kniese ein weiterer ergebener Mitarbeiter zur Seite, der sich schon seit 1883 als streitbarer Antisemit und orthodoxer
Agitator im Sinne Wahnfrieds bewährt hatte. Mit Übernahme der Chorleitung (1883)
und später sogar der gesamten musikalischen Vorbereitung der Festspiele (1896) war
Knieses Lebenswunsch in Erfüllung gegangen. Es war nicht weiter verwunderlich, daß
auch er es sich freiwillig zur Pflicht machte, die Festspielleiterin gegen den leisesten Arg-
wohn und mögliche Angriffe sofort unter kritiklosen Schutz zu nehmen. Wirklich eigene
Gedanken vermochte ihm dieser Teil seiner unselbständigen Arbeit nicht abzuringen.
Auch in seiner wortreichen Polemik gegen die Wagner-Vereine benutzte Kniese lediglich längst bekannte Schablonen. Ohne den zynischen Doppelsinn der Behauptung zu
reflektieren, hatte sich auch Kniese jene von Wahnfried ausgegebene Losung rasch an-
geeignet: »Niemand anders als die Öffentlichkeit ist die Erhalterin der Festspiele[23].«

Im Nachklang zum Bayreuther Tannhäuser-Jubel und mit der greifbaren Aussicht auf
eine materielle Festigung des Festspielunternehmens kam es auf Cosima Wagners Ge-
heiß im Wiederholungsjahr 1892 zur Gründung der von Wagner geforderten, aber
1878 noch nicht verwirklichten Bayreuther Stilbildungsschule. Julius Kniese, dem die
Ehre der Leitung zuteil wurde, war indessen nur wenig Zeit gegönnt, sich in dieser
Funktion als Wagner Willensvollstrecker zu behaupten. Wohl stand seine Brauchbar-

[22] H. St. Chamberlain, »1876—1898«, op. cit., S. 42
[23] J. Kniese an F. Reimann, Briefkopie vom 31. 10. 1891. (Hs. 93/1) RWG. Vgl. auch Dok.
    VIII—11

keit als solider Kapellmeister und als Schreiber mit spitzer Feder außer Frage, doch blieb seiner Schule der erhoffte Erfolg versagt. Das Unterrichtsprogramm orientierte sich streng nach Wagners Angaben, es umfaßte Solo-, Ensemble- und Chorgesang sowie Sprach- und Bühnenstudien. Instrumental- und Orchesterschulung sollten vorläufig ausgeklammert bleiben. Den Schülern wurde die lockende Versprechung gemacht, »bei entsprechender Tüchtigkeit« mit einer Verpflichtung bei den Bayreuther Bühnenfestspielen rechnen zu dürfen[24]. Die Festspielleitung mußte schon recht bald erkennen, welchen Illusionen sie sich hingegeben hatte. Denn von den insgesamt nur 17 Anmeldungen erklärte die Mehrzahl der Schüler, die im übrigen eine Ausbildung als Sänger bei ihrer Aufnahme nachweisen mußten, ihren frühzeitigen Austritt. Bis 1898 waren nur fünf Schüler in Bayreuth geblieben, danach ist es still um die Schule geworden. Aus ihr gingen immerhin drei Solisten hervor, die viele Jahre zum Bayreuther Ensemble gehörten: Alois Burgstaller wurde als Siegfried berühmt, Hans Breuer als Mime (bis 1914) und Otto Briesemeister als Loge (bis 1909). Das Scheitern des Schulversuchs wurde zwar bedauert, blieb aber für die Festspielpraxis insgesamt ohne Auswirkung.

Auch Bayreuther Fachleute hatten der hochgesteckten Aufgabe dieser Schule nur wenig Zukunft gegeben und einen musikalischen Provinzialismus in Bayreuth vorhergesagt. Längst hatten so angesehene Experten wie Hans von Bülow, Hans Richter, Richard Strauss, Gustav Mahler, Felix Mottl und Hermann Levi an verschiedenen Orten Europas richtungsweisend die Entwicklung des Musiktheaters bestimmt — und zwar bekanntlich nicht wegen, sondern trotz Bayreuth. Auch war der jeder Form von Individualität und Kreativität feindliche Geist künstlerischer Orthodoxie, wie er in Bayreuth gepflegt wurde — und Kniese zählte zu dessen ersten Repräsentanten — kaum geeignet, jungen Sängern Richtung und Ziele zu weisen. Es mußte auf Festspielleitung und Wahnfried wiederum ein bezeichnendes Licht werfen, mit wie geringen Mitteln trotz vorherrschender Prosperität das neue Institut dotiert war, wie völlig isoliert in künstlerischer Hinsicht und wie konzeptionslos es im Grunde dastand, als wären die geistige und lokale Nähe zur Bayreuther Festspielbühne allein schon Grundlage genug für eine sinnvolle Arbeit. Ohne falsche Rücksichtnahme bezeichnete Kniese in einem Augenblick kritischer Selbsteinschätzung seine Bemühungen um die Bayreuther Stilbildungsschule schon ein Jahr nach ihrer Gründung als pure »Stümperei«[25]. Im Zusammenhang mit der Bayreuther Schulgründung — aber auch später noch — mußten sich die Verantwortlichen wiederholt auf den für Bayreuth spezifischen Gegensatz von Anspruch und Wirklichkeit hinweisen lassen. Prominente Künstler und Kritiker haben zwar selten, dafür umso pointierter beklagt, wie blind die Festspielleitung für die vitalen Nöte und Forderungen der Künstler war und — vor allem — wie wenig das seit den Neunziger Jahren zu ansehnlichem Reichtum gelangte Bayreuther Imperium jemals für irgendeinen Bereich der Nachbarkünste getan hat (Dok. VIII—24).

»40 Millionen, das brauche ich, um den Deutschen die Festspiele zu geben« schrieb Cosima Wagner 1889 ganz unmißverständlich an den Wagner-Biographen Carl Friedrich Glasenapp, »vielleicht schenkt sie mir einmal eine gute Seele, ein Jude, der das Unheil seines Stammes sühnen will.« (Dok. VIII—8). Dies etwa war der Tonfall, in welchem die Prinzipalin Wahnfrieds — inzwischen gestärkt durch vielbeachtete künstlerische Erfolge auf der Festspielbühne — Querulanten in den eigenen Reihen zurechtzuweisen pflegte, zugleich aber auch das Maßlose ihres Herrschaftsanspruches verriet. Hier einen wenn auch noch so entfernten Bezug zu Wagners unerfülltem Traum eines Vermögens zur

[24] Rundschreiben des Verwaltungsrats der Bayreuther Bühnenfestspiele betreffend die Bayreuther Stilbildungsschule vom 10. 12. 1897. RWA
[25] J. Kniese an A. v. Groß, Brief vom 20. 8. 1893. RWA

völligen Sicherstellung der Festspiele hineinzudeuten, hieße wahrlich der Geschichte grobe Gewalt anzutun. Der absolute Anspruch auf Herrschaft im kulturellen Umfeld Bayreuths verband sich in der Ära Cosima Wagners zusehends selbstverständlicher mit einer überzeugt antisemitischen Grundeinstellung. Für die unmittelbare Geschichte der Bayreuther Festspiele war der latent bis offene Antisemitismus Wahnfrieds und des Bayreuther Kreises von akzidenteller Bedeutung. Für die völkisch-konservative Kulturfront des Wilhelminischen Deutschland aber, wo der Bayreuther Kreis gerade eine aktive Rolle zu spielen begann, war Antisemitismus ein durchaus verbindliches Gruppenmerkmal.

Das beginnende neue Jahrhundert traf die von Bayreuth beanspruchte kulturelle Vormachtstellung in kürzestem Abstand gleich zweimal an der verwundbarsten Stelle: einmal mit der Einrichtung konkurrierender Wagner-Festspiele im benachbarten München und bald darauf mit den umstrittenen New Yorker und Amsterdamer Parsifal-Aufführungen noch vor Ablauf der Urheberschutzfrist.

Zwar hatte der Gedanke an intensive und regelmäßige Wagner-Pflege, an welchem Ort auch immer, für Wahnfried zu jeder Zeit etwas Reizvolles, doch pflegte man von dem privaten Vorteil reicher Tantiemen dort nicht gerne zu reden, wenigstens nicht in öffentlichen Verlautbarungen. Die Korrespondenz zwischen den Erben Richard Wagners und ihrem Vermögensverwalter Adolf von Groß entschleiert etwas von der nach außen behutsam getarnten Diesseitigkeit des Wahnfried-Milieus und gibt heute erstmals auch näheren Aufschluß darüber, wo die Leitung des Unternehmens ihre eigentlichen Hauptsorgen und ihre Widersacher sah. Von beträchtlichen Gewinnen auf dem Tantiemesektor war dort beispielsweise öfter die Rede als vom Gegenteil, und ganze Jahrgänge der Korrespondenz waren allein den Pariser Wagner-Aufführungen der Neunziger Jahre unter Lamoureux gewidmet, die periodisch außerordentlich viel ergiebiger waren als die Einspielergebnisse der Hoftheater im deutschsprachigen Raum. Nach nur relativ kurzer Anlaufzeit erreichte die statistische Häufigkeit von Wagner-Aufführungen in Paris, wo z. B. im Jahr 1900 bereits die 100. Aufführung der Walküre über die Bühne ging, das repräsentative Niveau der Opernhäuser in Wien, Leipzig, Berlin oder München. Zur geplanten Errichtung eines neuen Pariser Opernhauses, das in seiner äußeren und inneren Architektur sowie in seiner grundsätzlichen Ausstattung dem Bayreuther Festspielhaus nach ursprünglichen Plänen angeglichen werden sollte, verhielt sich Adolf von Groß — wie den Briefen zu entnehmen ist — freilich sehr reserviert. In Anbetracht der allzu großen Ähnlichkeit der Pariser Konstruktion mit dem Bayreuther Vorbild befürchtete er Mißverständnisse, zumal »wenn Bayreuth mitwirken würde«[26]. Zugleich aber konnte man die neue Quelle natürlich nicht so einfach und selbstlos zuschütten, wenn man dort, wie beabsichtigt, ab 1900 überwiegend Wagners Werke spielen lassen — und dafür Tantiemen kassieren wollte. Groß riet den Franzosen daher zur Miete eines bereits bestehenden Theaters für diesen guten Zweck und begründete in Wahnfried seinen Vorschlag mit der Bemerkung: »Der materielle Erfolg würde für Euch ein großer sein« (Dok. VI–10).

Die Haltung der Festspielleitung gegenüber auswärtigen Wagner-Aufführungen konnte aber auch durchaus zwiespältig sein. Das hatte seine Ursachen einmal in der eitlen Besorgtheit um eine größtmögliche Adäquanz in der auswärtigen Darstellung des Dramas, die sich — wollte man mit Wahnfrieds Zustimmung rechnen — möglichst am Bayreuther Vorbild zu orientieren hatte. Wo das nicht mehr zu erkennen war, auch nicht ansatzweise, wo völlig entgegengesetzte Lösungen — wie z. B. die szenischen Visionen des Schweizer Adolphe Appia — die dogmatischen Interpretationen der Cosima Wagner-

[26] A. v. Groß an C. Wagner, Brief vom 7. 12. 1897. RWA

Ära qualitativ womöglich übertrafen oder in Frage stellten, behielt sich Bayreuth das Recht der Intervention vor. Das konnte indirekt auf künstlerisch-personellem und aufführungsrechtlichem Wege bzw. direkt auf propagandistisch wirkungsvolle Weise geschehen. Während sich Wagner auch in der Vergabe von Aufführungsrechten noch konzessionsbereit zeigen mußte, weil ihn die Lage dazu zwang, z. B. das Zugeständnis geteilter Ring-Aufführungen (zumal wenn Theaterintendanten die Beurlaubung einzelner Solisten für Bayreuth davon abhängig machten) oder die Übertragung von Nutzungsrechten an rein kommerzielle Theaterunternehmungen (Vertrag mit Angelo Neumann zwecks Aufführung der Ringwerke). Wagners Erben und Nachfolger standen nicht mehr unter vergleichbarem Druck rascher Entschlüsse. Profit und Moral wog man dort je nach Lage der Dinge stets zum eigenen Vorteil sorgfältig gegeneinander ab. Andererseits konnte auch in Wahnfried niemand länger an der Tatsache vorbeisehen, daß an vielen Theatern seit 1883, bedingt durch künstlerische Personalunion mit Bayreuth oder Solistenaustausch mit größeren Bühnen, gerade im Wagner-Fach ein fruchtbarer Lernprozeß eingesetzt hatte, der das Leistungsgefälle zugunsten Bayreuths inzwischen erheblich verringerte. Was die Festspielleitung entschieden mehr als die radikale szenisch-dramaturgische Antithese zur Bayreuther Wagner-Deutung beunruhigte, war die selbständig entwickelte Alternativlösung, die — wenn sie sich erst einmal als dramaturgische Konkurrenz durchgesetzt hatte — die kompromißlos beanspruchte Führung Bayreuths zu gefährden begann. Mit wachsender Aufmerksamkeit registrierte daher der Bayreuther Kreis die Wagner-Interpretationen anderer Bühnen, namentlich aber dort, wo das Bewußtsein für Fragen musikalisch-dramatischer Interpretation auch durch Bayreuther Einflüsse inzwischen erheblich sensibilisiert war (z. B. in Wien) und wo gleichzeitig starke Wagner-Gemeinden existierten. Die Mitglieder dieser Vereine verfügten über besonders gute Vergleichsmöglichkeiten des Aufführungsniveaus und bildeten den Kern eines regelmäßig wiederkehrenden, wenn auch kritischen Bayreuther Festspiel-Stammpublikums.

Wirkliche Konkurrenz im strengen Sinne hatten die Bayreuther Festspiele aufgrund ihrer engen technisch-künstlerischen Verflechtungen mit der Hofoper zuerst aus München zu erwarten. Seit 1893 veranstaltete Ernst von Possart am Münchner Hoftheater regelmäßig sogenannte Wagner-Musteraufführungen, mit denen er natürlich das ganz besondere Bayreuther Interesse auf sich lenkte. Noch im gleichen Jahr (1893) lancierten politisch und künstlerisch einflußreiche Freunde um Hoftheaterintendant Possart den Plan eines Münchner Festtheaters für festspielähnliche Wagner-Aufführungen an die Öffentlichkeit. Bereits acht Jahre später (1901) konnte das nach Ludwig Sempers Entwürfen gebaute Münchner Prinzregententheater seinen Spielbetrieb aufnehmen. Wahnfrieds Bevollmächtigter Adolf von Groß war frühzeitig allen diesbezüglichen Meldungen aufmerksam nachgegangen, die freilich schon immer zum Münchner Ideenvorrat gehörten und im Grunde auf Wagners gescheiterte Münchner Festspielpläne der sechziger Jahre zurückgingen. Groß war den Plänen anfangs mit Gelassenheit begegnet, weil zumindest aus Bayreuther Sicht eigentlich alles gegen eine sofortige Inangriffnahme dieses Projekts sprach. Cosima Wagner ließ sich von ihrem Generalbevollmächtigten überzeugen, daß Bayreuth dem künftigen Münchner Theater die Bedingungen diktieren könne. München besäße zwar die Aufführungsrechte aller Werke Wagners, so wurde vom Bayreuther Verwaltungsrat argumentiert, jedoch sei Wahnfrieds alleiniger Vertragspartner die Intendanz des Münchner Hoftheaters, nicht aber die eines anderen oder eines neu zu errichtenden Hauses. Bis zuletzt hatte Groß diesen Standpunkt in zähen Verhandlungen geltend zu machen versucht, sich aber schließlich doch der widrigen Rechtslage beugen müssen. Analog zum Urteil eines bereits 1894 von Wahnfried angestrengten Verfahrens gegen das Schweriner Hoftheater waren Bayreuths Einwendungen gegen die Münchner Hoftheaterintendanz und deren Prinzregententheater-Projekt auch dieses Mal urheberrechtlich unbegründet, nachdem in Deutschland seit Verlängerung der Schutzfristen auf 30 Jahre sämtliche bereits erworbenen Rechte in uneingeschränktem Besitz der Theaterintendanzen verblieben waren und nicht — wie z. B. in Frankreich — an den Autor zurückfielen[27].

Die neue Kontroverse München-Bayreuth wurde bald mit der Heftigkeit eines echten Federkrieges geführt und hatte für die Bayreuther Seite wenigstens den als Positivum vermerkten Nebeneffekt einer nur selten erreichten Konzentration der versprengten agitatorischen Kräfte. Trotz ihrer uneinheitlichen Standpunkte sah man jetzt die sonst nur gruppenweise nebeneinander taktierenden Wagnerianer, voran die Münchner Zentralleitung als Dachverband der lokalen Wagner-Vereine, in vollkommener Solidarität mit der Festspielleitung und Wahnfried gegen den gemeinsamen Münchner Feind marschieren. Eher beschwichtigend in der Tendenz, versuchte die Münchner Publizistik ihrerseits den Fall herunterzuspielen und argumentierte behutsam u. a. mit dem Hinweis auf Bayreuths unüberbietbaren Vorsprung seiner fünfundzwanzigjährigen Tradition und der einmaligen »Weihe des Meisters«, die Bayreuth niemand nehmen könne. Nichtsdestoweniger empfand die Wagner-Gemeinde das Münchner Unternehmen wegen seiner offensichtlichen Ähnlichkeit mit dem Bayreuther Vorbild als schwere Provokation, an der sich jedoch das historisch bedingte Aggressionspotential beider Seiten entladen konnte. Possart hielt Bayreuth zum Trotz auch an der Bezeichnung »Münchner Richard Wagner Festspielhaus« hartnäckig fest, weil das neue Theater speziell, wenn auch nicht ausschließlich, der Aufführung Wagnerscher Werke zugedacht war. Mit besonderer Gereiztheit reagierten die Wagnerianer, als zusätzlich die Gründung eines Münchner Richard Wagner Festspielvereins mit einem Fonds zur Gewährung von Freiplätzen für Bedürftige ganz nach dem Muster der Bayreuther Stipendienstiftung annonciert wurde. München stellte sich taub gegen sämtliche Vorwürfe und gegen so viel Scheinheiligkeit, die auf beiden Seiten freilich mit im Spiel war.

Natürlich erkannte Bayreuth, welch folgenschwerer Schlag gegen seine Alleinherrschaft hier vorbereitet wurde und daß mit Priesterargumenten nicht mehr viel auszurichten war. Wahnfried saß diesmal am kürzeren Hebel zur Macht und mußte schließlich tatenlos zusehen, wie sich auf legale Weise eine Konkurrenz vor der Haustür etablierte, von der man nicht wissen konnte, wie sie sich auf den Festspielbesuch einmal auswirken würde. Wahnfried reagierte tief betroffen, im Stillen aber sah man sich schon an den künftigen Umsätzen beteiligt und tröstete sich über den pietätlosen Frevel mit dem verlockenden Tantieme-Tribut hinweg. Erst in der allerletzten Phase des vorausgehenden Federkrieges übrigens kehrte sich die Sachlage entscheidend gegen Bayreuth. München drohte Bayreuth mit der Ankündigung repressiver Maßnahmen, die den Festspielablauf zumindest vorübergehend empfindlich gestört hätten. Die Münchner Kontrahenten hatten die Schwerpunkte der Diskussion über das Für und Wider in der Prinzregententheaterfrage so verteilt, daß Wahnfried vor die Wahl gestellt war, zuzustimmen oder das für Bayreuths Existenz unentbehrliche Entgegenkommen Münchens in Fragen der Beurlaubung von Künstlerpersonal aufs Spiel zu setzen. Wie die Praxis dann bald zeigte, brachten die Münchner Wagner-Aufführungen des Prinzregententheaters den Festspielen in Bayreuth nicht die geringste materielle Einbuße und bestärkten die Festspielleitung obendrein in der Gewißheit, daß Bayreuth

[27] In einem Brief vom 24. 4. 1900 an C. Wagner (RWA) ging A. v. Groß noch einmal erläuternd auf den Schweriner Musterprozeß von 1894 ein und erinnerte daran, daß Wahnfried damals elf weiteren Hoftheatern gegenüber auf das Recht für die älteren Werke Wagners verzichten mußte.

keinen Vergleich zu scheuen brauche. Von der neuen Regelung des nachbarlichen Nebeneinander profitierten letzten Endes beide Bühnen, wirklich reicher gemacht aber hat es freilich nur die Erben Wagners in Bayreuth[28].

Auf die besondere Tradition der Beziehungen Bayreuth—München ist schon wiederholt hingewiesen worden. Ein nicht unbedeutender Abschnitt dieser Beziehungen berührt die Spannungen zwischen Bayreuth und der Münchner Hoftheaterintendanz. Die Beziehungen Richard Wagners zur Hofoper waren spätestens seit den ungewollten Münchner Aufführungen von Rheingold (1869) und Walküre (1870), die Wagner mit Rücksichtnahme auf seinen Mäzen nicht verhindern konnte, ernstlich getrübt. Wagner suchte einen Schuldigen und forderte vom König wiederholte Male die Entlassung Ernst von Possarts. Er hielt den nichtarischen Münchner Intendanten überhaupt für die letzte Ursache aller Schwierigkeiten, die sich zwischen Wahnfried und München in den Weg stellten. Zum großen Verdruß Wahnfrieds blieb Possart jedoch auch nach Wagners Tod der erste und letzte Verhandlungspartner in allen Festspielangelegenheiten.

Je unbeirrter Possart an seinen Münchner Wagner-Festaufführungen festhielt, und zwar mit Erfolg, desto mehr nahmen die latenten Disharmonien an Schärfe zu. Wie wenig indessen auch Possart an einem geregelten Auskommen mit Wahnfried gelegen war, davon hatte er mehrfach beredtes Zeugnis abgelegt. Aus der Sicht Bayreuths war jedenfalls der Gipfel der Ungeheuerlichkeit erreicht, als er zu Beginn der Neunziger Jahre provokativ ankündigte, zwei Jahre später als Angelo Neumann mit dem Parsifal auch in München herauszurücken. Groß wurde massiv und stellte Wahnfrieds entschiedenstes Vorgehen in Aussicht (Dok. VI—7). Als die Bauarbeiten für das Prinzregententheater bereits in vollem Gange waren, kamen weitere alarmierende Nachrichten aus München. Erneut hatte Groß erfahren, daß man dort nun endlich auch Wagners Bühnenweihfestspiel zu präsentieren beabsichtige und daß das Parsifal-Aufführungsrecht nicht länger — wie er sich sagen lassen mußte — zum »Schaden« Wahnfrieds »auf Bayreuth beschränkt« bleiben solle (Dok. VI—9).

Sowohl in Wahnfried wie in den Vereinskreisen hielt man jetzt den Zeitpunkt für gekommen, ebenfalls — jedoch auf höherer Ebene — in die Offensive zu gehen und kam auf den Gedanken, sich in die seit 1898 im deutschen Reichstag laufende Urheberrechtsdebatte für eine Verlängerung der Schutzfrist von 30 auf 50 Jahre und zwar unter besonderem Hinweis auf Wagners Parsifal einzuschalten. Die Gesetzesvorlage fand begreiflicherweise Wahnfrieds volle Zustimmung, obgleich Adolf von Groß schon früh deren Chancenlosigkeit vorhergesagt hatte. Die Bayreuther Bemühungen konzentrierten sich daher im wesentlichen auf eine gesetzmäßig verankerte Sonderregelung für Wagners Parsifal, dessen Aufführungsrecht für alle Zeiten allein auf Bayreuth beschränkt bleiben sollte. Nur wenn auch der Gesetzgeber die nationale Schutzwürdigkeit dieses erhabenen Werkes anerkennt, meinte man in Wahnfried, könne es bewahrt werden vor der jetzt schon, spätestens aber nach Ablauf der urheberrechtlichen Schutzfrist (1913) drohenden Profanisierung und Ausbeutung durch gemeine Theaterbetriebe und Verleger, denen es ganz im Gegensatz zu Bayreuth höchstens um Reklame und schnöde Kassenerfolge ginge.

Wahnfrieds Argumentation war so angelegt, daß die Abwägung von vermögensrechtlichen und persönlichkeitsrechtlichen Positionen, die man in Wahnfried nicht zu trennen gewöhnt war, undeutlich und daher erschwert wurde[29]. Auch den prekären Aspekt der gesetzlichen Monopolisierung eines Kulturgutes allein zugunsten einer Erbengemein-

[28] Dok. VIII—25. Vgl. auch Kap. II, Anm. 30

[29] L. Strecker, R. Wagner als Verlagsgefährte, Mainz 1951, S. 323 f.

schaft hatte man mit oder ohne Absicht gänzlich ausgeklammert. Mit Wagner-Zitaten und bekannten Bayreuther Vokabeln wandten sich die Sprecher Wahnfrieds an die Öffentlichkeit, um mehrheitlich einen Antrag zu unterstützen, der im Grunde nur den Interessen einer winzigen Minderheit entsprach. Daß es unbillig wäre, die Öffentlichkeit aufzufordern, zu ihrem objektiven Nachteil zu entscheiden, mochte von keinem der Bayreuther Agitatoren eingeräumt werden. Ebenso inadäquat wie anmaßend empfand die Festspielleitung auch den von der Gegenseite vorgebrachten Vergleich mit anderen klassischen Werken der Weltliteratur, für die — so wurde argumentiert — doch mindestens ebenso wenig Veranlassung bestand, sie vor einer »gemeinen Opern-Karriere« dadurch zu bewahren, indem man ihre Aufführungen einem einzigen Privattheater ausschließlich reservierte.

Sozusagen in letzter Not entschloß sich Cosima Wagner höchstpersönlich, mit einer Eingabe an die Mitglieder des deutschen Reichstags (9. 5. 1901) das Wort in der so gut wie schon entschiedenen Debatte um die Änderung des § 33 der Urheberrechtsvorlage zu ergreifen[30]. Dabei ging es ihr ebenso um sachliche »Richtigstellungen« von Vorwürfen, die der Abgeordnete Eugen Richter gegen sie erhoben hatte, wie zugleich aber noch einmal um den öffentlichen Schutz des Parsifal bzw. dessen exklusive Aufführungsbeschränkung auf das Bayreuther Festspielhaus. Dies aber sei, appellierte Cosima an die Abgeordneten, als Wagners »Vermächtnis an die deutsche Nation« aufzufassen. Von den Volksvertretern erwartete sie daher nicht mehr und nicht weniger als »das geschehene Unrecht auszugleichen und den größten Meister mit der Ausführung seines letzten Willens zu ehren«[31]. Cosima war jedoch blind für den Widerspruch, daß es dem Reichstag schlecht möglich war, Wagners Vermächtnis an die deutsche Nation zu respektieren und es gleichzeitig kraft Gesetzes derselben vorzuenthalten.

Es war sicherlich unerheblich für den Verhandlungsverlauf, ob die Debatte zu Recht oder Unrecht als Lex Cosima apostrophiert wurde. Die Interessen Wahnfrieds waren bei den Vorgesprächen auf Regierungsebene durch Richard Strauss als Vorstandsmitglied der Genossenschaft Deutscher Tonsetzer optimal vertreten. Die vom Abgeordneten Eugen Richter ausgeführten Einwendungen der Opposition, vom Plenum schließlich mehrheitlich gebilligt, mochten im einzelnen wohl anfechtbar sein und sogar teilweise auf unrichtigen Recherchen beruhen[32], aber die Feststellung des Abgeordneten, daß das angestrebte gesetzliche Parsifal-Monopol nur dazu diene, die industrielle Unterlage Bayreuths zu befestigen, war nicht so leicht zu widerlegen. Der Reichstag konnte sich für eine Verlängerung der Schutzfrist auf 50 Jahre im Jahre 1901 nicht entschließen. Die Parsifal-Eingabe an den Reichstag fand keine breite Unterstützung. Wahnfried sah sich in die Schranken verwiesen. Die Gründe für die Ablehnung ihres Gesuches an den deutschen Reichstag mußte sich Cosima Wagner von einem Redakteur des gegnerischen »Vorwärts« noch einmal vorhalten lassen: »Der beste Schutz des Parsifal«, resümierte der Sozialdemokrat Kunert, sei für ferne Zeiten »nicht die Familie, sondern das Volk, nicht der Einzelne, sondern die unendlicher Entwicklung fähige Menschheit« (Dok. VIII—18). Wahnfrieds Aufstieg zur Kulturmacht war mit diesem Regierungsbeschluß gebremst worden. In Bayreuth aber wurde die erneute Absage der Nation mit besonderer Enttäuschung zur Kenntnis genommen.

---

[30] Wortlaut der Eingabe vgl. BBl 1901, S. 221—226. C. Wagners Eingabe an die Mitglieder des Reichstags wurde flankiert von einer Adresse der Zentralleitung des ARWV (v. Rosenberg) an Reichskanzler v. Bülow als Bundesratsvorsitzenden (12. 6. 1901). Veröff. in: BBl 1901, S. 274 f.
[31] ebda., S. 225
[32] Auszüge im Wortlaut zit. Bei W. Schüler, S. 211

Bevor sich Wahnfried und die Wagnerianer vor Ablauf der Schutzfrist von Wagners Werken (1913) ein zweites Mal mit den Interessen der Erben und Nachfolger Wagners an die sonst nicht sonderlich geschätzte breite Öffentlichkeit wandten, kam es zum berühmten Amsterdamer und New Yorker »Gralsraub«, den Wahnfried nur propagandistisch diffamieren, nicht aber juristisch verhindern konnte. Es sprach viel dafür, daß sich Metropolitan-Direktor Conried über die moralischen Implikationen seines Vorhabens durchaus im klaren war. Conried genoß in Wahnfried allein schon wegen seiner freundschaftlichen Beziehungen zu Ernst von Possart keine sonderliche Wertschätzung. Als er für das Jahr 1903 dem New Yorker Publikum die amerikanische Erstaufführung des Parsifal unter Mitwirkung teils schon Bayreuth-erprobter Münchner Künstler ankündigte, fiel Bayreuths Verdacht sofort auf Possart. Alle juristischen Einwendungen gegen die unerlaubte Aufführung mußten zuletzt einfach an der Tatsache scheitern, daß die USA, ebenso wie die Niederlande, zur fraglichen Zeit der Berner Konvention zum Schutz von Werken der Literatur und Kunst noch nicht beigetreten waren. Dennoch scheute Wahnfried keine Kosten, um den aussichtslosen Prozeß zu führen, der sich im Kern eigentlich um die Frage drehte, ob es das Recht des Schottverlags war, die sogenannte kleine Ausgabe der Parsifal-Partitur in Umlauf zu bringen. Angeblich hatte sich der arglose Siegfried Wagner vom Mainzer Verlagshaus einst die Erlaubnis zur Herstellung der kleinen Parsifal-Partitur abtrotzen lassen, die sich in einer allerdings wichtigen Kleinigkeit von der großen unterschied: sie war jedermann erschwinglich und der Erwerber nicht durch Unterschrift eines sogenannten Revers zur Einhaltung der Aufführungsbeschränkungen ausdrücklich verpflichtet. Conried hatte in der Tat nicht mehr als diese Partitur benötigt und das Aufführungsmaterial durch Kopisten selbst herstellen lassen.

Wie und was man in Wahnfried über diesen »Gralsraub« dachte, hat Glasenapp, der hier nur stellvertretend für andere Panegyriker zitiert wird, dem Schlußstück seiner mehr als dreitausend Seiten füllenden Fleißarbeit über Wagner in typischer Diktion anvertraut: »Hätte es irgend in Herrn Possarts Macht gestanden, sich auch am ›Parsifal‹ zu vergreifen, so wäre es schwer zu erdenken, aus welchem Grunde der skrupellose moralische Urheber des Prinzregententheaters davon hätte abstehen sollen? Einstweilen konnte es ihm nur sehr willkommen sein, daß sich ein anderer dazu bereit fand. ... Um sich der mitwirkenden Künstler — aus den Kreisen *deutscher* Sänger, denen noch ein gewisses Ehrgefühl zuzutrauen war — bestimmt zu versichern und ihnen einen moralischen Zwang aufzuerlegen, hatte dieser Herr (Conried. Anm. d. Verf.) seinen Kontrakt mit ihnen für die Aufführung sämtlicher Werke Wagners und außerdem noch eines *unbekannten Werkes* abgeschlossen, dessen Bestimmung er sich einstweilen vorbehielt. Es kam, am Vorabend des Weihnachtsfestes (24. Dez.) 1903, trotz aller energischen Proteste dagegen, unter empörtem Aufsehen in der ganzen übrigen ehrenhaft denkenden Welt zu jener New-Yorker frevelhaft schnöden Prostitution des für Bayreuth geschaffenen Weihefestspiels durch einen gewissenlosen Spekulanten. ... Noch einmal: dies waren die Erfahrungen in unserer modernen Kulturwelt, unter denen Deutschlands größte Frau das Vermächtnis ihres Gatten durchzuführen und sein begonnenes Werk zur herrlichen Vollendung zu bringen hatte!«[33]

Zwei Jahre später (1905) mußte Bayreuth erneut tatenlos zusehen, wie in Amsterdam der Rechtsanwalt Henry Viotta ebenfalls zur vollständigen szenischen Aufführung des Parsifal einlud. Wieder gab es Proteste und Demarchen, doch hatte der Jurist Viotta, der die noch vor dem kurz darauf erfolgten Beitritt der Niederlande zur Berner Konvention gültige Rechtslage ausnutzte, wie Conried das blanke Recht auf seiner Seite.

[33] C. F. Glasenapp VI., S. 809 f.

Er firmierte sein Vorhaben als geschlossene Veranstaltung für die Mitglieder des Amsterdamer Richard Wagner Vereins, ließ jedoch aus kommerziellen Gründen allen interessierten Nichtmitgliedern die Hintertür offen, wo sie rasch und formlos gegen entsprechendes Entgelt in die Wagner-Gemeinde aufgenommen wurden. Doch weder Conrieds New Yorker Parsifal noch die Amsterdamer Einzelaufführung haben Musik- oder Theatergeschichte gemacht, sie taugten — wie der Kritiker Artur Seidl sagte — nicht einmal als »schlechtes Beispiel«. Die amerikanischen Parsifal-Aufführungen haben wenigstens als quantitatives Kuriosum gewissen Erinnerungswert. So ließ Conried seine Metropolitan-Truppe in zwei Jahren immerhin 130 Parsifal-Aufführungen absolvieren, mußte sich aber am Ende statistisch mit dem zweiten Platz begnügen, denn ein unter Leitung von Henry Savage arbeitendes Ensemble, das in 46 Städten der USA eine englischsprachige Fassung des Parsifal anbot, kam in ungefähr demselben Zeitraum sogar auf 224 Aufführungen[34].

Daß sich die Mehrheit der deutschsprachigen Presse zur Verdammung solcher Barbarei des Auslandes entschloß, bedeutete noch längst keine allgemeine Solidarität mit Wahnfried und Bayreuth. Der Publizistik des wilhelminischen Deutschland boten die Ereignisse willkommenen Anlaß, sich unter kulturellem Vorwand gegen das Ausland chauvinistisch in Szene zu setzen. Speziell natürlich der Bayreuther Propaganda lieferten die Umstände des Parsifal-Raubs in New York und Amsterdam reichlichen Anlaß und Stoff, auf den kulturellen Auftrag der Wagnerianer vor aller Öffentlichkeit noch einmal hinzuweisen.

Mit seiner feurigen Schrift »Wagners Geist und Kunst in Bayreuth« (München 1906) hatte in diesem Zusammenhang der Münchner Schriftsteller Michael Georg Conrad dem Bayreuther Geist in der Tat zu neuem und zeitgemäßem Ausdruck verholfen und sich dabei Wahnfrieds ganze Sympathie erobert. Conrads Referat über seinen persönlichen Beitrag gegen den New Yorker Gralsraub schloß mit der ihm gerichtlich auferlegten Zurücknahme seiner Beleidigungen gegen den Amerikaner Conried. Seine Ausführungen verdienen jedoch besondere Beachtung, weil er mit dem Begriffsvorrat des völkisch-wilhelminischen Kulturpessimismus den Tonfall des Radau-Antisemitismus späterer Jahre bereits gültig vorwegnahm. Michael Georg Conrad war längere Zeit einer der publizistischen Wortführer jener noch unscheinbaren völkischen Gruppierung, die sich schon vor dem Krieg um zwei der maßgeblichsten Ideologen Wahnfrieds, nämlich Ludwig Schemann und Houston Stewart Chamberlain, zu formieren und zu wirken begonnen hatte. Erst viel später wurde bekannt, daß er schon kurz nach dem ersten Weltkrieg in Wahnfried zum ersten Mal die Rede auf Hitler und seine Partei gebracht haben soll (Dok. XX—4). Etwas vorsichtiger und zurückhaltender, wenn auch grundsätzlich parallel in der Anschauung, äußerten sich die Mitglieder des Bayreuther Kreises[35] zum Parsifal-Raub, zu den Prozessen sowie noch einmal zu den gescheiterten Schutzfrist-Anliegen. Wahnfrieds Niederlagen wurden zum Apell an die Nation umgedeutet. Deutschland müsse und könne jetzt endlich den Beweis antreten, faßte der Journalist und Wagner-Literat Erich Kloss die verstreuten Bayreuther Meinungen zusammen, daß es Wagner wirklich »verstanden« habe und endlich zu »respektieren versteht«[36].

Die Parsifal-Affären hatten Wagnerianern und Wagner-Schriftstellern außerhalb des engen Bayreuther Kreises überaus vielseitige Gelegenheit geboten, aus ihrem isolierten Selbstzweckdasein herauszutreten. Es gab ihnen vorübergehend neuen Antrieb, daß sie

---

[34] A. Seidl, Parsifal-Schutz (1912/13) in: A. Seidl, Neue Wagneriana III, Regensburg 1914, S. 173

[35] Insbesondere H. v. Wolzogen, S. Benedict, F. v. Schoen, E. Kloss etc.

[36] E. Kloss, 30 Jahre Bayreuth, in: R. Wagner-Jahrbuch I, hrsg. von L. Frankenstein, Leipzig 1906, S. 421

die Bayreuther Sache, an der sie nie realen Anteil hatten, wenigstens in Wort und Schrift zu ihrer eigenen machen durften. Cosima Wagners Bayreuth und die Festspiele mußten dabei — wie beabsichtigt — in den Mittelpunkt rücken, Wagnerianer und Wagner traten dahinter ein gutes Stück zurück. Die Nation sollte erkennen, daß es in Bayreuth um Letztes und Höchstes, um das Herzstück deutscher Kultur ging.

Die Bayreuther Festspiele zwischen Jahrhundertwende und erstem Weltkrieg standen wirtschaftlich wie auch künstlerisch unter den günstigsten Vorzeichen. Die in den Parsifal-Diskussionen auf Bayreuther Seite laut gewordene Argumentation konnte daher konkrete Tagesforderungen zugunsten weitblickender Konzeptionen in den Hintergrund treten lassen. Der Bayreuther Kreis fand auf diesem Wege, der von nun an konsequent beschritten wurde und wie das Beispiel Michael Georg Conrad zeigt, unmittelbaren Anschluß an die völkische Kulturfront des wilhelminischen Deutschland.

Bedingt durch Cosima Wagners endgültigen Rücktritt von der Festspielleitung, der Siegfried Wagner seit 1907 zum Herrn des Hauses machte, trat eine vorübergehende Positionsschwächung Wahnfrieds ein, die sich praktisch überall dort bemerkbar machte, wo Fragen auftauchten, die über den reibungslosen Festspielbetrieb hinausgingen. Siegfried Wagner, der als Schüler von Engelbert Humperdinck und als Komponist launischer Märchenopern mit der Welt des 19. Jahrhunderts seine musikalischen Zwiegespräche führte, erhielt 1907 als Erbe und Nachfolger seiner Mutter die Auflage, das Bayreuther Sommertheater in festspielgerechter Tradition zu erhalten. Unterdessen sicherten sich Schwager und Schwester, der Vulgärphilosoph Houston Stewart Chamberlain und seine Frau Eva, die als Privatsekretärin Cosimas mit äußerst weitreichenden Kompetenzen und Vollmachten ausgestattet war, in Wahnfried eine besondere Vormacht- bzw. Schlüsselstellung. Adolf von Groß blieb auch jetzt im Hintergrund des Geschehens und sorgte vorerst auch weiterhin für den reibungslosen geschäftlichen Ablauf des Unternehmens. Vieles von dem, was Siegfried Wagner nicht selbst in die Hand nehmen konnte — sei es aus Desinteresse oder wegen mangelnder Übersicht — trug ab sofort den unsichtbaren Stempel des Hauses Chamberlain: der große Familienprozeß von 1914, das Projekt einer »Wahnfried-Stiftung«, die Manipulation von und mit Dokumenten und Autographen des Wahnfried-Archivs sowie die Steuerung der Bayreuther Blätter und der Bayreuther Publizistik im weitesten Sinne. Insgesamt bedeutete dieser Führungswechsel in der Festspielleitung keine markante Zäsur für die Spiele. In Wahnfried dagegen war eine folgenreiche Machtverschiebung spürbar, die sich unter anderem besonders stärkend auf den Bayreuther Kreis auswirkte.

Der bevorstehende Ablauf der Schutzfrist war Grund genug, um im Namen Wagners endlich zur »Mobilisierung des verschlafenen deutschen Geistes«[37] aufzurufen. Die Initiative, mit einer zweiten Parsifal-Adresse an die deutsche Öffentlichkeit zu treten, ruhte diesmal auf vielen prominenten Schultern (u. a. Hans von Wolzogen, Houston Stewart Chamberlain, Hans Pfitzner, Richard Strauss, Artur Seidl, Max von Schillings, Ludwig Frankenstein, Paul Marsop, Arthur Prüfer, Friedrich von Schoen), deren kaum aufeinander abgestimmte Stellungnahmen jedoch wieder den Eindruck entstehen ließen, als spräche Wahnfried wohl mit vielen Zungen, nicht aber mit einer einzigen Stimme. Hans von Wolzogen, der von Wahnfried schon oft auf verantwortliche Mission geschickt worden war, gewann durch persönliche Vermittlung den Reichstagsabgeordneten Mumm als weiteren einflußreichen Bundesgenossen dazu. Die parlamentarische Anfrage des konservativen Politikers vom 28. 11. 1912 (Dok. VIII—20, 21) hatte erneut die besondere Schutzwürdigkeit des Parsifal zum Gegenstand, scheiterte jedoch ebenso wie Cosimas Eingabe an den deutschen Reichstag aus dem Jahr 1901. Um der Petition

53   [37] A. Püringer, Zum Parsifal-Schutz, in: Dresdner Neue Nachrichten vom 9. 6. 1912

entsprechendes Gehör bei den Volksvertretern zu verschaffen, war ihr eine überraschend gut angelaufene Unterschriftenaktion vorangegangen. Den von August Püringer verfaßten Aufruf hatten immerhin 18 000 deutsche Bürger unterzeichnet: »Wir Unterzeichneten beantragen einmütig den Erlaß eines Reichs-Gesetzes zum Schutz auch der geistigen Persönlichkeitsrechte der Schaffenden und aller Werke, deren Schöpfer ihre Aufführung an einer einzigen, hierfür besonders geeigneten Stelle ausdrücklich bestimmt hat«[38]

Beispielhaften Einsatz für Bayreuth bewies auch der ungemein produktive Wagner-Schriftsteller Artur Seidl, dessen Meinung übrigens nicht zu jeder Zeit Bayreuth-freundlich gewesen war und den Cosima Wagner schon einmal mit dem für Bayreuth disqualifizierenden Titel »Sezessionist« hatte zur Ordnung rufen müssen[39]. Sein eloquentes Plädoyer für den Schutz des Parsifal schöpfte aus dem überreichen Vorrat Bayreuther Stereotypien und legte nach dem Beispiel Chamberlains[40] besondere Betonung auf das »Kultur-Opfer« der Erben[41] sowie ganz allgemein auf deren ohne Vorbild dastehende Selbstlosigkeit im Dienste der großen Bayreuther Sache. Viele seiner Beiträge, deren Wirkung auf ihrer Brillanz beruht, sind auch als feuilletonistisch gearbeitete politische Standortbestimmung Bayreuths interpretierbar. Es war natürlich ganz im Sinne Wahnfrieds, daß er Wagner als eine »Kulturmacht« und Bayreuth als »das zu wahrende Palladium eines einzigartigen Idealstyles und ... Hort deutsch-idealistischer Kultur *wider* Amerikanismus oder Merkantilismus der Kunst in *jeder* Form«[42] in das Arsenal der völkisch-konservativen Kulturkämpfer einbrachte. Daß das Parsifal-Votum nach Seidl eine Art »Zählkandidatur« für eine »Deutsche Kulturpartei«[43] darstelle, entsprach ebenfalls gängiger Bayreuther Auffassung, die allerdings kein Bayreuther Schriftsteller, auch nicht Chamberlain, mit dem er seine Rolle allzu gern getauscht hätte[44], ähnlich gekonnt zu popularisieren verstand. Seine Bayreuther Freunde und Kollegen vom Fach rubrizierte Seidl übrigens in drei Kategorien, und zwar in die »große geschlossene Phalanx« wahrer Bayreuther (W. Tappert, L. Nohl, M. Plüddemann, F. v. Hausegger, E. Humperdinck, O. Leßmann, E. W. Fritzsch, F. Muncker, Mach Koch, P. de Lagarde, A. Nikisch, L. Weingartner, R. Strauss etc.), in »Geister, die verneinen« (E. Hanslick, P. Lindau, W. H. Riehl, F. Naumann, H. M. Schletterer, L. Speidel, M. Kalbeck, I. Spitzer etc.) und in die »Lauen« (L. Hartmann, Th. Göring, I. Ehlert, G. Engel, H. Ehrlich, L. Bulthaupt, O. Neitzel etc.). Zum eigentlichen Bayreuther Kreis rechnete Seidl nur Henry Thode, A. Ritter, P. Cornelius, L. Schemann, H. Porges, R. Franz und J. Tichatschek. Chamberlain aber, dem diese Abhandlung als Besprechung seiner Wagner-Mono-

---

[38] A. Seidl, op. cit., S. 143

[39] A. Seidl hatte 1896 gefordert, der konservativen Rechten von Bayreuth eine »Linke« mit Strauss an der Spitze gegenüberzustellen. Vgl. C. Wagner an H. St. Chamberlain, Brief vom 26. 4. 1896. In: Briefwechsel C. Wagner-H. St. Chamberlain (1888—1908), hrsg. von P. Pretzsch, Leipzig 1934, S. 463

[40] H. St. Chamberlain, Der Bayreuther Festspielgedanke, in: Die Musik 1. Jg. (1902), S. 1196

[41] A. Seidl, op. cit., S. 238—241. Die vorzeitige Freigabe des Parsifal hätte Wahnfried nach Seidls Schätzung (1912) angeblich siebenstellige Tantieme-Gewinne gebracht. Ebda., S. 242

[42] A. Seidl, op. cit., S. 224

[43] ebda., S. 313. Dort heißt es weiter: »Daß die nötige Majorität noch nicht vorhanden, das deutsche Volk noch nicht vollauf reif sein würde, das war ... wohl voraus zu setzen und mochte dann, wie andere Majorisierungen auch, mit überlegener Geduld einer, für diesmal noch in der Minderheit gebliebenen »Weltanschauung« en marche, ruhig-getrost mit in Kauf genommen werden, wenn man durch formellen Protest gegen die geistige Vergewaltigung nur zugleich auch dafür gesorgt hatte, wenigstens vor dem Urteile der Geschichte sich verantworten zu können ...« (S. 313 f.)

[44] A. Seidl, H. St. Chamberlain »Richard Wagner«, Besprechung (1895/96), in: A. Seidl, Neue Wagneriana II, Regensburg 1914, S. 419

graphie gewidmet war, und auch Wolzogen glaubte Seidl dadurch besonders heraus-
heben zu müssen, indem er sie in seiner Einteilung gar nicht erwähnte[45]. Seinem kritischen Blick waren der »Weihrauch« und das »salbungsvolle Psalmodieren« nicht ent-
gangen, unter dem eine bestimmte Art Schriftstellerei innerhalb des Bayreuther Kreises
auch nach seiner Ansicht allzusehr litt[46]. Deutliche Anspielungen vermied er, jedoch
blieb für den Eingeweihten unschwer zu erraten, daß damit nur die Bayreuther Blätter
gemeint sein konnten, in denen sich Seidl, der sonst so vielseitige Autor, geradezu auffallend zurückhielt.

Die völkische Formierung des Bayreuther Kreises war zugleich auch seine eigentliche
publizistische Blütezeit und fiel ziemlich genau zwischen die beiden Parsifal-Kampagnen
von 1901 und 1912, die in ihrer Tendenz bereits ausgesprochen weit über das bloße
Festspielgeschehen hinauswiesen. Chamberlain, Schemann, Seidl, M. G. Conrad und
andere Autoren des völkischen Lagers hatten in ihren kämpferischen Beiträgen zusätzlich die kulturpessimistischen, nationalkonservativen und fortschrittsfeindlichen Züge
Bayreuther Gesinnung so miteinander verschweißt, daß eine halbwegs praktikable
Universal-Ideologie erkennbar wurde, die der Bayreuther Wagner-Gemeinde für den
politischen Meinungskampf an die Hand gegeben werden konnte. Entschieden gestärkt
durch solches Mittel, begann sich nun die elitebewußte Minderheit aus ihrem vorder-
gründig-ethisch motivierten Diaspora-Dasein allmählich politisch zu befreien.

Gemessen an den Auswirkungen dieses für die Zukunft Bayreuths wichtigen Prozesses
mußte das einzelne künstlerische Ereignis, mußte die einzelne Festspielaufführung an
Bedeutung verlieren. Bayreuth begriff sich in steigendem Maße als eine politische Größe
und benutzte die Festspiele als ästhetischen Vorwand. Der grüne Hügel wurde anerkannter Sammelplatz der Reaktion und die Festspiele ihre historische Kulisse.

Wagners suggestive Tonsprache, sein illusionistischer Bühnenzauber, die gesellschaftliche Betriebsamkeit und auch die unzweifelhaft großen Leistungen der mitwirkenden
Künstler sollten legitimieren, was sich im Bayreuther Kreis ideologisch vollzog. Bayreuth war vor und nach dem Krieg sichtlich bemüht, den schönen Schein künstlerisch
absoluter Integrität zu wahren. Unterdessen rühmte sich Wahnfried eines Chamberlain und seines politisierenden akademischen Gefolges, das über den im Grunde unpoli-
tisch-schwärmerisch veranlagten Wolzogen hinweg die eigentliche Lenkung der Bayreuther Blätter übernommen hatte. Es sorgte in pseudowissenschaftlichem Habitus für
den Ideentransport des Bayreuther Kulturkreises, der sich längst zum politischen Zirkel
gewandelt hatte. Die Imperative Bayreuther Kunstreligion behielten ihre Gültigkeit in
der engen Auslegung Cosima Wagners. Zunehmend wurde aber jetzt an der Deutung
ihrer politisch transzendierbaren Inhalte gearbeitet. Einige typische Bayreuther Wendungen lagen bereits auf dem vorgezeichneten Weg: das Festspielhaus als die »herrliche
Arierburg« oder als »Kunsttempel zur Erfrischung des Arierblutes, zur Erweckung des
allgemeinen großen Bewußtseins von einer ›indogermanischen‹ Völkerfamilie, sowie
zuglich zur Kräftigung eines gesunden Deutschtums im Besonderen«[47]. Vorstellungen
wie diese prägten auch das neu gefaßte Bayreuther Selbstverständnis und führten hinüber in das antidemokratische Milieu einer Festspielgemeinde, die vom Parsifal-Schutz
sprach und in Wirklichkeit die Abschaffung des allgemeinen Wahlrechts meinte.

Richard Strauss verbeugte sich zwar mit »Respekt vor dem Willen des Genies«, begründete dann aber sein Eintreten für den Schutz des Parsifal im übrigen mit den
deutlichsten Worten. »Ich habe selbst gehört«, so spielte Strauss zwei Jahre vor Kriegsausbruch noch einmal auf die Reichstagsdebatte über die Urheberrechtsreform des Jah-

[45] ebda., S. 423 f.
[46] A. Seidl, R. Wagner der Denker und Dichter (1899), ebda., S. 452
[47] J. H. Löffler, Zur Frage der Urheimat der Arier, BBl 1896, S. 70

res 1901 an, »daß ein Herr Eugen Richter in unverschämtesten Lügen die Rechte von armseligen zweihundert deutschen Komponisten — die Erben Richard Wagners mit eingeschlossen — zugunsten von zweihunderttausend deutschen Gastwirten zu Boden trat. Dies wird nicht anders werden, solange das blöde Allgemeine Wahlrecht bestehen bleibt, und solange die Stimmen gezählt und nicht gewogen werden, solange nicht die Stimme eines einzigen Richard Wagner einhunderttausend, und ungefähr zehntausend Hausknechte zusammen eine Stimme bedeuten«[48].

Deutsche Künstler, deutsche Gelehrte, voran die deutschen Professoren spannen die alten Bayreuther Leitmotive fort und vermischten Kulturelles und Politisches zu aggressiven Parolen, die der Faschismus dann nur noch auf die Straße bringen mußte. Als das wilhelminische Deutschland seine Jugend in den sinnlos bejubelten ersten Weltkrieg schickte, zeigte der von Wagner und den Wagnerianern so oft und laut beschworene »deutsche Geist« sein wahres Gesicht. Es entsprach originalem Bayreuther Sprachgebrauch, wenn dieser Völkermord der deutsche oder der Krieg Nietzsches, Friedrichs des Großen, Goethes, Schillers, Beethovens, Fichtes, Hegels und Bismarcks genannt wurde[49]. Krieg sei, berief sich der patriotische Gelehrte auf Jean Paul, den anderen großen Bayreuther, die »stärkende Eisenkur der Menschheit« und Militarismus nichts anderes als »der zum kriegerischen Geist hinaufgesteigerte heldische Geist. Er ist Potsdam und Weimar in höchster Vereinigung. Er ist ›Faust‹ und ›Zarathustra‹ und Beethoven-Partitur in den Schützengräben«[50]. Gewiß, hier sprach kein ausgewiesener Bayreuther, kein Wagnerianer, doch seine Gedanken waren schon seit mehr als 30 Jahren in Bayreuth beheimatet und wurden dort auch künftig treu verwahrt.

Die zweite Parsifal-Eingabe an den Reichstag von 1912 (Dok. VIII—21), die noch rascher als die erste scheiterte und gar nicht erst bis ins Plenum des Reichstags gelangte, wurde von der Festspielleitung, Wahnfried und den Bayreuther Agitatoren mit kulturpolitischen Azenten versehen und zielte weit über das eigentliche Anliegen, das Geschenk der Nation zum hundertsten Geburtstag Wagners, hinaus. Es konnte schon gezeigt werden, wie die begleitende Bayreuther Publizistik der Wagner-Gemeinde zu jener »Straffheit und methodischen Disziplin« verhalf, wie sie schlagkräftige Organisationen auszeichnet und mit deren Hilfe, wie Paul Bekker es sah, jedes »Sonderinteresse von Bayreuth mit pathetischer Gebärde als nationale, ethische oder religiöse Forderung« umgedeutet und plausibel gemacht wurde (Dok. VIII—22). Auch für Paul Bekker, eines der bedeutendsten rhetorischen Talente an der Bayreuther Gegenfront, der sich 1912 noch einmal mit gewichtigen Beiträgen in der Opposition zu Wort meldete, stand die Parsifal-Diskussion schon längst am Rande seines kritischen Interesses. Bekker zielte mitten hinein in die pompöse Äußerlichkeit des Festspielgeschehens, schob sie aber beiseite und machte eine 30jährige Epoche obstinaten Bayreuther Byzantinismus dafür verantwortlich, daß das Werk Wagners auf dem grünen Hügel längst zu einer Art toter Sehenswürdigkeit heruntergekommen sei.

Unter dem zunehmend stärker werdenden Konkurrenzdruck der Opernhäuser in Wien, München und Berlin mußten kritische Berichte über den Zustand der Festspiele nach Cosimas Abtreten von den Festspielen in Bayreuth doch einigermaßen nachdenklich stimmen. Der Vorwurf »geistloser Handwerkerei« und die Beschreibung eines Festspielbetriebs, dem das »Außergewöhnliche« fehle und der bestenfalls noch Durchschnittliches zuwege bringe, traf das dynastische Prinzip der künstlerischen Nachfolge in Bay-

[48] R. Strauss an L. Karpath, Brief vom 18. 8. 1912 (Antwort auf eine Rundfrage. Zur Frage des Parsifal-Schutzes.) In: R. Strauss, Betrachtungen und Erinnerungen, hrsg. von W. Schuh, Zürich 1949, S. 79
[49] W. Sombart, Händler und Helden. Patriotische Besinnungen, München/Leipzig 1915, S. 53
[50] ebda., S. 84 f.

reuth. Gemeint war damit vor allem Siegfried Wagner als verantwortlicher Festspielleiter und Festspieldirigent, der sich praktisch zum ersten Mal in dieser Eigenschaft öffentlicher Kritik ausgesetzt sah, nachdem sich Cosima Wagner spätestens seit 1907 nicht mehr wie sonst schützend vor ihren Sohn stellen konnte. Seit 1896 am Dirigentenpult des Festspielorchesters, war Siegfried inzwischen als Wagner-Dirigent und als Interpret eigener szenischer Werke praktisch versiert und weit herumgekommen. Es muß hier unter Hinweis auf spezialisierte Darstellungen dieses Themas die Feststellung genügen, daß seine eigentliche Domäne weniger das rein Musikalische, auch nicht die systematische Erziehung von Solisten, Ensemble und Orchester betraf. Dagegen hoben die Zeitgenossen seinen eminenten Theatersinn hervor, mit dem er Bild und Szene des Wagnerschen Musikdramas mit zeitgemäßen Mitteln und eigenen Ideen in durchaus moderner Auffassung aufeinander abstimmte. Bis zum Jahr 1914 inszenierte Siegfried Wagner auf der Bayreuther Bühne die der romantischen Oper nahestehenden Frühwerke Holländer (1901 und 1914) und Lohengrin (1908).

Es war allein die Gunst seiner Herkunft, die Siegfried Wagner kampflos zum Chef eines blühenden Kunstbetriebs bestimmt hatte. Für seine Bonhomie, seine sympathische Arglosigkeit — Eigenschaften, die ihn nach übereinstimmenden Urteilen auszeichneten und die den Stil seiner Festspielarbeit prägten — lagen einige Erklärungen auf der Hand: das Matriarchat Wahnfried, in dem er aufgewachsen war, der seit frühester Jugend gewohnte Umgang mit Geld, das nicht selbst verdient werden mußte, und schließlich die unbestreitbar große Anziehungskraft des berühmten Familiennamens. Dies mochten unter anderem die Ursachen jener erstaunlichen Selbstgenügsamkeit sein, die den überhöhten Erwartungen am Ende nicht standhielt, wie sie von einer nicht minder unkritischen Umgebung auf den »Meistersohn« projiziert wurden. Der wohlmeinende Bayreuther Freundeskreis sah in Siegfried sogar etwas vom Retter und Erlöser, also gerade das, wovon er sicher am allerwenigsten hatte. Auf unsichtbare Weise stärkte noch zu Beginn seiner Amtsübernahme der Nimbus Cosima Wagners sein Selbstvertrauen und seine Immunität. Erst nach Kriegsende sollte sich an diesem Bild Entscheidendes verändern.

Von den persönlichen Differenzen zwischen Siegfried Wagner und Adolf von Groß, der sich von reinen Verwaltungsdingen etwa seit 1900 mehr und mehr zu entlasten suchte, war nur wenig an die Öffentlichkeit gedrungen. An der für Bayreuth so wichtigen Parsifal- und Schutzfrist-Diskussion hatte Siegfried Wagner mit eigenen Beiträgen so gut wie gar nicht teilgenommen. Echte Wagnerianer sahen darin keinen Grund, seine persönliche Integrität, sein totales Künstlertum in Zweifel zu ziehen. Unerklärlich blieb ihnen auch, welche Rolle Siegfried in dem 1914 als drohendes Unheil über Wahnfried schwebenden Familienskandal[51] letztlich spielte und wie es mit Groß', Chamberlains und seiner Unterstützung endlich gelang, den Prozeß juristisch — doch wider jede Moral — für Cosima Wagner und sich selbst zu entscheiden.

Die Kriegsereignisse von 1914 rückten das Unerhörte dieses Familienprozesses, den letztlich Wagners Tochter Isolde Beidler gegen ihre Mutter Cosima angestrengt hatte, aus dem Blickfeld der Öffentlichkeit. Siegfried hatte sich auf Drängen seines Schwagers Houston Stewart Chamberlain dazu entschlossen, durch offensive Maßnahmen das bedrohlich auf ihn und Wahnfried näherkommende Skandalgewitter abzuwenden. Er mußte befürchten, daß von der Gegenseite Cosimas auch der absolut unkünstlerische Privatbereich des Meistersohnes an die Öffentlichkeit gezerrt würde. Der Ruf der Wagner-Familie als Träger der Bayreuther Festspiele stand auf dem Spiel. Aus diesem Grunde entschloß sich Siegfried Wagner, der nahenden Gefahr durch Presserverlaut-

[51] Vgl. Z. v. Kraft, Der Sohn, Graz/Stuttgart 1969, S. 176 ff. und S. 185

barungen über die Umwandlung des Familienbesitzes in eine »Richard Wagner Stiftung für das deutsche Volk« zuvorzukommen (vgl. Dok. VIII—25). Nicht nur das Festspielhaus mit Inventar und Festspielfonds, sondern auch Wahnfried mit seinen bedeutenden Handschriften, Archivalien und Erinnerungsstücken sollten in dieses auch als »Wahnfried-Stiftung« (1914) bekannt gewordene Projekt eingebracht werden. Ein sechsköpfiger, nicht näher bezeichneter Verwaltungsrat unter Vorsitz des jeweiligen Bayreuther Oberbürgermeisters sollte Ziele und Aufgaben der Stiftung, besonders aber Inhalt und Zeitpunkt zukünftiger Festspiele autonom bestimmen.

Die wirklichen Hintergründe für diesen wahrlich überraschenden Schritt blieben der Öffentlichkeit, aber auch dem engsten Freundeskreis, verborgen. Es blieb unverständlich, warum Siegfried so plötzlich und großmütig die Hand von alledem ließ, was Cosima Wagner für ihn so überaus treulich gehütet und gehortet hatte. Dem Wortlaut nach war es beschlossene Sache, »alles was in Bayreuth Richard Wagners Erbe ist ... dem deutschen Volke als ewige Stiftung« zu vermachen. »Wir werden uns als wahre Hüter Wahnfrieds zeigen und unseren Stiftungsgedanken nicht fallen lassen. Das Bayreuth Richard Wagners, so haben wir beschlossen, gehört nicht uns, es gehört dem deutschen Volke, ihm soll es als ›ewiges Richard-Wagner-Heim‹ übergeben werden« (Dok. VIII—25). Wahnfrieds Geheimdiplomatie hielt die wirklichen Motive für diesen Schritt kecker Neugier sorgsam verborgen und schürte dadurch ungewollt die kühnsten Spekulationen. Für Wahnfrieds Kritiker stand nach 40jähriger Bayreuther Festspielgeschichte immerhin soviel fest, daß bei diesem sonderbaren Akt nicht nur edle Gesinnung und pure Lauterkeit im Spiel sein konnten. Möglicherweise, so lautete eine Vermutung, lag der Schlüssel zum Ganzen im Hause Chamberlain, das als stärkste Fraktion der Familie die Führung des schwer angeschlagenen »Flaggschiffs des deutschen Geistes«[52] übernommen hatte, testamentarisch aber ohne Besitzanspruch auf Wahnfried und die Festspiele geblieben war (Dok. IX—1, 2). Macht ohne Besitz für das Haus Chamberlain und Besitz ohne Macht für Siegfried Wagner — so etwa ließe sich die familiäre Konstellation vor Beginn des Prozesses und vor Ankündigung der Wahnfried-Stiftung etwas überspitzt formulieren. In beiden Fällen hatten Eva und Houston Stewart Chamberlain, obgleich für sie dabei materiell nichts zu gewinnen war, auffällig vehement für Siegfried Wagner Partei ergriffen, dem trotz des ihm abverlangten Totalverzichts immer noch das höchst ansehnliche Barvermögen Wahnfrieds verblieben wäre. Die Festspiele aber, dieser langsam vor sich hin alternde Privatbetrieb, und die Schätze Wahnfrieds sollten insgesamt jenen freiwilligen Tribut ausmachen, den man zu zahlen bereit war, um die von Erpressern und Kritikern[53] gemeinsam vorbereitete Katastrophe zu ersticken. Hinzu kam aus Familienkreisen die sorgenvolle Überlegung, daß das Festspielunternehmen von seiner Verwaisung bedroht sei, solange Siegfried Wagner sich nicht zur Ehe entschließen konnte. Wie ernst die ganze Lage in Wahnfried eingeschätzt wurde, war allein daran abzulesen, daß Herrschaft und Besitz mit großer Geste wie etwas Entbehrliches mit einem Mal zur Disposition standen. Analog zur Weimarer Goethe-Schiller-Stiftung sollten in Bayreuth künftig öffentliche Kräfte zur Pflege dessen, was ihnen sonst strikt verwehrt war, verantwortlich herangezogen werden.

Das unter anderem von Maximilian Harden in Aussicht genommene exemplarische Vorgehen mit publizistischen Mitteln, die spektakuläre Inszenierung eines Wahnfried-Dramas war als unüberhörbare Warnung auch in Bayreuth verstanden worden. Ein solcher Schritt hätte unweigerlich den privaten Ruf des Festspielleiters und die Vor-

[52] du Moulin-Eckart, op. cit. II, S. 836
[53] Vgl. M. Harden, op. cit. (Auszüge vgl. Dok. VIII—24)

machtstellung Bayreuths als geistiges Zentrum der Wagnerianer schwer erschüttert. Der Familienprozeß endete jedoch 1915 mit einer Rehabilitierung Cosima Wagners. Das Zerwürfnis zwischen Mutter und Tochter war irreparabel. Isolde und Franz Beidler hatten laut Gerichtsbeschluß keinen Anspruch auf ein Bayreuther Erbteil, obgleich Isolde für die eingeweihte Öffentlichkeit Wagners Tochter blieb. Siegfrieds Position schien durch den Rückzug seines rivalisierenden Schwagers Franz Beidler gestärkt. Die »Wahnfried Stiftung« konnte zu den Akten gelegt werden. Von seinen Schwestern bedrängt, fand Siegfried endlich auch sein »Katerlieschen«; im Kriegsjahr 1915 heiratete er Winifried Williams, die 17jährige Adoptivtochter Karl Klindworths.

Im erweiterten Bayreuther Kreis war von der sich zuspitzenden Dramatik im Hause Wahnfried nur wenig zu spüren. Wagners 100. Geburtstag hatte im Jahr 1913 zuletzt Anlaß gegeben, größte Geschlossenheit zu demonstrieren und Bayreuth noch einmal als den geistigen Mittelpunkt aller Wagnerianer mit besonderer Gesinnungstüchtigkeit zu feiern. Siegfried wurde aus diesem Anlaß von der Stadt Bayreuth zum Ehrenbürger ernannt, Richard Wagners Marmorbüste zog unter königlichem Schutz in die Walhalla bei Regensburg ein, und die Bayreuther Stipendienstiftung, das Lieblingskind des Meisters, brachte den Stipendienfonds am Ende einer neunjährigen »Nationalsammlung«[54] auf das Traumziel von einer Million Goldmark.

Doch standen Wahnfried und die Festspiele 1914 nicht nur aus Gründen familiärer Zerrissenheit vor veränderten Tatsachen. Mit Ablauf des Jahres 1913 war die Schutzfrist für sämtliche Werke Richard Wagners endgültig gefallen. Der reiche Zustrom von Tantiemen, von denen die Festspiele gleichwohl zu keiner Zeit profitiert hatten, versiegte schlagartig. Das bis zum letzten Tag ausschließlich für Bayreuth reklamierte Parsifal-Monopol, bis 1914 Eckstein des Bayreuther Kultur-Imperiums, zerfiel in sich selbst und wurde als Kuriosum der Festspielgeschichte aufbewahrt. Vor dem endgültigen Ablauf der Schutzfrist beklagte der Bayreuther Kreis ein letztes Mal den Gralsraub, diesmal freilich als den unerhörtesten der Geschichte überhaupt, und malte aus, daß sich Wagners Bühnenweihfestspiel künftig die Entstellung als Allerweltsoper gefallen lassen müßte.

Der Ausbruch des ersten Weltkrieges bereitete den Bayreuther Festspielen von 1914 schon nach acht Aufführungen ein jähes Ende. Doch kamen die weltpolitischen Ereignisse der sich in und um Wahnfried mächtig zuspitzenden Lage für Wagners Erben und Nachfolger nicht ungelegen. Das Kriegsgeschehen verdeckte die akute Situation, in die die Festspiele und die Familie geraten waren. Sie verstellten unmittelbar vor der schon nicht mehr abwendbaren privaten Katastrophe den Blick auf eine Einrichtung, die von kritischen Rissen bedroht war. Bayreuth verlor als Gegenstand öffentlicher Diskussion vorerst an Bedeutung. Die Geschichte nahm Bayreuth vorläufig wichtige Entscheidungen aus der Hand: Krieg und die Jahre wirtschaftlicher Not danach zwangen zur Stillegung des Festspielunternehmens für ein volles Dezennium.

[54] S. Benedict, Die R. Wagner-Stipendienstiftung. Ein Mahnwort an die Besucher der Bayreuther Festspiele, in: Bayreuth 1904, Handbuch für Festspielbesucher, hrsg. von F. Wild, Leipzig 1904, S. 9

IV. Vom Meisterwillen zum Führerprinzip. Bayreuth und die Kultur-front der Weimarer Rechtsopposition. (1924-1930)

Das »prächtige nette arische Publikum«[1], wie es Siegfried Wagner selbst einmal nannte, hatte ihn als Komponist szenischer Werke, als Dirigent und Regisseur in und außer-halb Bayreuths, als Festspielleiter und »Meistersohn« schon vor 1914 treuergeben wie eine gläubige Gemeinde begleitet. Diese Schar standfester Wagnerianer war es auch, die sich zuerst angesprochen fühlte, als es Anfang der Zwanziger Jahre hieß, den seit Kriegsausbruch stillstehenden Bayreuther Festspielbetrieb vor seinem angeblich drohen-den Untergang und vor widrigen wirtschaftlichen und politischen Verhältnissen er-neut zu »retten«. 1921 wurde dieses Werk der Rettung mit Wahnfrieds Einverständnis auf Anregung der Leipziger Dachorganisation aller Wagner-Vereine von der 1921 gegründeten »Deutschen Festspielstiftung Bayreuth« eingeleitet und war letztlich nichts anderes als eine großangelegte, betont nationale Spendenaktion für Bayreuth, die Wag-ners historischen Patronatsgedanken wieder zu neuem Leben erweckte.

Als sich die Leipziger Vereinsmänner im Namen Wagners und Bayreuths an die alten Freunde und Gönner der Festspiele wandten, geschah dies mit der Absicht, auf raschem Wege die für die Wiedereröffnung erforderlichen Millionenbeträge herbeizuschaffen. Zum anderen aber wurde die Gelegenheit dazu benutzt, um einen sehr eindringlichen Appell im Geiste Wagners an die Vielzahl völkisch-konservativer Bürgergruppen, stu-dentischer und vaterländischer Bünde und Verbände sowie kulturreformerischer und deutsch-christlicher Zirkel zu richten, sich der Aktion »Deutsche Festspielstiftung« an-zuschließen und gemeinsam ein klares Bekenntnis zur nationalen Sendung Bayreuths abzulegen. Bayreuth verfügte trotz Krieg und künstlerischer Zwangspause über einen intakten Freundeskreis, der auf vielfältigste Weise in und außerhalb Bayreuths kul-turell und politisch wirksam war. Im übrigen wurde schon darauf hingewiesen, daß es auch bereits vor dem Krieg Tendenzen gab, die Bayreuther Festspiele als Kulturappa-rat und ideologisches Medium in die kulturell getarnten politischen Rechtsblöcke der wilhelminischen Ära zu integrieren.

Die Beziehungen zum »Alldeutschen Verband« (gegr. 1891) und seinem Gründer Heinrich Claß waren dabei nicht das letzte und unwichtigste Glied in jener Kette, die das Bayreuther Festspielgeschehen später schicksalhaft mit dem deutschen Faschismus in Verbindung brachte. Das offizielle Festspielprogramm hatte den »Alldeutschen« be-reits 1894 seine Aufmerksamkeit geschenkt und für Vasallentreue und Kaiserhoffnung geworben[2]. Justizrat Claß, fremd weder in Wahnfried noch im Festspielhaus (Dok. XI—4), unterhielt in Berlin auch gute persönliche Beziehungen zu Karl Klindworth. Für dessen Adoptivtochter Winifred, seit 1915 Siegfried Wagners Gattin, dürfte Heinrich Claß von prägendem Einfluß auf ihre politische Meinungsbildung gewesen sein.

Über den Göttinger Ludwig Schemann und dessen Gobineau-Gesellschaft, einem »Ab-leger des Bayreuther Kreises«[3], blieb Claß indirekt aber auch Hans von Wolzogen und den Bayreuther Blättern verbunden, die Schemanns Rasse-Exkursen geradezu über-trieben breiten Raum zur Verfügung stellten. Schemanns Lebenswerk, das angeblich

---

[1] Z. v. Kraft, op. cit., S. 167
[2] H. A. Platzbecker, Bayreuth 1894. In: Handbuch für Festspielbesucher, hrsg. von F. Wild, Leipzig 1894, S. VI

[3] W. Schüler, S. 105

auf Cosima Wagners Anregungen zurückging, war die Einbürgerung Gobineaus in die Ahnengalerie des deutschen Präfaschismus und damit — wie es hieß — »doch auch ein Bayreuther Werk«[4]. Der wissenschaftliche Eifer des Göttinger Professors galt aber noch einem weiteren Wagner-Zeitgenossen, den er posthum nach Bayreuth zurückholte: Paul de Lagarde, dessen »Deutsche Schriften« Wagner sehr wahrscheinlich zur Herausgabe älterer Manuskripte verwandten Inhalts unter dem beziehungsreichen Titel »Was ist deutsch« angeregt haben dürften. Als am 15. 1. 1893 von Schemann eine »Lagarde-Stiftung« aus der Taufe gehoben wurde, erfuhr die Bayreuther Gemeinde, daß nunmehr auch Lagarde, dessen Zusammenwirken mit Wagner bekanntlich noch in den Anfängen stecken geblieben war, als »einer unserer großen Bannerträger in den schweren Kämpfen der Zeit«[5] und ideologischer Mitstreiter in ihrer Mitte aufgenommen worden sei.

Es war nicht Zufall sondern Symptom, daß Bayreuth sich vor allem überall dort prominent vertreten ließ, wo von Kultur die Rede, wenn Politik gemeint war. Noch entfernt vom aggressiven Aktionismus des nationalsozialistischen »Kampfbundes für deutsche Kultur« arbeitete beispielsweise Friedrich Seeselbergs vor 1914 gegründeter »Werdandi-Bund«, dem Siegfried Wagner und Henry Thode als führende Mitglieder beitraten. Der Münchner Werdandi-Bund war eine jener elitären, völkisch ausgerichteten Organisationen, die das kulturreformerische und kulturpessimistische Ideengut des Wilhelminismus weiterentwickelten. Schon seiner Bezeichnung nach verriet der «Werdandi-Bund« Bayreuther Herkunft. Die Anspielung auf die Nornen-Szene der Götterdämmerung, auf das gleichsam mottohafte »Dämmert der Tag schon auf?«, oder das »Noch ist's Nacht« und — natürlich — auf das »Zu End ewiges Wissen! Der Welt melden Weise nicht mehr« war zumindest für den Eingeweihten verständlich. Seeselbergs Programmschrift »Volk und Kunst« (1910) trug im übrigen die Widmung: »Den Hütern des Bayreuther Erbes«.

Die Fäden zum »Bund für deutsche Kirche« liefen über Hans von Wolzogen nach Bayreuth. Bundeswart Andersen, Hauptpastor in Flensburg, berief sich auf Wolzogen, der sich namentlich für das mystisch-religiöse Moment in Wagners Werk einsetzte. Chamberlains »Grundlagen des XIX. Jahrhunderts« glaubte Andersen schließlich die entscheidende »Wendung bzw. Befreiung« seiner mit Deutschtum arg befrachteten Theologie zu verdanken[6]. Zum Luther-Jahr 1917 wurden von Wolzogen zusammen mit Andersen, Kirchenrat Katzer und Adolf Bartels, einem der Vorkämpfer des Nationalsozialismus, »95 Leitsätze über Deutschchristentum auf reinevangelischer Grundlage« formuliert.

Über diesen frühen Meinungsaustausch mit Adolf Bartels wurde auch die Beziehung zu einer der späteren Schlüsselfiguren präfaschistischer Kulturpolitik hergestellt. Der 1920 gegründete »Adolf Bartels Bund« wiederum gilt mit nur leichten Einschränkungen als Vorbild für den nur wenige Jahre jüngeren »Bayreuther Bund der deutschen Jugend«. Beiden Organisationen gemeinsam war ihre ordnende Funktion in den Reihen des rechtsdenkenden kulturpolitischen Milieus der Nachkriegszeit. Adolf Bartels Kampfziele, die sich unverblümt »gegen fremdrassiges, insonderheit gegen jüdisches Geistesleben auf deutschem Boden«[7] richteten, fanden beim »Bayreuther Bund« — nur geringfügig verändert — Aufnahme in dessen programmatischen Erklärungen (Dok. XI–7). Chamberlain revanchierte sich im Namen Bayreuths für Bartels gesinnungsstarke praktische und ideologische Vorspanndienste mit der Widmung seines Goethe-

[4] ebda., S. 104

[5] L. Schemann, Lagarde-Stiftung, in: BBl 1893, S. 94

[6] Vgl. W. Schüler, S. 158, Anm. 122

[7] H. Brenner, Die Kunstpolitik des Nationalsozialismus, Reinbek 1963, S. 171 (D 8)

Bandes: »Herrn Professor Bartels, mit der warmen Dankbarkeit, die jeder Germane ihm zollt.«[8] Schließlich ist Bartels Anregung, Weimar zum »Festspielort für die deutsche Jugend«[9] zu machen, nirgendwo auf fruchtbareren Boden gefallen als in den Kreisen der Wagnerianer: bereits 1926 veranstaltete der »Bayreuther Bund der deutschen Jugend« seine ersten Weimarer Festspiele, zur höheren Ehre Bayreuths und — vor allem — Siegfried Wagners, dessen Werke seitdem auch ein festspielmäßig-künstlerisches Forum gefunden hatten.

Hans von Wolzogen als hauptamtlicher Redakteur der Bayreuther Blätter bewies stets außerordentlichen Erfindungsreichtum, wenn es galt, verwertbare geistesverwandte Strömungen der Bayreuther Sache dienstbar zu machen. Eine weitere der vielen Querverbindungen, die Wolzogen mit stiller Duldung Wahnfrieds hergestellt hatte, führte direkt zur Zentrale der Antisemitenparteien, von deren politischen Aktionen sich Wagner mit Rücksicht auf unentbehrliche Helfer wie Anton Rubinstein oder Hermann Levi und nicht zuletzt wohl mit Rücksichtnahme auf seine Geschäfte mit Angelo Neumann verständlicherweise noch ferngehalten hatte. Jedenfalls wurden schon drei Jahre nach Wagners Tod die Verdienste des antisemitischen Presseorgans »Deutsche Reform« (Dresden 1881 ff.), später umbenannt in »Deutsche Wacht« (1887 ff.)[10] mit aller dabei gebotenen taktischen Zurückhaltung gewürdigt. Allerdings nicht im Hauptteil, sondern nur im literarischen Anhang der Bayreuther Blätter kam das hochlöbliche Eintreten der »Deutschen Reform« für »Bayreuth als Pflanz- und Pflegestatt deutschen Geistes«[11] zur Sprache. Ganz nach Bayreuther, speziell Wolzogens Art, war auch der Ruf Oswald Zimmermanns nach einer »Kultur des Gemüthes«[12], womit der Herausgeber der »Deutschen Reform« die Leser der Bayreuther Blätter zum ersten Mal auf sich aufmerksam machte. Bayreuth war im übrigen nie um Autoren verlegen, die sich bemühten, das Repertoire einschlägiger Bayreuther Leitmotive zu pflegen und zu erweitern. So waren Heinrich Löfflers »Arierblut«, »Arierburg« und »gesundes Deutschtum«[13], Hermann Bahrs »heiliger Rausch«[14] oder Erich Kloss' »Bayreuth-Pilger«, »Montsalvat« und »heiliges Feuer«[15] qualitativ unbedingt typische Vorstellungen, jedoch nur eine bescheidene Auswahl aller zu Gebote stehenden Varianten, mit denen Bayreuth sich und sein Festspielgeschehen zu dimensionieren pflegte.

Völlige Entfremdung von den Veränderungen im gesamtgesellschaftlichen Prozeß verriet nach dem Krieg auch Hans Pfitzner, der Richard Strauss und dessen Polemik gegen das allgemeine Wahlrecht — womit er die Bayreuther Parsifal-Eingabe von 1912 zu sekundieren beabsichtigte — mit dem Konzept seiner »Ästhetik der musikalischen Impotenz« (1919) fast vergessen machte. In treuer Gefolgschaft Wagners und Bayreuths forderte Pfitzner, gereizt durch Äußerungen Ferruccio Busonis und Paul Bekkers, den Staat auf zum Eingreifen gegen Futurismus und das Sympton musikalischer »Verwesung«[16]. Geschrieben vierzehn Jahre vor der Machtergreifung, deckten sich solche antiliberalen Manifestitionen durchaus mit dem von Shaw bis Adorno gebrandmarkten latent bürgerlich-reaktionären Terror der Bayreuther Traditionsgemeinschaft. Literatur

---

[8] ebda., S. 27
[9] ebda., S. 27
[10] Vgl. W. Schüler, S. 147
[11] BBl 1886, Nr. 33 der Literarischen Anzeigen
[12] O. Zimmermann, Aus der Verstandes-Kultur der Gegenwart, in: BBl 1883, S. 67
[13] op. cit., a. a. O.
[14] A. und H. Bahr, Bayreuth, Leipzig 1912, S. 109
[15] E. Kloss, Wagnertum einst und jetzt, in: Die Musik I. Jg. (1902), S. 1908
[16] H. Pfitzner, Die neue Ästhetik der musikalischen Impotenz. Ein Verwesungssymptom? (1919), in: H. Pfitzner, Ges. Schriften II, Augsburg 1926, S. 245 f.

wie die von Pfitzner entsprach den Ausdrucksformen der Wagnerianer und trug auf jeder Seite das bloß rhetorisch verdeckte Eingeständnis ihres totalen Wirklichkeitsverlustes. Dem Bayreuther Kreis konnte sie jedoch nicht vor Augen führen, den angemaßten intellektuellen und künstlerischen Führungstitel, wie ihn die Bewegung des jungen Allgemeinen Deutschen Musikvereins unter Wagner, Liszt, Uhlig und Brendel in ihrem Jahrhundert noch beanspruchen durfte, längst eingebüßt zu haben.

Das Bayreuth der Nachkriegszeit und die Wagnerianer sahen sich, nachdem der »Schimmernde Reif« von 1871 jäh zersprungen war, keineswegs veranlaßt, die alten völkisch-wilhelminisch geprägten Standorte einer fälligen Revision zu unterziehen. Allem Anschein nach war sogar das Gegenteil der Fall. Der Wiederaufbau der Festspiele nach dem Kriege wurde parallel begleitet von erheblichen propagandistischen Anstrengungen, die das gemeinsame Ziel hatten, den durch objektive Veränderungen seiner wirtschaftlichen Grundlagen verlorenen Boden wieder zurückzuerobern. Man könnte auch sagen, daß Bayreuth seine vornehmste Aufgabe zunächst darin erkannte, die negative Anpassung an die veränderten gesellschaftlich-ökonomischen Grundlagen des neuen Staates mit ästhetischen und ideologischen Winkelzügen so zu tarnen, daß der dahinter verborgene schwarz-weiß-rote Impetus sich nicht womöglich verfrüht zum eigenen Schaden auswirken konnte. Schon in der zweiten Phase dieses bis zum Jahr 1933 reichenden Abschnitts, der genau genommen mit der ersten Bayreuther Meistersinger-Aufführung des Jahres 1924 seinen Anfang nahm, traten Wahnfried und die Wagnerianer — nach durchschlagenden ersten Festspielerfolgen im »nationalen« Sinne — aus ihrer Isolation hervor, um die kulturfaschistische Front der Weimarer Rechtsopposition zu stärken, wo Bayreuth endlich seine »Massenbasis« zu finden hoffte.

Hans Pfitzners gereizter Ruf nach einem generellen Verbot anti-traditioneller Kunstübung »von Staats wegen«[17] fußte also auf solider Bayreuther Tradition und war nicht bloß etwa ein vereinzelter Vorgriff auf die spätere »Entartungs«-Hysterie der Nationalsozialisten, sondern eines der vorbereitenden Signale für den Beginn einer kulturpolitisch offensiven Epoche. Beispiele für die bedenkenlose Art, mit der der Wagnersche Kulturbegriff speziell Bayreuther Prägung politisch reversibel gemacht wurde, lieferte eine neue Generation Bayreuther Autoren seit Anfang der Zwanziger Jahre geradezu massenweise. Die nach 1933 erschienene Wagner-Literatur setzte diesen Weg in konsequenter Steigerung fort. Daß Literatur wie diese unter Hinweis auf staatlich verordnete Gleichschaltung und Linientreue nach 1945 pauschal für unglaubwürdig erklärt wurde, kam im Grunde ihrer Rehabilitierung gleich — eine Verfahrensweise, die sich den Vorwurf der Verharmlosung gefallen lassen muß. Die beträchtliche Differenz zwischen Opportunismus und politischem Widerstand schrumpfte unter solchen Vorzeichen in der neueren Wagner- und Bayreuth-Literatur bedenklich zusammen.

Gewiß, man unterschied partei-, reichs- und gauamtliches Wagner-Schrifttum, das sich durch seine Herkunft quasi von selbst abhob — und zwar auch dort, wo es sich wissenschaftlich gerierte — nämlich durch paradigmatische Verzerrung bzw. Verengung, durch ungeheuerliche Grobheit und platte Demagogie. Aber der Fingerzeig auf Eichenauer, Gerigk und Blessinger, die übrigens alle miteinander nicht einmal Freunde der Wagnerschen Sache waren, kann und darf den Blick auf die einschlägigen Leistungen etwa von Paul Pretzsch, Paul Bülow, Wolfgang Golther, Karl Richard Ganzer, Karl Grunsky, Hans Alfred Grunsky, Georg Schott, Kurt von Westernhagen, Alfred Lorenz, Siegmund von Hausegger, Leopold Reichwein, Hans Conrad, Johannes Jacobi u. a. m. nicht verstellen. Vielen von ihnen ist inhaltlich nicht das mindeste zu entgegnen — je krauser ihr ästhetisierendes Ungeschick, je weniger — viele wußten einfach nichts Besseres. Doch

17 H. Pfitzner, op. cit., S. 246

mußten sich später diejenigen, die den traurigen Scherbenhaufen allzu rasch aus den Augen zu schaffen bemüht waren, darüber im klaren sein, daß sie Geschichte fälschten, indem sie Künste und Wissenschaften aus ihrer hohen gesellschaftlichen Verantwortung damit ebenso voreilig wie unbefugt entließen. Jene publizistischen Huldigungen dienten dem Faschismus nicht weniger als das Bargeld der deutschen Wirtschaft. Es steht im übrigen außer Frage, daß viele der weniger politisch Interessierten und Informierten, der Gleichgültigen, sich von dieser Art politisch-kulturell umkehrbaren Argumentationsweise durchaus persönlich angesprochen fühlten und erst auf diesem Umweg vom Sog der unheilvollen Bewegung erfaßt wurden.

Der Bayreuther Festspielbetrieb war von direkten Kriegsfolgen verschont geblieben. Lediglich der Betriebsfonds, der schon 1912 die Millionengrenze überschritten hatte, mußte durch den kriegsbedingten vorzeitigen Abbruch der Festspiele von 1914 eine empfindliche Einbuße von 360.000 Mark für zurückgezahlte Karten hinnehmen. Der Rest jedoch, eine runde Dreiviertelmillion, stand bis zur totalen Entwertung, die seit 1919 sprunghaft fortschritt, ungeschmälert zur Disposition. Über diese finanzielle Ausgangssituation dürfte der Verwaltungsrat der Bayreuther Bühnenfestspiele das Gründungskuratorium der Deutschen Festspielstiftung, die Leipziger Albert von Puttkamer und Robert Linnemann sowie den Bayreuther Oberbürgermeister Preu im Unklaren gelassen haben. Jedenfalls war 1920 bei den ersten Sondierungsgesprächen mit der Festspielleitung von etwaigen noch vorhandenen Festspielreserven keine Rede. Ausführlich erörtert wurde dagegen das »ungeheure wirtschaftliche Wagnis, das mit der Wiederaufnahme der Festspiele verbunden« (Dok. X—1) sei und das dem alleinigen Risiko Wahnfrieds unter keinen Umständen allein zugemutet werden könne. Mit dieser Begründung wurde ein Garantiefonds in Höhe von drei Millionen Mark in Aussicht genommen, den die Festspielstiftung durch Verkauf von Patronatsscheinen à 1.000 Mark wie zu Wagners Zeiten aufzubringen hoffte.

Der Statuten-Entwurf der Festspielstiftung billigte Siegfried Wagner das unbestreitbare Recht auf die künstlerische Gesamtleitung zu, mußte aber Wahnfried insofern auf den Plan rufen, als die Existenz des Verwaltungsrats der Festspiele, den Franz Wilhelm Schuler nach Adolf von Groß' allmählichem Rücktritt praktisch allein repräsentierte, mit keinem Wort erwähnt wurde. Bayreuther Kritiker des Leipziger Entwurfs sahen darin eine unterschwellige Änderung des privatrechtlichen Status der Festspiele und fürchteten ein Mitspracherecht der Vereinsleute auf die Festspielleitung zukommen. Wie sich noch zeigen sollte, waren solche Befürchtungen nicht unbegründet. Die Festspielstiftung wurde jedenfalls — und das verlieh der Aktion ihr Gewicht — von der Gesamtheit aller Wagner-Vereine getragen.

Das Zustandekommen der Deutschen Festspielstiftung von 1921 hatte Siegfried Wagner ursprünglich ehrlich begrüßt, nachdem er vom Stiftungskuratorium schon 1920 in einer Denkschrift über Ziele und Aufgaben in Kenntnis gesetzt worden war. Wahnfried stimmte wohl zu, die Öffentlichkeit an ihre Verantwortung, was Bayreuth betraf, auf geeignete Weise zu erinnern, jedoch nur solange Fragen einer Mitbestimmung im Festspielbetrieb gleich welcher Art und von wem dabei nicht erörtert werden mußten. »Die allgemeine Stimmung war«, so faßte Georg Niehrenheim, Verleger des Bayreuther Festspielführers und dem engsten Bayreuther Kreis nahestehend, seine Gespräche mit Robert Linnemann von der Festspielstiftung später zusammen, »›Hände weg von der Verwaltung‹ und nichts unternehmen, was dem Hause Wahnfried nicht genehm ist[18].«

Beizeiten hatte die Festspielleitung sich gegen Einmischungsversuche der Leipziger Zentralleitung der Wagner-Vereine und der in Personalunion amtierenden Verwal-

[18] G. Niehrenheim an F. W. Schuler, Brief vom 27. 7. 1926. RWA

tungsräte der Deutschen Festspielstiftung (A. v. Puttkamer, R. Linnemann, R. Zenker etc.) abzugrenzen bemüht und ihre Mitsprache in Bayreuth auf ein praktisch wertloses Vorschlagsrecht reduziert, das notfalls auch unberücksichtigt bleiben konnte[19]. Das forsche allzu selbständige Vorgehen der ehrgeizigen Leipziger restaurierte vorübergehend noch einmal die historische Frontstellung von Festspielleitung und Wagnerianern, erlahmte aber zur stillen Zufriedenheit Wahnfrieds schon bald nach 1924 völlig von selbst, als sich herausstellte, daß die Stiftung aus Geldmangel praktisch aktionsunfähig geworden war und ihre Liquidation beschlossen werden mußte (Dok. X–4 bis 6). Der zu Beginn herrschende allgemeine Konsensus kam in dem Aufruf der Stiftung zur Zeichnung von Patronatsscheinen deutlich zum Ausdruck: »Wer Deutschland liebt und für seine Gesundung, sein Zukunft als Kulturvolk etwas tun will, der muß Bayreuth zu Hilfe kommen« (Dok. X–2; vgl. auch X–3). Ferner war dort sehr ausführlich die Rede von Bayreuths und Deutschlands bevorstehendem Zusammenbruch, vom Glauben an Ideale, ohne die der Deutsche angeblich nicht leben könne, von Gesundung der deutschen Seele und von der Wiedergeburt des deutschen Geistes.

Der wahlkampfähnliche Werbefeldzug dieser Sammelaktion lief unter solchen Vorzeichen gut an; man registrierte in Bayreuth nach offiziellen Bestätigungen zuletzt (Ende 1922) ca. 5.340 verkaufte Patronatsscheine, die sich auf ca. 3.180 Zeichner verteilten[20]. Ende 1925 soll das Stiftungsvermögen 8 Millionen Mark betragen haben, wobei Angaben wie diese im Zeichen progressiver Inflation als Orientierungsrahmen kaum noch nützlich sind.

Siegfried Wagner verhielt sich aus Gründen, die die Autonomie der Festspiele betrafen, zurückhaltend und äußerte sich über die Erfolgschancen der Deutschen Festspielstiftung unter dem Eindruck der sich zuspitzenden wirtschaftlichen Krisensituation mehr als skeptisch. Um die von ihm für Festspielvorbereitungen zuletzt veranschlagten 6 bis 10 Millionen Mark aufzubringen, bedurfte es nach seiner Ansicht massiver Unterstützung des Auslandes, namentlich der USA[21]. Anfang 1924 unternahm Siegfried Wagner, von den größten Hoffnungen begleitet, eine mehrwöchige Konzertreise durch die Vereinigten Staaten, die ihm zweifellos eine Menge persönlicher Erfolge brachte, die aber für die Festspielvorbereitungen ohne nennenswert greifbare Ergebnisse blieb. Die Schlußrechnung ergab schließlich einen Reingewinn von 8.000 US-Dollar, eine Summe, die die erheblichen Anstrengungen der Reise kaum rechtfertigte, geschweige denn zum realen Bedarf der Wiedereröffnung Bayreuths in befriedigenden Proportionen stand.

Die Ursachen für das Amerika-Fiasko, das Wahnfried sich selbst nie eingestehen mochte, lagen indessen weniger bei Siegfried Wagner selbst als in Bayreuth. Eine deutsch- und wagnerfreundliche Bayreuth-Lobby hatte den taktisch unklugen Versuch unternommen, die amerikanische Öffentlichkeit mit teilweise sogar unrichtigem Tatsachenmaterial von der angeblichen Uneigennützigkeit und großen Hilfsbedürftigkeit Wahnfrieds zu überzeugen[22]. Das propagandistische Vorgehen der Wagnerianer in den USA löste notwendigerweise den Widerspruch der liberalen Presse aus und mußte die Bayreuther Sache und damit natürlich auch Siegfried Wagners Mission unversehens in das aktuelle politische Zwielicht ihrer tatsächlichen Existenz bringen. In einer Rundfunk-Erklärung vom Herbst 1925 bemühte sich Siegfried Wagner in seiner Eigenschaft als künstlerischer Leiter der Bayreuther Festspiele nachträglich, die in der internationa-

[19] F. W. Schuler/Festspielleitung an A. v. Puttkamer und R. Linnemann, Brief vom (?) Okt. 1924 (Kopie) RWA
[20] Nach einem Brief F. W. Schulers an M. Wiskott vom 21. 6. 1928 (Kopie). RWA. Vgl. auch Z. v. Kraft, S. 231
[21] Vgl. Z. v. Kraft, op. cit., S. 231
[22] Vgl. ebda., S. 238

len Presse geführte Kontroverse endgültig »klarzustellen«. Er behauptete, das amerikanische Musikpublikum sei von Bayreuth-feindlicher Seite nur darum beeinflußt worden, kein Geld für die Festspiele zu geben, weil er, Siegfried Wagner, angeblich eigennützige und »monarchistische« Ziele zu finanzieren baebsichtige[23]. Nachdem aber inzwischen eine breite Öffentlichkeit davon Kenntnis besaß, daß zwischen Wahnfried und dem Faschistenführer Hitler seit 1923 ein enges freundschaftliches Bündnis bestand (Dok. XI—1 ff.; Dok. XX—4), war dieses Dementi natürlich eine bewußte Irreführung. Nur von seinen Freunden, die Siegfried Wagner für politisch vollkommen uninteressiert hielten, wurde daran nicht der geringste Anstoß genommen.

Siegfried Wagners ziemlich erfolglose Amerika-Reise endete übrigens im März 1924 mit einem »zufälligen« Empfang bei Mussolini in Rom, von dem er eine tagebuchartige Skizze anfertigte, die dem bekannten Chamberlainschen Hitler-Porträt[24], das nach der ersten Begegnung in Wahnfried Anfang Oktober 1923 entstand, durchaus verpflichtet ist: »Alles Wille, Kraft, fast Brutalität. Fanatisches Auge, aber keine Liebeskraft darin wie bei Hitler und Ludendorff. Romane und Germane! Wir sprachen hauptsächlich über das alte Rom. Er hat mit Napoleon etwas Ähnlichkeit. Famose echte Rasse! So einer lenkt Italien und Bernhardchen lenkt uns! Es ist schon trostlos, wie Deutschland heruntergekommen ist!«[25]

Um die ästhetisch-politische Faconnierung der Eröffnungsfestspiele bzw. um die schwarz-weiß-rote Akzentuierung der Bayreuther Festspiele von 1924 waren Siegfried und Winifred Wagner keineswegs allein besorgt. Wolzogen und Chamberlain hatten den Meinungschor der Wagnerianer bereits zu Beginn dieses für Bayreuth entscheidenden Jahres auf einen einheitlich völkisch-konservativen Kammerton gestimmt. Den Bayreuther Blättern des 47. Jahrgangs war ein beziehungsvolles Zitat des deutschen Faschistenführers vorangestellt worden. Dort hieß es gleich zu Anfang des ersten Hefts: »Dem äußeren Kampf muß der innere vorausgehen (Adolf Hitler).« Noch im gleichen Jahrgang meldete sich Wolzogen persönlich zu Wort mit seinen »Deutschen Sprüchen«, einem Gestrüpp von Deutschtümelei und Chauvinismus krausester Sorte. Der als Herausgeber des offiziellen Bayreuther Festspielführers recht einflußreiche Karl Grunsky lieferte mit einer ausführlichen Würdigung der berüchtigten »Rassenkunde des deutschen Volkes« von Hans F. K. Günther einen weiteren einschlägig bemerkenswerten Beitrag. Auch Chamberlains Segen fehlte nicht. Auf einem Flugblatt der »Großdeutschen Zeitung« vom 1. Januar 1924 erhielt sein Hitler-Porträt vom Vorjahr den allerletzten Schliff: »Das, was Hitler schon geschaffen hat, als sein eigenes Werk, ist bereits ein Gewaltiges, was nicht so bald hinschwinden wird. Dieser Mann hat gewirkt wie ein Gottessegen, die Herzen aufrichtend; die Augen auf klar erblickte Ziele öffnend, die Gemüter erheiternd, die Fähigkeit zur Liebe und Entrüstung entfachend, den Mut und die Entschlossenheit stählend. Aber wir haben ihn bitter notwendig: Gott, der ihn uns geschenkt hat, möge ihn uns noch viele Jahre bewahren zum Segen für das deutsche Vaterland!«[26]

Die schrittweise Annäherung Wahnfrieds an die frühe faschistische Bewegung begann mit dem Jahr 1919, als der Schriftsteller Michael Georg Conrad und der Musikkritiker Joseph Stolzing-Czerny die Wagner-Familie zum ersten Mal auf Hitler und seine Partei aufmerksam machten (Dok. XX—4). Das anfängliche Interesse Wahnfrieds schlug nach

[23] Vgl. ebda., S. 255
[24] H. St. Chamberlain an A. Hitler, Brief vom 7. 10. 1923. Veröff. (u. a.) in: P. Bülow, Hitler und der Bayreuther Kulturkreis. Aus Deutschlands Werden, Heft 9, Leipzig/Hamburg 1933, S. 9 ff.
[25] Zitat nach Z. v. Kraft, op cit., S. 247
[26] Zitiert nach P. Bülow, op. cit., S. 13

dem ersten Münchner Reichsparteitag der NSdAP am 28. 1. 1923 bereits in über-
zeugte Begeisterung um. Der am 30. 9. 1923 von der NSdAP in Bayreuth veranstaltete
»Deutsche Tag« brachte Hitler als Redner sowie Tausende von Anhängern der SA, der
NSdAP und befreundeter Verbände der »Schwarzen Reichswehr« in die Wagnerstadt.
Am 1. Oktober 1923 betrat Hitler zum ersten Mal Wahnfried und machte dort Be-
kanntschaft mit Houston Stewart Chamberlain sowie mit Siegfried und Winifred Wagner. Für den Fall, daß es ihm je gelingen sollte, auf die Geschichte Deutschlands Einfluß zu nehmen, versprach Hitler schon damals, Bayreuth den Parsifal wieder »zurückzugeben« (Dok. XX–4). »Er muß es fertigbringen!«, schrieb Siegfried Wagner kurz
nach dieser ersten Begegnung bzw. unmittelbar vor dem Marsch auf die Münchner Feldherrnhalle an seinen Freund Alexander Spring (Dok. XI–1).
Über die Novemberereignisse des Jahres 1923, die das Ehepaar Wagner wegen einer
Konzertverpflichtung Siegfried Wagners in der Münchner Tonhalle miterlebte, gab
Winifred Wagner noch am folgenden Tage vor der Bayreuther Ortsgruppe der NSdAP
einen knappen Augenzeugenbericht. Um der Klarheit willen und um Anfeindungen
zuvorzukommen (Dok. XX–4), entschloß sie sich, der Presse einen Offenen Brief zu
übergeben, in der sie ihre »rein idealistische Auffassung« zur Sache und Person Hitlers
darlegte: »Seit Jahren verfolgen wir mit größter innerer Teilnahme und Zustimmung
die aufbauende Arbeit Adolf Hitlers — dieses deutschen Mannes, der von heißer Liebe
zu seinem Vaterland erfüllt, sein Leben seiner Idee eines geläuterten, einigen, nationalen Großdeutschlands zum Opfer bringt, der die gefahrvolle Aufgabe sich gestellt
hat, der Arbeiterschaft über den inneren Feind und über den Marxismus und seine Folgen die Augen zu öffnen ... der Tausenden und aber Tausenden Verzweifelnder die
frohe Hoffnung auf ein wiedererstehendes, würdiges Vaterland und den festen Glauben
daran wiedergegeben hat ... Diese Macht ist begründet in der moralischen Kraft und
Reinheit dieses Menschen, der restlos eintritt und aufgeht für eine Idee, die er als richtig erkannt hat, die er mit Inbrunst und Demut *einer göttlichen Bestimmung* zu verwirklichen sucht ... Ich gebe unumwunden zu, daß *auch wir* unter dem Banne dieser
Persönlichkeit stehen, daß auch wir, die wir in den Tagen des Glücks zu ihm standen,
nun *auch in den Tagen der Not* ihm die Treue halten.«[27]
Von einer besonderen politischen Zurückhaltung des Festspielleiters Siegfried Wagner
konnte zumal in den Jahren 1923 und 1925 keine Rede sein. Darum wäre es historisch
auch nicht zu rechtfertigen, seine verbrieften politischen Sympathiekundgebungen als
reine Künstlerlaune zu bagatellisieren. Das Mißlingen des Umsturzversuches der Nationalsozialisten im November 1923 war von kaum einem anderen Bayreuther drastischer
beklagt worden als von Siegfried Wagner (Dok. XI–2). Hitler hatte sich ein halbes Jahr
später für dieses Beispiel vorbildlicher Gesinnungstreue in einem persönlichen Schreiben an Siegfried Wagner bedankt (Dok. XI–3). Dieses Dokument ist in mehrfacher
Hinsicht von Bedeutung: einmal zeigt es, daß die freundschaftlichen Verbindungen
zwischen Wahnfried und dem in Landsberg arrestierten Hitler durchaus weitergepflegt
wurden. Darüber hinaus nimmt das Dokument insofern zeitgeschichtlichen Stellenwert
ein, weil es der Monolog eines politischen Fanatikers ist, der im Arrest genügend Zeit
fand, den augenblicklichen Standort und die nächsten Schritte der nationalsozialistischen Bewegung zu überdenken. Ganze Passagen dieses programmatischen Manus-
kripts könnten ebensogut aus »Mein Kampf« stammen, mit dessen Niederschrift Hitler
zur gleichen Zeit befaßt war.

---

[27] Winifred Wagner, Offener Brief vom 12. Nov. 1923 (erste Presseveröffentlichung am
14. 11. 1923). Zitiert aus: »Der Führer und Bayreuth«, Sonderbeilage der Bayerischen Ostmark, Nr. 172 vom 25./26. 7. 1936

Der historische Brückenschlag von Richard Wagner zum Ideengut des deutschen Faschismus beruhte also durchaus nicht etwa nur auf frei erfundenen Legenden einer auf Vordermann marschierenden späterer Parteiliteratur, sondern entsprach — wie dieser bisher unveröffentlichte Brief zeigt — durchaus Hitlers eigenen Anschauungen. Bayreuth lag für ihn im doppelsten Sinne des Wortes an der Marschlinie nach Berlin und war der Ort, in welchem »erst durch den Meister und dann durch Chamberlain das geistige Schwert geschmiedet wurde, mit dem wir heute fechten« (Dok. XI–3). Auffallend war schließlich auch hier wieder, welcher hohen Wertschätzung Houston Stewart Chamberlain sich in der frühen Geschichte des Nationalsozialismus erfreute. Die geschichtliche Bedeutung, die dem Bayreuther Chamberlain als wichtigen Theoretiker des Faschismus zukommt, ist von der Wagner- und Bayreuth-Literatur bislang nur ungenügend verdeutlicht worden[28], weil der Irrtum Schule machte, Politik und Festspiele hätten nie etwas miteinander zu tun gehabt. Politik sei, sofern man sich in Wahnfried überhaupt jemals für so etwas interessiert hätte, ausschließlich und reine Privatsache. Auch wurde in Bayreuth gerne mit dem umgekehrten Argument operiert, daß nämlich einer angeblich von außen drohenden Politisierung mit aller Entschiedenheit entgegengearbeitet werden mußte, um Bayreuths historische »Unabhängigkeit« für alle Zeiten zu wahren. Zur gleichen Zeit aber wurde auf dem grünen Hügel und in Wahnfried in größter Offenheit darüber nachgedacht, wie Bayreuth als Mittel und Vermittler in die sich zu Beginn der Zwanziger Jahre etablierende kulturfaschistische Front der ungeliebten Republik wirkungsvoll zu integrieren sei.

Für das Jahr der Wiedereröffnung (1924) standen die Meistersinger, die vier Ringwerke und Parsifal auf dem Bayreuther Festspielprogramm. Zwar hatte der Fundus allein durch Nichtbenutzung in den zehn Pausenjahren an einigen Stellen mächtig gelitten, doch bestand für Siegfried Wagner kein zwingender Grund für völlige Neugestaltungen der Vorkriegs-Inszenierungen. Gleichwohl verwandte Siegfried Wagner besondere Sorgfalt auf die Anpassung des Bühnenapparats an den neuesten Stand der Technik. Mit der Einrichtung eines Rundhorizonts und schrittweiser Verbesserung der Lichttechnik war der Weg für eine maßvolle Modernisierung der Bayreuther Szene vorgezeichnet, mit der er zwischen Konformismus und halbem Experiment zu balancieren versuchte. In Kurt Söhnlein fand Siegfried Wagner schließlich einen kongenialen Bühnenbildner, der die Ringwerke und Parsifal ab 1925 teilweise erneuerte, die bildnerische Gestaltung der Tristan- und Tannhäuser-Neuinszenierungen jedoch vollkommen selbständig vornahm.

Auf der Bühne und im Orchestergraben wurden diese Erneuerungstendenzen wesentlich mitgetragen und zum Erfolg geführt von einer fast völlig neuen Bayreuther Künstlergeneration. Von den altbewährten Bayreuther Gesangssolisten standen 1924 nur noch Karl Braun, Heinrich Soomer und Richard Mayr zur Verfügung. Der Dirigent Fritz Busch, der schon im nächsten Festspieljahr Bayreuth aus gesundheitlichen Gründen für immer absagen mußte, hätte ursprünglich Hans Richter — den legendären Bayreuther Meistersinger-Dirigenten — ablösen sollen. An seine Stelle trat dann ab 1925 der ebenfalls schon Bayreuth-erfahrene Parsifal-Dirigent Karl Muck. Mit Felix Mottl und Michael Balling, die noch in den Zwanziger Jahren von Karl Elmendorff und Franz von Hoeßlin abgelöst wurden, waren schließlich zwei weitere wichtige Repräsentanten der alten Bayreuther Kapellmeistergeneration abgetreten, die ganz wesentlichen Anteil an der Ausformung des musikdramatischen Stils Bayreuther Prägung hatten. Sänger und Sängerinnen wie Lauritz Melchior, Bayreuths zukünftiger Siegmund, Siegfried

---

[28] In jüngster Zeit erst gelangte W. Schüler in seiner materialreichen Studie über den »Bayreuther Kreis« (Münster 1971) zu einer ganz offensichtlichen Fehleinschätzung H. St. Chamberlains.

und Parsifal, Emmy Krüger als zukünftige Sieglinde, Frieda Leider und Barbara Kemp sowie später auch Nanny Larsén-Todsen im hochdramatischen Fach, standen im Bayreuth der Zwanziger Jahre noch am Anfang ihrer ruhmreichen Karriere.

Siegfried Wagner präsentierte zwischen 1924 und 1930 in fünf Bayreuther Festspielsommern den Besuchern die schon erwähnte teilweise Umgestaltung der Meistersinger, des Rings und des Parsifal, ferner 1927 eine Neuinszenierung des Tristan und endlich 1930 eine Neuinszenierung des Tannhäuser, Siegfried Wagners letztem und zugleich größtem Bayreuther Erfolg.

Das politische Randgeschehen der Bayreuther Meistersinger-Premiere von 1924 drängte das künstlerische Ereignis buchstäblich in den Hintergrund. Siegfried Wagner hatte als Festspielleiter höchstpersönlich den entscheidenden Akzent gesetzt, als er im Kreise seiner Küstler die bevorstehenden Festspiele unter die Farben schwarz-weiß-rot stellte und die Devise von den »Erlösungs-« bzw. »Befestigungsspielen des deutschen Geistes« ausgab. Besonders von der liberalen Presse wurde vermerkt, daß sich Siegfried Wagner nicht nur mit seinem Namen, sondern mit Wagners Werk und seinen Festspielen schützend vor die illegale Hitler-Partei geschoben hatte. Deren Ersatzführer nämlich hatten in Hitlers Abwesenheit den grünen Hügel von Bayreuth zum illegalen Treffpunkt der Partei für das Jahr 1924 bestimmt (Dok. XI—6). Zur anwesenden politischen Prominenz dieser denkwürdigen Bayreuther Meistersinger-Aufführung zählten neben den Führern sympathisierender Schwarzer Verbände unter anderem General Ludendorff und Rudolf Buttmann, der beide noch während der Festspielzeit in der Bayreuther Reithalle als politische Redner auftraten (Dok. XI—6). Die Anwesenheit von Heinrich Claß, dem Führer der »Alldeutschen«, darf mit großer Sicherheit angenommen werden. Die von Fritz Busch geleitete Meistersinger-Vorstellung endete schließlich wie eine politische Kundgebung: der Schlußchor des 3. Aktes ging über in das vom Festspielpublikum stehend gesungene »Deutschland, Deutschland über alles«.

Aus Besorgnis um die öffentliche Kritik und mit Rücksicht auf die ausländischen Festspielbesucher sah sich Siegfried Wagner genötigt, dem überbordenden Rechtsradikalismus seiner Gäste im Festspielhaus gewissen Einhalt zu bieten. Das geschah mit einem Aushang, der das Festspielpublikum künftig mit dem vieldeutigen Appell empfing: »Hier gilt's der Kunst!« Der Hausherr hielt diesen lakonischen Hinweis auf die Kunst für ausreichend und geeignet, um von den politischen Interessen Bayreuths abzulenken.

Abgesehen von politischen Kundgebungen kam es in der Wagnerstadt anläßlich der Festspiele von 1924 zu einem Gesuch an die bayerische Staatsregierung, Adolf Hitler vorzeitig aus der Haft zu entlassen. Allein in Bayreuth konnten die Unterschriften von 10.000 Bürgern für diese Aktion gesammelt werden (Dok. XI—6). Unbelegt blieb indessen, wann und von wem Hitler das Angebot gemacht wurde, nach seiner Entlassung aus Landsberg in Wahnfried oder in Bayreuth ständigen Wohnsitz zu nehmen. Von einem für Januar 1925 geplanten Besuch in Wahnfried soll Siegfried Wagner um Abstand gebeten haben (Dok. XX—4).

Auf Einladung ungenannter Freunde, nicht aber — wie betont worden ist — als offizieller Gast der Festspielleitung, betrat Adolf Hitler im Sommer 1925 zum ersten Mal das Bayreuther Festspielhaus. Auf dem Spielplan standen wie im Vorjahr die vier Ringwerke, Meistersinger und Parsifal. Bei dieser Gelegenheit erneuerte Hitler, dem 1925 immer noch öffentliches Redeverbot auferlegt war, vor Parteileuten sein Bekenntnis zur Festspielstadt Bayreuth und verkündete, daß Wagners Werke alles in sich schlössen, was der Nationalsozialismus erstrebe[29]. Um — wie es hieß — jedes »Politikum zu

---

[29] H. Conrad, Der Führer und Bayreuth, Sonderbeilage der Bayerischen Ostmark, Nr. 172 vom 25./26. 7. 1936. Vgl. auch H. Conrad, Bayreuth — Der Lebensweg einer Stadt, Bayreuth 1936, S. 150—155

vermeiden[30], kam es bis 1933 zu keinem weiteren Festspielbesuch Hitlers, wenn auch zu wiederholter privater Fühlungnahme mit dem Hause Wahnfried und seinen Bayreuther Parteifreunden. Erst mit der Machtergreifung wurden die bis dahin nur im Verborgenen gepflegten privaten Beziehungen Siegfried und Winifred Wagners zu Hitler legalisiert. Ab 1933 betrat Hitler nicht mehr als Privatmann, sondern als Kanzler und Führer des Deutschen Reiches Wahnfried und das Festspielhaus. Sein späterer regelmäßiger Festspielbesuch galt in Festspielkreisen als Beweis seiner persönlichen Treue, seiner Dankbarkeit für die Hilfe in früheren schweren Tagen und freilich auch als ein Beweis seines hohen Kunstverständnisses. Gleichzeitig sollten seine Festspielbesuche einer in Reich und Partei angeblich verbreiteten »Bayreuthfeindlichkeit« beispielhaft entgegenwirken und den aus diesem Grunde latent gefährdeten Fortbestand der Festspiele in der nationalsozialistischen Ära demonstrativ sichern (Dok. XIII—3 ff; XX—3 und 4)[31].

Die Festspiele von 1924 schlossen trotz vorausgegangener Schwierigkeiten bei der Beschaffung der nötigen Mittel und bei durchweg gut verkauften Vorstellungen mit einem Überschuß von rund 200 000 Mark ab. Diese Reserve konnte von der Festspielleitung dafür genutzt werden, längst fällige Um- und Erweiterungsbauten zu bestreiten. Waren Festspiel- und Privatvermögen bis 1914 streng voneinander getrennt, bewilligte sich von nun an Siegfried Wagners Familie sogenannte »Ehrentantiemen« in Höhe von 15 000 Mark, die von den jährlichen Festspielergebnissen abgezweigt wurden. Gelegentliche »Ehrentantiemen« flossen übrigens auch noch aus anderen Quellen nach Wahnfried. Eine Reihe ehemaliger Hoftheater hatte sich nach Ablauf der gesetzlichen Schutzfrist für Wagners Werke und nach der inflatorischen Vernichtung des Wahnfried-Privatvermögens zur Zahlung freiwilliger Tantiemen an die Wagnerschen Erben bereit erklärt. Unabhängig davon bezog Cosima Wagner »Ehrentantiemen« für jede Bayreuther Parsifal-Aufführung, ausgegeben als eine stumme Geste der Dankbarkeit. Bedenkt man jedoch die totale Zurückgezogenheit, in der die Prinzipalin Wahnfrieds ihr letztes Lebensjahrzehnt verbrachte, war diese symbolische Ehrung nichts anderes als eine mittelbare Gutschrift für ihre Erben, die wiederholt behaupteten, aus den Festspielen zu keiner Zeit irgendeinen materiellen Vorteil gezogen zu haben. Diese Summe war 1930 immerhin so bedeutend, daß trotz Aufteilung nach den testamentarischen Bestimmungen (Dok. IX—1 und 2) allein für Siegfried Wagners Erben davon jährlich fünfstellige Zinsgewinne abfielen[32].

Die frühe Bayreuther Nachkriegsepoche verzeichnete eine deutliche Zunahme propagandistischer Aktivitäten, das Bayreuther Festspielunternehmen gegen finstere Mächte der Zerstörung und inneren Aushöhlung, gegen vermeintliche Hetze und Lüge (Dok. XVI—2) niedrigster Art, die man von allen vier Seiten in das Festspielhaus eindringen sah, in Schutz zu nehmen. Natürlich dienten die unter solchen Vorzeichen entworfenen Feind- und Schreckbilder nicht immer der Verteidigung, sondern vielmehr dem Angriff. Hans Pfitzner war mit seiner Attacke gegen die »musikalische Impotenz« aus Bayreuther Sicht mutig vorangegangen und gegen die nach seiner Ansicht vorherrschende künstlerische Verwesung mit erhobener Lanze zu Felde gezogen. Hans von Wolzogen, Houston Stewart Chamberlain und der Autorenkreis der Bayreuther Blätter sowie des Bayreuther Festspielführers wiederholten solche Kampfansagen gegen das, was sie als jüdisch-zersetzend und als moderne Talmikunst bezeichneten, auf ihre Weise.

Trotz ihres beachtlichen rhetorischen Einsatzes fanden die Bayreuther Autoren jedoch nur sehr begrenztes Gehör. Beispiele für jene Form Bayreuther Propaganda, die sich in ihrer irrationalen Verstiegenheit nicht mehr allgemein verständlich machen konnte, lie-

[30] Z. v. Kraft, S. 306
[31] Z. v. Kraft, S. 308
[32] Winifred Wagner an Daniela Thode, Brief(-kopie) vom 9. 1. 1931. RWA

ferte unter anderem Max Koch, leidenschaftlicher Wagnerianer und Antisemit — trotz jüdischer Abstammung. Ähnlich wie Hans von Wolzogen war er pausenlos tätig für die Sache Wagners und Bayreuths. Max Koch beschwor zum wiederholten Male das Dogma von der sogenannten geschichtlich-völkischen Sendung Bayreuths und verbreitete im Lager der Wagnerianer noch einmal so etwas wie restaurative Hoffnungsschimmer auf eine »Wiedergewinnung unserer Weltgeltung«, aber nicht etwa durch Terror und Gewalt, sondern allein — wie er prophezeite — durch die »heilige deutsche Kunst«[33].

Der ästhetisch politisch reversible Jargon, wie ihn speziell die Bayreuther Autoren zur Blüte brachten, kann als typische Ausdrucksform und damit als weiteres Kennzeichen des Faschismus-Syndroms gewertet werden. Es konnte bereits gezeigt werden, daß in der Literatur des älteren Bayreuther Kreises konkrete tagespolitische Forderungen noch nicht offen ausgesprochen wurden. Vergleichsweise einfach, klar und dynamisch waren dagegen die Sprüche und Parolen der nationalsozialistischen Bewegung. Daß ein politischer Kampf nur mit solchen Mitteln aussichtsreich zu führen war, fiel bei der älteren Bayreuther Autorengeneration nicht auf allzu fruchtbaren Boden. Wortreich und akademisch-versponnen begrüßten die älteren Wagnerianer mit vornehmer Distanz den politischen Elan einer jüngeren Bayreuther Generation. Sich und ihren Anhängern ließen sie von jenen im Koordinatensystem politischer Praxis einen geschichtlichen Ort zuweisen, der sie zu bloßen Randfiguren machte, ihnen die ungehinderte Pflege ihres geheiligten Bayreuth-Bildes jedoch weiterhin gestattete.

Von der nachrückenden Bayreuther Autorengeneration war die Anpassung an Stil und Vokabular des Faschismus rasch vollzogen. Die Erreger des zeitgenössischen Kulturverfalls wurden künftig auch in Bayreuth beim richtigen Namen genannt und den politischen Feind- und Zerrbildern angeblich überall wirksamer Zersetzungskräfte angepaßt. Materialismus und Sozialismus, so viel hatte man inzwischen auch im Bayreuther Kreis erkannt, war nicht länger mit Wagners Regenerationslehre und deutschem Idealismus allein zu begegnen.

Doch auch in umgekehrter Richtung waren Einflüsse wirksam. Alfred Rosenbergs »Mythus des 20. Jahrhunderts« fußte gedanklich auf Chamberlains »Grundlagen des XIX. Jahrhunderts« und bedeutete letztlich mehr als nur eine höfliche Verbeugung vor dem völkisch-konservativen Chefdenker. Hitlers »Mein Kampf«, eine offensichtliche Titel-Paraphrase auf Richard Wagners Monographie »Mein Leben«, spiegelte zumindest etwas von dem soliden Rückhalt, den Hitler im engsten Bayreuther Kreis noch vor seiner Arrestierung in Landsberg gefunden hatte. Es wäre im übrigen durchaus gesonderter Studien wert, um festzustellen, inwieweit sich der Nationalsozialismus den charakteristischen Wortschatz Chamberlains und seiner vorwiegend im Bayreuther Kreis geistig beheimateten Gefolgschaft zunutze machte und denselben zeitgemäß umprägte in nur wenige handfeste Formeln, gerade so wie sie für den faschistischen Straßenkampf benötigt wurden. In den Annalen des NS-Staates jedenfalls ist Chamberlain, der »Seher des Dritten Reiches« (Georg Schott), dessen Begegnung mit Hitler aus dem Jahr 1923 weihevoller Dunst umhüllte, dafür reichlich belohnt worden.

Joseph Goebbels, der seinen Antrittsbesuch in Bayreuth im festspielfreien Jahr 1926 absolvierte, stammelte nach seiner Begegnung mit dem bereits todkranken Chamberlain in sein Tagebuch: »Vater unseres Geistes, sei gegrüßt. Bahnbrecher, Wegbereiter! ... Du bist bei uns, wenn wir verzweifeln wollen« (Dok. XI—4). Nur wenige Monate nach dieser Begegnung, am 9. 1. 1927, starb Houston Stewart Chamberlain, Richard Wagners Schwiegersohn, Ehrenbürger von Bayreuth und geistiges Haupt des Bayreu-

[33] M. Koch, R. Wagners geschichtliche völkische Sendung. Zur Fünfzigjahrfeier der Bayreuther Bühnenfestspiele, Langensalza 1927, S. 17

ther Kreises. Für Hitler und den noch am Beginn seiner Parteikarriere stehenden Bayreuther und späteren Gauleiter Hans Schemm war es eine selbstverständliche Ehrenpflicht, ihm das letzte Geleit zu geben.

Bayreuths und Wahnfrieds Beitrag am zerstörerischen Werk der Weimarer Rechtsopposition konkretisierte sich freilich am ehesten dort, wo es gegen die angeblich auf allen Seiten lauernden Hasser und Feinde Bayreuths und Richard Wagners vorzugehen galt. Die »Hetzereien in gewissen Kreisen von Berlin hören nicht auf«, beklagte sich Siegfried Wagner einmal bei seinem Freund Ludwig Karpath, »Wer dahinter steckt, ist mir klar«[34]. Damit war nicht nur die Presse der Berliner Friedrichstraße gemeint, sondern vor allem das Preußische Ministerium für Wissenschaft, Kunst und Volksbildung, denn die Berufung von Künstlern wie Paul Hindemith, Arnold Schönberg, Ernst Křenek, Franz von Zemlinsky, Bruno Walter, Otto Klemperer, aber auch Heinz Tietjen, Max Reinhard und Gustav Gründgens waren Entscheidungen, die das deutsche Musik- und Theaterleben mit zukunftsweisenden Akzenten versahen, die aber gleichzeitig zur Kunstübung und -auffassung Bayreuths in denkbar schroffem Gegensatz standen. Ähnlich tiefgreifende Einflußnahmen speziell auf musikalischem Sektor mußte das völkisch-konservative Lager der Wagnerianer und Bayreuther zwangsläufig als stärkste Herausforderung auf sich beziehen. Bereits am Anfang seines kulturreformerischen Wirkens war vom damaligen Referent im Kultusministerium Leo Kestenberg, der für Wagner erklärtermaßen mehr übrig hatte als für Bayreuth, das ganz und gar unkünstlerische Treiben auf dem grünen Hügel, den Wagners Erben nach seiner Ansicht »zu einem Mittelpunkt der zahlungsfähigen internationalen Gesellschaft«[35] herunterkommen ließen, und damit das Festspielunternehmen als Ganzes öffentlich diskreditiert worden.

Im Zeichen der sich verschärfenden Auseinandersetzung zwischen den politischen Kräften der Weimarer Republik trat den kulturellen Institutionen und Medien ihre gesellschaftliche, erzieherische Aufgabe verstärkt ins Bewußtsein. Die Festspiele und der Bayreuther Kreis hatten sich in dieser neuen Situation verhältnismäßig rasch zurechtgefunden und standen längst als intakte und rechtsoppositionelle Plattform für die kulturpolitische Agitation zur Verfügung. Allerdings mußte Bayreuth, wollte es seinem Anspruch nicht bloß genügen, sondern darüber hinaus im Sinne der faschistischen Bewegung erfolgreich mitkämpfen, darauf bedacht sein, die Basis seiner Macht zu verbreitern, die bisher reichlich schmal und allzu verletzlich gewesen war. Inzwischen gab es auch deutliche Anzeichen dafür, daß die Festspielleitung aus diesem Grunde einer konformen jüngeren Generation das Festspielhaus zu öffnen begann, ohne freilich auf das mühelos zahlende Modepublikum, das sich Bayreuth wie einen kulturellen Badeaufenthalt leisten konnte, gänzlich zu verzichten.

Als am 1. August 1925 der Bayreuther Bund der deutschen Jugend gegründet wurde, übernahmen die Festspielleitung und der engste Wahnfried-Kreis, voran Siegfried Wagner und seine Schwestern, Daniela Thode, Gräfin Gravina und Eva Chamberlain, Winifred Wagner und Paul von Wolzogen spontan das Ehrenpräsidium. Schon bald sollte sich zeigen, daß es sich bei dieser Neugründung um ein ganz spezifisches Bayreuther Forum handelte, im engeren Sinn sogar um ein Exekutivorgan der Festspielleitung und Wahnfrieds, das den Wagner-Vereinen vorgeschaltet war und diesen ihre Existenzberechtigung streitig zu machen begann. Es ist mit großer Sicherheit anzunehmen, daß der Bayreuther Bund in voller Übereinstimmung mit der Festspielleitung vorging, als Otto Daube und Paul Pretzsch 1928 vom BBdJ den Rücktritt des Leipziger Vorstandes und darüber hinaus die Auflösung der Dachorganisation aller Wagner-Vereine (ARWV)

[34] Z. v. Kraft, S. 270
[35] L. Kestenberg, Musikerziehung und Musikpflege, Leipzig 1921, S. 8

forderten[36]. Bayreuth gab, indem es den aggressiven Schwung der faschistischen Jugend-organisation billigte, unmißverständlich zu erkennen, daß es die überalterten und re-tardierenden Wagner-Vereinigungen gerade jetzt für unfähig und überfordert hielt, dem neuen Aufgabenhorizont, zumal unter veränderten politischen Verhältnissen, gerecht zu werden und der eingeschlagenen Richtung des offenen Kulturkampfes aktiv zu folgen.

Im Auftrage der Festspielleitung übernahm es der BBdJ-Vorsitzende Otto Daube, in den Bayreuther Blättern Zweck und Absichten des Bayreuther Bundes darzustellen. Dies geschah in Form eines kulturpolitischen Forderungskataloges, der sich mit den Anliegen der Festspielleitung selbstverständlich deckte und mit jener neuen Klarheit formuliert war, die das politische Vorbild ahnen ließ, ohne aber vom elitären Hügel-Bewußtsein Bayreuths das geringste zu verschenken. »Wenn die deutsche Jugend unsere Zukunft sein soll,« und spätestens hier wurde deutlich, wen der Bayreuther Bund mit seinen Zielvorstellungen erreichen wollte, »dann gilt es, sie zu ihren großen Aufgaben und der Erkenntnis ihrer deutschen Art zu führen. . . . Die Jugend braucht Führer und will Führer, denen sie folgen kann. . . . Noch haben wir Bayreuther solche edlen Persön-lichkeiten, die der Jugend die rechten Wege zu weisen wissen«[37].

Sinnfälligsten Ausdruck fand die neue Aktionsgemeinschaft von Festspielleitung und Bayreuther Bund der deutschen Jugend mit der Veranstaltung der ersten sogenannten Deutschen Festspiele in Weimar, die vom 17.—31. 7. 1926 stattfanden. Das Programm der Deutschen Festspiele galt den Werken Siegfried Wagners und der völkischen Dich-terkollegen Hans von Wolzogen und Friedrich Lienhard. Siegfried Wagners mitwirken-der Regieschüler Alexander Spring sowie die beiden Kapellmeister Franz von Hoeßlin und Karl Elmendorff wurden für ihre künstlerischen Leistungen in Weimar mit lang-fristigen Verträgen für die Bayreuther Festspiele belohnt. Mit den Deutschen Festspie-len in Weimar, die seit 1926 in unregelmäßiger Folge stattfanden, hatte Siegfried Wag-ner endlich auch ein festspielmäßig-künstliches Forum für seine musikalischen Werke gefunden. Der diesen Veranstaltungen zugrunde liegende kulturpolitische Appell aber, der sich unter anderem gegen Einrichtungen wie die Donaueschinger Musikfeste und gegen die Berliner Kulturszene der Zwanziger Jahre richtete, fand beim Publikum kaum die erhoffte Resonanz. Die Veranstalter, die mit Lob gerechnet hatten, ernteten überwiegend ablehnende Kritik, namentlich in der liberalen Presse, wo der provokante Tenor dieser sogenannten Deutschen Festspiele Bayreuther Herkunft stark angegriffen wurde.

Siegfried Wagner als Hauptakteur der Weimarer Festspiele hatte in Absprache mit dem Vorsitzenden des Bayreuther Bundes Otto Daube von vornherein alles »Tendenziöse ausgeschaltet«[38] wissen wollen und reagierte wohl deswegen reichlich erstaunt auf so viel öffentliche Kritik. Seine Antwort, die er allerdings nur intern kundgab, war — für ihn kennzeichnend — wiederum erstaunlich naiv: »Ist denn«, wandte er sich nach den Weimarer Festspielen 1926 an Ludwig Karpath, »der deutsche Geist ein Verbrechen?«[39] Die zerstrittenen Wagnerianer kamen eilends zu Hilfe, um das beschädigte Selbstver-

[36] »Froh und brudergetreu kann man in einem Verein nicht arbeiten, wenn ein anderer durch eine seiner führenden Persönlichkeiten aussprechen läßt, daß der andere bekämpft werden muß, bis er das Feld räumt. All zu scharf macht schartig und wenn die Jugend den Kampf will, dann weichen wir, die wir . . . jahrzehntelang im Kampfe gestanden haben, nicht feig aus, sondern heben den uns hingeworfenen Fehdehandschuh auf, leider!« Aus einem Brief Robert Linnemanns (ARWV) an den Bayreuther Bund vom 1. 3. 1928. RWG

[37] O. Daube, Der BBdJ. Vorgeschichte, Gründung und Ziele, Ausbaupläne, in: BBl 1925, S. 135 und 133. Vgl. dazu Dok. XI—7

[38] Z. v. Kraft, S. 246

[39] ebda.

trauen wieder zu stärken und um Bayreuths schönen Schein wieder auf Hochglanz zu bringen. »Wenn es nicht gelingt, die heranwachsende deutsche Jugend zu Trägern unserer nationalen Kultur zu machen«, ließ sich Albert von Puttkamer rückblickend auf die ersten Weimarer Festspiele vernehmen, »sinkt diese rettungslos in den verschlingenden Sumpf der modernen Talmikunst«[40]. BBdJ-Vorsitzender Otto Daube und Wahnfrieds Hausbiograph Richard du Moulin-Eckart wechselten nun ebenfalls von der Verteidigung zum Angriff. Otto Daube suchte noch einmal Gemeinplätze Bayreuther Terminologie auf, beschwor die »entsetzliche Krankheit des inneren Zerfalls«[41] und brachte die regenerative Neuerziehung des deutschen Volkes zur Sprache[42]. Der alte Graf dagegen wurde stellenweise ganz unerwartet aktuell: »Vor Fäulnis wollen wir das deutsche Wesen bewahren, und da ist das beste Mittel dagegen — das Kunstwerk von Bayreuth. Indem Bayreuth gerettet wird, bewahren wir ein Allheilmittel für das ganze Wesen unseres Volkes, das nicht bloß durch Ton und Wort geläutert wird, sondern durch die wunderbare Idee, die hier ihr Banner aufgepflanzt«[43]. »In der Not der Zeit zugleich ein Gegengewicht zu setzen und sich als im besten Sinne unzeitgemäß zu erweisen«[44], das hatte den Veranstaltern von Weimar ungefähr vorgeschwebt.

In Weimar sollte an ausgewählten Beispielen deutlich gemacht werden, welche Mittel man gegen die »offenkundigen Schäden der sogenannten ›Moderne‹« bereithielt und wie das Bekenntnis zu einer Kultur, »die als eigentlich deutsche« der Bayreuther Bund »dem deutschen Volke zurückerobern und nahezubringen gewillt ist«[45], in der Praxis auszusehen hätte. Als der Bayreuther Bund unter diesen Vorzeichen Wagnerianer und Freunde des Bayreuther Lagers ein zweites Mal nach Weimar (14.–16. 6. 1929) rief, standen Werke von Siegfried Wagner sowie von Franz Liszt auf dem Programm. 1935 machten Otto Daube und sein Bayreuther Bund noch einmal mit dem »Detmolder Kulturplan« auf sich aufmerksam, der einen wichtigen »Beitrag zum deutschen Idealismus und zur kulturellen Wiedergeburt«[46] leisten sollte und mit einer Richard-Wagner-Festwoche begann[47].

Die Tätigkeit des Bayreuther Bundes der deutschen Jugend war auf den Festspielablauf nie von Bedeutung. Als Sprachrohr der Festspielleitung und des politisch denkenden und arbeitenden Bayreuther Kreises aber war der BBdJ eines der wichtigsten Bindeglieder Bayreuths zur faschistischen Bewegung. Es war einer jener unter kulturellem Vorwand operierenden Kampfbünde, die vom Nationalsozialismus frühzeitig als Bundesgenosse akzeptiert und später als korporative Mitglieder faschistischer Organisationen entsprechend gefördert wurden.

Schrittweise waren die Beziehungen des Bayreuther Kulturkreises zur faschistischen Bewegung aus dem Stadium individuellen Engagements in das der institutionellen Verflechtung hinübergewechselt. Wichtigste und folgenreichste Etappe für den sichtbarer werdenden Beginn der politischen Integration und Außensteuerung des Festspielimperiums war aber der Beitritt des engsten Wahnfried-Zirkels in die Nationalsozialistische Gesellschaft für deutsche Kultur (bzw. auch Nationalsozialistische wissenschaftliche Ge-

[40] A. v. Puttkamer, Die Weimarer Festspiele 1926 des Bayreuther Bundes, in: Bayreuther Festspielführer, hrsg. von P. Pretzsch, Bayreuth 1927, S. 76
[41] O. Daube, Romantik und Gegenwart. Ein Beitrag zum Kunstwerk Siegfried Wagners, in: Bayreuther Festspielführer 1927, op cit., S. 69
[42] ders., Neue Linien zu Bayreuth, ebda., S. 248
[43] R. du Moulin-Eckart, 50 Jahre Bayreuth, ebda., S. 16
[44] O. Daube, Bayreuther Bund der deutschen Jugend. Das zweite Bundesjahr, ebda., S. 251
[45] ebda.
[46] O. Daube, Der Detmolder Kulturplan, in: BBl 1935 (Beilage zum 1. Stück), S. 1 ff.
[47] Die Detmolder R.-Wagner-Festspiele des BBdJ fanden von 1935 regelmäßig bis 1944 statt

sellschaft) und — wenig später — in den ebenfalls von Alfred Rosenberg gegründeten Kampfbund für deutsche Kultur (1928). Alfred Rosenbergs Nationalsozialistische Gesellschaft für deutsche Kultur[48], die schon seit August 1927 bestand, galt als der Beginn organisierter nationalsozialistischer Kulturarbeit überhaupt und zählte gleich die gesamte Bayreuther Prominenz — außer Siegfried Wagner — neben alten Kämpfern wie Hans Schemm, Hans Severus Ziegler, Adolf Bartels, Joseph Stolzing-Czerny, Wilhelm Frick, Hans Frank und Baldur von Schirach zu ihren »öffentlichen Förderern«[49].

Demgegenüber konnte der im Dezember 1928 gegründete Kampfbund für deutsche Kultur seinen Mitgliederstand und seine Einflußsphäre noch erheblich vergrößern. Wieder waren die führenden und maßgeblichen Repräsentanten Bayreuths von Winifred Wagner bis zu Arthur Prüfer und Ludwig Schemann geschlossen beigetreten. Indessen trennte diesen Kampfbund ein besonderes taktisches Merkmal von anderen gleichrangigen faschistischen Vereinigungen: die betonte »Überparteilichkeit«, mit der er zu agieren vorgab, sollte vor allem jenen den Zutritt erleichtern, die sich noch »politisch nach jeder Richtung ungebunden«[50] fühlten. Rosenberg war nicht ungeschickt vorgegangen, als er mit den prominenten Visitenkarten der Gründungsmitglieder des KfdK an die Türen der noch unentschlossenen bzw. sympathisierenden Intellektuellen aus Kunst und Wissenschaft klopfte, um für den straff geführten Kulturkampf von rechts die Reihen zu stärken. Mit seinem Gründungsaufruf appellierte der KfdK, in seinen Maximen denen des Bayreuther Bundes und jüngerer Bestrebungen der Wagner-Vereine (Dok. X—3) durchaus verwandt, an die Solidarität aller »Kräfte des schöpferischen Deutschtums, um in letzter Stunde zu retten und zu neuem Leben zu erwecken, was heute zutiefst gefährdet ist: Deutsches Seelentum und sein Ausdruck im schaffenden Leben, in Kunst und Wissen, Recht und Erziehung, in geistigen und charakterlichen Werten«[51].

Die Satzungen des Kampfbundes klärten darüber auf, warum die Repräsentanten des Bayreuther Kreises und speziell Wahnfrieds dort unbedingt vertreten sein mußten: »Der KfdK hat den Zweck, inmitten des heutigen Kulturverfalls die Werte des deutschen Wesens zu verteidigen und jede arteigene Äußerung kulturellen deutschen Lebens zu fördern. Der Kampfbund setzt sich als Ziel, das deutsche Volk über die Zusammenhänge zwischen Rasse, Kunst und Wissenschaft, sittlichen und willenhaften Werten aufzuklären. Er setzt sich zum Ziel, bedeutende, heute totgeschwiegene Deutsche in Wort und Schrift der Öffentlichkeit näherzubringen und so dem kulturellen Gesamtdeutschtum ohne Berücksichtigung politischer Grenzen zu dienen. ... Er setzt sich namentlich das Ziel, im heranwachsenden Geschlecht aller Schichten des Volkes die Erkenntnis für das Wesen und die Notwendigkeit des Kampfes um die Kultur- und Charakterwerte der Nation zu wecken und den Willen für diesen Kampf um die deutsche Freiheit zu stählen«[52].

Alfred Rosenberg gelang es, mit seinem Kampfbund im Auftrage der NSdAP und hinter vorgetäuschter Überparteilichkeit [53] den notwendigen Kontakt zu jenen vor allem

[48] Unterzeichner des Gründungsprotokolls waren A. Rosenberg, H. Himmler, G. Strasser, F. X. Schwarz und Ph. Bouler. Vgl. H. Brenner, op. cit., S. 8 und 235
[49] ebda.
[50] Aus dem Gründungsaufruf des KfdK. Flugblatt (1928/29). BDC
[51] ebda.
[52] § 1 der Satzungen des KfdK. Aus dem Gründungsaufruf des KfdK. Flugblatt (1928/29). BDC
[53] »Der Kampfbund grenzt sein Tätigkeitsgebiet bewußt ab. Er wird nicht Probleme partei- und tagespolitischer Art behandeln, weil diese in die Kompetenz der politischen Parteien gehört.« — A. Rosenberg, Arbeitsgrundsätze und Gliederung des KfdK, in: Mitteilungen des KfdK, 1. Jg., Nr. 1, München 1929, S. 14

kulturell einflußreichen Kreisen herzustellen, die sich unter solchen Vorzeichen — und »um größeres Unglück zu verhüten«, wie es Richard Strauss stellvertretend für viele einmal formulierte (Dok. XV—8) — für ein faschistisches Deutschland einnehmen ließen[54]. Anfang 1931 schon konnte die politisch nach außen anonym arbeitende kulturelle Kampforganisation der Nationalsozialisten, nachdem die sogenannten öffentlichen Förderer — darunter auch die gesamte Bayreuther Prominenz — ihre Plätze im Vorstand und in beratenden Arbeitsgemeinschaften bezogen hatten, ihren Mitgliedern stolz verkünden: »Der Kampfbund beginnt zu einer großen und machtvollen Organisation zu wachsen!«[55] Ganz ähnlich wie das Vereinswesen der Wagnerianer organisierte der KfdK seine Mitglieder, die er nach dem Prinzip der persönlichen Anwerbung gewann, nicht zentralistisch, sondern in Ortsgruppen, die sich bald über das gesamte Reichsgebiet verteilten und auch die deutschsprachigen Nachbarländer, dort vor allem die Städte Wien, Graz, Klagenfurt und Basel, mit einbezog.

Über die Integration Bayreuths und der Festspiele in die kulturpolitische Front des Nationalsozialismus noch vor der Machtübernahme legte der Kampfbund Rosenbergs in seinen »Mitteilungen« nur indirekte Rechenschaft ab. Wo immer auch die Begriffe Bayreuth und Wagner dort auftauchten, standen sie natürlich nicht nur als bloße Namen oder als ästhetisches Faktum, sondern verkörperten den vollkommensten Inbegriff des Kampfes gegen Kulturbolschewismus und innere Zersetzung. Der Bogen von Wagner zu Hitler wurde in diesem Rahmen anläßlich einer Gedenkrede auf Cosima und Siegfried Wagner erneut unter Spannung gebracht: »Der Riese aber, der Wagners Nachfolger sein wird aus dem deutschen Volke, aus diesem besonderen Gottesgedanken von Fleisch und Blut heraus, der ist noch nicht da. Er wird im Brennpunkt seines Gestaltens Metaphysik und Ethik, Menschengeist als Bewußtsein der Natur und Kunst als höchste Formung aus Menschenerleben unter dem von Wagner aufgenommenen Gedanken der Regeneration, unter dem neuen biologischen Gesichtspunkt zu einer Einheit stärksten Erlebens zu sammeln haben«[56].

1931, auf dem Höhepunkt seines Wirkens, veranstaltete der Kampfbund für deutsche Kultur seine berühmte Potsdamer Tagung (24./25. 5. 1931), die die Jugend des »Neuen Deutschland« auf ihre zukünftige Rolle »vorbereiten« sollte. Hier legten, zwei Jahre vor der Machtergreifung, die aufmarschierten völkischen und faschistischen Jugendverbände, darunter auch verschiedene Ortsgruppen des Bayreuther Bundes, ihr historisches Bekenntnis zum »Deutschland erwache!« ab, zum »Geist von Potsdam« und zur wenig segensreichen preußischen Tradition von Pflicht und Ehre. Alfred Rosenbergs programmatischer Vortrag über »Blut und Ehre« umkreiste Stereotypien nationalsozialistischer Ideologie wie Blut, Boden, Volkheit, Rasse, Art, Führerprinzip etc. und markierte mit Weimar, Bayreuth und Potsdam die drei »heiligen Gräber« der Deutschen. Hanns Johst, später Leiter der Reichsschrifttumskammer, referierte über »Wort-Schrift-Zucht« (»Die deutsche Jugend braucht weniger Lehrer, sie braucht mehr Führer«). Hermann Göring aber (»Wehrwille sichert die Kultur«), wurde bereits sehr viel deutlicher: »Ein Volk ohne Wehrwillen und Wehrbereitschaft gibt feige seine Kultur preis, und ist leiblich und seelisch zum Untergang verurteilt!« Ernst Graf zu Reventlow von der »Deutsch

---

[54] »Der KfdK ist aber nicht eine nationalsozialistische Organisation, denn es gibt keine ›nationalsozialistische Kultur‹, aber deutsch ist er . . .« und er wird sich »durchsetzen und einsetzen . . . für das *deutsche* Kultur- und Geistesleben im Dienste aller schöpferischen Deutschen«. — A. Rosenberg, Redaktionelle Notiz, in: Mitteilungen des KfdK, 3. Jg., Nr. 1/2, München 1931, S. 11

[55] Bericht über die Mitgliederversammlung des KfdK vom 14. 1. 1931 in München. Mitteilungen des KfdK, 3. Jg., Nr. 1/2, München 1931, S. 12

[56] W. Kulz, Leben für die Idee, Gedenkrede auf Cosima und S. Wagner, ebda., S. 3

völkischen Freiheitsbewegung« schließlich mahnte, die deutsche Jugend müsse »rücksichtlos angreifen gegen alles Undeutsche und Artfremde« und prophezeite: »Dieser Geist wird den neuen, kommenden deutschen Volksstaat erkämpfen«[57].

Ein gutes Jahr nach der Machtergreifung wurden der Kampfbund mit den ihm korporativ angegliederten Verbänden und der Reichsverband Deutsche Bühne zur Nationalsozialistischen Kulturgemeinde zusammengeschlossen, die wiederum als korporatives Mitglied der NS-Gemeinschaft KdF, dem späteren Träger der Bayreuther Festspiele in den Kriegsjahren 1940–1944, integriert war[58]. Das Organisationsschema des KfdK blieb indessen unverändert, die Anzahl der Fachgruppen bzw. Ämter wurde von acht auf vier (Schulung, Kunstpflege, Schrifttumspflege, Vor- und Frühgeschichte) verringert. Alfred Rosenberg bestellte 1934 Walter Stang, vorher Leiter der Fachgruppe Theater im KfdK, zu seinem Nachfolger, er selbst avancierte zum Beauftragten des Führers für die Überwachung der gesamten geistigen und weltanschaulichen Schulung und Erziehung der NSdAP (24. 1. 1934)[59]. Auf die Rivalität Rosenberg-Goebbels, die Hitler mit der Einrichtung dieses monströsen Amtes sozusagen doppelgleisig institutionalisiert hatte, soll hier nicht weiter eingegangen werden. Bemerkenswert bleibt jedoch die Tatsache, daß der Nationalsozialismus die kulturellen Kräfte des Reiches vorübergehend auf zweifache Weise in seinen Griff bekam, nämlich einmal über Goebbels RMVAP und die von ihm kontrollierte Reichskulturkammer und zum zweiten über das Amt Rosenberg und die analog zur Reichskulturkammer aufgebaute Nationalsozialistische Kulturgemeinde mit ihren Ortsgruppen und Publikationsinstrumenten (Die Musik, Die Völkische Kunst, Die NS Kulturgemeinde, Kunst und Volk etc.). Rosenbergs wichtige Vorarbeit, die er namentlich als Chef des KfdK seit 1928 geleistet hatte, sicherte ihm und seinen administrativen Gliederungen die nötigen Anfangserfolge und erschwerte es Goebbels erheblich, die Sympathien kultureller Schlüsselkräfte, wie auch zum Beispiel die des Bayreuther Lagers, später für sich zu gewinnen.

Daß man in Wahnfried nicht daran dachte, nach 1933 der Reichskulturkammer trotz entsprechenden Drängens beizutreten, wurde nach dem Krieg als — wenn auch irreführendes — politisches Alibi benutzt. Tatsächlich boten jedoch die direkten Beziehungen Bayreuths zu Hitler auf viel umfassendere Weise Sicherheitsgarantien für den unangetasteten Status der Festspiele. Zum anderen war die durch höchste politische Verbindungen legitimierte Zurückhaltung Bayreuths der Reichskulturkammer gegenüber nicht etwa gleichbedeutend mit dem individuellen Verhalten des tragenden Bayreuther Kreises, der sich im äußerst differenzierten Machtbereich faschistischer Kulturpolitik vorderste Plätze sicherte und keine Gelegenheit ungenutzt ließ, die persönlichen Bindungen Wahnfrieds zur Parteispitze für sich und die Bayreuther Sache förderlich auszuspielen (Dok. XVII–2 bis 18).

Die Festspiele hatten seit 1925 den Betriebsfonds, der mit den Aufführungen von 1924 auf etwa 200 000 Mark gebracht werden konnte, stetig geschmälert, nicht aber allein durch den Spielbetrieb oder wegen mangelnd guten Kartenverkaufs, sondern durch relativ aufwendige, wenn auch notwendige bauliche Maßnahmen am Festspielhaus und technische Verbesserungen der Bühne, die freilich erst jene vielgerühmte Verfeinerung des Szenischen bei Siegfried Wagner ermöglichten. 1927 mußte sich die Festspielleitung mit Rücksichten auf mangelnde Reserven gegen eine Neuinszenierung des Tannhäuser und für den weniger aufwendigen Tristan entscheiden. Siegfried Wagners ersehntes Ziel blieb aber ein neuer Bayreuther Tannhäuser. Die Künstlerfragen waren bald

[57] Sämtl. Zitate aus: Mitteilungen des KfdK, 3. Jg., Nr. 5/6, München 1931, S. 33–51
[58] Vgl. H. Brenner, op. cit., S. 237
[59] ebda., S. 72 und 238

geklärt. Allein die Ankündigung Toscaninis schien den Erfolg schon von vornherein so gut wie sicher zu machen. Noch unbekannt für das Bayreuther Publikum dagegen waren in den Titelpartien Sigismund Pilinski und Maria Müller, die in der Tannhäuser-Première von 1930 glänzend debütierten und von der Festspielleitung als künftige Stützen des Bayreuther Ensembles verpflichtet wurden.

Für die materielle Sicherstellung der Tannhäuser-Neuinszenierung, die für das Jahr 1930 angekündigt worden war, mußte allerdings private Initiative sorgen, da mit öffentlichen Zuwendungen im Zeichen der angespannten Weltwirtschaftslage weniger denn je gerechnet werden konnte. 1928 bereits liefen die ersten Vorbereitungen zur Tannhäuser-Spendenaktion (Dok. XII–1 ff.) an, die organisatorisch gemeinsam von Winifred Wagner und Freunden des Hauses Wahnfried getragen wurde. Federführend waren der Verleger Albert Knittel und der Kaufmann Max Wiskott, die beide noch bis in die Dreißiger Jahre zu Winifred Wagners engsten Beratern gehörten. Mitgewirkt haben ferner die Herren Albert Gemming vom Vorstand des Bayreuther Bundes und Carl Vering. Alle vier Verantwortlichen waren selbständige Unternehmer und verfügten über Beziehungen und Einflußreichtum bei den Leitstellen der Wirtschaft, Finanz und Aristokratie. Innerhalb eines Jahres konnte das gesteckte Ziel erreicht werden: 1929 wurde Siegfried Wagner anläßlich seines 60. Geburtstages das Sammlungsergebnis von rund 100 000 Reichsmark überreicht. Die fragliche Finanzierungslücke für eine Tannhäuser-Neuinszenierung war damit geschlossen.

Weitaus erwähnenswerter als das numerische Endresultat und der löbliche Einsatz des Aktionskomités von 1929 dürften indessen die dreifach verschieden formulierten Spendenaufrufe sein, mit denen ganz bestimmte, und zwar ausgesprochen zahlungskräftige Zielgruppen außerhalb des hermetischen Freundeskreises der Wagnerianer und Vereinsgefolgschaft erreicht werden sollten. Wie so oft, wenn Bayreuth die Öffentlichkeit für seine Zwecke brauchte, trat auch diesmal das unmittelbare Anliegen, d. h. der konkrete Geldbedarf, dezent zurück hinter ausgreifenden kulturpolitischen Lageberichten, die den Festspielhügel einmal zum eigentlichen kulturellen Mittelpunkt der Nation machten und zugleich den Bayreuther Standort innerhalb des fortgeschrittenen rechtsoppositionellen Kulturkampfes recht deutlich markierten.

Die Abfassung der verschiedenen Aufrufe unterlag wiederholter Redaktion, bevor sie das interne Placet erhielten. »Was uns bitter fehlt,« so kommentierte Wiskott den mühsamen Entstehungsprozeß der drei Papiere (Dok. XII–5 ff.), »ist ein Chamberlain mit seinem hinreißenden Stile« (Dok. XII–1). Was nur ganz nebenbei in der redaktionellen Begleitmusik zusätzlich anklang, war eine tendenzielle Stärkung der Position Winifred Wagners, die bereits zu einem Zeitpunkt wichtige administrative Fäden der Festspiele in die Hand nahm, als die Tannhäuser-Vorbereitungen Siegfried Wagner noch vollkommen beanspruchten. Unter dem Einfluß ihrer Berater Knittel und Wiskott legte sie behutsam die Grundlagen zu einer künftigen Öffentlichkeitsarbeit der Bayreuther Festspiele. Der seit Richard Wagner in Bayreuth verachteten Presse sollten allmählich die Türen des Festspielhauses geöffnet werden (Dok. XIII–2), eine innovatorische Maßnahme, die den Protest der Altbayreuther nicht lange auf sich warten ließ.

Dem »Bildungsphilister« mußte nach Max Wiskotts Auffassung anläßlich der Bayreuther Tannhäuser-Aktion mit aller Deutlichkeit vor Augen geführt werden, daß »eine große Gefahr« drohe, und zwar »nicht etwa für die Kunst allein, sondern für Deutschland. Hier versäumen wir« — sollten die 100 000 Mark für einen neuen Bayreuther Tannhäuser nicht zusammen kommen — »eine Gelegenheit, die uns kein Schicksal mehr zurückbringt« (Dok. XII–1). Die Spendenaufrufe, darüber waren sich die Redakteure in Wahnfried einig, mußten zündend sein und jedem einzelnen Adressaten das Gefühl suggerieren, als handle es sich im Grunde nur nebenbei um die geplante Aufführung einer bestimmten Oper von Richard Wagner sondern als ginge es in Bayreuth um nicht weniger als die gesamte Kultur überhaupt. Über deren Fortbestand, deren Sein oder Nichtsein sollte nun ein kleiner Kreis ausgewählter Spender wie bei einem historischen Urnengang entscheiden. In den Appellen an die Spender klang auch das Fazit jener Programmatik an, mit der sich Bayreuth im Ton des Bayreuther Bundes und des KfdK zum »letzten Bollwerk deutschen Geistes und deutscher Art« (Dok. XII—7b) hinaufstilisiert hatte. Der Untergang Bayreuths müßte — so wurde es dargestellt — den unerträglichen Spott der anderen Nationen auf Deutschland richten (Dok. XII—7a).

Die reaktionäre Austauschbarkeit politischer und ästhetischer Motivation, traditionelles Wesensmerkmal Bayreuther Propaganda, verlor auch durch die psychologisierende Verkaufsstrategie, die die Tannhäuser-Spendenaktion quer durchzog und hinter der sich nichts weiter als forsche Unternehmermentalität verbarg, nur wenig von ihrer Offensichtlichkeit. Daß das angestrebte Ziel tatsächlich mühelos erreicht wurde, war für Bayreuth von ebenso großer quantitativer wie qualitativer Bedeutung. Die wahlkampffähnlich angelegte Tannhäuser-Spendenaktion wurde in Bayreuth wie ein nationales Votum interpretiert. Das 1929 in Umlauf gebrachte »Verzeichnis der Spender«, eine ebenso kuriose wie aufschlußreiche Rangliste mit Kaiser Wilhelm II. an der Spitze bis hinab zum namenlosen Bürger, sollte jetzt den Eindruck erwecken, als habe jetzt ein repräsentativer Bevölkerungsquerschnitt mit seiner Stimme die kulturelle Sendung Bayreuths als national vorrangig anerkannt. Rosenbergs Kampfbund und die faschistische Bewegung mußten solche eindrucksvollen Willenskundgebungen zugunsten Bayreuths als mittelbare Vorschubleistung dankbar zur Kenntnis nehmen.

In Wahnfried fanden gegen Mitte des Jahres 1929, als sich der Erfolg der Tannhäuser-Aktion bereits abzuzeichnen begann, Überlegungen statt, auf welche Weise die Geldsammlung fortgesetzt werden könne (Dok. XII—7a, b). Der Gedanke an eine groß angelegte, fachmännisch installierte Lotterie wurde schon bald wieder verworfen. Weiteste Kreise »unseres Volkes« sollten dadurch angesprochen werden, und zwar vor allem jene, die »überhaupt anerkennen, daß Kultur und deutsche Kultur etwas des Erhaltens notwendiges ist« (Dok. XII—3). Die neuen Entwürfe brachten am Vorabend von Siegfried Wagners Tod den politischen Optimismus und das ungebrochene Selbstverständnis Bayreuths noch einmal gut zum Ausdruck: nicht Wahnfried, so hieß die neue Losung, sondern das deutsche Volk müsse vor dem Verlust Bayreuths geschützt werden (Dok. XII—7a). Winifred Wagners Berater Max Wiskott erkundigte sich zuletzt bei seinem Kollegen Albert Knittel: »Könnten uns etwa bei diesem Suchen« — nach vermögenden und deutsch gesinnten Männern — »die Leitungen national gesinnter Parteien unterstützen? Die müßten doch eigentlich zuerst wissen, wo nationaler Opfersinn vorhanden ist« (Dok. XII—3). Daß aber die Weimarer Rechtsopposition, voran die Nationalsozialisten und die Deutschnationalen Hugenbergs (Dok. XII—2) um dieselbe Zeit ein verstärktes Interesse an der eigenen finanziellen Sanierung zeigten und voll damit beschäftigt waren, sich soliden Rückhalt bei der nationalen Wirtschaft an Rhein und Ruhr zu verschaffen, stand den konkreten Hoffnungen Bayreuths auf materielle Unterstützung von rechts objektiv entgegen. Die von Winifred Wagner mitangeregte Fortsetzung der Sammelaktion für die Bayreuther Festspiele blieb wegen unvorhersehbarer familiärer Ereignisse liegen.

Die bis ins letzte vorbereitete Tannhäuser-Neuinszenierung hat Siegfried Wagner nicht mehr miterleben können. Er starb im Festspielsommer 1930, nur wenige Monate später als seine 92jährige Mutter Cosima Wagner. Winifred Wagner übernahm testamentarisch die alleinige Nachfolge der Festspielleitung in Bayreuth (Dok. IX—3).

V. Die nationale Verwertung Richard Wagners (1930-1945)

Mit Cosima und Siegfried Wagner, die 1930 im Alter von zweiundneunzig und sechzig Jahren nur wenige Monate nacheinander starben, ging in Bayreuth eine Epoche zu Ende. Wie sehr das zutraf, ist in den zahlreichen Nachrufen auf die zwei ersten Repräsentanten der älteren und mittleren Bayreuther Generation nachzulesen, wo sich noch einmal die Zeiten der Unternehmensgründung und der Befestigung verklärten. Wie schon nach Richard Wagners Tod entsprach es auch jetzt durchaus üblichen Bayreuther Gepflogenheiten, von Cosima und Siegfried Wagner Bilder zu entwerfen, die von solcher Erhabenheit waren, daß Allzumenschliches darin keinen Platz mehr finden konnte. Ihre Nachwelt machte sie zu tragenden Säulen im Tempel deutscher Kunst und fand selbst das an ihnen noch überragend, was nach heutiger Kenntnis der Quellen, sofern sie Einblick in das Milieu Wahnfrieds vor und nach der Jahrhundertwende bieten, wenig rühmenswert und mittelmäßig erscheint. Die Bayreuther Chronisten rekapitulieren in bekannter Lesart, wie der sogenannte Meisterwille erst in der »Herrin von Bayreuth« und dann schließlich im »Meistersohn« fortgelebt habe. Die überragende Tatkraft von Wagners Erben wurde ebenso gepriesen wie die künstlerische Eingebung, mit der sie die Bayreuther Festspiele und Wagners Werke überhaupt vor dem allesfressenden Sumpf moderner Talmikunst gerettet hätten. Wahnfried habe, um dem deutschen Volk Bayreuth als wahren Hort nationaler Kultur erhalten zu können, dafür allen Anfeindungen zum Trotz stets die größte Opferbereitschaft auf sich genommen.

Keine Rede aber war davon, daß Wagner mit den immer reichlicher fließenden Einspielergebnissen seiner Werke den Erben ein unbesorgtes Dasein ermöglicht hatte, das für Verschwendung anfällig machte. Auch wurde nicht danach gefragt, ob Bayreuth in Zeiten des Überflusses, die erst mit der Inflation von 1922/23 ihr jähes Ende fanden, jemals einen sozialen Sinn für notleidende Künstler entwickelt oder irgendwelche benachbarte Disziplinen gefördert hätte, obgleich dazu objektiv Mittel genug vorhanden waren. Nur den wenigsten war auch Genaueres darüber bekannt, daß sich die Bayreuther Festspiele nach Wagners Tod verhältnismäßig rasch zu einem materiell gefestigten Unternehmen entwickelt hatten, das über Reserven in Millionenhöhe verfügte und praktisch immer in der Lage war, Vergleichs- bzw. auch Spitzengagen zu bezahlen. Zu den wenigen Bayreuther Künstlern, die es sich erlauben konnten, auf Gagen gänzlich zu verzichten, gehörten unter anderem Hans Richter und Arturo Toscanini. Lilli Lehmann, die 1876 noch umsonst mitgewirkt hatte, verlangte für ihre Mitwirkung als Brünnhilde im Festspieljahr 1896 von Cosima Wagner ein Honorar und stiftete dafür ein Krankenbett für Künstler in der Berliner Charité. Bayreuth hat diese vorbildliche Geste einer Künstlerin hohen Ansehens jedoch geflissentlich übersehen.

Immer wieder ist Wahnfrieds Opfermut kolportiert worden, auch noch in einer Zeit, als Privat- und Festspielvermögen schon so gut wie zerschmolzen waren und Wahnfried sich aus den jährlichen Festspielergebnissen seit 1924 sogenannte Ehrentantiemen abzweigte, um das tägliche Dasein besser bestreiten zu können.

Mit Siegfried Wagners Tod traten folgende testamentarische Bestimmungen in Kraft:

»1. Frau Winifred Wagner wird Vorerbin des gesamten Nachlasses des Herrn Siegfried Wagner. Als Nacherben werden bestimmt die gemeinsamen Abkömmlinge der Ehegatten Wagner zu gleichen Stammteilen. Die Nachfolge tritt ein mit dem Tode oder mit der Wiederverheiratung der Frau Winifred Wagner ...

2. Die Erben erhalten bezüglich des Festspielhauses folgende Auflage: Das Festspielhaus darf nicht veräußert werden. Es soll stets den Zwecken, für die es sein Erbauer bestimmt hat, dienstbar gemacht werden, einzig also der festlichen Aufführung der Werke Richard Wagners« (Dok. IX—3).

Siegfried Wagner, der Meistersohn, hatte ein seltsam unkünstlerisches Testament hinterlassen. Es bedeutete praktisch ein Aufführungsverbot für alle Nicht-Wagnerschen Werke im Bayreuther Festspielhaus. Aus einer freiwillig auferlegten Selbstbeschränkung, die Cosima Wagner nach 1882 aus verschiedenen Äußerungen des Bayreuther Meisters glaubte eigenmächtig herleiten zu dürfen, wurde ein halbes Jahrhundert nach Wagners Tod ein quasi offizielles Verbot. Einzige Ausnahme und deren Bestätigung zugleich war Beethovens 9. Sinfonie, die zuletzt 1872 anläßlich der Grundsteinlegung des Bayreuther Festspielhauses erklungen war und — war es nun Zufall oder keiner — die Bayreuther Festspielsaison im Jahr der Machtergreifung Adolf Hitlers feierlich eröffnete.

Die Erbfolgeregelung, wie sie Siegfried Wagner getroffen hatte, schrieb die bestehenden Bayreuther Verhältnisse fest und schloß künftige Veränderungen des Bayreuther Spielplans für die Zukunft aus. Es mag dahingestellt bleiben, ob das Testament einer Weiterentwicklung der Festspiele nützlich oder ob es überhaupt im Geiste Richard Wagners war. Von größtem Nutzen sollte es zumindest kommenden Wahnfried-Generationen bei der Durchsetzung von Ansprüchen auf die künstlerische Nachfolge in Bayreuth sein. Selbst nach dem 2. Weltkrieg, als in der Öffentlichkeit die Ansicht diskutiert wurde, daß die Familie politisch wie moralisch jeden Anspruch auf die alleinige künstlerische Verantwortung auf dem Festspielhügel endgültig verwirkt hätte (Dok. XXIII—1), genügte allein der Hinweis auf Siegfried Wagners Testament, um die Alliierten wie auch bayerischen Landespolitiker von den Führungs- und Besitzansprüchen der Enkelgeneration Wahnfrieds zu überzeugen.

Winifred Wagner konnte 1930 ein Werk fortsetzen, das sie 1924 mit Siegfried Wagner gemeinsam begonnen hatte. Die von ihr betreute Tannhäuser-Spendenaktion des Jahres 1929 war der erste sichtbare Beweis ihrer vollkommenen Vertrautheit mit den Festspielgeschäften, während Siegfried sich ausschließlich den künstlerischen Belangen widmete. Am Rande dieser Aktion waren von der künftigen Festspielleiterin bereits Überlegungen angestellt worden, wie der Festspielablauf rationeller zu organisieren sei. In einer Mitteilung an ihren Freund und Berater Albert Knittel vom 12. 6. 1929 plädierte sie für einen etwas forscheren Verwaltungsstil (Dok. XII—1). Unter Berufung auf das politisch von ihr vertretene Führerprinzip war dort unter anderem die Rede von »Wölfen, die Anordnungen zu überwachen« hätten und von »Zügeln«, die jetzt »straffer anzuziehen« seien. Völlig neu aber für Bayreuth war ihr Vorschlag, eine Propagandaabteilung zu schaffen, die das traditionell gespannte Verhältnis der Festspielleitung zur Presse endlich normalisieren sollte. Der Einlaß von Kritikern in das Festspielhaus bedeutete für viele Bayreuther einen Bruch mit der strengen Tradition. Besonders in den Kreisen der sogenannten Altwagnerianer stieß diese Maßnahme, von der sich Winifred und ihre Berater eine große Reklamewirkung versprachen, auf nur wenig Verständnis. Das »Liebäugeln mit der Presse«, wie sie es der neuen Festspielleitung vorhielten, galt in ihren Augen als ein nicht standesgemäßer Anbiederungsversuch. Eva Chamberlain, Winifreds Schwägerin, ließ sich zum Sprecher dieser Front aus den eigenen Reihen machen und wandte sich beleidigt an die neue Festspielleitung: »Bayreuth stand stolz und frei bisher der Presse gegenüber da — das können wir leider seit dem Sommer 1930 nicht mehr sagen« (Dok. XIII—2).

Albert Knittel versah dieses intern heftig umstrittene Amt mit voller Unterstützung der Festspielleitung (Dok. XIII—2), verlor es aber schon 1935 an Ministerialrat Sawade aus Berlin, den Heinz Tietjen aus der Generalintendanz der Preußischen Staatstheater als kundigen Administrator und Verbindungsmann zu den Leitstellen des Reiches mit nach Bayreuth gebracht hatte. Die Umwandlung des Festspielbetriebs in eine GmbH war noch zu Lebzeiten Siegfried Wagners im Gespräch (Dok. XIII—1), mußte aber von Winifred Wagner vorläufig als undurchführbar bezeichnet werden, solange die Erbverhältnisse, wie sie sagte, ähnlich kompliziert waren wie während des Familienprozesses von 1914. »Später, wenn meine Familie allein dasteht, ist das sehr viel einfacher« (Dok. XIII—1).

Es war für die neue Festspielleitung Ende 1930 nicht vorherzusehen, daß Winifred Wagners Amtsübernahme im Festspielhaus den Beginn einer Teilung des Bayreuther Freundeskreises signalisierte. Was Siegfried Wagner seit 1924 gelungen war, nämlich die Ausrichtung der Wagnerianer auf ein politisch engagiertes Bayreuth, das drohte nun in zwei Lager auseinanderzubrechen. Ein auf die Erinnerung an Cosima Wagner fixiertes Orthodoxie-Bewußtsein mancher Wagnerianer hatte schon Siegfried Wagner gelegentlich zu schaffen gemacht. Nur bei der geringsten Abweichung von den szenischen Vorschriften Richard Wagners war auch ihm Pietätlosigkeit vorgeworfen worden. Siegfried Wagner vermochte jedoch seine Kritiker stets mit dem Argument zu beschwichtigen, daß man von ihm die Rückkehr zur alten Gasbeleuchtung im Festspielhaus wohl kaum erwarten könne.

Winifred Wagner stellte sich mutig der gegen ihre Person gerichteten Kritik, die — und auch das war neu — jetzt Öffentlichkeit und Ministerien gegen die Bayreuther Festspiele einzuschalten versuchte. Da jedoch wirkliche Verbesserungsvorschläge von der anderen Seite ausblieben und die Kritik sich schließlich in ständiger Nörgelei eines Häufleins Unzufriedener und Ausgeschlossener erschöpfte, war eine Trennung von den alten Freunden unvermeidlich. Mit Adolf Hitlers Zustimmung gelang es Winifred Wagner schließlich, ihren eigenen Vorstellungen von Festspielarbeit Nachdruck zu verleihen.

Mit Arturo Toscaninis demonstrativem Auszug aus Bayreuth (1931) hatten diese persönlich ausgetragenen Konflikte ihren ersten Höhepunkt erreicht. Der Rückzug des berühmten Pultvirtuosen lastete als schweres Manko auf der neuen Festspielleitung. Zugleich bot diese Maßnahme des als äußerst verletzlich bekannten Maestro auch Siegfried Wagners Schwestern Eva und Daniela willkommenen Anlaß, sich gekränkt aus dem Festspielgeschehen zurückzuziehen. Für das bis dahin reichlich offensive Vorgehen der zwei Schwestern, das bei einer kleinen Schar streitbarer Altwagnerianer Unterstützung fand, gab es freilich ein sehr verständliches Motiv. Winifred Wagner hatte nämlich unumwunden durchblicken lassen, daß auf dem grünen Hügel einfach kein Platz mehr für Siegfrieds Schwestern sei. Über die damit verbundenen praktischen Konsequenzen führte Eva Chamberlain beim designierten Bayreuther Festspielintendanten Heinz Tietjen am 7. 3. 1932 schriftlich Klage: »Es wäre meinerseits noch zu erwähnen, daß wir Schwestern in diesem Jahr auf das Schnödeste von einer materiellen Anteilnahme der Festspieleinnahmen, die Siegfried nach jedem natürlichen und moralischen Rechte uns freundlich gönnte, ausgeschlossen wurden« (Dok. XV—3).

Testamentarische Verfügungen hatten Winifred Wagner zur Vorerbin ihrer Kinder bestimmt und die Fortführung der Festspiele allein in ihre Hände gelegt. Daß sie diese Verantwortung von Anfang an mit Fachleuten zu teilen bereit war, ohne sich freilich das letzte Wort nehmen zu lassen, das bedeutete für Bayreuther Verhältnisse schon einen seltenen Sieg praktischer Vernunft.

Mit den künstlerischen Aufgaben wurden drei anerkannte Fachleute des damaligen Musiktheaters nach Bayreuth berufen: Heinz Tietjen (Dok. XIV—6), Wilhelm Furtwängler und Emil Preetorius. Über den Generalintendanten der Preußischen Staatstheater Heinz Tietjen hatte sich bereits Siegfried Wagner anerkennend geäußert und dessen Berliner Lohengrin-Inszenierung als richtungsweisend bezeichnet. Heinz Tietjen, soeben erst zum Generalintendanten der Preußischen Staatstheater (Berlin, Kassel, Wiesbaden) avanciert, blieb bis 1944 in Bayreuth der erste künstlerische Leiter und Winifred Wagners engster Mitarbeiter. Er war nicht nur ein erfahrener und — wie er oft von sich selbst sagte — besessener Theatermann, sondern mindestens ebenso geübt als Diplomat und Organisator. Immerhin brachte er das beachtliche Kunststück zuwege, seinen Intendantenverpflichtungen gleichzeitig sowohl in Berlin an mehreren Bühnen als auch in Bayreuth bis Kriegsende gerecht zu werden. Für seine künstlerische Tätigkeit in Bayreuth war Tietjen durch seine Doppelbegabung als Kapellmeister-Regisseur geradezu prädisponiert. Vielleicht hatte seine Kunst bei genauerer Betrachtung etwas Mittelmäßiges, doch gelang es ihm, in Bayreuth eine anerkannte Steigerung des szenischen und musikdramatischen Leistungsniveaus durchzusetzen. Natürlich darf dabei nicht ganz übersehen werden, daß die Bayreuther Festspiele als Saisonbetrieb von Tietjens ganzjähriger Probenarbeit in Berlin mächtig profitierten. Heinz Tietjens Bayreuther Erfolge beruhten auf der Funktionseinheit von Festspielhaus und Berliner Staatsoper, die von ihm in Personalunion geleitet wurden.

Heinz Tietjen war ein ebenso schillernder Theaterdiplomat wie kluger Taktierer. Von ihm war bekannt, daß er Hitler nicht mochte und sogar Feinde in der Partei hatte, der er selbst — im Gegensatz zu Winifred Wagner — nicht angehörte. Gleichzeitig jedoch genoß er das uneingeschränkte Vertrauen Hermann Görings, der ihm politisch — wo es sein mußte — Rückhalt und künstlerische Unterstützung gewährte. Dem Zugriff der Reichskulturkammer war Tietjen gleich auf doppelte Weise entzogen: die preußischen Staatstheater unterstanden der Aufsicht Görings; Bayreuth aber genoß durch Winifred Wagner den persönlichen Schutz Adolf Hitlers. Diese Konstellation hat die Geschichte der Festspiele von 1933–1944 entscheidend mitbestimmt. Gibt man dem Protektorat Hitlers endlich die Bedeutung, die es für Bayreuth tatsächlich gehabt hat, muß auch das Gerede von einer angeblichen Wagner- und Bayreuthfeindlichkeit der Partei zur zynischen Phrase erstarren (Dok. XX–3 und 4).

Über das vielfältig engagierte Wirken Heinz Tietjens in Bayreuth wird wohl immer ein Rest Unklarheit bestehen bleiben. Das Urteil der Zeitgenossen war schwankend und widersprüchlich. Für einige war seine Bayreuther Verpflichtung der Beginn einer liberalen Ära, so jedenfalls äußerte sich damals der Kritiker Hans Heinz Stuckenschmidt; für die anderen, vor allem die orthodoxen Wagnerianer, war seine Berufung ein schwerer Schlag gegen die heilige Bayreuther Tradition. Mit Blickrichtung Berlin äußerte der Rostocker Germanist und Wagner-Philologe Wolfgang Golther in einem Schreiben an Eva Chamberlain vom 29. 10. 1933 seine Bedenken: »Unter Tietjen ist die Staatsoper das Bollwerk des undeutschen Geistes! Und darum ist Tietjen fehl am Ort ... Was soll man zu einem Theater sagen, wo nach wie vor Klemperer und Kleiber dirigieren?« (Dok. XVII–4).

Tietjens Sonderstatus, den er freilich in Berlin wie in Bayreuth für sich geschickt auszuspielen wußte, sowie die Tatsache, daß seine Künstlerkarriere noch unter dem Schutz der Weimarer Sozialdemokratie begonnen hatte, verschafften ihm in der NS-Parteihierarchie zahlreiche prominente Gegner (Dok. XX–1). Daß er sich, wenn es von ihm verlangt wurde, auch politisch konform zu verhalten wußte, fügt sich scheinbar widerspruchslos in das facettenreiche Bild von seiner Persönlichkeit (Dok. XX–2).

Generalintendant Tietjen brachte den bekannten Bühnenbildner Emil Preetorius mit nach Bayreuth. Ihre gemeinsamen künstlerischen Vorstellungen bestimmten weitgehend den Bayreuther Darstellungsstil der Dreißiger Jahre. Naturalismus und Illionismus, wie sie bisher in Bayreuth beheimatet waren, traten in den Neuinszenierungen von Tietjen und Preetorius zurück zugunsten einer Ausdrucksweise in symbolischen Formen. Preetorius vertrat zur Herausforderung der Altwagnerianer sogar sinngemäß den Standpunkt, daß die von Wagner gestalteten Urbilder in ihrer Sinnbildhaftigkeit durch einen allzu naturalistischen Charakter des Szenischen erheblich beeinträchtigt und mitunter zunichte gemacht würden.

Mit der Berufung Wilhelm Furtwänglers zum musikalischen Leiter der Bayreuther Festspiele hatte Winifred Wagner indessen weniger Glück. Furtwängler dirigierte zwar 1931 den Bayreuther Tristan, legte sein zukünftiges Amt als musikalischer Leiter der Festspiele aber nieder, bevor er es richtig angenommen hatte. Seine Absage wurde von einer auf beiden Seiten heftig geführten Presse-Kampagne begleitet. Furtwängler konnte sich einfach nicht damit abfinden, daß der Festspielleiterin als künstlerischem Nichtfachmann das Recht der allerletzten Entscheidung auf dem grünen Hügel vorbehalten bleiben sollte (Dok. XIV—1 bis 5). Der Rücktritt Wilhelm Furtwänglers fand zwar nicht die gleiche öffentliche Beachtung wie der gleichzeitige Auszug Toscaninis aus Bayreuth, doch schlug er für die Festspiele als ein zusätzlich belastendes Faktum merklich zu Buche. Heinz Tietjen durfte als scheinbar Unbeteiligter an dieser Kontroverse triumphieren, denn Furtwänglers Rückzug war für Tietjen ein kampfloser Sieg über den künstlerischen Rivalen. Tietjens Alleinherrschaft auf dem grünen Hügel, die 1933 begann, wurde später nur noch ein einziges Mal, und zwar 1940/41 von den heranreifenden und ebenfalls an die Macht drängenden Brüdern Wieland und Wolfgang Wagner ernstlich in Frage gestellt. Auch aus dieser Konfrontation gelang es Heinz Tietjen als Sieger hervorzugehen.

Mit Siegfried Wagners Tod und mit dem Verzicht auf die Kapellmeister Karl Muck, Wilhelm Furtwängler und Arturo Toscanini hatte Bayreuth seit 1930 gewiß schwere künstlerische Einbußen hinnehmen müssen. In der Gunst namentlich des ausländischen Publikums verloren die Bayreuther Festspiele erheblich an Attraktion. Die abwartenden Reaktionen des Festspiel-Publikums wurden durch die sich politisch zuspitzende Entwicklung in Deutschland Anfang der Dreißiger Jahre nicht aufgefangen, sondern eher noch verstärkt. Für Winifred Wagner und ihre Freunde kam erschwerend hinzu, daß sich die wirtschaftliche Lage des Festspielunternehmens seit Ende der Zwanziger Jahre zusehends verschlechtert hatte. Der erwartete Besucherandrang auf die Ring- und Meistersinger-Neuinszenierungen des Jahres 1933 blieb aus. Erst nach massiven Eingriffen der neuen Machthaber war die Durchführung der Spiele gesichert. Hitler selbst gab entsprechende Anweisungen, nachdem sich Winifred Wagner hilfesuchend an ihn gewandt hatte — sie durfte den Führer und Kanzler des Deutschen Reiches an ein Versprechen erinnern, das er als Duzfreund Wahnfrieds bereits 1927 gegeben hatte (Dok. XI—5).

Liselotte Schmidt, Privatsekretärin in Wahnfried und Erzieherin von Winifred Wagners vier Kindern, fertigte über diese Phase der Kontaktaufnahme mit Adolf Hitler und den Leitstellen der Regierung in Briefform ein anschauliches Protokoll: »Frau Wagner hat unerfreuliche Tage in Berlin. Die Hetze gegen Bayreuth — die letzten Endes auch nur jüdischen Ursprungs ist — scheut vor keiner Lüge und Gemeinheit zurück und alle die, die auch gern in Bayreuth mittäten blasen in ihrer Wut ins gleiche Horn ... Die Mächte der Finsternis sind unablässig am Werk, und auch leider mit Erfolg: planmäßig und auch höchst raffiniert wird das unantastbare Bayreuth seiner letzten Stützen beraubt, und das Traurigste ist, daß es so aussieht, als ob man an höchster Stelle nichts davon merken will. Jedenfalls gehen Leute dort aus und ein und haben mitzureden, die weder solcher Ehre würdig sind, noch einen Dunst von Bayreuth haben. Höchste Tragik, daß Bayreuth noch nie so von allen Fronten angegriffen wurde wie im 3. Reich. Wir stehen in eisiger Einsamkeit ...« (Dok. XIII—3 und 4).

Schon einen Monat später kamen aus Berlin die ersten Zeichen der Rettung. Winifred Wagner hatte Hitler von der Dringlichkeit der Lage persönlich überzeugen können. Die Chronistin in Wahnfried schrieb darüber Ende Juni 1933: »Seit vorgestern sind wir erlöst von unserer größten Sorge. Er rief Frau Wagner nach Berlin, sie flog und innerhalb einer Viertelstunde war uns geholfen — und wie!« (Dok. XIII—6). Der Führer persönlich hatte das Zeichen für sofortige Unterstützungsmaßnahmen zugunsten Bayreuths gegeben. Für jede künftige Neuinszenierung der Festspiele stiftete er aus einem Fonds für kulturelle Zwecke zusätzlich 50-100.000 Mark. Reich und Partei folgten seinem Beispiel durch blockweisen Ankauf von Eintrittskarten, die an verdiente Gefolgsleute verschenkt wurden. Goebbels Reichspropagandaministerium kaufte allein im Jahr 1934 Festspielkarten im Wert von 364.000 Mark (Dok XIII—19). Das entsprach etwa einem Drittel des gesamten Bayreuther Etats. Hinzu kamen weitere Beträge von Parteigliederungen wie z. B. der Obersten SA-Führung, der NS-Frauenschaft, NS-Lehrerbund usw. Erst 1936 hatte sich das individuelle Publikumsinteresse — und zwar auch aus dem Ausland — wieder so eingependelt, daß die Festspiele auf solche Unterstützungen nicht mehr angewiesen waren.

Wagners Meistersinger von Nürnberg waren anläßlich der Wiedereröffnung der Bayreuther Festspiele 1924 von Siegfried Wagner persönlich als nationale Festoper etikettiert worden. Seitdem beanspruchte dieses Werk des Bayreuther Meisters seinen festen Platz auch in den Kulturprogrammen der faschistischen Bewegung. Joseph Goebbels brachte sicherlich die Gefühle vieler seiner Parteigenossen zum Ausdruck, als er nach einer Meistersinger-Aufführung am 1. 8. 1932 in sein politisches Tagebuch schrieb: »Abends gehen wir zusammen in die Meistersinger. Es ist eine fabelhaft geschlossene Aufführung. Der Riese Wagner steht so erhöht über allen modernen Nichtskönnern, daß ein Vergleich mit ihnen für sein Genie schon beleidigend wirken muß. Beim großen Wacht-auf!-Chor läuft es einem eiskalt den Rücken herunter. Es wird nun auch bald in Deutschland so weit sein. Wir müssen jetzt an die Macht. Kurze Atempause zum Ausbau unserer Stellung, aber dann Parole: Regieren und zeigen, was wir können!«[1] Ein halbes Jahr später, am 22. März 1933, klang der »Tag von Potsdam« aus mit einer Festaufführung der Meistersinger in der Oper Unter den Linden. Der strahlende »Wacht-auf-Chor hatte nun endlich«, um noch einmal Goebbels zu zitieren, »wieder seinen Sinn erhalten«[2].

Die Festspielleitung begrüßte Hitler und sein Gefolge 1933 in Bayreuth mit einem Spielplan, der neben Parsifal und einer Umgestaltung der Ringwerke auch die Meistersinger in einer Neuinszenierung von Heiz Tietjen und Emil Preetorius vorsah, deren musikalische Leitung ursprünglich Arturo Toscanini zugesagt hatte. Noch im Sommer 1931 während der Proben für ein Siegfried-Wagner-Gedenkkonzert im Festspielhaus hatte der Maestro jedoch Bayreuth unter Protest verlassen. Über die wahren Ursachen gab es vielfältige Spekulationen. Aus der engsten Familienkorrespondenz wird aber zumindest soviel deutlich, daß bei seinem plötzlichen Abschied von 1931 noch keinerlei politische Motive im Spiel waren (Dok. XV—3). Ähnlich wie später auch Wilhelm Furtwängler gab Toscanini der Festspielleiterin mit dieser Geste vielmehr zu verstehen, daß er mit ihrem Führungsstil in Bayreuth nicht übereinstimmte. In der Zwischenzeit 1931/32 kam es in der Ferne auf Vermittlung von Daniela Thode wieder zur Aussöhnung mit Bayreuth. Toscanini versprach schließlich, 1933 in Bayreuth den Parsifal und die Meitersinger zu dirigieren. Aber die politischen Ereignisse schoben sich

---

[1] J. Goebbels, Vom Kaiserhof zur Reichskanzlei. Eine historische Darstellung in Tagebuchblättern, München 1941, S. 137 (Eintragung vom 1. 8. 1932)
[2] ebda., S. 286

dazwischen. In den USA solidarisierte sich Toscanini mit jüdischen Künstlern, die zu einer Demonstration gegen antisemitische Großaktionen der Nationalsozialisten aufgerufen hatten (Dok. XV–7). Auf Drängen Wahnfrieds wurde Hitler eingeschaltet und gebeten, den Maestro durch einen freundlichen Zuruf an sein Versprechen zu erinnern. Der kurze Briefwechsel schloß mit Toscaninis endgültiger Absage (Dok. XV–4 bis 6). Das in der beleidigten nationalen Presse einsetzende Nachspiel dürfte ihn von der Richtigkeit seines Entschlusses gewiß überzeugt haben. Toscaninis Platz wurde 1933 und 1934 von Richard Strauss eingenommen, der dem grünen Hügel von Bayreuth nach frühen Auseinandersetzungen mit Siegfried Wagner lange ferngeblieben war. Von seinen Kritikern jedenfalls mußte sich Richard Strauss anläßlich der Umstände seiner Rückkehr als Dirigent der Bayreuther Meistersingerpremiere von 1933 fragen lassen, warum er hier zum zweiten Mal für die neuen Machthaber in die Bresche gesprungen war. Denn noch gar nicht so lange war es her, daß er, einem entsprechenden Wink der Nationalsozialisten gehorchend, Bruno Walter den Taktstock in der Berliner Philharmonie aus den Händen genommen und sich auf diese Weise zweifelhaften Kapellmeister-Ruhm erworben hatte. In einem aufschlußreichen Brief an seinen Freund Stefan Zweig vom 17. 6. 1935 versuchte Strauss, sich und sein Verhalten zu rechtfertigen (Dok. XV–8).

Die Geschichte der Bayreuther Festspiele zwischen 1933 und 1944 ist zu einem guten Teil die Geschichte der Beziehungen zwischen Hitler und Bayreuth. Der Einzug des Führers und Reichskanzlers in das Bayreuther Festspielhaus zur Meistersinger-Premiere des Jahres 1933 war nicht der Beginn, sondern der Höhepunkt einer Freundschaft, die ihn seit 1923 eng mit dem Haus Wahnfried verband. Der Sieg, den die faschistische Bewegung 1933 feierte, war für viele Wagnerianer auch ein Bayreuther Sieg. Hitler und die Parteiführung dankten durch regelmäßigen Besuch der Festspiele, der auf das Bayreuther Publikum beispielhaft wirken und die Nachfrage ankurbeln sollte. Während seiner jeweils zehntägigen Aufenthalte bewohnte Hitler mit seinem Gefolge den Wahnfried-Seitenflügel und liebte es, sich dort mit einer betont privaten Aura zu umgeben. Kundgebungen, die sich auf seine Person bezogen und die es auf dem Festspielhügel freilich immer wieder gab, hätte er — so sagte später Winifred Wagner — am liebsten vermieden. Die Festspielleitung wurde von Hitler zu folgender öffentlicher Bekanntgabe an die Festspielbesucher veranlaßt: »Im Auftrag des Kanzlers! Der Führer bittet, am Schluß der Vorstellungen vom Gesang des Deutschland- oder Horst-Wessel-Liedes absehen zu wollen. Es gibt keine herrlicheren Äußerungen des deutschen Geistes als die unsterblichen Werke des Meisters selbst.«

Den erhaltenen Festspieldokumenten ist zu entnehmen, daß ab 1933 in Bayreuth praktisch keine wichtige Entscheidung mehr ohne Billigung oder Kenntnisnahme des Führers gefällt wurde. Die sogenannte Parsifal-Eingabe, die die Festspielleitung seit Herbst 1933 ein ganzes Jahr beschäftigen sollte, war nach den materiellen Zusagen der Nationalsozialisten die nächste Gelegenheit, die guten Beziehungen Bayreuths zu Hitler wirksam werden zu lassen. Den Anstoß zu einer Unterschriftenaktion für eine Art Denkmalschutz des seit 1882 szenisch kaum veränderten Bayreuther Parsifal gab die Festspielleitung selbst, als sie für das Jahr 1934 eine längst geplante Parsifal-Neuinszenierung ankündigte. Der von Eva Chamberlain und Daniela Thode verfaßte Protest, den prominente Altbayreuther unterzeichnet hatten, gelangte als Flugblatt in Umlauf und trug die Bayreuther Diskussion hinaus in weiteste Kreise (Dok. XVII–1 ff.). Nach Lage der Dinge mußten die Unterzeichner des Aufrufes von vornherein annehmen, daß die Festspielleitung nicht mehr auf die alten Parsifal-Dekorationen von 1882 zurückgreifen würde. Manche von ihnen mochten auch bereits ahnen, daß für ihre Generation auf dem Festspielhügel die Stunde gekommen war und daß man sich aus diesem Grunde vor dem endgültigen Rückzug noch einmal anständig Gehör verschaffen mußte. Aus der Eingabe an die Festspielleitung wurde schließlich eine Eingabe an die Reichsregierung. Der Rostocker Germanist Wolfgang Golther führte stellvertretend für Eva Chamberlain und Daniela Thode die Feder und sorgte unter anderem dafür, daß die Eingabe zu einem Politikum erster Ordnung wurde. Seiner Korrespondenz war zu entnehmen, daß er Adolf Hitler und Joseph Goebbels zum Schiedsrichter der Parsifal-Kontroverse machen wollte (Dok. XVII–2 bis 5; XVII–14).

Obgleich Hitler in Bayreuth längst hatte durchblicken lassen, daß er Alfred Roller aus Wien als Bühnenbildner für einen neuen Bayreuther Parsifal favorisierte, ergriff auch Emil Preetorius als Chefausstatter der Festspiele für die Pläne der Festspielleitung vehement Partei. Preetorius hielt es für ratsam, die letzte Entscheidung dem Reichskanzler zu überlassen, weil er doch frei sei »vom Verdacht jüdischen Geistes oder mangelnder Vertrautheit mit Wagners Werk.« (Dok. XVII–11). Adolf Zinsstag vom Baseler Richard Wagner Verein bat — nach vorheriger Absprache mit Wolfgang Golther — den Propagandaminister, geeignete Schritte zu unternehmen und weitere prominente Regierungsmitglieder einzuschalten (Dok. XVII–13). Ähnliche Schreiben bekam Goebbels auch aus Bayreuth, so z. B. vom damaligen Oberbürgermeister Karl Schlumprecht und Paul Pretzsch, der in zahlreichen Veröffentlichungen durch ganz besonders zeitnahe Wagner-Interpretationen hervorgetreten war. Doch recht bald schon sollten die Briefschreiber merken, wie sehr Goebbels — sonst allmächtig in Kulturdingen — hier die Hände gebunden waren. Bayreuth war und blieb das Ressort Adolf Hitlers. Goebbels ließ durch die Reichstheaterkammer darauf hinweisen, daß »Frau Winifred Wagner als die berufene Hüterin des Wagnerschen Erbes aufzufassen« sei. Für ihn bestehe keine Veranlassung zum Eingreifen, da — wie es hieß — »auch der Führer mit der Darstellung in der jetzigen Form einverstanden« sei (Dok. XVII–15).

Die an das Reichsministerium für Volksaufklärung und Propaganda gerichteten Bittschreiben der Altbayreuther wanderten schließlich nach abschlägigem Bescheid in die Bayreuther Festspielakten. Obgleich man in Wahnfried längst über drakonische Maßnahmen gegen solche Störungen des Festspielfriedens beraten hatte (Dok. XVII–8), konnten weitere Aktionen des Baseler KfdK-Mitglieds Adolf Zinsstag jedoch nicht verhindert werden. Zinsstag traf in Kammersänger Wilhelm Rode, der »bei Hitler viel galt« (Dok. XVII–21) und auch bereits gegen Tietjen einschlägig recherchiert hatte (Dok. XX–1), zunächst einen hoffnungsvollen Fürsprecher an. Das Anliegen gelangte jedoch nicht durch Rode, sondern durch Reichsleiter Bouhler zum Vortrag, der Wahnfried noch aus den Tagen gemeinsamer Arbeit in Rosenbergs Kampfbund für deutsche Kultur verbunden war und den Hitler schließlich mit den Worten angefaucht haben soll: »Sagen Sie dem Herrn in der Schweiz, daß im neuen Deutschland nichts mehr vom alten Deutschland Platz haben kann!« (Dok. XVII–21). Mit Befriedigung nahm Bayreuth Ton und Inhalt dieses Musterurteils letzter Instanz zur Kenntnis, auf das man sich in Zukunft bei ähnlicher Gelegenheit berufen konnte. Die lästigen Widersacher blieben dem Festspielhügel ab 1935 endgültig fern, nachdem sie sich von der Bayreuther Festspielleitung noch einmal offiziell hatten das Recht absprechen lassen müssen, »für das deutsche Volk und die übrige Kulturwelt ultimative Forderungen zu stellen« (Dok. XVII–26).

Befürworter und Gegner der Parsifal-Eingabe waren auf verschiedenen Ebenen bemüht, ihren Argumenten Nachdruck zu verleihen. Als aufschlußreiche Episode am Rande der Parsifal-Eingabe verdient ein Schriftwechsel Beachtung, der zwischen Max Wiskott, dem Freund und Berater Winifred Wagners, und den beiden Sprechern des Altbayreuther Lagers, Paul Pretzsch und Adolf Zinsstag, geführt wurde. Hier trafen die gegensätzlichen Standpunkte ganz unmittelbar aufeinander und machten deutlich, welcher Ernst auf beiden Seiten im Spiel war. Wiskott holte aus zu sehr grundsätzlichen Stellungnahmen. Er berief sich auf das »Führerprinzip«, das in Bayreuth seine unbedingte Gültigkeit habe (Dok. XVII—16) und erwog intern, welche Mittel und Wege zu ergreifen seien, um das von der Gegenseite beabsichtigte Plebiszit durch höheres Eingreifen vorzeitig zu verhindern (Dok. XVII—18). Der Schweizer Wagnerianer Adolf Zinsstag war nach fast zweijährigem Disput mit der Festspielleitung (Dok. XVII—20 bis 27) sogar gewarnt worden, deutschen Boden nicht mehr zu betreten (Dok. XVII—24).

Durch das Eingreifen von Richard Strauss, der die Parsifal-Eingabe an die Festspielleitung zunächst unterstützt, dann aber seine Unterschrift wieder zurückgezogen hatte, erhielten die Bayreuther Parsifal-Unruhen eine völlig neue Dimension. Von Richard Strauss war bekannt, daß er sich für eine 70—100jährige Urheberschutzfrist einsetzte (Dok. XVII—9), die nach seinen Vorstellungen unbedingt auch noch nachträglich auf Wagners Werke anwendbar sein müsse. Noch 1934 fielen für ihn und Wahnfried enttäuschende ministerielle Entscheidungen, über die er Winifred Wagner am 16. 12. 1934 schriftlich in Kenntnis setzte (Dok. XVII—10).

Mit der gesetzlichen Verlängerung des Urheberschutzes von bisher 30 auf lediglich 50 Jahre post mortem auctoris waren alle Anstrengungen Wahnfrieds endgültig gescheitert, das Aufführungsrecht des Parsifal wieder allein auf Bayreuth zu beschränken. Auch von Hitler ist dieser Gedanke, mit dem er sich schon seit seinem ersten Wahnfried-Besuch im Jahr 1923 beschäftigte, später nicht wieder aufgegriffen worden. Das eigentliche Anliegen der Parsifal-Eingabe an Festspielleitung und Reichsregierung, nämlich die Beibehaltung der alten Dekorationen, hatte sich durch die im Sommer 1934 erfolgte Neuinszenierung praktisch von selbst erledigt. Zwar boten die Inszenierung von Heinz Tietjen und die Bühnenbilder von Alfred Roller noch einmal ebenso dankbaren wie kontroversen Gesprächsstoff, danach wurde es jedoch immer stiller um einen Sonderschutz des Bühnenweihfestspiels. Die Ansichten über den neuen Bayreuther Parsifal gingen übrigens selbst bei jenen auseinander, die die Ablösung der alten Inszenierung von Anfang an unterstützt hatten. Die Festspiele des Jahres 1936 zeigten bei der Wiederholung des Parsifal, wie wenig sich das neue Szenarium durchgesetzt hatte. Bereits für die Festspiele von 1937 wurden die Bühnenbilder Alfred Rollers durch neue Entwürfe von Wieland Wagner ersetzt.

Nach einigen Jahren recht schwankenden Zuspruchs hatte sich das Publikumsinteresse an den Bayreuther Festspielen mit dem Jahr 1936 wieder normalisiert. Die Festspiele waren auf direkte Unterstützung durch das Reich praktisch nicht mehr angewiesen. Auch die Zurückhaltung des ausländischen Publikums schien in Anbetracht einer politischen Konsolidierung innerhalb der Reichsgrenzen endgültig gewichen. Die Olympischen Spiele, die 1936 in Berlin stattfanden, wurden auch im Ausland als Zeichen des Friedens gewertet.

Das Olympiajahr 1936 fiel zusammen mit der Tausendjahrfeier der deutschen Reichsgründung. Bayreuth antwortete mit einer Neuinszenierung des Lohengrin-Dramas, eine Entscheidung, die durchaus als eine politische Geste zu verstehen war. Nur für Eingeweihte war dieser Lohengrin eine Huldigung an Franz Liszt, dessen 50. Todestag an die Weimarer Uraufführung dieses Werkes zurückdenken ließ. In Wahnfried aber wußte man, daß Hitler einen Bayreuther Lohengrin zum Geburtstag seines Tausendjährigen Reiches als ein diskretes persönliches Geschenk auffassen würde, denn bekanntlich hegte der Führer für die Geschichte vom weißen Ritter und für König Heinrichs markige Schwertrufe eine ganz besondere Vorliebe.

Der Bayreuther Lohengrin von 1936 brachte zur Überraschung vieler Wagnerianer einen Dirigenten zurück, der sich nach Meinungsverschiedenheiten mit Winifred Wagner schon vor 1933 von den Festspielen zurückgezogen hatte. Wilhelm Furtwängler ließ in Vorgesprächen seine Kompromißbereitschaft durchblicken. Bayreuth durfte hoffen. Während der Verhandlungen wurde dem gefragten Kapellmeister ein Versprechen abgetrotzt, das ohne eine Intervention Hitlers gar nicht denkbar wäre: Offenbar mit ganz besonderer Rücksicht auf die Bayreuther Festspiele sagte Furtwängler zu, keine Wagner-Opern mehr im Ausland zu dirigieren. Tatsächlich hat sich Furtwängler an diese Übereinkunft gehalten. Zwischen ihm und Bayreuth herrschte — wenigstens 1936 — Burgfrieden. Von etwaigen Differenzen mit der Festspielleitung sollte möglichst nichts nach außen dringen.

Furtwängler sah sich durch Tietjens Vormachtstellung auf dem grünen Hügel künstlerisch und persönlich eingeengt. Die Nachricht, daß er schon ab 1937 Bayreuth wieder fernbleiben würde, konnte daher Eingeweihte nicht sonderlich überraschen. Furtwänglers Bayreuther Lohengrin von 1936, für den ihm mit Maria Müller und Franz Völker eine Idealbesetzung zur Verfügung stand, ist fraglos als ein Ereignis in die Annalen der Festspiele eingegangen. Jahre später kehrte er als kriegsverpflichteter Künstler noch einmal nach Bayreuth zurück, um Serienaufführungen der Meistersinger vor KdF-Publikum zu dirigieren.

Die künstlerischen Höhepunkte der Festspiele von 1938 und 1939 waren Neuinszenierungen von Tristan und Holländer. Tietjen und Preetorius lieferten Deutungen, die sich keineswegs mehr sklavisch an Wagners Anweisungen hielten. Dank Tietjens Vorarbeit an der Berliner Staatsoper, wo er ganzjährig mit denselben Künstlern zusammenarbeitete, zeigten die Bayreuther Festspielaufführungen dieser Jahre Wagners Musikdramen in selten vollkommener Wiedergabe. Auch die musikalische und sängerische Interpretation setzte weithin sichtbare Maßstäbe. 1939 wurden die Hausdirigenten Karl Elmendorff, Franz von Hoeßlin und Heinz Tietjen noch einmal gastweise aus dem Ausland unterstützt von Victor de Sabata, dessen Bayreuther Tristan-Debüt jedoch nur eine Episode in der Festspielchronik blieb. Schon im nächsten Jahr hielt er sich vom Festspielhügel wieder fern. Bayreuth hatte — wie es schien — nur wenig Glück im Umgang mit ausländischen Dirigenten.

1938 feierte Bayreuth den 125. Geburtstag Richard Wagners. Hitlers Beitrag zum 22. Mai dieses Jahres war ein Führer-Erlaß, kraft dessen auf Anregung Winifred Wagners und der Stadt Bayreuth eine Deutsche Richard-Wagner-Forschungsstätte ins Leben gerufen wurde (Dok. XXI—3a, b). In diesem Institut sollten die wertvollen Bestände des Wagner-Familienarchivs erstmals überhaupt der Forschung zugänglich gemacht werden. Bayreuth wurde mit dieser Gründung die Möglichkeit geboten, in der wissenschaftlichen Wagner-Deutung durch die systematische Aufarbeitung bisher unzugänglicher Quellen ganz neue Akzente zu setzen.

Die auffallend unbürokratische und rasche Gründung dieses Instituts, das der Reichskanzlei direkt unterstellt war, zeigte erneut die Reichweite der politischen Beziehungen, die Wahnfried nach Berlin unterhielt. Über die Köpfe der für Kunst und Wissenschaft zuständigen Ministerien Goebbels und Rust hinweg hatte sich Winifred Wagner am 7. 3. 1938 mit ihrer Frage an Reichsleiter Martin Bormann gewandt (Dok. XXI—1) und einen vermutlich von Otto Strobel, dem bisherigen Wahnfried-Archivar und späteren Leiter der Richard-Wagner-Forschungsstelle, verfaßten Gründungsaufruf beigefügt (Dok. XX—2), der an Deutlichkeit nichts zu wünschen übrig ließ.

Die Deutsche Richard-Wagner-Forschungsstelle in Bayreuth stand fest und sicher auf dem Boden Bayreuther Tradition. Die Herstellung sogenannter Gegenwartsbezüge gab dieser Einrichtung ihr besonderes Gepräge. Allein der Nachweis der rein-arischen Abstammung Richard Wagners nahm Jahre in Anspruch und stellte andere Forschungsprojekte zurück, die der Mühe mehr wert gewesen wären. Der im Auftrage dieses Instituts geführte Ariernachweis für Richard und Cosima Wagner wurde von der damaligen

Fachwelt durchaus ernst genommen und als eine schon längst fällige Tributleistung der Philologie an die Nürnberger Gesetze verstanden. Was unter dem Mantel der Wissenschaftlichkeit und im Namen Bayreuths seit 1938 in dieser sogenannten Forschungsstelle an strammer politischer Gesinnung zusammengetragen wurde, waren nicht irgendwelche banalen Huldigungen sondern exemplarische Beispiele affirmativer Geisteshaltung.

Mit der Einrichtung der Bayreuther Richard-Wagner-Forschungsstelle war Winifred Wagner der latenten Gefahr einer sinnlosen Zerstreuung des wertvollen Familienarchivs zuvorgekommen. Sie war jedoch schlecht beraten, als sie sich 1943 an den Reichsführer-SS Heinrich Himmler wandte, ein Druckverbot für alle Veröffentlichungen über Richard Wagner zu erwirken, die nicht von der Bayreuther Wagner-Forschungsstelle autorisiert waren (Dok. XXI–4). Das Anliegen der Festspielleiterin nahm auf vorgezeichneten Bahnen seinen Weg durch fast alle Ministerien. Reichsjustizminister Thierack sah keine Bedenken (Dok. XXI–5). Goebbels Gutachten war jedoch ablehnend (Dok. XXI–6). Der Reichsminister für Wissenschaft, Erziehung und Volksbildung Rust pflichtete Goebbels bei und wollte die dem Zugriff der Reichskulturkammer ohnehin entzogene Forschungsstelle nicht noch durch ein Veröffentlichungs-Monopol aufwerten (Dok. XXI–7). Am 29. 4. 1944 schließlich notierte Reichsminister Lammers, daß der — wie es hieß — von Frau »Winifred Wagner an den Reichsführer-SS herangetragene Gedanke« abzulehnen sei. Aus seiner Schlußbemerkung ging noch einmal hervor, in welchem Dilemma sich die Reichsbehörden befanden, sobald es um Wagner und Bayreuth ging: »Ein Grund dafür, weshalb der Führer mit der Sache erst noch befaßt werden soll, ist nicht recht ersichtlich, es sei denn, der Reichsführer-SS befürchtet, bei irgendeiner Gelegenheit könnte Frau Wagner unmittelbar an den Führer herantreten und dessen Zustimmung erwirken« (Dok. XXI–9). Kurz vor Kriegsende ergriff schließlich in Sachen Richard-Wagner-Forschungsstelle Wieland Wagner noch einmal die Initiative. Ausgerechnet Anfang Januar 1945 hielt er es für geraten, Hitler von der Notwendigkeit einer Neuausgabe der Wagnerschen Dramentexte, der Klavierauszüge und Partituren des Nibelungenrings, von Parsifal, Meistersinger und Rienzi zu überzeugen. Am 13. 1. 1945 teilte Wieland Wagner dem Leiter der Forschungsstelle Otto Strobel mit, er habe — weil »jetzt die einmalige Gelegenheit gegeben wäre« — Hitler erläuterndes Material für dieses Projekt vorgelegt und um Entscheidung gebeten, zumal — wie er einräumen mußte — »ohne einen Führerbefehl unter den jetzigen Schwierigkeiten die große Aufgabe nicht durchzuführen« sei[3].

Der Weltfrieden war schon vor den Festspielen des Jahres 1939 ins Wanken geraten. Während der letzten Bayreuther Aufführungen im August 1939 verließ das ausländische Publikum vorzeitig den Festspielhügel. Ähnlich wie 1914 stand die Festspielleitung im September 1939 vor der Entscheidung, das Haus auf unbestimmte Zeit zu schließen. Hitler indessen wendete die Schließung des Festspielhauses ab und ordnete sogenannte Kriegsfestspiele an. Die nationalsozialistische Massenwohlfahrtsorganisation »Kraft durch Freude« (KdF) wurde mit der Rolle des Festspielveranstalters beauftragt[4]. Winifred Wagner und Heinz Tietjen behielten auch weiterhin die volle künstlerische Verantwortung im Festspielhaus. Der bisherige Festspielfonds wurde aufgelöst. Die Höhe der Gesamtzuschüsse aus Reichsmitteln betrug zwischen 1940 und 1944 pro Jahr rund eine Million Mark. Freien Kartenverkauf gab es nicht mehr. Dank kriegsverpflichteter Künstler und Techniker konnte das Leistungsniveau der Festspiele von 1940

---

[3] Wieland Wagner an O. Strobel, Brief(-kopie) vom 13. 1. 1945. BAK
[4] Mit der organisatorischen Durchführung hatte Arbeitsfront-Chef Robert Ley Winifred Wagners späteren Schwiegersohn Bodo Lafferentz beauftragt.

bis 1944 mühelos auf dem Vorkriegsstandard gehalten werden. Auf dem Spielplan standen nur noch der Ring des Nibelungen, Holländer und — ab 1943 in einer Neuinszenierung — die Meistersinger.

Für den Nationalsozialismus war die Aufrechterhaltung der Bayreuther Festspiele gerade nach Ausbruch des Krieges wichtiger denn je. Die Tatsache einer kontinuierlichen Weiterarbeit in Bayreuth hatte einen beruhigenden Propagandaeffekt. Viel Beachtung fand die Tatsache, daß die Festspiele jetzt vor einem spesenfrei herangeholten Massenpublikum stattfanden: Rüstungsarbeiter, genesende Frontsoldaten, Rotkreuzhelfer, Mütter und Invaliden, also gerade jene, denen der Zugang zum Bayreuther Festspielhaus, dem Theater der Reichen und der Bildungsbürger, bisher verwehrt geblieben war. Es waren jene, die der Faschismus für die Germanisierung des Ostens und die Ausrottung der Juden so dringend benötigte und die das Großdeutsche Reich einmal im Jahr auf besondere Weise belohnt wissen wollte. Aus allen Himmelsrichtungen wurden sie von reichswegen kostenfrei an jene Stätte gefahren, wo sich der deutsche Geist schon immer ganz besonders intensiver Pflege erfreute. Dem Publikum der Bayreuther KdF-Festspiele verhalf der Faschismus — um es mit Walter Benjamin zu sagen — wohl zu seinem »Ausdruck, beileibe aber nicht zu seinem Recht«.

Die befohlene Umschichtung des Festspielpublikums bzw. der vulgäre Charakter dieser Reichs-Stipendien für Bayreuth wurden mit großem propagandistischem Aufwand und mit Rekurs auf Richard Wagners Stipendienidee als soziale Tat verbrämt. Der parteiamtliche »Deutsche Kulturdienst« verkündete sozusagen aus erster Hand, welchen Stellenwert der totale Staat diesen Bayreuther Kriegsfestspielen einräumte: Mit Datum von 25. 8. 1942 hieß es dort unter anderem: »Die Auswahl von besonders verdienten Soldaten, die fast alle neben ihrem Blutopfer auch Kriegsauszeichnungen aufzuweisen hatten, war zugleich eine besonders eindrucksvolle Bestätigung für den Rang, den die oberste Führung des Staates der Kunst zuweist. Es erübrigt sich fast, darauf hinzuweisen, daß dieser Besucherkreis durch eine vertiefte Aufnahmefähigkeit gekennzeichnet war. Denn — Dr. Ley wies gelegentlich darauf hin — jeder von den Zuschauern hatte dem Tode gegenüber gestanden und mußte etwa den Beginn des 2. Walküre-Aktes als eine persönliche Angelegenheit auffassen wie selten ein ›Publikum‹. Zu umso wesenhafterer Interpretation waren die Künstler verpflichtet gegenüber Betrachtern ihres Werkes, die durch harte Erlebnisse skeptisch geworden sein dürften gegenüber reinem Theaterzauber«[5].

Bevor der Luftkrieg auch die Stadt Bayreuth zu Beginn des Jahres 1945 erreichte und kurz darauf das Festspielhaus von der amerikanischen Besatzungsmacht beschlagnahmt wurde, kam es während der Kriegsjahre in der Festspielleitung und in Wahnfried zu ungewöhnlich heftigen personellen Kulissenkämpfen. Die heranwachsenden Brüder Wieland und Wolfgang Wagner drängten an die Macht und mußten dabei notwendigerweise mit Heinz Tietjen in unmittelbaren Konflikt geraten (Dok. XIX—1 bis 8).

Zur großen Enttäuschung von Wieland und Wolfgang hatten die Kriegsereignisse den im übrigen auch von Hitler befürworteten Umbau des Festspielhauses verhindert. Der geplante Umbau sah eine Monumentalisierung des Festspielkomplexes nach Plänen des Architekten Mewes vor. Das Festspielhaus sollte mit einem gewaltigen Kuppelgewölbe überdacht werden und auf diese Weise für alle Zeiten unversehrt erhalten bleiben. Nach den ursprünglichen Plänen hätte 1940/41 mit dem Umbau begonnen werden sollen. Innerhalb einer Bauzeit von vier bis fünf Jahren war vorgesehen, Wieland und Wolf-

[5] Betrachtungen am Abschluß der 3. Kriegsfestspiele. In: Deutscher Kulturdienst, hrsg. von G. Aichinger, (verantwortliche Schriftleiter G. Bohlmann und J. Jacobi), 2. Jg., Nr. 197 (Berlin), 25. 8. 1942

gang theaterpraktisch und musikalisch so weit auszubilden, daß beide Brüder gemeinsam auf die Leitung des neuen Festspielhauses vorbereitet wären (Dok. XIX–1).

Der Krieg durchkreuzte jedoch die Umbau- und Ausbildungspläne. Winifred Wagner und Heinz Tietjen traten von der Festspielleitung nicht zurück. Die Söhne verlangten dennoch verantwortliche Mitsprache bei den Festspielen und wandten sich mit ihrem Anliegen auch unmittelbar an Hitler, dem alle Entscheidungen über das Programm der Kriegsfestspiele vorbehalten waren (Dok. XIX–3). Hitler hatte nach Etappensiegen an der Westfront für 1942 in Bayreuth sogenannte »Friedensfestspiele« angesetzt. Als Neuinszenierungen standen ursprünglich Holländer, Tannhäuser oder Meistersinger zur Alternative. Tannhäuser schied aus Kostengründen zur großen Enttäuschung Wieland Wagners aus, die Wahl fiel auf die Meistersinger. Die Brüder versuchten erneut — wenn auch ohne greifbaren Erfolg — über ihre persönlichen Beziehungen zu Adolf Hitler Einfluß auf die Festspielleitung geltend zu machen und ihren Ansprüchen auf künstlerische Mitwirkung Nachdruck zu verleihen. Als Tietjen schließlich damit drohte, sein Amt zur Verfügung zu stellen, mußte Wieland Wagner vor dem ungleichen Gegner kapitulieren (Dok. XIX–8).

Etwa seit Mitte 1942 herrschte Burgfrieden in Wahnfried und auf dem Festspielhügel. Die Söhne setzten ihre Ausbildungswege fort, Wolfgang als Regieassistent Tietjens in Berlin, Wieland als Privatschüler von Kurt Overhoff. Winifred Wagner und Heinz Tietjen blieben nach außen bemüht, Geschlossenheit zu repräsentieren. 1943 endlich kam es zwischen Tietjen als Regisseur und Wieland Wagner als Bühnenbildner zur ersten erfolgreichen künstlerischen Zusammenarbeit während einer Meistersinger-Neuinszenierung. In der musikalischen Leitung alternierten ab 1943 Wilhelm Furtwängler und Hermann Abendroth. Die kriegsverpflichtete nationale Sänger-Elite verdeckte mit dem Glanz ihrer Stimmen das im Widerspruch zur Festspielidee Richard Wagners stehende Routinemäßige dieser Serienaufführungen vor KdF-Publikum.

Am 9. August 1944 fand die letzte Meistersinger-Aufführung der Bayreuther Kriegsfestspiele statt. Längst war der Bühnenfundus in Bergwerksstollen sichergestellt, als sich Adolf Hitler in Wahnfried nach dem Stand der Festspielvorbereitungen für das Jahr 1945 erkundigte. Tietjen blieb Winifred Wagner die Antwort nicht lange schuldig. Er schrieb ihr am 17. Dezember 1944: »Du wirst erstaunt sein, daß ich die Frage des Führers, ob im Sommer 1945 in Bayreuth gespielt werden kann, was die künstlerische und technische Durchführung anbelangt, ohne Bedenken mit »Ja« beantworten kann. Es wären dazu nicht mehr Führerbefehle nötig als bisher . . .« (Dok. XIX–9).

VI. Repräsentation und Suggestion. Neubayreuth.

Die Brüder Wieland und Wolfgang Wagner haben vor und nach 1945 gewußt, daß das testamentarisch verbriefte Recht auf ihrer Seite stehen würde, sollten sie als die ältesten Erben Siegfried Wagners einmal den Anspruch auf die Fortführung des Bayreuther Festspielunternehmens erheben. Als Wieland Wagner Mitte der Sechziger Jahre, also kurz vor seinem Tod, gefragt wurde, wann in ihm zum ersten Mal der Gedanke reifte, den Ring des Nibelungen auf der Bühne des Bayreuther Festspielhauses selbst zu inszenieren, nannte er ohne Umschweife das Jahr 1945[1]. An der Richtigkeit dieser Datierung ist nicht zu zweifeln. Eine 1944 an der Wiener Staatsoper mit Wieland Wagner und Karl Böhm vorgesehene Ring-Inszenierung blieb wegen des drohenden Zusammenbruchs in den Entwürfen stecken. Seine Versuche, die er zuletzt im Laufe des Jahres 1944 in Bayreuth unternahm, um mit Hitlers Wissen und Billigung die Verantwortung der Festspiele gegen den Willen seiner Mutter Winifred, insbesondere aber gegen den Willen Heinz Tietjens, unter Umständen vorzeitig an sich zu bringen, waren bekanntlich gescheitert. Nur einzelne Phasen dieser in Wahnfried seit Jahren schwelenden Vertrauenskrise sind rekonstruierbar, sie deuten aber an, mit welchem Elan die junge Wahnfried-Generation unaufhaltsam an die Macht drängte und welcher Mittel man sich dabei bediente.

Von der amerikanischen Besatzungsmacht, die das Festspielhaus und den unzerstörten Siegfriedbau auf dem Wahnfried-Gelände 1945 vorübergehend beschlagnahmt hatte und für Zwecke der Truppenbetreuung (Special Service) nutzbar machte, wurden Fragen der Eigentumsverhältnisse oder sonstiger Vorrechte am Festspielbesitz weder diskutiert noch angetastet. Die vom damaligen Bayreuther Standortkommandanten Reilly erfundene Apostrophierung des Festspielhauses als »White Elephant« war darum in mehrfacher Hinsicht zutreffend. Auch mit der politischen Belastung der Bayreuther Festspielinstitution und ihrer Träger haben sich die Alliierten bekanntlich nicht unmittelbar befaßt. Über die Einrichtung sogenannter Spruchkammern entzog sich die amerikanische Militärregierung bewußt dieser heiklen Aufgabe. Die Spruchkammern hatten nach Kategorien des bürgerlichen Rechts Urteile über die Zivilbevölkerung und deren politisches Wohl- bzw. Fehlverhalten im Nationalsozialismus zu fällen.

Begreiflicherweise standen diese teilweise mit Laien besetzten Gerichte unter einem starken moralischen Affekt, der sich unter Umständen ganz individuell entladen konnte. Es lag in der Sache dieser politischen Laiengerichte, daß die eigentliche Schuldfrage ohne ausgeprägten Verstand für die tatsächlichen gesellschaftlichen und politischen Dimensionen durch Vereinzelung und Personalisierung der Fälle methodisch, wenn auch vielleicht unbeabsichtigt, mitunter verharmlost wurde. Ähnlich wie bei den Nürnberger Kriegsverbrecher-Prozessen befand man sich auch auf tieferer Ebene dieser Spruchkammern in einem offensichtlichen Dilemma. Denn ohne das Maßlose und die großen Zusammenhänge, in die jeder einzelne verflochten war und an denen jeder seinen spezifischen Anteil gehabt hatte, aus dem Auge zu verlieren, mußte adhoc irgendein Maß, und zwar ein möglichst »gerechtes«, für die politische Schuld des einzelnen gefunden werden.

Die 1947–48 gegen Winifred Wagner geführten Spruchkammer-Verhandlungen waren nur eines von vielen Beispielen, daß die von der Militärregierung ermächtigten nationa-

[1] A. Goléa, Entretiens avec Wieland Wagner, Paris 1967, S. 40

len »Entnazifizierungs«-Gremien nicht nur total überfordert waren, sondern daß ihre eigentliche Aufgabe falsch gestellt war. So blieb Bayreuth, dieser durch und durch politische Fall, unwidersprochen liegen, um stattdessen durch die für Bayreuths politische Entwicklung eigentlich ziemlich belanglose Frage nach der persönlichen Integrität Winifred Wagners ersetzt zu werden. Alle berechtigten Vorwürfe, die ausgereicht hätten, um die Bayreuther Festspiele und ihr politisch schwer belastetes Selbstverständnis nach 1945 in Frage zu stellen und die Familie Wagner in bezug auf die Festspiele aus ihren testamentarischen Rechten ganz oder teilweise zu entpflichten, entluden sich nun an einer einzigen Person. Winifred Wagner war — das sollten die Verhandlungen nachher zeigen — im übrigen nicht viel Belastendes nachzuweisen. Im Gegenteil, es war nicht zu verhindern, daß ihr im Laufe dieses Verfahrens, das gewiß hart mit ihr ins Gericht ging, eine Welle der Sympathie entgegenschlug. Mehrere Zeugen verdankten ihr nach eigenen Aussagen die Errettung aus dem KZ. Eine große Anzahl von Entlastungs-Erklärungen machte nachträglich scheinbar glaubhaft, daß Winifred Wagners politisches Engagement im Grunde reine Privatsache gewesen war. Franz von Hoeßlin, Wahnfried seit den sogenannten Deutschen Festspielen von Weimar verpflichtet, die der Bayreuther Bund 1926 veranstaltet hatte und bis 1940 als Ring- und Parsifal-Dirigent im Bayreuther Festspielhaus tätig, stellte Winifred Wagner in einem Schreiben vom 30. 6. 1946 von jeder Verantwortung frei: »Alle mußten doch sehen, wie unendlich gut Du zu aller Welt warst, und wenn Du was verkehrt gemacht hast, hast Du's doch aus idealen Gründen zu tun geglaubt ... Die ganze Welt ist mitschuldig an dem was geschehen ist«[2].

Winifred Wagners engster Freund und Mitarbeiter, Generalintendant Heinz Tietjen, trat bezeichnenderweise nicht als Entlastungs-Kronzeuge in Erscheinung, sondern ließ sich selbst unterdessen als Vertrauter der Widerstandsbewegung rehabilitieren[3]. Ebenso wie auch Emil Preetorius[4], von 1933 bis 1944 Bühnenbildner in Bayreuth, legte Tietjen nach dem Krieg größten Wert auf die Feststellung, daß es der Bayreuther Festspielleitung zu jeder Zeit nur um die Verwirklichung künstlerischer Ziele und Ideale gegangen sei und daß alle Behauptungen von einem politischen Mißbrauch des Unternehmens jeder Grundlage entbehrten (Dok. XX—3). Die Klageschrift gegen Winifred Wagner hielt jedoch zunächst an ihrer Einstufung als Hauptschuldige fest. »Die Betroffene ging in ihrem Fanatismus so weit«, lautete die Begründung des Klägers unter anderem, »daß

[2] Zit. nach W. Seifert, Die Stunde Null von Neubayreuth. Dokumente und Interviews zur Vorgeschichte der Wiedereröffnung der R. Wagner Festspiele im Jahre 1951, Teil I, Neue Zs. f. Musik, 132. Jg. (Mainz 1971), S. 6

[3] Hauptentlastungszeugin in der gegen Heinz Tietjen geführten Spruchkammer-Verhandlung war Cornelia Popitz, Witwe des am 2. 2. 1945 als einer der Führer der Widerstandsbewegung hingerichteten, ehemaligen Preußischen Finanzministers J. Popitz. In einer eidesstattlichen Erklärung vom 26. 7. 1946 bestätigte sie Tietjens Kontakte zu Goerdeler, Witzleben und Popitz. — Akad. d. K./H. T.-Arch.

[4] E. Preetorius, stellv. Präsident der bayerischen Akademie der Schönen Künste, gab am 17. 9. 1945 in Sachen Bayreuth eine eidesstattliche Erklärung ab: »Ich habe weder der Partei angehört noch einer ihrer Gliederungen ... Als Bühnenbildner von Bayreuth habe ich meine Arbeit ausschließlich, ja betontermaßen vom rein künstlerischen Gesichtspunkt aus getan. Es ist eine retrospektive Fälschung von Tatsachen, von einer Politisierung Bayreuths während der vergangenen Jahre in irgendeinem Sinne zu sprechen. Jede Behauptung in dieser Richtung widerspricht der Wahrheit ... Betonen möchte ich noch, daß Frau Winifred Wagner von meiner allem Nationalsozialismus sehr entfernten Gesinnung, daß sie von meinen freundschaftlichen Beziehungen zu Juden, auch von der zu Thomas Mann, durchaus unterrichtet war, aber nie daran Anstoß genommen hat.« — Zit. n. W. Seifert I, op. cit., S. 6

sie das Erbe Richard Wagners den ideologischen Weltanschauungen des Nationalsozialismus zur propagandistischen Auswertung zur Verfügung stellte«[5].

Das am 2. Juli 1947 ergangene Urteil der Spruchkammer Bayreuth[6], das Winifred Wagner in die Gruppe II der Belasteten (Aktivisten) einreihte und ihr in neun Punkten Bußen auferlegte, die ihr die bürgerlichen Grundrechte erheblich beschränken sollten, wurde am 8. 12. 1948 von der Berufungskammer Ansbach praktisch wieder aufgehoben. Im zweiten Verfahren wurde Winifred Wagner nur noch als Minderbelastete eingestuft. Die auf nur wenige Punkte zusammengestrichenen Sühnemaßnahmen des ersten Urteils setzte die Berufungskammer zur Bewährung auf zweieinhalb Jahre aus.

Winifred Wagner blieb ungeachtet dessen alleinige Vorerbin des großen Bayreuther Familienbesitzes. Mit einer rechtsverbindlichen Verzichtserklärung (Dok. XXIII—12) jedoch, die sie am 21. 1. 1949 ablegte, räumte sie die letzten Hindernisse für eine Wiederaufnahme der Bayreuther Festspiele unter gemeinsamer Führung ihrer Söhne Wieland und Wolfgang Wagner aus dem Weg: »Ich verpflichte mich hiermit feierlich, mich jedweder Mitwirkung an der Organisation, Verwaltung und Leitung der Bayreuther Bühnenfestspiele zu enthalten. Einer schon lange gehegten Absicht entsprechend, werde ich meine Söhne Wieland und Wolfgang Wagner mit den bezeichneten Aufgaben betrauen und ihnen die entsprechenden Vollmachten hierzu erteilen«[7].

Mit diesem Dokument war ein, wenn auch nicht unumstrittener, letztlich jedoch von allen damals maßgeblichen Instanzen anerkannter Schlußstrich unter das Kapitel Bayreuth und Faschismus gezogen. Der Weg zur Wiedereröffnung der Bayreuther Festspiele unter verantwortlicher Führung einer neuen Wagner-Generation war freigelegt. Winifred Wagners Verzicht auf jede Mitwirkung bei künftigen Festspielen war der billige und einzige Tribut, den Wahnfried zu leisten hatte. Viele von denen, die die Entwicklung Bayreuths bis zum Jahr 1945 als wache Zeitgenossen aus einiger Distanz miterlebt hatten, waren begreiflicherweise unbefriedigt, ja sogar bestürzt, wie rasch die Familie Wagner aus ihrer historischen Verantwortung nach dem Krieg entlassen werden konnte. Ihre Bedenken richteten sich dagegen, daß es nur wenige Jahre nach dem Zusammenbruch schon wieder möglich war, in ungebrochener Familienkontinuität Bayreuther Festspiele fortzusetzen, als ob nichts gewesen sei (Dok. XXIII—1).

Schon vor und während der Spruchkammer-Verhandlungen gegen Winifred Wagner stand das Bayreuther Festspielhaus im Zeichen spekulativer Interessen und Planungen, die sich zum Teil in Unkenntnis der testamentarischen Bestimmungen Siegfried Wagners, teils aber auch ganz bewußt über die Köpfe der Vor- und Nacherben in Wahnfried hinwegsetzten. Festspielhaus und Festspielvermögen waren am 1. November 1946 von der Militärregierung an die Treuhandstelle der Stadt Bayreuth übergeben worden, die ab 1. 4. 1947 wiederum einen Treuhänder mit der undankbaren Aufgabe betraute, das ab 1945 praktisch tote und nach der Währungsreform endgültig negative Festspielkapital bzw. die noch greifbare Substanz des ehemaligen Bayreuther Festspielunternehmens zu verwalten. Amerikanische und deutsche Veranstalter konnten unterdessen das Festspielhaus mieten und praktisch von sämtlichen Einrichtungen des Festspielhauses den unterschiedlichsten Gebrauch machen. Alberne Sketche, Varièté, Musicals, Operetten und Folklore wechselten auf der Festspielbühne in buntem Durcheinander mit sinfonischen Konzerten, Liederabenden (z. B. mit Franz Völker), Opernabenden mit La Traviata, Entführung aus dem Serail, Hänsel und Gretel, Butterfly, Fidelio und Tiefland — also durchweg bekanntes Repertoire, wenn auch mit strenger Ausnahme der Werke

[5] ebda.

[6] Im Auszug ebda., S. 6 ff.

[7] Zit. n. W. Seifert I, op. cit., S. 11

Richard Wagners. Möglicherweise erreichten einzelne Aufführungen dieses merkwürdigen Festspielersatzes sogar ein höchst respektables Niveau — doch freilich kehrte sich, zumal am Festspielort selbst, die verbreitete Unsicherheit vor einem möglicherweise verfrühten Bekenntnis zu Wagner unmittelbar nach Kriegsende allzu leicht in eine begreifliche Anti-Wagneritis, die von einer tief mitleidenden, aber dennoch erwartungsvollen Wagner- Gemeinde gleichsam wie physischer Schmerz stumm getragen wurde.

Wie skeptisch in diesen Jahren auch in Familienkreisen die Chancen beurteilt wurden, nach 1945 wieder die uneingeschränkte Verfügungsgewalt über das beschlagnahmte bzw. unter Treuhänderschaft stehende Wagnersche Erbe auf dem grünen Hügel zu bekommen, ist mehrfach belegt. Wolfgang Wagner, vorwiegend nüchtern denkend und praktisch veranlagt, äußerte 1947 intern sogar, daß er die Familie für unfähig und von sich aus nicht mehr in der Lage hielte, die Festspiele in Bayreuth künftig durchzuführen (Dok. XXII—2b). Zuvor war von Wieland Wagner, mutmaßlich auch in Absprache mit seiner Schwester Friedelind, die schon vor Kriegsende ebensosehr aus privaten wie aus politischen Gründen in die USA emigriert war, ein ausländisches Richard-Wagner-Festspielunternehmen nach Bayreuther Vorbild ventiliert worden (Dok. XXI—1). »Was macht das schweizerische Festspielunternehmen?«, erkundigte sich Ende 1946 Richard politischen Gründen in die USA emigriert war, ein ausländisches Richard Wagner-Festspiele in der Schweiz waren als eine Übergangslösung bzw. sogar als Ersatz für Bayreuth wie eine selbständige Wirtschafts- und Finanzeinheit konzipiert und sollten nach erfolgter Freigabe des Bayreuther Festspielbetriebs später einmal mit diesem synchronisiert werden.

Unmittelbar nach Kriegsende sah es zunächst so aus, als habe nun die Stadt Bayreuth, nachdem der Familienname Wagner und mit ihm das Festspielunternehmen durch die Geschichte ruiniert waren, die historische Verpflichtung übernommen, die Bayreuther Festspiele nach eigenen Vorstellungen wieder aufzubauen. Der damalige Bayreuther Oberbürgermeister Oskar Meyer hielt es unter solchen Vorzeichen für vertretbar, die zwei politisch am wenigsten belasteten Geschwister Wolfgang und Friedelind Wagner für eine Mitarbeit zu gewinnen. Als er jedoch von ihnen verlangte, sie sollten sich von ihrer Mutter Winifred Wagner öffentlich distanzieren, lehnten Friedelind und Wolfgang Wagner jede Form der Mitarbeit kompromißlos ab. Der historische Kompromiß war gescheitert.

Verschiedenste Festspielpläne wurden in und außerhalb Bayreuths erwogen und wieder verworfen: das Festspielhaus als ein Welturaufführungstheater zeitgenössischer Opern, als eine Wiedergutmachungsstätte für NS-verfolgte Komponisten oder die Gründung einer Art »deutschen Salzburgs« unter gleichzeitiger Benutzung des Festspielhauses und des historischen Markgräflichen Opernhauses in Bayreuth. Allen juristischen Grundlagen zum Trotze, die das Testament Siegfried Wagners für die Nutzung des Festspielhauses vorschrieb (Dok. IX—3), entwarf Franz Wilhelm Beidler von der Schweizer Seitenlinie der Familie Wagner[9] auf eine Anregung der Stadt Bay-

---

[8] R. Strauss an Wieland Wagner, Brief vom 19. 12. 1946. RWA

[9] Ein am 16. 3. 1947 erschienenes Gutachten der Kommission für Kulturschaffende am Münner Kultusministerium — wenngleich auch gestützt auf die als historische Quelle höchst unzuverlässige Auseinandersetzung Friedelind Wagners (Heritage of Fire, New York 1945; deutsch »Nacht über Bayreuth«, Bern 1946) mit dem Bayreuth Winifred Wagners — erklärte die in der Schweiz lebenden Nachkommen R. Wagners (Familie Beidler) für »würdig und ebenso berechtigt ... das Werk ihres großen Vorfahren weiterzuführen und aus dem braunen Zirkus des Festspielhauses wieder einen wahren Tempel Wagner'scher Kunst zu machen«. Zit. n. W. Seifert I, op. cit., S. 6

reuth (Dok. XXIII—2 a) »Richtlinien für eine Neugestaltung der Bayreuther Festspiele« (Dok. XXIII—2 c, 3 und 4), die im wesentlichen eine Umwandlung des Wahnfried-Erbes in eine autonome »Richard Wagner Stiftung«, letztlich also die Entpflichtung der Bayreuther Vor- und Nacherben aus den einschlägigen testamentarischen Bestimmungen vorsahen. Zwar entsprach der demokratische Geist des auf den ersten Blick faszinierenden Beidler-Entwurfs durchaus den Vorstellungen des Bayreuther Oberbürgermeisters, doch war der Stiftungsplan in seiner Tendenz allzu spekulativ und hatte nur wenig Aussichten auf Verwirklichung. Spätestens in der Praxis, meinten Kritiker, hätte sich der ungewöhnlich prominent besetzte Verwaltungsrat dieser Stiftung als funktionsuntüchtig erwiesen. Thomas Mann sollte das Ehrenpräsidium[10] übernehmen; Präsident wäre der jeweilige Bayreuther Oberbürgermeister, Franz Wilhelm Beidler hätte als Generalsekretär fungiert, weitere fünf Stimmen entfielen auf die Vertreter der UNESCO, der Militärregierung in Bayern, der bayerischen Landesregierung, eines künftigen deutschen Bundesstaats und der Schweiz. Das beratende Expertenkomité aber, welches über Umfang und Programm zukünftiger Festspiele in Bayreuth mitentscheiden sollte, war ein Aufgebot der namhaftesten Persönlichkeiten aus Musik und Wissenschaft, darunter Ernest Newman, Leo Kestenberg und Alfred Einstein, Arnold Schönberg, Paul Hindemith, Artur Honegger, Frank Martin, Heinz Tiessen und Karl Amadeus Hartmann (Dok. XXIII—3).

Die Verfechter des Stiftungsgedankens, zu den unter anderem auch der 1936 in die Schweiz emigrierte und 1948 als Kulturreferent nach Bayreuth berufene Karl Würzburger gehörte, mußten jedoch nach sorgfältiger Prüfung der Rechtslage zu dem formaljuristisch eindeutigen Schluß kommen, daß Festspielhaus und Festspiele jenseits aller politischen und moralischen Bedenken, die vor aller Welt dagegen sprechen mochten, nach wie vor als Familienbesitz zu betrachten seien.

Trotz Veranstaltungen mit Werken zeitgenössischer Komponisten im Festspielhaus, die von der Stadt gefördert wurden, und trotz Gründung eines »Instituts für Neue Musik« in Bayreuth waren sich Stadtverwaltung und bayerisches Kultusministerium inzwischen wieder so weit einig, daß das Haus auf dem grünen Hügel wieder der festlichen Aufführung Wagnerscher Werke dienstbar gemacht werden müsse. Am 30. Mai 1948, anläßlich der Stadtratswahlen in Bayreuth, ging die Sozialdemokratische Partei erfolgreich mit der Parole in den Wahlkampf, daß Wagner-Familie und Bayreuther Festspiele zusammengehören. Diese Forderung, zu der sich der Bayreuther Stadtrat unter dem Zuspruch von Oberbürgermeister Hans Rollwagen bald einstimmig durchrang, bedurfte zuletzt nur noch der Genehmigung und Unterstützung der bayerischen Landesregierung. In München stieß die Bayreuther Delegation zunächst auf unerwartet großen Widerstand, der im übrigen weniger von Kultusminister Hundhammer selbst als von dessen Referent Dieter Sattler artikuliert und auch in der Öffentlichkeit verbreitet wurde (Dok. XXIII—11). Sattler plädierte noch zu Beginn des Jahres 1949 für eine Bayreuther Festspielstiftung und für die Trennung der Familie vom Werk Richard Wagners auf dem grünen Hügel.

Bei einem Gespräch zwischen Vertretern der Stadt Bayreuth und des Hauses Wagner am 30. 8. 1948 war es gelungen, die gegenseitigen Beziehungen endgültig auf freund-

---

[10] Auf F. W. Beidlers Anfrage, das Ehrenpräsidium im Kuratorium einer »R. Wagner Stiftung« zu übernehmen, notierte Th. Mann u. a. folgendes: »Es war ein sonderbarer, phantastischer und in gewissem Sinn erschütternder Eindruck. Aus hundert Gründen, geistigen, politischen, materiellen, mußte die ganze Idee mir utopisch, lebensfremd und gefährlich, teils als verfrüht, teils als obsolet, von Zeit und Geschichte überholt, erscheinen; ich war nicht imstande, sie ernst zu nehmen.« Aus Th. Mann, Die Entstehung des Doktor Faustus (1949), in: Th. Mann, Wagner und unsere Zeit, Frankfurt 1963, S. 165 f.

schaftlicher Basis zu klären. Eine Aktennotiz der Stadtverwaltung hielt dieses Datum als »Friedensschluß« fest und gab ferner Übereinstimmung darüber zu Protokoll, »daß man die Festspiele erst dann wieder aufnehmen will, wenn folgende Voraussetzungen erfüllt sind: Die Festspiele sollten nicht in sichtlichem Gegensatz ›zur sozialen Lage‹ starten, die Stadt Bayreuth muß bis zur Wiederaufnahme der Festspiele als ›Gaststadt‹ in Frage kommen, d. h. der Wohnraum für Mitwirkende und Gäste darf nicht mehr bloßen Notbehelf-Charakter tragen. Die künstlerische Verantwortung liegt beim Hause Wagner. Die finanziellen Voraussetzungen müssen gleichfalls vom Haus Wagner aus gewonnen werden«[11]. In einer Bürgerversammlung umriß Karl Würzburger noch einmal vor der Öffentlichkeit die Haltung der Stadt Bayreuth zur Festspielfrage (13. 12. 1948): »Es besteht zwischen der Familie Wagner und der Stadt in allen wesentlichen Fragen, die innerhalb des Festspielkomplexes überhaupt für beide Teile gemeinsame Entscheidungen erfordern, auf der ganzen Linie und ohne jeden Zweifel volle freundschaftliche Übereinstimmung. Und ich darf unserer ... Genugtuung Ausdruck verleihen, daß Frau Winifred Wagner ... bei Gelegenheit unserer ersten gemeinsamen Unterredung aus vollkommen freiem Willen erklärt hat, ihren Söhnen ... durch ihren eigenen Verzicht die Bahn für die Verantwortung der künftigen Festspiele freizugeben. Wir bezeugen dankbar unsere hohe Achtung vor dieser Freimut, mit dem Frau Winifred Wagner unter den Kulturträgern des vergangenen Regimes ziemlich einzig dastehen dürfte. Wir begrüßen auch die Enkel Richard Wagners als die künftigen Träger des Bayreuther Werkes, und wir tun es um so freudiger, als wir nicht nur hoffen, sondern gewiß wissen, daß sie, die einer nüchternen Generation angehören, entschlossen sind, nicht irgendeinem Kult, sondern allein dem Werk Richard Wagners zu dienen[12].«

Inzwischen hatte der Ältestenrat der Stadt Bayreuth, die Vertretung sämtlicher Fraktionen, Ende Januar 1949 den Beschluß gefaßt, alle geeigneten Schritte zu unternehmen, um die Wiedereröffnung der Bayreuther Festspiele schon für das Jahr 1950 sicherzustellen. Die in der ersten Jahreshälfte 1949 geführten erneuten Unterredungen zwischen Münchner und Bayreuther Stellen verliefen zwar keineswegs problemlos, waren aber in zwei wesentlichen Punkten bereits entschärft: erstens durch das weitgehend entlastende Urteil der Berufungskammer Ansbach gegen Winifred Wagner und zweitens durch deren schriftliche Verzichtserklärung vom 21. 1. 1949.

Trotzdem machte der bayerische Ministerpräsident Ehard noch einmal seine politischen Bedenken gegen Bayreuth geltend. Winifred Wagners Verzicht auf jeden Anspruch im Festspielbetrieb sei für ihn noch kein politisch vertretbarer Grund, die Prinzipalin Wahnfrieds vorzeitig aus der Bewährung zu entlassen, nur um damit die Voraussetzung für eine Aufhebung der Treuhänderschaft über Festspielhaus und Festspielvermögen zu schaffen. Ehard konnte sich mit dieser Regelung auch deswegen nicht einverstanden erklären, weil er mit Rücksicht auf andere in Entnazifizierungsverfahren verwickelte Personen Folgen befürchtete (Dok. XXIII—12). Er wies der Bayreuther Delegation, bestehend aus den Politikern Hans Rollwagen, Konrad Pöhner, Max Kuttenfelder, Karl Würzburger und A. Haußleiter den Weg zum bayerischen Staatsministerium für Sonderaufgaben, der für Entnazifizierungsfragen damals zuständigen und gleichzeitig höchsten Instanz. Dort fiel am 28. 2. 1949 eine für den Beginn praktischer Festspielvorbereitungen in Bayreuth überaus wichtige Entscheidung[13]: der gesamte Festspielbesitz wurde

---

[11] Zit. n. W. Seifert I, op. cit., S. 11
[12] ebda. S. 12
[13] Der offizielle Freilassungsbescheid datiert vom 11. 4. 1949

aus der Treuhänderschaft entlassen und der alleinigen Verfügungsgewalt von Siegfried Wagners Nachkommen Wieland und Wolfgang Wagner übertragen.

Kernfrage der hauptsächlich von Wolfgang Wagner getragenen organisatorischen Vorbereitungen für die Wiederaufnahme des Festspielbetriebs war die Beschaffung ausreichender finanzieller Mittel. Das nach zweijähriger Treuhänderschaft im April 1949 aus staatlicher Kontrolle entlassene Vermögen der Bayreuther Festspiele bestand nach der Währungsreform praktisch nur noch aus totem bzw. mit Rücksicht auf dringend auszuführende bauliche Erhaltungsmaßnahmen negativem Kapital[14]. Wieland und Wolfgang Wagner hatten für ihre Festspielpläne in der Stadt Bayreuth ihren wichtigsten Förderer gefunden. Die Stadt übernahm für den geplanten Wiederbeginn des Festspielbetriebs eine Art »politische Bürgschaft« und war zugleich äußerst bemüht, in gemeinsamer Initiative die Verhandlungspositionen gegenüber der Bayerischen Staatsregierung und den ebenfalls noch abwartenden Rundfunkintendanten durch behutsames Vorgehen zu stärken. Das bayerische Kultusministerium sperrte sich nach wie vor gegen einen Zuschuß aus öffentlichen Mitteln und veranlaßte auch den Bayerischen Rundfunk zu solidarischem Verhalten. Der Meinungsstreit über die Bayreuther Festspiele lief zumal auf Landesebene quer durch die politischen Parteien. Auf die Festspiele bezogene personelle Hoffnungen in Musik- und Theaterkreisen sowie auch bei den Rundfunkanstalten verstellten zusätzlich die Aussicht auf eine unbürokratische Regelung der Bayreuther Frage und schürten obendrein das Ressentiment gegen die in der Fachwelt unbekannten und vor allem theaterpraktisch völlig unerprobten Wagner-Brüder.

Weitere entscheidende Hilfe kam, noch bevor eine Einigung mit der bayerischen Landesregierung und den Rundfunkanstalten gelang, von privaten Geldgebern, die sich am 22. 9. 1949 zur Gesellschaft der Freunde Bayreuths zusammengeschlossen hatten. Initiator dieser Mäzenatenvereinigung war Gerhard Roßbach, der rechtzeitig die Gelegenheit ergriffen hatte, sich in Wahnfried über die prekäre finanzielle Ausgangssituation für etwaige Festspiele in Bayreuth genau zu informieren. Die zur Vorfinanzierung dringend benötigte Summe von rund 400.000 DM sollte nach den damaligen Vorstellungen Wieland und Wolfgang Wagners u. a. durch Verkauf bzw. Beleihen von Originalmanuskripten aus dem Wahnfried-Archiv flüssig gemacht werden[15]. Dank großzügigen Eingreifens der Gesellschaft kam es jedoch nicht zu derartigen Notverkäufen wertvoller Wahnfried-Archivalien. Zu den Gründungsmitgliedern der Gesellschaft der Freunde Bayreuths, die maßgeblich an der Finanzierung der Wiedereröffnung von 1951 beteiligt war, gehörten namhafte Vertreter des genesenden deutschen Nachkriegskapitals, was sich für die künftige materielle Sicherung der Festspiele natürlich vorteilhaft auswirkte. Gemeinsames erstes Ziel war die Beschaffung eines ausreichend großen Betriebsfonds für die Bayreuther Nachkriegsfestspiele, eine — geschichtlich betrachtet — den Erfordernissen der Nachkriegszeit angepaßte Neuauflage der Wagnerschen Patronatsidee. 1000 Mitglieder der Gesellschaft sollten nach diesem Plan je 200 DM aufbringen und weitere 20 Unternehmer Darlehen von je 10.000 DM zur Verfügung stellen. Ein halbes Jahr nach der Gründerversammlung waren jedoch erst 100 Mitglieder geworben.

[14] Am 6. 4. 1949 legte E. Richter den Treuhänderschlußbericht für das Vermögen des Festspielhauses Bayreuth vor. Das darin bezeichnete Vermögen, aufgeschlüsselt in die Posten Festspielhaus/Einheitswert, Einrichtung, Dokumente und Schriften, Bankguthaben (zus. 829,— DM) und RM-Wertpapiere, wurde mit 486.400,— DM beziffert. Archiv der Festspielleitung

[15] Besprechungsprotokoll (Aktennotiz) vom 16. 8. 1949. Archiv der Festspielleitung

1949 unterbreitete Wolfgang Wagner einen ersten Festspiel-Kostenvoranschlag, der sich auf insgesamt 1.483.157,30 DM belief. Nach seinen damaligen Berechnungen blieb bei ungefähren Karteneinnahmen von 810.000 DM sowie Zuschüssen von je 100.000 DM aus Mitteln der Landesregierung und des Rundfunks nur ein verhältnismäßig geringer Differenzbetrag ungedeckt. Die Kalkulation stimmte jedoch nur unter der Voraussetzung, daß die Gesellschaft der Freunde Bayreuths in der Lage wäre, etwas mehr als ein Viertel vom Gesamtbedarf, also wenigstens ca. 400.000 DM, aufzubringen[16]. Wieland Wagner bot als Sicherstellung erneut den Verkauf der Tristan-Partitur aus dem Wahnfried-Archiv an, doch griff eines der Vorstandsmitglieder der Bayreuther Mäzenatenvereinigung mit unternehmerischer Selbstlosigkeit rettend ein und vermittelte der Festspielleitung einen Überbrückungskredit von 200.000 DM.

Administrative Vorarbeiten und auch der Dekorationsbau konnten nun ungehindert fortgesetzt werden. Mit einem Galakonzert der Wiener Symphoniker im Festspielhaus (1951) unter Leitung Herbert von Karajans, der sich als künstlerischer Mitarbeiter und Berater für die Spiele von 1951 zur Verfügung gestellt hatte, konnten die Gesellschaft der Freunde Bayreuths gemeinsam mit der künftigen Festspielleitung diesen wichtigen Gründungsabschnitt von Neubayreuth als erfolgreich abgeschlossen betrachten[17].

Im Sommer 1950 verzeichnete Bayreuth noch einmal schwere Rückschläge. Die am 9. und 10. Juni 1950 in Bremen tagenden Intendanten der westdeutschen Rundfunkanstalten lehnten jede Bezuschussung der Bayreuther Festspiele durch Lizenzgebühren für Übertragungen aus dem Festspielhaus ab. Ebenso negativ war der Beschluß der am 15. Juni 1950 tagenden Ständigen Konferenz der Kultusminister ausgefallen, in der sich Bayerns Vorbehalte noch einmal durchsetzten[18]. Einigkeit herrschte jedoch auf beiden Seiten des Verhandlungstisches darüber, daß künftige Festspiele prinzipiell auf öffentliche Mittel angewiesen sein würden. Bayerns Kultusminister Hundhammer hatte anläßlich einer Unterredung mit Vertretern der Stadt Bayreuth sowie mit Wieland und Wolfgang Wagner am 9. 4. 1949 noch einmal den Münchner Stiftungsplan (Dok. XXII—11) in einer abgewandelten Form zur Bedingung für die Bewilligung von Landesmitteln gemacht. Zwar respektierte dieser Stiftungsplan die vollen Besitzerrechte der Familie Wagner und auch die ausschließliche Festlegung zukünftiger Bayreuther Festspiele auf die Werke Richard Wagners, doch ließ der Minister noch einmal Zweifel an der Integrität Wieland und Wolfgang Wagners durchblicken. Nur ein von Vertretern des Staates, des Rundfunks, der Industrie, der Stadt Bayreuth und des internationalen Bayreuther Freundeskreises gewählter Festspielintendant hätte berechtigte Aussichten, so präzisierte Hundhammer die Vorstellungen seines Ministeriums, von öffentlicher Seite konkrete Förderung zu erwarten (Dok. XXIII—13). »Diese Bedingung« wurde von Wieland und Wolfgang Wagner »auf Grund der Rechtslage und der Verhältnisse in Bayreuth, die sich mit einem gewöhnlichen Theaterbetrieb nicht vergleichen lassen« (Dok. XXIII—13), kompromißlos abgelehnt[19].

[16] Vgl. W. Seifert, op. cit. (Teil II), S. 70
[17] Die im Laufe ihres 25jährigen Bestehens namentlich für die bauliche Erhaltung des Bayreuther Festspielhauses von der Gesellschaft der Freunde Bayreuths aufgebrachten Millionen sicherten ihr in der 1973 rechtskräftig gewordenen Richard Wagner Stiftung Sitz und Stimme (Dok. XXIV).
[18] Vgl. W. Seifert, ebda.
[19] Diese Entscheidung beruhte auf einem intern gefaßten Familien-Beschluß. In einer Aktennotiz vom 18. und 19. 5. 1949 wurde unter Ziffer 6 folgendes festgehalten: »Jegliche Staatsfinanzierung mit Aufgabe der Selbständigkeit muß abgelehnt werden. Jedoch ist eine wohlwollende Haltung des Staates unbedingt erstrebenswert, dahin soll jetzt mit allen Mitteln gewirkt werden.« — Archiv der Festspielleitung

Im Spätsommer 1950 bahnte sich gleich auf zwei Wegen eine Verständigung an. Karl Würzburger war es gelungen, den ihm persönlich bekannten Generaldirektor des Nordwestdeutschen Rundfunks Adolf Grimme von den Fähigkeiten und der Loyalität Wieland und Wolfgang Wagners zu überzeugen. Adolf Grimme und der Rundfunkpionier Hans Bredow, die beide schon 1931 an der Rundfunkübertragung des Tannhäuser aus dem Bayreuther Festspielhaus, der ersten Weltsendung des Rundfunks überhaupt, verantwortlich mitgewirkt hatten, gelang es schließlich, ihre Kollegen in der Arbeitsgemeinschaft deutscher Rundfunkanstalten positiv zu beeinflussen. In gemeinsamer Absprache wurden für 1951 Lizenzgebühren in Höhe von 100.000 DM bewilligt, mit denen die Übertragungsrechte von den ersten Bayreuther Nachkriegs-Festspielen abgegolten sein sollten[20]. Auch der Bayerische Rundfunk nahm jetzt einen Kurswechsel vor und leistete seinen Beitrag zur Wiedereröffnung der Bayreuther Festspiele mit je 50.000 DM[21] für die Jahre 1950 und 1951 aus dem sogenannten Kulturhilfe-Fonds.

Die finanziellen Vorleistungen der Gesellschaft der Freunde Bayreuths und das Einlenken der Rundfunkintendanten in der Bayreuther Frage blieben zuletzt auch auf landespolitischer Ebene nicht ohne günstige Auswirkungen. In München mußte man endlich befürchten, ins kulturpolitische Abseits gedrängt zu werden, je länger man dort an Bedenken gegen Bayreuth festhielt, die anderswo scheinbar längst widerlegt werden konnten. Bevor sich das Land Bayern jedoch zu einer positiven Entscheidung durchringen konnte, kamen Landesregierung und der Deutsche Bühnenverein am 31. 8. 1950 in München noch einmal zu einer klärenden Beratung über die Wiedereröffnung der Bayreuther Fstspiele zusammen. In dem am 5. 9. 1950 vorgelegten Sachverständigengutachten[22] wurde von den Referenten »einstimmig« die Auffassung vertreten, daß die Bereitstellung öffentlicher Mittel für Bayreuth in Form von Subventionen und Rundfunkgeldern »wünschenswert und gerechtfertigt« sei. Allerdings wurde in dem Gutachten nicht versäumt, die Münchner Empfehlung zu unterstreichen, in Bayreuth einen erfahrenen Intendanten als künstlerischen und organisatorischen Berater zu verpflichten. Erneut wies die Bayreuther Festspielleitung diese Forderung zurück. Schließlich wurde vom Bayerischen Landtag auf der Basis veränderter Einsicht Ende Oktober 1950 ein Festspiel-Zuschuß von 200.000 DM bewilligt, den die Stadt Bayreuth noch einmal um die Hälfte, also auf insgesamt 300.000 DM vergrößerte.

Unter diesen Voraussetzungen waren die Festspiele finanziell sichergestellt und konnten im November 1950 für das kommende Jahr offiziell angekündigt werden. Bereits Ende Februar 1951 waren die Festspielkarten ausverkauft, so daß sich die Festspielleitung entschloß, die Zahl der Aufführungen auf insgesamt 21 sowie um eine weitere geschlossene Aufführung für den Deutschen Gewerkschaftsbund — eine Einrichtung, die zur Neubayreuther Tradition wurde — zu erhöhen. Das ursprüngliche Programm, »Bayreuth 1950 mit nur zwei Werken«, nämlich mit Parsifal und den Meistersingern, wurde durch Hinzunahme des Ring-Zyklus erweitert. Was zunächst nach einem zusätzlichen wirtschaftlichen Wagnis aussah, wurde vom Festspielpublikum als Attraktion begrüßt. Tatsächlich konnte die Festspielleitung nachweisen, daß etwa zwei Drittel der ersten Kartenvorbestellungen allein den vier Ring-Werken galten.

Die ersten Bayreuther Nachkriegsfestspiele von 1951 schlossen mit einem nur verhältnismäßig knappen Defizit von 90.000 DM, das Wolfgang Wagner in seiner Kalkulation aus dem Jahre 1949 annähernd genau vorausberechnet hatte. Dieses wider Erwarten

[20] Vgl. W. Seifert II, op. cit., S. 74
[21] Dieser Betrag hatte mit den Rundfunk-Übertragungshonoraren, die sich nach Wegfall der bayerischen Kulturhilfe ab 1952 im übrigen laufend erhöhten, nichts zu tun.
[22] Wortlaut im Auszug vgl. W. Seifert II, op. cit., S. 72

befriedigende Ergebnis trug der neuen Festspielleitung den Respekt der öffentlichen und privaten Geldgeber ein. Wolfgang Wagner durfte die Anerkennung seiner präzisen Planungsarbeit als ganz persönlichen Erfolg für sich verbuchen. Übrigens brachte auch das zweite Festspieljahr (1952) noch keinen befriedigenden finanziellen Ausgleich, jedoch sorgten dann die ab 1952 nach Bayreuth fließenden Bonner Mittel, nachdem sich Neubayreuth als künstlerischer Begriff durchgesetzt hatte, endgültig für ausgewogene Festspielbilanzen.

Die Trennung der Aufgabenbereiche zwischen Wieland und Wolfgang Wagner hatte sich durch die gemeinsam begonnene Aufgabe mehr oder weniger wie von selbst ergeben. Denn was Wieland Wagner, der sich privat zum Maler und Dramaturgen hatte ausbilden lassen und quasi »von oben« in das Theater eingestiegen war, seinem Bruder Wolfgang an künstlerischem Sensus voraus hatte, brachte dieser an fundamentalem theaterpraktischen Wissen, das er sich unter Heinz Tietjens Anleitung während der Kriegsjahre in Berlin erwerben konnte, als nicht zu unterschätzenden Beitrag in die Doppeldirektion Neubayreuths ein. Die Zusammenarbeit in der Festspielleitung, darauf ist von Wolfgang Wagner später besonders hingewiesen worden, verlief trotz unterschiedlich gelagerter Temperamente und trotz der immer vorrangig beurteilten künstlerischen Leistungen seines Bruders Wieland in toto ohne ernste Führungs- und Autoritätskonflikte[23].

Erst als die Doppeldirektion nach Wieland Wagners Tod im Jahr 1966 plötzlich auseinanderbrach, schien das Gleichgewicht auf dem grünen Hügel von Bayreuth gestört. In der Öffentlichkeit wurde von einer Bayreuther Führungskrise gesprochen. Obgleich auch Wolfgang Wagner seit 1953 alternierend mit Wieland als Bühnenbildner und Regisseur regelmäßig auf der Festspielbühne hervorgetreten war, unternahm er nicht den Versuch, die alleinige künstlerische Nachfolge seines Bruders anzutreten. Wolfgang Wagner bemühte sich vielmehr, die entstandene Lücke allmählich durch Heranziehung geeigneter Regisseure wieder zu schließen. Nach Rudolf Hartmann, der zusammen mit dem Bühnenbildner Hans Reissinger 1951 die Meistersinger neuinszeniert hatte, war August Everding der nächste »hausfremde« Regisseur in Neubayreuth. Seine Holländer-Interpretation (1969) war ein vieldiskutierter Beginn, der Wolfgang Wagners alleiniger Festspielleitung ein neues Profil gab. Mit Götz Friedrichs Tannhäuser-Inszenierung von 1972 schließlich wurde dieser Weg mutig fortgesetzt.

Als künstlerische Berater und Mitarbeiter standen der Festspielleitung für die Eröffnungsspiele von 1951 Rudolf Hartmann, Herbert von Karajan und Hans Knappertsbusch zur Verfügung, die als Künstler und Theaterfachleute von Weltruf den Skeptikern eines neuen Bayreuths die letzten Bedenken und Vorbehalte nahmen. In musikalischer Hinsicht sollte besonders die langjährige Mitwirkung Hans Knappertsbuschs von prägendem Einfluß auf die Festspielarbeit Neubayreuths sein. Durch seinen »Glauben« an die »neuen Herren von Bayreuth« sicherte er kraft seines Ansehens der Festspielleitung auch das Wohlwollen jener Kreise, die weniger der Sache Bayreuths als den beiden noch »unbeschriebenen Blättern« Wieland und Wolfgang Wagner mißtrauten[24]. Die Suche und Auswahl von Sängern, die »wirkliches Festspielniveau garantierten«[25], wurde durch die weitreichenden Beziehungen und Empfehlungen Karajans und Knappertsbuschs entschieden erleichtert. Bis auf vereinzelte Beispiele (Josef Greindl, Erich Kunz) war von der Solistengeneration der Kriegs- und Vorkriegsjahre praktisch keiner mehr verfügbar bzw. einsatzbereit. Der Wiederaufbau Bayreuths bedeutete da-

[23] Vgl. W. Seifert II, op. cit., S. 73
[24] ebda. S. 72
[25] ebda. S. 70

her vor allem auch die Bildung eines völlig neuen Künstlerensembles. Von den Sängern, die 1951 auf der Festspielbühne standen, waren beispielsweise George London und Astrid Varnay, die übrigens auf Empfehlung von Kirsten Flagstad nach Bayreuth verpflichtet wurde, sowie Sigurd Björling in Deutschland noch so gut wie unbekannt. Auch die Reihe der österreichischen und deutschen Künstlernamen, mit denen Bayreuth sich 1951 dem internationalen Publikum präsentierte, bestand nur zum geringsten Teil aus arrivierten Namen. Viele von ihnen standen damals noch am Beginn ihrer großen Laufbahn: Martha Mödl, Leonie Rysanek, Elisabeth Schwarzkopf, Otto Edelmann, Hans Hopf, Gerhard Unger, Wolfgang Windgassen etc.

An der internationalen Sängerbörse der Nachkriegszeit eroberte sich die Bayreuther Arena rasch wieder ihre bevorzugte Stellung als Prüfstein namentlich im dramatischen und hochdramatischen Fach. Bayreuth erlag, trotz aller Dementis, ebenso wie die konkurrierenden Opernhäuser und Festspieleinrichtungen im In- und Ausland zwangsläufig der Magie und Anziehungskraft einzelner Künstlernamen. Um international konkurrenzfähig zu bleiben, wurden in Bayreuth regelmäßige Neuinszenierungen in Starbesetzungen angeboten, die nach Möglichkeit vom Dirigenten bis Rheintöchterterzett reichten. Das limitierte Kräftepotential hervorragender Solisten mußte infolge der zunehmenden Aufführungsfrequenz des internationalen Spielplans erheblich verknappen und den Wettbewerb der Bühnen untereinander gerade in Besetzungsfragen noch verschärfen. Durch das Eingreifen der Schallplattenindustrie wurde vor allem die Gagenmoral erneut verschlechtert. Bayreuth paßte sich dem Druck dieser Verhältnisse an so gut es ging. Kein Künstler hat aber allein Neubayreuth zuliebe auf eine gerechte Entschädigung jemals verzichtet. Während noch zu Beginn der Fünfziger Jahre die Personalausgaben der Festspiele mit ungefähr 46—48 Prozent in Ansatz gebracht und, wie Wolfgang Wagner nicht ohne Stolz sagen konnte, auch tatsächlich gehalten wurden, beanspruchte derselbe Posten Anfang der Siebziger Jahre schon 78—80 Prozent[26] des Gesamtetats (1972: 5,5 Mill. DM). Auch in dieser Hinsicht galten für das Bayreuther Sommertheater längst dieselben Maßstäbe wie für die großen städtischen Repertoirebühnen oder überregionale Festspieleinrichtungen.

Es war ein mehrfaches Zugeständnis an die 75jährige Tradition Bayreuther Festspiele, als am 29. Juni 1951 Wilhelm Furtwängler mit einer Aufführung von Beethovens 9. Sinfonie die neue Bayreuther Ära eröffnete[27]. Es war jenes Werk, das Richard Wagner 1872 anläßlich der Grundsteinlegung des Festspielhauses im Markgräflichen Opernhaus von Bayreuth selbst dirigiert hatte und das zum ersten Mal im Festspielhaus unter Leitung von Richard Strauss 1933 aufgeführt worden war. Im übrigen stand mit Wilhelm Furtwängler am Pult des Festspielhauses ein Dirigent, der zum Bayreuth Winifred Wagners kaum glücklich zu nennende künstlerische Beziehungen unterhalten hatte (Dok. XIV—1 bis 5).

Die neue Generation auf dem grünen Hügel gab ihrer Epoche den Namen Neubayreuth. Das wirklich Neue von Neubayreuth lag nach übereinstimmenden Ansichten auf dem Gebiet der geistigen und szenischen Wagnerdeutung, um die in der Bayreuther Festspielgemeinde nach 1951 eine heute kaum mehr nachvollziehbare heftig geführte Diskussion entbrannte. Die Aufarbeitung des politischen Scherbenhaufens blieb jedoch liegen. An diesem wichtigen Teil der 1951 einsetzenden sogenannten »Weltdiskussion« um Bayreuth hat sich die Festspielleitung — bewußt oder unbewußt — nicht beteiligt. Es wurden deshalb Zweifel geäußert, ob dieses Neubayreuth Wieland und Wolfgang

[26] Vgl. W. Seifert II, op. cit., S. 74
[27] Weitere Aufführungen der 9. Sinfonie fanden im Bayreuther Festspielhaus 1953 (Paul Hindemith), 1954 (Wilhelm Furtwängler) und 1963 (Karl Böhm) statt.

Wagners wirklich den Anbruch einer völlig neuen Ära darstellte oder ob es vielleicht doch etwa nur — als sei gar nichts gewesen — um die formal veränderte Fortsetzung geheiligter Bayreuther Traditionen ging, von denen man sich im Grunde gar nicht zu trennen bereit war. »Man wird gut tun«, faßte der Wagner-Enkel Franz Wilhelm Beidler die Bedenken der Skeptiker zusammen, »diese erstaunliche Tatsache, in der sich ein hohes Maß geglückter Spekulation auf die Vergeßlichkeit der Menschen unserer Zeit manifestiert, nicht gedankenlos hinzunehmen« (Dok. XXIII—1).

Gespalten und verunsichert stand die Leitung der Festspiele den Argumenten von beiden Seiten, von links und rechts, von Kritikern und Fanatikern gegenüber. Stummer Ausdruck dieser Angst vor der eigenen Geschichte war in Aushang im Festspielhaus, mit dem sich Wieland und Wolfgang Wagner an das Publikum von 1951 wandten: »Im Interesse einer reibungslosen Durchführung der Festspiele bitten wir, von Gesprächen und Debatten politischer Art auf dem Festspielhügel freundlichst Abstand nehmen zu wollen. Hier gilt's der Kunst.« Kritischen Zeitgenossen mußte sich hinter dieser scheinbar schlichten Bitte unwillkürlich die peinliche Rückerinnerung an gleichlautende Appelle der Festspiele von 1924 und 1933 aufdrängen, die damals ausgegeben werden mußten, um einer fortschreitenden antidemokratischen Radikalisierung der Bayreuther Traditionsgemeinde wenigstens pro forma Einhalt zu gebieten.

Widerspruch und Meinungsvielfalt wurden von der Neubayreuther Festspielleitung entgegen früheren Usancen wenigstens auf publizistischem Gebiet geduldet, mitunter sogar forciert. Orthodoxes Wagnertum war den Söhnen Siegfried und Winifred Wagners gewiß nicht nachzusagen. Unbemerkt jedoch mußte die prominente Neubayreuther Rhetorik die Diskussion über die beschädigte Identität des Bayreuther Erbes mit den unmittelbar Betroffenen ersetzen. Die intellektuelle Kontroverse um das Werk des Bayreuther Meisters trat einer Festspielpraxis, deren historischer Bestimmung die angeblichen Reformer im Prinzip die Treue gehalten hatten, im übrigen nicht allzu nahe.

Die Rebellion gegen die eigene Geschichte ging unter im glücklichen musikalisch-dramatischen Augenblick — akklamiert von einem zur Dankbarkeit erzogenen Festspielpublikum, das im Neubayreuth Wieland und Wolfgang Wagners Repräsentation und Suggestion mit Reformen verwechselte. Hinter diesem Mißverständnis durfte Bayreuth mit sich und einer lastenden Vergangenheit bequemen Frieden schließen.

Teil II

Dokumente und Anmerkungen

Vorbemerkung

Die hier wiedergegebenen Dokumente und Anmerkungen sind keine für sich allein verständliche oder gar vollständige Dokumentation zur Geschichte der Bayreuther Festspiele. Sie sind vielmehr zu verstehen als eine nach bestimmten thematischen Gesichtspunkten gegliederte und auf die Ausführungen des Verfassers (»Zur Geschichte der Bayreuther Richard Wagner Festspiele«, Teil I) bezogene Zusammenstellung bisher größtenteils unbekannter historischer Quellen. Sofern nicht ausdrücklich anders vermerkt handelt es sich um bisher unveröffentlichte Dokumente, deren unterschiedliche Qualität gelegentliche Kürzungen (...) in der Wiedergabe vertretbar erscheinen ließ. Veraltete Schreibweisen und offensichtliche Irrtümer wurden stillschweigend berichtigt. Zusätze und Ergänzungen des Herausgebers stehen in eckigen Klammern [ ]. Hervorhebungen im Originaltext durch Unterstreichungen, Sperrdruck etc. sind hier einheitlich durch Kursivdruck kenntlich gemacht.

Abkürzungen

Akad. d. K./H. T.-Arch.	Akademie der Künste Berlin, Heinz Tietjen-Archiv
ARWV	Allgemeiner Richard Wagner Verband
AvG	Adolf von Groß
BAK	Bundesarchiv Koblenz
BBdJ	Bayreuther Bund der deutschen Jugend
BDC	Berlin Document Center
Bürk.	Nachlaß Ludwig v. Bürkel, Bayer. Staatsbibliothek München
CW	Cosima Wagner
KdF	Nationalsozialistische Gemeinschaft »Kraft durch Freude«
KfdK	Kampfbund für deutsche Kultur
RMVAP	Reichsministerium für Volksaufklärung und Propaganda
RW	Richard Wagner
RWA	Richard Wagner Archiv
RWG	Archiv der Richard Wagner Gedenkstätte der Stadt Bayreuth
RWV	Richard Wagner Verein/Verband
SW	Siegfried Wagner
VB	Völkischer Beobachter

Literatur:

Schüler	W. Schüler, Der Bayreuther Kreis, Münster 1971.
Strobel I-V	O. Strobel (Hrsg.), Ludwig II. und Richard Wagner. Briefwechsel. Bd. I-V, Karlsruhe 1936-1939.
Glasenapp I-VI	C. F. Glasenapp, Das Leben Richard Wagners, 6 Bde., Lpz. 1905-1911.

Dokumente und Anmerkungen

1 CW an M. v. Radowitz (?), 29. 12. 1875.

Als ich Ihnen . . . Antwort auf Ihre . . . Anfrage betr. des Verkaufs unseres Hauses gab, kannte ich die Entscheidung nicht, welche in Berlin gefällt. Genötigt immer 3/5 der einlaufenden Patronatsgelder an die k. bayerische Casse [abzuführen], kam der Verwaltungsrat auf den Gedanken, sich an den Kaiser zu wenden, um einen Vorschuß von 30.000 Thalern von dem Reichsfonds zu erhalten. Sowohl der Kaiser, als alle bei dieser Sache Einflußreichen, waren günstig gestimmt, so daß wir beinahe ohne Sorgen waren, als der Fürst-Reichskanzler dagegen berichtete!

Auf Ihre große Teilnahme für unsere Sache bauend, wende ich mich an Sie mit der Frage, . . . einen solchen Vorschuß zu verschaffen; es ist ganz zweifellos, daß derselbe zurückerstattet wird, die Meldungen sind bedeutend, und der Andrang wird sicherlich ein ungemeiner sein.

Mein Mann hat schon den Gedanken geopfert, ein freies Fest den weniger Bemittelten zu geben, und es werden alle Plätze verkauft werden.

Mein Mann hat noch einmal an den Fürsten Reichskanzler geschrieben, doch glaube ich nicht, daß es viel nützen wird . . .

RWG

2 Friedrich Feustel an RW, 2. 4. 1872.

. . . Was mich speziell anlangt, so fühle ich mich in gar keiner Weise unsicher — ich und meine Kollegen sind von einem warmen und aufrichtigen Eifer beseelt, dem großen nationalen Unternehmen treu, mit Ausdauer und interesselos zu dienen . . .

RWA

3 Martin Plüddemann, »Staatshülfe für Bayreuth«. Flugschrift. Colberg, April 1877.

Richard Wagner hat am 1. Januar ein Rundschreiben »an die geehrten Vorstände der Richard Wagner-Vereine« gerichtet, welches auch von der Presse veröffentlicht und sofort auf das Schärfste kritisirt wurde. Namentlich richteten sich die Angriffe der Presse auf einen Punkt: Wagner hatte den zu bildenden allgemeinen Patronat-Verein aufgefordert, mit dem Gesuch um eine reichliche Unterstützung der jährlichen Bühnenfestspiele sich an den Reichstag zu wenden, und zwar verlangte er zu diesem Zweck 100,000 Mark. »Das ist zu viel, für Bayreuth nun auch noch Staatshülfe, und gleich 100,000 Mark! Das ist wieder einmal eine unerhörte, jedes Maass übersteigende Arroganz.« So ungefähr hallte es überall aus den langen Spalten der grossen deutschen Presse wieder.

I.

Untersuchen wir ganz nüchtern, ob es wirklich etwas so unerhörtes war, wenn ein grosser Mann sich an seine Freunde wendete, mit der Bitte, für ihn zu wirken!

1) Da liesse sich zunächst anführen, dass man schliesslich allgemein zugab, (selbst erbitterte Gegner liessen sich dazu verleiten), Bayreuth sei ein »*nationales Unternehmen*«. Wenn man das einmal zugiebt, muss auch zugegeben werden, dass der Staat, als Vertreter der Nation, sich eines derartigen Unternehmens anzunehmen hat, wenn nicht etwa »das nationale Unternehmen« Phrase bleiben soll. Denn die Sorge, ein solches zu erhalten, kann unmöglich einem einzelnen Manne aufgebürdet werden, sondern die Nation hat sich darum zu bekümmern.

»Bayreuth« wurde im vorigen Jahre ein Ruhmesdenkmal des deutschen Idealismus genannt. Man rechnete es der ganzen Nation als ein Verdienst an, etwas derartiges hervorgebracht zu haben. Es wäre traurig und widersinnig, wenn das deutsche Volk das *Verdienst*, das doch hauptsächlich nur dem Einen unter ihnen gebührt, sich aneignen, nun aber der *Mühe* sich ganz entziehen wollte.

2) ist zu erwähnen, dass das Prinzip »Staatshülfe« für die Kunst nicht neu ist, ja bei dem preussischen Staate selbst schon Anerkennung gefunden hat.

Dieser gründete nämlich eine »Hochschule für Musik«, mit einer sehr reichlichen Subvention. Darf nun, was der Theorie der Kunst gewährt wurde, der Praxis entzogen werden? — Ist die Praxis nicht vielleicht gar wichtiger als die Theorie?! — Es giebt wenigstens böse Leute, die behaupten, die Organisation dieser Hochschule sei durchaus verfehlt, und allerdings, praktisch hat sie bisher nicht mehr geleistet, wie eine gewöhnliche Musikschule. Sie zeichnet sich vor unsern Conservatorien nur dadurch aus, dass sie sehr reich dotirt ist, wodurch sie um so mehr verpflichtet wäre, mehr wie diese zu leisten. — 100,000 Mark jährlicher Subvention ist für ein grosses Reich, wie Deutschland, wahrlich keine schwere Last, namentlich wenn sie einem so wichtigen Zwecke gewidmet ist. Die »Hochschule für Musik« kostet dem preussischen Staate vielleicht noch mehr, und das Reich würde schneller Erfolge seiner Hülfebereitschaft sehen, als dieser.

3) Bis hierher ist alles klar, nun giebt es aber Leute, die sagen: »Ei! da könnte ja jeder kommen!« Diese übersehen geflissentlich, welche Ausnahmestellung Richard Wagner nicht nur den Künstlern seines Zeitalters, sondern auch seinen grossen Vorgängern gegenüber einnimmt.

Musik, Poesie und Tanzkunst nämlich waren von Urbeginn an verknüpft, entstanden nicht etwa gesondert von einander. In ihrer *allmählichen* Sonderung und selbständigen Fortentwicklung hörten sie doch nicht auf, nach der ihnen natürlichen Wiedervereinigung zu verlangen: die Einsamen sehnten sich nach Gemeinsamkeit. Endlich versuchte man, in der »*Oper*«, das ersehnte Kunstwerk zu errichten, was aber trotz der heldenhaftesten Anstrengungen der grössten Künstler nie völlig gelang: Dem Musiker gesellte sich nie der Dichter, der ihm ein wirkliches Drama an die Hand gegeben hätte. Dem schaffenslustigen Tonkünstler, wurde nur immer ein »*Text*« von den Libretto-Fabricanten geliefert, nicht aber eine Dichtung, die fähig gewesen wäre, ganz in Musik aufzugehen.

Richard Wagner nun in seiner *Doppeleigenschaft als Dichter und Musiker* gelang endlich das, was den Andern fehlschlug, vollständig. Er vollzog die lange angestrebte, nie völlig gelungene Wiedervereinigung der drei Schwesterkünste Musik, Poesie und Tanzkunst, welche Letztere sich bei ihm ganz zur ausdrucksvollen Gebärde und lebendigen Darstellung veredelte. — Wer nun vollbrachte, was dem

Ringen dreier Jahrhunderte versagt blieb, der nimmt dadurch vor allen Künstlern der Welt eine bevorzugte Stellung ein, er darf verlangen, was keiner seiner Vorgänger verlangen konnte, was keiner seiner Zeitgenossen fordern durfte. —

4) Wagner wünscht eine Subvention namentlich, um gerade Unbemittelten in ausgedehntem Maase Eintritt in sein Theater zu verschaffen, er sagt: »mit dieser Summe wäre die entsprechende Anzahl von Zuschauer-Plätzen aufgekauft, welche als Freiplätze von Reichswegen an die solcher Auszeichnung Würdigen zu vergeben sein würden«. —

Vielleicht würde seine Unternehmung auch ohne Reichssubvention bestehen können; aber dann würden fast ausschließlich wohlsituirte Leute dieses ausserordentlichen Kunsterlebnisses theilhaftig werden. Wagner wünscht nun aber auch, die Minderbegüterten theilnehmen zu lassen, und das ist wichtig, denn gerade, »wo der Geist vorhanden, ist das Geld meist nicht zu Händen«. — Seine Absicht ist aber eben nur ausführbar dadurch, dass das Reich dem Unternehmer die materielle Sorge zum grossen Theile abnimmt. —

5) Schon bei den Griechen war das Theater Staatssache. Unsere Verhältnisse sind freilich anders, wie die der Griechen; damit ist aber nicht gesagt, dass sie unveränderlich so bleiben müssten, dass nicht vielmehr eine Veränderung nach edlem griechischem Muster wohlthun würde. Nach Nietzsche ist es ein hohes Lob für ein Volk, von den Griechen überhaupt lernen zu können: nehmen wir uns also die Griechen zum Muster, wo es möglich ist, ja, scheuen wir uns nicht, sie gradeswegs nachzuahmen, wo dies thunlich! — Haben wir sie doch aufs eifrigste bereits in der *Poesie* und in den *bildenden Künsten* nachgeahmt; der Erfolg war kein schlechter: der noch barbarische, aber bildungsfähige deutsche Geist wurde vom classischen Geist der Griechen befruchtet und trieb die herrlichsten Blüthen. Es ist nicht abzusehen, weshalb nicht eine Nachahmung griechischer Institutionen eben so erfolgreich sein sollte. —

6) Es ist klar, dass Staatshilfe für die Kunst höchst erspriesslich sein müsste; alle Einwände, die dennoch gegen die Nothwendigkeit oben besprochener Subvention gemacht werden, als: das Reich habe keine Mittel oder Wichtigeres zu thun, lassen sich denn auch darauf zurückführen, dass die Betreffenden die Bayreuther Sache nicht der Unterstützung für werth und würdig halten, oder ihr eine solche nicht gönnen. Indessen ist die *allgemeine* Anerkennung Wagner's nur noch eine Frage der Zeit; da die Majorität der musikalisch Gebildeten sich längst *für* ihn entschieden hat, wie das seit dreissig Jahren fortdauernde und sich stets vermehrende Interesse des Publicums seinen Werken gegenüber bekundet. —

Man denke an Schumann und Chopin, die vor zwanzig bis dreissig Jahren noch mit dem verächtlich gemeinten Beinamen »Zukunfts-Musiker«, titulirt wurden und nun allgemein geliebt und geachtet sind: einige, vielleicht wenige Jahre, und auch Wagner wird mit ihnen denselben Vortheil geniessen, nämlich den, unparteilich beurtheilt zu werden. — Demjenigen, der die Kunst Wagners nicht für edel und gut und deshalb für keiner Unterstützung würdig hält, würde ausserdem entgegenzuhalten sein, dass dieses Theater keineswegs ausschließlich der Wagnerischen Muse, sondern den gesammten Interessen des Drama's überhaupt gewidmet sein wird. Dass es zufällig mit einem Werke von Wagner eröffnet wurde, war diesem selbst nicht zu verdenken, da er vordem bereits darauf verzichtet hatte, dessen Aufführung zu erleben.

II.

Nachdem ich bis hierher gezeigt habe, inwiefern das Verlangen des Meisters kein unerhörtes, sein ausgesprochener Wunsch kein unbescheidener oder gar anmassender war, nachdem ich also den *speziellen* Fall erledigt habe, will ich mich jetzt bemühen, noch einiges *Allgemeine* zu Gunsten des Princips »*Staatshülfe für die Kunst*« zu sagen, wobei ich namentlich auf die Oper, als die wichtigste, weil populärste Kunstart, Rücksicht nehmen werde. —

Der Einfluß der Kunst auf die Sitten des Volkes ist ein gar nicht wegzuleugnender und wohl noch bedeutender, wie der der Wissenschaft, die ihrer Natur nach nicht so populär werden kann, wie die Kunst. Namentlich Musik und Schauspielkunst haben den allgemeinsten, tiefgreifendsten und am leichtesten ersichtlichen Einfluss auf die Massen. Am höchsten aber steigert sich die Wirkung in der Verbindung von Musik und Schauspielkunst, weshalb auch die Opernbühne von jeher sich bei weitem des allgemeinsten Interesses zu erfreuen hatte. —

Die moderne, unsittliche Operette, dieses Kunstwerk für die Demimonde, in der die offene oder verhüllte Zote cultivirt wird, hat daher einen entsittlichenden Einfluss; hingegen das gesungene Drama, wenn es edel ist, wird eben so einen veredelnden Einfluss auf die Sitten gewinnen. Der Staat hat daher Erstere möglichst zu unterdrücken, oder ihre verheerende Wirksamkeit zu beschränken; die gute Oper dagegen hat er nach Möglichkeit pecuniär zu unterstützen und moralisch zu schützen in ihrer heilsamen Wirksamkeit, zumal, da die gemeine Kunst sich so viel besser rentirt, als die edle, dass selbst das Vorzügliche, was zuweilen an einigen Hofbühnen geleistet wird, nur durch einen ganz bedeutenden Zuschuss aus der Privat-Schatulle des betreffenden Fürsten möglich wird. Leider ist der ausserordentlich lebendige Einfluss der Kunst auf das Volk noch so ungenügend anerkannt, dass der Staat bisher weder die *edle* Kunst beschirmt, noch die *gemeine* verfolgt hat: er hat seine Pflicht versäumt! — Es sind das aber zwei so wichtige Pflichten, dass man wünschen muss, er käme bald zu einer richtigeren Würdigung der Kunst und holte das Versäumte nach.

Nach diesen Prämissen folgende Conclusion:

a. Staatshülfe ist der Kunst in ihrem gesammten Umfange überhaupt nöthig und unentbehrlich; namentlich aber bedarf das Theater der grössten Aufmerksamkeit von Seiten des Staates, da es sowohl sehr heilsam, wie auch sehr unheilvoll wirken kann, und von ihm aus stärker auf das Volk gewirkt wird, wie alle anderen Kunstarten dies vermögen.

b. Dem Staate liegt die Pflicht ob, den Geschmack der Minorität für das Gute und Edle gegenüber dem der Majorität für das Gemeine und Niedrige zu schützen, wie er denn selbst gewissermassen nichts ist, als die wirksam befestigte Herrschaft der tüchtigen Minorität über die Majorität der Schlaffen. —

III.

Nachdem ich nun erwiesen zu haben glaube, dass das Princip »*Staatshülfe für die Kunst*« ein richtiges ist, bleibt mir nur noch übrig, die Wege anzudeuten, auf denen in diesem besonderen Falle diesem Prinzipe Eingang und Anerkennung verschafft werden könnte. —

In vielen Orten haben sich auf Wunsch Richard Wagners »*Patronat-Vereine zur Pflege und zur Erhaltung der Bühnenfestspiele in Bayreuth*« gebildet und es werden sich weiter solche bilden. Diese Vereine haben neben dem Zwecke, den ihr Name andeutet, die Absicht, durch literarische und musikalische Vorträge Verständniss über Wagners Kunstschaffen überhaupt zu verbreiten, speziell für seine späteren Werke einen Hörerkreis vorzubilden, der nicht, wie ein grosser Theil der Festgemeinde von 1876, denselben in keiner Weise gewachsen sei. Der Verein in Leipzig steht schon in voller Blüthe, der in Berlin hat seine Thätigkeit ebenfalls begonnen. Sind diese Vereine allmählich zu einer beträchtlichen Anzahl der Mitglieder gediehen, dann wäre es an der Zeit und der Augenblick gekommen, wo sie eine von den *Delegirten* sämmtlicher Vereine im Namen dieser zu unterzeichnende, *wohl vorbereitete Petition an den Reichstag zu adressiren* hätten. Sie würden damit nur dem ausdrücklich ausgesprochenen Wunsche Richard Wagners nachkommen. — Es ist nun freilich zweifelhaft, ob der Reichstag sofort darauf eingeht. — So ging dem hohen Hause kürzlich eine Petition zu, die sich über die in der modernen Operette in voller Blüthe stehende Unsittlichkeit beklagte, weil darin eine Gefahr liege, dass der so wie so tief gesunkene Sinn des grossen Publikums ganz verderbe; es wurde beantragt, eine Art von Censur wieder einzuführen, nicht etwa die glücklich überwundene büreaukratische von ehedem, sondern eine Censur, die von Künstlern und ästhetisch gebildeten Männern auszugehen hätte. Der Reichstag bestritt nicht etwa die Thatsache, dass die jetzige Operette meist als eine Hochschule der Unsittlichkeit zu betrachten sei, sondern erwiderte einfach, er sei — »*nicht competent.*« Es ist daher allerdings möglich, dass er auch hier für's erste seine Competenz bestreitet. Aber das schadet nichts, wir haben Zeit, wir können warten: die richtige Einsicht wird mit der Zeit schon durchdringen — auch beim Reichstage. Ausserdem ist dies nur der erste Schritt und schon viel damit gewonnen, wenn dem Reichstage und der ganzen Oeffentlichkeit durch ihn gezeigt wird: ein grosser Bruchtheil des deutschen Volkes sehnt sich ernstlich nach einer Unterstützung der Kunst von Seiten des Staates.

Im allgemeinen gilt nämlich die Kunst allerdings als Lappalie; speciell im Reichstage, wird sie, wie das Schicksal oben erwähnter Petition beweist, als Nebensache, als Bagatelle behandelt; dieser grundfalschen Ansicht würde eben durch einen solchen Act wirksam entgegengetreten, indem gezeigt würde: Viele im Volke legen schon dieser einen künstlerischen Unternehmung eine bisher ungewohnte Wichtigkeit bei. Das Weitere findet sich allmählich — mit der Zeit. — Damit aber eine derartige Petition wirklich als der Ausdruck des festen Willens eines nicht unbedeutenden wesentlichen Bruchtheils des deutschen Volkes angesehen werden kann, müssen die »Patronat-Vereine« die weiteste Verbreitung finden; sie bilden den ersten Kern einer festen Organisation der guten Sache, sie sind bisher die einzige sichtbare Vereinigung der Freunde des Meisters. Mögen diese Letzteren sich nun aber auch wirklich an den vorhandenen Kern anschliessen und sich nicht durch Bequemlichkeit vom Beitritt abhalten lassen. Leider ist ja die Redensart: »Es hilft ja doch alles nichts!« namentlich dem Deutschen sehr geläufig; sie ist aber weniger aus wirklicher Resignation abzuleiten, als aus dem Bestreben, für seinen Wunsch, jeder Mühe überhoben zu sein, einen Vorwand zu haben: um nur nicht mithelfen und thätig sein zu müssen, sagen sie: »es ist doch vergeblich!« Das faule deutsche Phlegma von ehedem! — *Aufrichtige Freunde* hat Wagner genug, nur an *thätigen, aufopferungsbereiten Freunden* mangelt es ihm noch sehr. Sie lassen den Meister möglichst Alles allein thun und begnügen sich damit, am Genusse dessen theilzunehmen, was er mit saurem Schweisse errichtete. — Von diesem sehr häufigen Typus stechen die Männer sehr vortheilhaft ab, die, des Meisters Ruf Folge leistend, sofort mit der Gründung von »Patronatvereinen« vorgingen. —

Zu vorerwähntem Zwecke ist es nun nöthig, dass solche sich in allen grösseren Städten bilden. Das ist nicht schwer; jede Stadt, die nur ein leidiges Opern-Theater besitzt, beherbergt eine ganz erhebliche Anzahl von aufrichtigen Freunden der neuen Idee. Es kommt nur darauf an, dass thätige Männer die Initiative ergreifen, Männer, um die sich dann die Anhänger der guten Sache zu schaaren hätten. Die Zeit steht so, dass es nicht genügt, Wagner anzuerkennen, man muss auch etwas für ihn thun: sonst kann man nicht mehr als echter Freund gelten. —

Dass die *Einsichtigen zu Mächtigen* werden, dazu ist keine Hoffnung vorhanden; Bayreuth aber, wo die Kunst bis jetzt am gewaltigsten sich äussern kann, ist ganz der Ort, wo die *Mächtigen zu Einsichtigen* werden könnten; ihr anfängliches Erstaunen über eine so unerhörte, von der Kunst ausgehende Wirkung dürfte sich nachträglich in Nachdenken über die Kunst überhaupt verwandeln, nach so gewonnener würdigerer Ansicht vom Wesen der Kunst, werden sie dieser selbst einen wichtigeren und höheren Platz anweisen, wie sie bis jetzt konnten, wo die Kunst, unter den ungünstigsten, drückendsten Verhältnissen, sich nicht frei zu äussern in der Lage war, ihnen also niemals zeigen konnte, was sie dem Menschen sein kann. Nachdem so die Mächtigen auf Seite der Kunst gezogen wären, würden sie williger, wie bisher, ihren Einfluss zu Gunsten derselben aufbieten. So würde der Dienst, den man jetzt fälschlicherweise Richard Wagner allein zu erweisen glaubt, schliesslich als der Kunst überhaupt erwiesen sich herausstellen.

Wenn man die Bayreuther Sache eifrig fördert, so wird das schliesslich *der Kunst im Ganzen genommen* zu Gute kommen; selbst diejenigen Künstler, welche jetzt noch, in ihrer Verblendung, neiderfüllten Herzens nach Bayreuth schauen, werden das dann anerkennen. »Bayreuth« ist nicht, wie sie wähnen, dazu bestimmt, die Sonder-Künste todt zu machen, sondern der Kunst zur gewaltigsten Aeusserung zu verhelfen, so eine würdigere Ansicht von ihr überhaupt zu erwecken und dadurch auch die einzelnen Künste aus ihrer traurigen, gedrückten Lage zu befreien. —

Die Wahrheit des eben Gesagten kann erst eine längere Zeit erweisen. —

Diese Zeilen hatten einzig *den* Zweck, die schon bestehenden Patronatvereine auf die Nothwendigkeit aufmerksam zu machen, dass in der Hinsicht, die unser Titel andeutet, Etwas geschehe. Möchte es mir gelungen sein, es ihnen warm ans Herz zu legen, sich auch in dieser Beziehung kräftig zu rühren und so ihre gedeihliche Wirksamkeit zu vervollständigen!

Die Zeit kann nicht mehr allzu fern sein, wo der Meister nicht mehr sichtlich unter uns weilen wird. Die Zeit, die uns bis dahin noch bleibt, muss benutzt werden, um den *neuen Styl dramatischer Aufführungen* festzustellen; denn Wagner, der Schöpfer jener Werke, welche vorzüglich einen solchen begründen können und sollen, ist zugleich auch der Einzige, der die nöthige practische Bühnenkenntniss hat, um solches Riesenwerk durchzuführen. Die unendlich vielseitigen Erfahrungen eines langen Lebens werden ihm dabei hülfreich zur Seite stehen. Seine *persönliche* Mitwirkung bei diesem Werke ist also *unersetzlich*, weshalb denn keine Zeit zu verlieren ist. Daher ist denn nicht allein *ihm* die Erfüllung seiner Wünsche zu gönnen, sondern vor allem für *uns* ist es unendlich wichtig, dass grade die nächsten Jahre ausgiebig benutzt werden. Der neue Styl dramatischer Aufführungen soll vorerst erlernt, dann einheitlich begründet, schliesslich endgiltig festgestellt werden: darum handelt es sich. —

Es wäre ein schöner Lohn für Wagners langjährige, unsäglich mühevolle Anstrengungen, wenn er vor seinem Ende sein Werk gegen alle Wechselfälle des Schicksals gesichert sehen dürfte; er hat solchen Lohn wahrlich verdient, er gebührt ihm, ja er darf ihn fordern. — Der Meister that das Seine: thun wir, seine Jünger, nun das Unsere! —

RWG

4 Erklärung CWs, 13. 7. 1878.

[eine das Defizit von 1876 betreffende Bürgschaft F. Feustels über M. 96.000] ... daß wenn die 1/4tel jährigen Zahlungen [an die] königl. Hoftheater Intendanz in München von je Mark 2500,— bis zum Jahre 1891 nicht oder nicht pünktlich erfolgen, Herr Feustel als Zahler einzutreten hat. In einem solchen Falle übernehme ich Herrn Feustel gegenüber die Rückbürgschaft als Selbstzahlerin.

RWG

5 a Friedrich Feustel an RW, 24. 9. 1878.

Ich habe die Rechnungen p. 30. August abgeschlossen und sie sind samt den Belegen nach Mannheim an Heckel zur Revision gesandt.

Das Resultat im Großen ist:

M. 1.095 052,10 hat der Bau, Einrichtung, Kostüme etc. gekostet
    177 823,99 haben die Künstler bekommen
M. 1.272 876,09 Gesamt-Ausgabe.

Das Geld kam folgendermaßen:

M. 724 775,32 Patronat
   233 912,01 freie Beiträge
   216 152,44 Cabinets-Casse
    95 000,— Hoftheater
     5 096,32 eingen. Zinsen

M. 1.274 936,09 so daß wir am 1. September M. 2 060,— Cassabestand hatten.

RWA (bzw. Strobel III, S. XXVII)

5 b E. Heckel u. A. Engelsmann, Revision der Gesamtabrechnung für die Festspiele
von 1876. 24. 6. 1879.

11.	Conto für Aufführung der IX. Symphonie	M 12,882.80		
19.	Conto für freiwillige Beiträge		M 233,912.01	
30.	Zinsen-Conto		M 5,096.32	
43.	Unkosten-Conto	M 54,221.90		
48.	Aufführungskosten-Conto	M 179,055.55	M 1,231.56	
57.	Costüm-Conto	M 39,904.99		
62.	Inventar-Conto	M 36,122.73		
65.	K. Cabinetskasse		M 216,152.44	
73.	Patronatscheinconto		M 724,775.32	
77.	Theaterunterhaltungskosten-Conto	M 6,831.42		
79.	Hoftheater Intendanz, München	M 5,000.—	M 100,000.—	
81.	Bau & Einrichtungs-Conto	M 945,088.26		
	Cassa Conto	M 2,060.—		
		M 1281,167.65	M 1281,167.65	

Die Unterzeichneten haben das Hauptbuch über den Bau des Wagnertheaters in
Bayreuth & die Aufführung des Bühnenfestspieles »*Der Ring des Nibelungen*« mit
den Rechnungsbelegen verglichen & richtig befunden. Sowie die sich bei den Ab-
schlüssen der einzeln *Conto's* im Hauptbuche ergebenden *Saldo's* bis zur Zusammenstellung in der nebigen Bilanz verfolgt & diese Gesammtrechnung mit einem
Cassa-Vorrath von M 2060.— sagen *Zwei Tausend sechzig Reichsmark* abschlie-
ßend übereinstimmend gefunden, bescheinigen

Emil Heckel   A. Engelsmann

RWA

6 Kabinettsekretär Ziegler an Ludwig von Bürkel, 31. 8. 1882.

Es bleibt nun nichts übrig als zu lügen, daß ich mit Feustel spreche. Denn wenn ich
sage, ich tue es nicht, so habe ich offenen Skandal und kann nicht einmal mehr
meinen heiß ersehnten 1. November abwarten.

Natürlich melde ich, daß die erste Frage Feustels war, welche Garantien für Verzinsung und Rückzahlung bestünden und daß er, als ich hierüber gar keinen Aufschluß geben konnte, erwiderte, dann kann er auch kein Geld auftreiben. Wenn er
nur nicht einmal an Feustel schreiben läßt oder irgend jemand zu ihm schickt.

Noch schöner ist der weiter anliegende Brief, der mich armen schuldlosen Mann in
die Wagner-Brühe hineintunkt. Ich kann es nicht unterlassen, an Wagner zu
schreiben, da der König offenbar erwartet, daß dieser sich bei ihm entschuldigt. Ich
werde ihm halt andeuten, daß sein Telegramm zu der mir sehr leid tuenden Auffassung Anlaß gegeben habe, als ob er dem König einen Vorwurf hätte machen
wollen. Wenn Du Gelegenheit hast, Cosima mitzuteilen, daß mir die Sache sehr
peinlich ist, so tue es . . .

Bürk.

7 Ludwig von Bürkel, persönliche Notiz, 10. 1. 1900 (?).

Bayreuther Festspielschuld.

Familie Wagner zahlt noch immer am Defizit ab: 120 000 M., sind jetzt getilgt durch jährliche Raten, 100 000 M. noch zu bezahlen.

Bürk.

1 Cosima von Bülow an Hofsekretär Ludwig von Düfflipp, 5. 11. 1867

... Es ist die unsäglichste Politik, den König gleichsam dafür zu entschuldigen, wofür Er zu rühmen ist, die Protektion der Wagnerschen und mit ihr der Kunst überhaupt. Es gibt keine klassische Musik, es gibt schlechte und gute, somit ist Wagner gerade so klassisch als Weber, Mozart, Beethoven; indem man den König dafür lobt, daß er den klassischen Opern huldigt, sieht es aus, als ob seine Vorliebe für Wagner mit dem gebildeten Geschmack kaum vereinbar wäre; das ist ja Wasser auf die Mühle der Gegner! Gerade *weil* Er Wagner liebt, wird auch der König Gluck, Mozart, Beethoven lieben, nicht *obgleich*; auch klingt es unköniglich; der König befiehlt und damit Punctum; die Leute mögen sich aus den Befehlen das Facit selber ziehen.

Die Nicht-Angabe meines Mannes ... dieses Versteckspielen ist zugleich gefährlich und unwürdig; warum soll das nicht geradeheraus gesagt werden, daß diese Werke meinem Manne anvertraut sind? Wir sind keine armen Sünder, deren man sich zu schämen hat; die klassischen Sachen gehören uns ebenso gut an, als den anderen Herrschaften; der König von Bayern wird es niemals gegen Niemanden zu bereuen haben, daß er Hans von Bülow als Hofkapellmeister anstellte. — Ich glaube, daß eine einfache Angabe der Sachen wie sie sind, ohne Rühmen aber um Gottes Willen auch ohne Entschuldigungen immer das beste jedenfalls das würdigste, gemäß auch das Klügste ist. Unsere Sache ist nicht durchzuschmuggeln, sie ist durchzusetzen, und wie die Sachen einmal stehen mit dem Namen und dem Charakter, den mein Mann hat, ist dieses Durchsetzen kein so schwieriges ...
Bürk.

2 CW an Ludwig von Bürkel, 20. 11. 1880.

... Es ist meinem Manne ein unendlich wohltuendes Gefühl, an einer Stelle, wo früher gegen ihn böswilliges Verkennen herrschte, nun verständiges Verständnis und freundschaftliches Wohlwollen zu finden, und in diesem Sinne sind für uns die Zeiten viel besser geworden! Auch seine längere Unterredung mit Herrn von Ziegler war meinem Manne von größtem Werte und hat er das beruhigende Gefühl mitgenommen, daß seine Absichten und seine Gedanken ebenso unverkannt bleiben wie seine Werke, da wo es ihm so wichtig sein muß, nicht mißverstanden zu werden ...
Bürk.

3 RW an Ludwig von Bürkel, 8. 3. 1878.

... Zugleich habe ich — schüchtern — auf die gespannte Erwartung Bezug zu nehmen, in welche meine Herrn Verwaltungsräte bei dem längeren Ausbleiben eines Allergnädigsten Bescheides auf deren letzte Eingabe, das schlimme Defizit betreffend, versetzt sind, und von welcher ich herzlich wünsche, daß auch Sie, hochgeehrter Herr, etwas zur Beschwichtigung beizutragen belieben möchten ...
[Bürkels Antwort vgl. Strobel IV, Nr. 200].
Bürk.

4 CW an Ludwig von Bürkel, 25. 4. 1880.

... Die huldvolle Auffassung der Situation seitens S. M. ... stimmt durchaus mit der Ansicht meines Mannes überein. Die deutsche Reichs-Idee, welche unsere Freunde noch festhalten [vgl. Strobel III, Nr. 552 bzw. Nr. 554, S. 176, Anm. 1], ist von ihm bereits seit geraumer Zeit als völlig unfruchtbar abgetan. Er war auf sie geraten, weil der Gedanke, sein Werk und seine Sache einzig als ein bayerisches Unternehmen zu betrachten, wie es seinem Wunsche allein entsprechend gewesen wäre, S. M. ... große, ja damals übermäßig große Schwierigkeiten bereitet haben würde. Nun sind völlige Zeitläufe vergangen, manches ist geschehen Dank der kgl. Huld und dem Genie, und da S. M. die Gnade hatten, es selbst auszusprechen, daß kein anderes Protektorat sich hier gebühre als Ihr teures Allerhöchstes, so trägt mein Mann mir auf Ihnen mitzuteilen, daß er durchaus so empfindet und deshalb die Intendanz-Frage für so wichtig erachtet. Es ist ihm leider nicht möglich, einen anderen Kandidaten zu nennen, und möchte er am liebsten bei Ihnen ... anfragen, ob Sie selbst nicht eine Persönlichkeit kennten, welche die hiefür erforderten Eigenschaften besäße? Sollte dies nicht der Fall sein, so wäre vielleicht die Schrift über die Reform des Wiener Hof-Operntheaters (...) in Betracht zu ziehen und der Intendanten-Posten wenn nicht gänzlich abzuschaffen, doch bis zur Auffindung der geeigneten Persönlichkeit unbesetzt zu lassen. Der Kapellmeister mit erweiterter Macht-Vollkommenheit, einen zweiten Kapellmeister an der Seite (etwa Felix Mottl aus Wien) und ein technischer Direktor, stünde — gleichwie der Direktor des Schauspiels — unter einer ökonomischen Kontrolle, welche Sie ... als Kabinetts-Sekretär S. M. des Königs übernähmen. Gewiß ist es schwierig, jedoch scheint es meinem Manne nicht unmöglich, hier das Richtige zu finden. Das erwünschte Ziel wären nun regelmäßige Aufführungen in Bayreuth der sämtlichen Werke meines Mannes durch die Münchner Hofbühne. Diese auf einem neutralen Boden dem gesamten deutschen und außerdeutschen Publikum gebotenen Aufführungen dürften dann als Muster-Aufführungen in München wiederholt werden. Und da mit dem Patronats-Fond die Extra-Kosten der Aufführungen in Bayreuth bestritten würden, so meint mein Mann, daß keine neuen Kosten aus dieser Einrichtung für S. M. ... erwüchsen. Der Beginn dieser Aufführungen wäre im Jahre 1882 mit Parsifal.

Mit diesem Vergleich fiele auch alles weg, was von je meinem Manne peinlich gewesen, und hätte der Patronat-Verein nur noch die Aufgabe, mit Hilfe der Bayreuther Blätter die Gedanken meines Mannes auf jedem Gebiet zu vertreten und zu verbreiten und durch seine Beiträge sich das Recht der Teilnahme an den ersten Aufführungen in Bayreuth zu erwerben ...

[PS.] Sollte [es] unter diesen Umständen Ihnen ... geratener dünken, dem Vorstande in Bayreuth vorläufig keine offizielle Antwort zukommen zu lassen, so würde ich es übernehmen, die Meinung meines Mannes (gänzlich losgelöst von Anderweitigem) über die Protektorats-Frage mitzuteilen und hinzufügen, daß wir bei Ihnen um Suspension dieser Angelegenheit einstweilen gebeten hätten.

Bürk.

5 RW an Ludwig von Bürkel, 23. 8. 1881.

[vgl. RW an Ludwig II., »Zum 25. 8. 1881«, Strobel III, Nr. 557]

... Die Vorbereitungen der nächstjährigen Aufführung des Parsifal nehmen ihren ruhigen und — wie ich glaube — recht zweckmäßigen Verlauf. Ich nehme an, hierin mit nichts im Rückstande zu sein. Da mir der Besuch meines erhabenen Wohltäters von der entscheidendsten Wichtigkeit ist, ließ ich es mir vor allem daran gelegen sein, durch einen zweckmäßigen Anbau die Räumlichkeiten unseres Bühnenfestspielhauses hierfür würdig in den Stand zu setzen. Da wir für den finanziellen Punkt unseres Unternehmens immer noch so ziemlich nur auf möglichst günstige Annahmen verwiesen sind, war es mir nicht unwillkommen, daß der unternehmende Direktor A. Neumann uns um die käufliche Überlassung des ... Inventars zu den Aufführungen des Nibelungenringes, wie es sich noch im Besitz unseres Patronat-Gutes befindet, anging. War ich anfänglich durchaus abgeneigt, Herrn Neumann zu willfahren, so änderten sich meine Ansichten doch, namentlich nach Anhörung des Gutachtens des Theater-Maschinen-Meisters K. Brandt, welcher dieses Inventar bei vielleicht langjähriger Aufbewahrung in unsren provisorisch nur konstruierten Theaterräumen — für sehr gefährlich hielt und es für vorteilhafter ansah, eine — vielleicht — von mir noch nach längeren Jahren wieder aufgenommene Aufführung des Nibelungenringes, durch neue Dekorationen usw. effectuiren zu lassen. Auch unserem Verwaltungsrat war der hieraus entstehende augenblickliche Zuwachs unseres Vermögensstandes sehr angenehm ...

In diesem Augenblicke studiert der Tenorist Winkelmann in einem Nebenzimmer meines Hauses an seiner Partie des Parsifal, und er macht dies so gut, daß ich mit großer Genugtuung annehme, er werde mit Herrn *Vogl* sehr tüchtig in dieser Rolle alternieren können. Denn auf doppelte Besetzung der Hauptpartien mußte ich bedacht sein, da ich — um unsren Zweck bedeutender Einnahmen zu erreichen — auf eine möglichst starke Anzahl von Aufführungen bedacht sein muß ...

Bürk.

6 RW an Ludwig von Bürkel, 1. 10. 1882.

Mir ist bang und sorgenvoll zu Mute! Das Fernbleiben meines erhabenen Wohltäters von den Aufführungen des Parsifal (leider muß ich verstehen, daß es nicht freiwillig war!), so wie die Absicht einer Separataufführung unter den von mir durchaus nicht hoffnungsvoll betrachteten Umständen, von denen ich Kenntnis erhalten durfte, verstimmen mich in tiefster Seele. Es ist unmöglich, daß mein allerhöchster Beschützer unter solchem Bewenden den Eindruck von meinem Werke erhält, den ich mit den Bayreuther Aufführungen Ihnen bereitet zu haben glaubte. Sollte unser allergnädigster Herr aber dennoch dadurch befriedigt werden, so durfte mir leicht alles Interesse dafür ersterben, den Parsifal selbst für Bayreuth wieder aufzunehmen und weiter zu führen. Zu was diese Mühe, wenn alles so leicht ohne mich privatim abgehen kann?

Sie ließen in einem letzten freundlichen Schreiben an meine Frau durchblicken, daß Sie die Hoffnung hegten, vielleicht von Seiner Majestät zu einem Besuche von

Venedig befohlen zu werden. Wie wünschenswert, daß diese Hoffnung sich erfüllte. Vielleicht gelänge es, durch allergnädigst gestattete Mitteilungen an mich, mir manche Sorge zu benehmen. So sehe ich nicht, wie ich die Bühnenfestspiele ohne große Wagnis fortsetzen können würde, wenn mir nicht noch für zwei Jahre die großmütige Unterstützung meines erhabenen Schutzherrn durch kostenfreie Überlassung des Königlichen Orchesters und Chores zuteil werden kann. Nun verstehe ich aber das große Opfer, welches hiermit meiner Unternehmung gebracht wurde, und — mit welchem Mute soll ich dieser Opfer froh werden, wenn ich dem Allerhöchsten Spender dadurch selbst keine Freude bereiten kann? — Sie sehen, ich bin in herzlicher Beklemmung: können Sie ein tröstliches Wort melden? . . .
Bürk.

7 CW an Ludwig von Bürkel, 23. 1. 1883.

Erst gestern versuchte ich es, meinem Mann die Mitteilung zu machen, welche in Ihrem Briefe vom 20ten des Monats enthalten ist . . . Die Schwierigkeit, die sich den Aufführungen im Mai entgegenstellt, besteht in der Notwendigkeit, im Juni die neuen Dekorationen in Bayreuth zu probieren. Noch einmal läßt mein Mann Sr. M. . . . die Bitte zu Füßen legen, die Privataufführung in München des Bühnenweihfestspiels für den August zu bestimmen geruhen, wo dann Dekorationen, Kostüme und Personal in ganzer Vollendung zur Verfügung sein würden. Im Übrigen versteht es sich wohl von selbst, daß ein Wunsch Sr. M. . . . uns Befehl ist und daß wir nur hoffen, daß die wohl notwendig eintretende Verzögerung bis zum Frühjahr 84 . . . keine Verstimmung erwecken möge . . .

Bürk.

Ludwig II. an Ludwig von Bürkel. Diktate und Kabinettschreiben (1880—1883)

1 8. 5. 1880

S. M. sind nicht geneigt, viel Geld herzugeben für Hr. R. Wagner [und] für dessen Aufenthalt in Italien. Sie möchten etwas darauf bezügliches vorschlagen . . .

2 5. 10. 1881

Ebenso bestehen S. M. darauf, daß Herr Ministerialrat das Theater in Bayreuth um ein Jahr hinausschieben . . .

3 8. 1. 1882

. . . S. M. hätten im Frühjahr aufgetragen, daß Allerhöchstdieselben dies Frühjahr die Parsifal-Aufführung haben wollen. Es hat geheißen, man brauche ein Jahr zu den Vorbereitungen; da dies genau ein Jahr sei, so müsse es gehen, wenn sich Euer Hwg. darum angenommen haben. S. M. sei erstaunt, daß RW glauben kann, daß S. M. auf die Privatvorstellung der Parsifal-Aufführung auf einen Artikel in den Bayreuther Blättern hin verzichte! Dies falle S. M. gar nicht ein. —
Daß die Aufführung des Parsifal in Bayreuth zu Stande kam, hätte RW alles S. M. zu verdanken, da ihm S. M. das Orchester (p. p.) überlassen. S. M. hoffen, daß RW Allerhöchstdieselben zum allermindesten keine Schwierigkeiten macht.

4 22. 5. 1882

Das heurige Unternehmen in Bayreuth dürfe S. M. dieses Jahr nichts kosten; Euer Hwg. möchten dafür sorgen. Es sei an und für sich schon sehr viel für Herrn RW geschehen.

5 10. 7. 1882

Herr Ministerialrat möchten Herrn RW schreiben, daß er sich beruhigen solle. S. M. seien nicht wohl und gingen deshalb nicht nach Bayreuth. Er hätte geschrieben, daß dies sein letztes Werk sei. S.M.wünschen jedoch, daß er recht bald mit dem neuen beginne. Daß S. M. sich für das Werk, welches jetzt gegeben wird, viel interessierte und interessiert, dafür hätten S. M. Beweise genug gegeben. S. M. fühlen sich nicht wohl, und so wird Herr RW nicht wollen, daß sich S. M. hinbegebe.

6 30. 8. 1882

. . . (5) S. M. verlassen sich darauf, daß Euer Hwg. Herrn RW recht zu Gemüte führen, daß die Aufführung in Bayreuth nicht zu Stande hätte kommen können, wenn S. M. nicht das Orchester hergegeben hätte. (6) Euer Hwg. möchten sich recht mit dem Gedanken vertraut machen, daß S. M. nächstes Frühjahr [1883] die Vorstellung Parsifal dreimal und im November selben Jahres ein paarmal in München sehen wollen. Euer Hwg. möchten sorgen, daß alles recht gut einstudiert wird und alles genau so gut zusammengeht wie in Bayreuth . . .

7 11. 1. 1883 (?)

(Wenn) RW wegen der Separatvorstellung S. M. Schwierigkeiten macht, so entziehen Allerhöchstdieselben Hr. RW das Orchester und lassen selbes nicht nach Bayreuth.

8 Nacht vom 19. auf 20. 2. 1883

Ich erfuhr einst durch R. Wagner, daß Seine Gattin 8 Tage nach Seinem Tode sterben würde oder wolle; ich binde Ihnen auf die Seele, auf gute Art zu verhindern, daß ein Unglück geschehe. Ich baue auf Sie. —

9 25. 2. 1883 (L. Mayr an K. Hesselschwerdt)

Beiliegende Meldung senden S. M. Ihnen zum Lesen. Aus derselben gehe deutlich hervor, daß die Wagner Familie schlecht gehaust habe, und statt zu sparen, damit sie später etwas haben, hätten sie alles vergeudet. S. M. hätten nicht die geringste Lust und seien mit der Geschichte nicht einverstanden, da Geld herzugeben. Der berühmte Liszt sei der Vater der Fr. Wagner und dieser soll für seine Tochter und deren Kinder sorgen. Die Summe wollen S. M. für sich behalten. Herr Hofsekretär soll ein Almosen vorschlagen. S. M. bleiben hierauf stehen und sollen sich Herr Hofsekretär ja keine Mühe geben, diesen Entschluß ändern zu wollen!

10 (undatiertes, unvollst. Manuskript)

. . . Beiliegende Zeitung schicken S. M. Euer Hwg. zum Lesen und lassen Euer Hwg. sagen, daß es bei einem solchen Aufwand nicht zu wundern sei, daß die Familie jetzt verarmt sei und Euer Hwg. möchten Sorge tragen, daß der Familie durch Freunde und andere Leute [Anschluß fehlt]

11 Ludwig II., Bemerkungen zur Nachricht von RWs Tod. Notizen des Hofsekretärs Ludwig von Bürkel. 12. 2. 1883.

Beim Lesen der Depesche rief er: Ah! Tut mir eigentlich leid und doch nicht. War mir nicht ganz sympathisch. Sprach nur »den Bürkel wird das sehr angreifen, der schwärmt für ihn«.

III

12

Hat mir erst jüngst Schwierigkeiten mit Parsifal gemacht. — Er war ganz gleichgültig, so daß Hesselschw[erdt] ganz paff [sic] war.

Bürk.

12 Ludwig von Bürkel an Adolf von Groß, 16. 10. 1884.

... daß ich nicht mit Unrecht darauf stolz bin, einen der Größe des Meisters
entsprechenden Ton für die mannigfaltigen Beziehungen künstlerischer und
persönlicher Natur wieder eingeführt zu haben ...

RWG

1 Ludwig von Bürkel, Notizen zur Uraufführung des Parsifal (1882).

Bei der ersten Parsifal-Aufführung mußte ich mit Wagners Familie und ihm in einem rot ausgeschlagenen etwas provisorischem Lokale — es war zwischen dem zweiten und dritten Acte — soupieren.

Nach dem ersten Acte war applaudiert und dann aus Andacht gezischt worden, nach dem zweiten Acte war alles (mißverstandenermaßen) ruhig, so daß Wagner fragte, jetzt weiß ich gar nicht, hat es dem Publikum gefallen oder nicht.

Zu mir sagte er: da setzen Sie sich neben mich, lieber Freund, von dem Werk sprechen wir nichts; es ist ganz gut und manches darin, was Ihnen gefallen wird. Er sprach dann über die Aufführung: Ihr Fuchs ist auch noch recht grün; Scaria ein Temperament, dem zu Liebe allein man so etwas anhören muß. Marianne Brandt sagte zu mir: da sehen Sie her wie ich schwitze; sie soll schwitzen so viel sie will, nur soll sie mir mein Werk nicht verhunzen. Was war das: der Mutterliebe letzten Kuh. Sie soll mir mit ihrer »Kuh« vom Leibe bleiben, Kuß-ß-ß heißt es.

Die Verwaltungsräte sind Ochsen, verbieten das Applaudieren, nun weiß ich gar nicht, ob es dem Publikum gefallen hat.

Groß war der einzige, der sich sehen lassen durfte. Während des Essens . . . kam dann Groß und sagte, daß alles im Hause versammelt auf den Anfang des III. Actes warte. Wagner rief: »Die sollen nur warten, ich habe da meinen lieben Freund, mit dem muß ich noch reden« und erst nach einer guten 1/4 Stunde wurde gegangen.

Wacher Zweifel Munckers an der Produktionskraft W's. Tröstende Versicherung (objektiv und subjektiv) des Porges über überraschender Weise fortdauernde Erfindungsgabe RW's.

Bürk.

2 Ludwig von Bürkel. »Wagner« (undatiertes Ms.).

Nach meinem Amtsantritt sagte mir Hofrat von Düfflipp: Verlangen Sie nur nie mehr etwas für Wagner. Der König ist des Zahlens müde; die kolossalen Vorschüsse für den Ring des Nibelungen sind ungedeckt und außerdem ist noch ein Defizit von 100 000 M. und darüber vorhanden. Der Briefwechsel zwischen Hofsekretair u. W. hatte in der letzten Zeit (1876-77) mitunter gereizt geklungen und wurde schließlich kalt geschäftlich.

Frau Cosima ersuchte mich um eine Besprechung . . . Wir besprachen die Bayreuther Festspielverhältnisse. W. hatte ein Ekel an Bayreuth gefaßt: der Verwaltungsrat, der dem Hofsekretariate und durch dieses dem Könige und RW hundertmale durch Feustel versichern ließ, daß S. M. bei den Kosten des Rings in keiner Weise finanziell herangezogen werde, daß alles unzweifelhaft aus eigenen Einkünften gedeckt würde etc., war plötzlich verschwunden; die Herren Käfferlein, Munker, Feustel, Groß, Schön legten in aller Stille ihre Ämter nieder.

... W. den die ganze finanzielle Gebarung nichts anging, der von der Aufführung nicht nur keinen Gewinn, sondern durch vermehrte Auslagen für ein drei Monate hindurch offenes Haus mit französischem Koch den größten Schaden erlitt, wurde vom Gerichtsvollzieher bedroht. Frau Cosima wollte 40 000 frcs, ihr mütterliches Erbteil zur Defizitdeckung opfern, W. gab die ziemlich mißglückten Konzerte in London — die Not war groß.

Die Kabinettskasse hatte auf Nimmerwiedersehen circa 300 000 M. für den Bau und die maschinelle Einrichtung vorgeschossen. Direktor Brandt in Darmstadt lieferte ohne vorherige Bezahlung nicht *ein* Stück der Bühnen-Einrichtung ab und ohne die Kabinettskassen-Intervention wäre die 1876er Aufführung unterblieben.

Für diese Vorschüsse wurden Einrichtung der Bühne, Kostüme, Dekorationen, Waffen etc. Pfänder bzw. Eigentum der Kabinettskasse, da an eine Rückzahlung der ausgelegten Gelder Niemand auch nur im entferntesten dachte oder hoffen konnte.

Die Beseitigung der bestehenden Schwierigkeiten wurde meine dringendste Aufgabe, deren Lösung nur bei meiner Begeisterung für Wagner und im Interesse meines Allergnädigsten Herrn, dessen schönstes Ruhmesblatt die Errettung Ws. ist und bleibt, geboten schien. Barmittel konnte ich bei der Leere der Kabinettskasse, deren letzten Barbestand mit circa 30 000 fl sich Hofrat von Düfflipp anstatt einer Verdoppelung seines Gehalt von S. M. genehmigen ließ, nicht aufwenden; außerdem hätte ich zu einer direkten Hilfe die . . . Zustimmung nicht erhalten — es mußte indirekt geholfen werden, und zwar in folgender Weise:

RW bezog als Privatkapellmeister des Königs die gleiche Gage wie Lachner = 8 000 fl oder 13 716 M. jährlich »bis auf Weiteres«. Gleichsam als Gegenleistung gab RW seine Werke ohne Tantièmen-Forderung an die Münchner Hofbühne: nun sagte ich mir, das Hoftheater hat seine Haupteinnahmen von der Aufführung W.scher Werke, das Verhältnis des Königs zu W. geht die Hoftheater-Intendanz nichts an, sie hat von nun an Tantièmen zu bezahlen, welche zwar nicht an W. fließen, aber zur Deckung des Defizits in jährlichen Annuitäten verwendet wurden. Feustel nahm für die Kabinettskasse 100 000 M. bei der Geraer Bank auf, welche die Hoftheater-Intendanz durch Bezahlung von Tantièmen nach einem bestimmten Plane zu tilgen hatte. Für dieses Projekt war S. M. leicht zu gewinnen, Perfall mußte zustimmen.

W. von Angst und Sorge mit einem Mal befreit, bot der Münchner Hoftheater-Intendanz das ausschließliche Aufführungsrecht seines zu vollendenden Festspieles Parsifal von freien Stücken an, wenn dasselbe im Jahr vorher (1882) eine Spielzeit in Bayreuth gewesen war.

Dieses Anerbieten wurde damals nicht besonders hoch angeschlagen: Perfall fürchtete sich vor neuen Zerwürfnissen mit Wagner bei den etwaigen Aufführungen und überdies traute man dem Wagner nicht mehr zu viel Erfindungskraft zu; so begrüßte mich Porges in Bayreuth mit der fast verwundert heraus kommenden Nachricht, daß W. wirklich noch Phantasie und musikalische Gestaltungskraft besitze. Muncker fragte mich *nach* der ersten Aufführung allen Ernstes, ob das Werk wirklich gut sei und Feustel *vor* der ersten Aufführung wähnte von dem Werke, daß man es in jeder Kirche zum Gottesdienst aufspielen könnte.

Bürk.

1 Adolf von Groß an Ludwig von Bürkel, 23. 2. 1883.

... Bemerken will ich, daß Frau Wagner mich vorgestern fragte, was meinen
Sie und die Freunde von den vorbereiteten Parsifal Aufführungen; ich gab zu,
daß davon schon die Rede gewesen, daß alle näheren Freunde dafür seien, daß
man die Aufführungen nicht ausfallen lassen dürfe und daß gerade dadurch
das Andenken des teuren Meisters am besten geehrt werden könne etc. etc. Frau
W. erwiderte, Laßt mir das Grab und die Trauer, der Weiterverbreitung des
Ruhmes mögen sich die Freunde annehmen, mein Mann selbst dachte so, mir ist
Alles recht — ... Eben kommt auch meine Frau von Wahnfried und sagt, daß auch
ihr heute Frau W. vom Stattfindensollen der Parsifal-Aufführungen gesprochen
hat, so daß wir wohl annehmen dürfen, daß dies ihr fester Wille ist. Nach
mehreren Tagen will ich weiter mit Frau W. darüber sprechen, inzwischen erlaube ich mir zu fragen, ob wir eventuell die Abhaltung der Aufführungen als
unter dem Protektorate S. M. stattfindend ankündigen dürfen und ob für dieses
Jahr wenigstens die königliche Hilfe wie beabsichtigt erhalten bleibt. Die Vor-
mundschafts Angelegenheit ist noch nicht geordnet, man kennt hier das eventuell in Betracht zu kommen habende Luzerner Recht nicht und habe ich erst
darum schreiben müssen; bemerkt habe ich jetzt schon, daß wir an betr. Stelle
Wohlwollen und Entgegenkommen finden werden ...

2 Adolf von Groß an Ludwig von Bürkel, 19. 3. 1883.

... Die Verlassenschafts Regulierung ist nun beendet, die Schlußverhandlung
wird nächster Tage stattfinden; von den Kindern wurde nur Siegfried als Mit-
erbe anerkannt, Frau W. hat jedoch im Anschlusse daran die nötigen letztwilligen
Verfügungen getroffen, die so weit ich es beurteilen kann, alles möglichst aus-
gleichen werden ...

3 Ludwig von Bürkel an Adolf von Groß, Briefentwurf, (vermutl.) März 1883.

Ich bin geradezu trostlos; S. M. wollen den Gnadengehalt des Meisters einziehen
oder wenigstens reduzieren und haben mir verboten, in der nächsten Zeit wieder
mit Anträgen in dieser Richtung zu kommen. Diese verfluchten Zeitungs-Nach-
richten mit ihren Übertreibungen haben die Anschauungen Sr. M. ganz verwirrt.
Es widerspricht so ganz meinem Gefühle, Frau Cosima als Bittstellerin auftreten
zu lassen. Wenn ich mir mit Tantièmen am Hoftheater helfen könnte; aber mit
diesen soll ja vorher das leidige Defizit von '76 gedeckt werden ...
Bürk.

4 Adolf von Groß an Ludwig Bürkel, 19. 4. 1883.

. . . Ich bin diesen Morgen zurückgekommen und beehre mich Ihnen mitzuteilen,
daß ich in Paris, und zwar verhältnismäßig leicht das erreicht habe, was ich zu

erreichen wünschte. Das Aufführungsrecht für die vier älteren /:das für die neueren stand nicht in Frage:/ ist den Hinterbliebenen unseres Verewigten jetzt gewahrt und auch eine weitere bestehende Differenz konnte ich gut zum Austrage (?) bringen. Man ist der Meinung, daß in nicht sehr ferner Zeit die große Oper »Lohengrin« bringen wird. Beim Verleger wurde schon nachgefragt, ob eventuell das Material leicht resp. rasch zu beschaffen wäre. Bei den großen Preisen und dem großen Hause werden da voraussichtlich bedeutende Eingänge zu erwarten sein . . .

Bürk.

5 Adolf von Groß an Ludwig von Bürkel, (vermutlich) 1885.

Angelo Neumann hatte sich vor seiner Tournée das ausschließliche Aufführungsrecht des Ringes . . . vom Meister übertragen lassen mit der Ermächtigung, dasselbe gegen 10 % Tantieme der Cassa Einnahme und 5 % vom Abonnement, die direkt hierher an mich gehen, an andere Theaterleiter übertragen zu dürfen. Dieser Vertrag, der nach Ansicht bedeutender Juristen gar nicht anzufechten ist, gilt bis 1889. Herr Neumann ist bisher seinen Verpflichtungen gut nachgekommen, nur über einen Punkt bin ich noch nicht im Reinen mit ihm: er enthält das Werk seinem Nachfolger im Leipziger Theater-Pachte, sei es aus Rache oder sonst welchen Motiven, vor und so sehr ich mich bemühte, konnte ich das prozessual oder im Guten nicht ordnen.

Nun kommt der schlaue Herr Batz und sagt, da Neumann das Aufführungsrecht der älteren Werke für Prag (wo er eben als Direktor des Landestheaters eintritt) von Batz und Voltz entnehmen muß: Ich gebe Dir die älteren Werke nur, wenn Du Neumann mir Deine Rechte an den Ring cedierst. Neumann muß in Prag die älteren Werke haben und befindet sich in der Notlage, die von B. ausgebeutet wird.

Am 25. Juni meldet mir Batz: »Zunächst bin ich Batz gegen *Kauf* Besitzer des ausschließlichen Aufführungsrechtes des Ringes für Leipzig und werde dort meine Bedingungen machen«.

Da in dem Tournéevertrag vorgeschrieben ist, daß Neumann bei Konventionalstrafe von M 50 000,- die Aufführungsrechte an keinen anderen als an die jeweiligen Theaterleiter vergeben darf, habe ich gegen den Verkauf an Batz protestiert und gestern die Konventionalstrafe eingeklagt. Da die Tantièmen von allen Bühnen, denen Neumann das Aufführungsrecht gegeben hat, prompt und richtig an mich abgeführt werden, sind die von mir vertretenen Interessen nur dadurch benachteiligt, daß das Werk in Leipzig nicht aufgeführt wird und von dort keine Tantièmen fließen.

Separatbenefizien, von denen Batz spricht, verschafft sich Herr Neumann dadurch, daß er von Schotts Söhne alle Partituren gekauft hat und diese entsprechend teurer den Bühnen abläßt; da aber auch die Firma Schott sich dem Autor gegenüber verpflichtet hat, jeder deutschen Bühne die Partitur nicht über M 300,- zu liefern, kann N. die Aufführung durch Verteuerung der Partitur nicht erschweren.

Tatsächlich hatte Batz weder vom Meister noch von mir je einen Auftrag, sich um das Aufführungsrecht des Rings . . . zu kümmern, im Gegenteil wurde er so oft er es versuchte zurechtgewiesen.

Im Übrigen bin ich mit Herrn Batz im vollsten Kriege; der Tristan Prozeß gegen Neumann, der eigentlich gegen den Meister resp. die Hinterbliebenen gerichtet war, ist seit April ds. J. endgültig von Batz verloren; in allen Instanzen ist festgestellt, daß Voltz und Batz keinerlei Recht an Tristan und Isolde haben, trotzdem aber fällt es Herrn Batz nicht ein, die zurückgehaltenen Gelder für Tristan auszuliefern oder sonstwie das Urteil anzuerkennen, nach wie vor vergibt er das Aufführungsrecht . . . Da sich außerdem Batz verschiedene Unregelmäßigkeiten hat zu Schulden kommen lassen . . . muß ich nun gegen ihn klagen . . .

Die Differenz Neumann/Batz kommt mir um so ungelegener, als ich eben Gelegenheit hatte, Neumanns Rechte auf sehr einfache Weise zurückzuerhalten.

Bürk.

6 Carl Wilhelm Batz an Ludwig von Bürkel, 4. 7. 1885.

. . . Hat Se. Majestät das Eigentumsrecht an dem dramatisch musikalischen Werk »Der Ring des Nibelungen« *aufgegeben zu Gunsten Wagners* bzw. seiner Relicten zur Zeit da Sie noch im Kgl. Kabinett fungierten oder wissen Sie, ob dies später geschehen ist?

Es schwebt nämlich ein Unstern über dieser Angelegenheit Wagners. Ich habe als sein Cassierer in bezug auf die älteren Werke und die . . . [?] bei den Bühnen, sowie als Generalbevollmächtigter jede Aktion betr. Nibelungen abgelehnt — weil ich die Legitimationsfrage nicht beantworten konnte. — Jetzt hat der Impresario Angelo Neumann, dem Meister W., entweder für seine Impresa oder generell, was aber nicht wahrscheinlich ist, das Aufführungsrecht Dritten übertragen ([Anm. A. v. Groß]: »Ist nicht wahr«) — und steckt Benefizien *für sich* dabei ein — und bezüglich meiner Vaterstadt Leipzig auch mir als Zwischenglied, welches ich mir vorstelle, weil der direkte Verkehr der Kontrahenten den Vertragsabschluß erschwert. Da kommen aber die Bayreuther (. . .) und sagen mir: der Neumann darf das nicht und so drängt alles zu einem Kriminalprozeß, den ich aber als Hüter des Autorrechtsprinzips gern vermieden sehen möchte; ebenso liegt es mir im Blute, der Tendenz des Urhebers nach die Erben direkte Nutznießer der Produktion werden zu lassen soweit meine Hand reicht! ([Anm. A. v. Groß]: »Ist vollständig der Fall«).

. . . danach belehrt, ob Wagners Erben bzw. Wagner in optim. Form in die Verfügungsfreiheit über sein Opus »Nibelungen« zurückversetzt worden ist.([Anm. A. v. Groß]: »Geht Herrn Batz gar nichts an«) da ich andernfalls mich zurückziehe, selbst wenn dadurch Leipzig eine neue Vorführung des Werkes nicht veranstalten kann . . .

Bürk.

7 Adolf von Groß an Ludwig von Bürkel, 10. 7. 1885.

... B[atz] hat keinerlei Recht, sich um diese Frage zu kümmern und nur die
Absicht, mir Schwierigkeiten zu machen, er hat darin seit zwei Jahren schon
Unglaubliches geleistet. Da B. sehr unverfroren, um nicht mehr zu sagen, vorzu-
gehen pflegt, bin ich überzeugt, er wendet sich auch noch in einer Eingabe an
den König. Da ich das vermieden haben möchte, bitte ich ergebenst um Ihren
Rat . . .

Bürk.

Chronik der Jahre 1893-1924. Aus Briefen Adolf von Groß an das Haus Wahnfried.

1 an CW, September 1887

... Sind die Meistersinger inszeniert, dann sind wir zunächst fertig, wir haben
drei Werke, die wir mit wenigen Kosten wiederholen können und die uns finanziell so kräftigen dürften, daß wir auch zum Tannhäuser gelangen ...

2 an CW, Herbst 1887

... Ich vermeine viel zu kennen, was Dich bedrückt und habe nie etwas sehn-
licher gewünscht, als Dir besser dienen zu können und dienen werde ich Dir so
lange Du es wünscht ... Er [Winkelmann] allein wolle den ... Stolzing singen
[und] verlange 8 400 M. Entschädigung, ebenso wie Reichmann. Bei der Höhe
solcher Summen können wir nicht bestehen und es müssen Maßregeln dagegen
getroffen werden ...

3 an CW, 1890

[auf die Nachricht einer geplanten Tannhäuser-Neuinszenierung in Dresden]
... rechtlich dagegen nichts zu machen. In Berlin würde man ja so anständig
sein und ein eventuelles Verbot berücksichtigen, nicht aber in Dresden, wo man
gar nicht zu fragen braucht, da in den Verträgen der Vierziger Jahre schon
eventuelle Umarbeitungen, Ergänzungen vorgesehen sind. Du mußt Dich mit der
Tatsache trösten, daß Du hier viel Vollkommeneres herausbringst und offen-
barst ...

4 an CW, 30. 4. 1893

[Adolf von Groß als Vormund SWs] ... Deine Frage und Sorge wegen Heirat ...
er müsse klug sein, dürfe sich in keiner Weise binden oder irgendwie vergeben; ich
habe in drastischster Weise alles Mögliche vorgebracht, S. hat es ruhig aufgenommen und mir die bündigsten Versicherungen gegeben ...

5 an CW, 6. 9. 1893

... höchst widerlich ist das Geschreibsel in den Münchner Blättern, die Neuesten
plädieren für Erbauung eines Festspielhauses für die Werke. Alles fällt in den
Chorus ein. Niemand denkt aber siegestrunken daran, daß man auch das Aufführungsrecht der Werke für das Haus besitzen müßte ...

6 an CW, 6. 10. 1893

... Die Lage ist so, daß wir sicher nicht durch die Münchner Heldentheater zu leiden haben werden ... Ich habe allerwärts sehr gebeten, möglichst zu verbreiten, daß keinerlei Gemeinsamkeit zwischen München und Bayreuth besteht ...

7 an CW, 17. 10. 1893

Possart will nun warten, ob Neumann das Werk [Parsifal] in 2 Jahren zu geben in der Lage sein wird, dann wolle er auch mit herausrücken, sonst würden ihn die Münchner umbringen; gerne hätte ich geantwortet, da läge so viel nicht daran, da man aber doch nicht so dreist sein darf, habe ich ihm schon jetzt den Rechtsstandpunkt klargemacht und das entschiedenste Vorgehen in Aussicht gestellt ... Herr P. will nur Reklame und Kassenerfolge. Alles andere läßt ihn kalt, es ist schwer mit ihm zu verkehren, seine Mundfertigkeit ist zu groß ...

8 an CW, 26. 9. 1894

... Was unsere letzten Festspiele anbelangt, so war deren geschäftliche Durchführung äußerst schwer. Daß ich das auch zur Schau getragen habe, bedaure ich, ich lasse mir sehr gerne helfen und habe gerade in diesem Jahr für Kräfte gesorgt wie nie vorher, bin aber trotz aller Vorsicht auf's gründlichste hereingefallen; ... ich werde das nächste Mal noch vorsichtiger sein und mich bei Zeiten umtun. Über dies und anderes hatte ich mir schon vorgenommen im Laufe des Winters zu sprechen, ich werde dann auch das berühren, was mich besonders bedrückt hat und was die Veranlassung meiner ab und zu gedrückten Stimmung war ...

9 an CW, 16. 1. 1896

[betr. den Bau des Münchner Prinzregententheaters] ... Das Ministerium — vor allem Riedel — [hat] entschieden, nichts zu tun ohne Deine Genehmigung, und um es gerade zu sagen, ohne Vorteil für Euch. Das Aufführungsrecht Parsifal spielt mit ... [es soll] zu Eurem Schaden nicht länger auf Bayreuth beschränkt sein ... Bayreuth soll selbstverständlich immer gehalten werden, dem Regenten liege daran sehr viel etc. Possart sei nur hingehalten, mit der Sache nicht in die Öffentlichkeit zu treten, die er eventuell auch ohne Einverständnis mit Bayreuth durchführen würde.

Du weißt nun ungefähr, was kommt, und nach meiner Ansicht kann ein Theater nach Semper oder sonstwie gebaut werden, die Aufführungsrechte können ohne Eure Genehmigung in jedem neuen Hause resp. einer zweiten Stätte in München nicht ausgeübt werden ...

10 an CW, 17. 11. 1897

[betr. den nicht zur Ausführung gelangten Plan eines neuen Opernhauses für Paris, das in wesentlichen Einrichtungen dem Bayreuther Festspielhaus angeglichen werden sollte. Die Eröffnung war mit einer Aufführung des Ringes für das Jahr 1900 vorgesehen.] ... entsteht die Frage, ob es wenigstens in der ersten Zeit nicht uns hier Abbruch tun wird, wenn unter annähernd äußeren gleichen Verhältnissen die gleichen Werke in Paris zur Aufführung gelangen. ... sicher wird es eine Menge oberflächlicher Leute geben, die lieber nach Paris als hierher kommen werden, wenn sie daselbst das Gleiche zu haben vermeinen werden. Anderseits glaube aber ich ganz sicher, daß Bayreuth schon so festen Boden gewonnen hat, daß es durch etwaige Aufführungen des Ringes in dem projektierten Hause nicht gefährdet werden kann. Der materielle Erfolg würde für Euch ein großer sein ...

11 an Eva, 8. 12. 1899

... Die offizielle Antwort Bayerns steht noch aus. Das Reich und Preußen scheinen die Aufführungsrechte 50 Jahre schützen zu wollen, obwohl viele Opponenten da sind. Auf Bayerns Entschließung kommt viel an, wie man mir sagte ...

12 an CW, 4. 4. 1901

... Dein Vorwurf etwas mangelnden Leichtsinns betr. habe ich ja andeutungsweise schon manchmal vernommen; wenn es mir ja auch lieber ist als der gegenteilige Verdacht, so kann ich doch nicht umhin, ihn nicht ganz begründet zu finden. Aber wie Du willst, meine Edle, so soll es sein ...

13 an CW, 12. 9. 1901

... Deine Schlußbemerkung, Du würdest nie mehr den Mut haben, mir einen Vorschlag zu machen, hat mich aufs tiefste betrübt. Meine Edle, ich bitte Dich, glaube mir, Ihr unterschätzt das, was mit der Verwaltung zusammenhängt, es ist vieles nicht so einfach und mit dem Billetverkauf ist es nicht abgetan ... bemüht, Leute heranzubilden, ohne Erfolg. Mit Herrn Schuler, der immer noch der beste bisher ist, würde ich es riskieren, er wird aber schon aus dem Grunde viel zu wenig Autorität haben, weil ihn z. B. Fidi [SW] nicht mag. Ich bitte Dich ferner, stelle die Frage nicht so, glaubst Du voran gehen zu müssen, ich werde folgen ...

14 an Eva, 7. 2. 1902

... gratuliere ich sehr zu Franzens [Beidlers] Erfolg, er hat gezeigt, daß er etwas leisten kann und das Urteil Mama's hat sich bewährt. Er hat es nicht leicht gehabt und doppelt erfreulich ist, daß der Erfolg ein so guter wurde ...

15 an Eva, Sept. 1902

... F. v. Schön ist nicht ernst zu nehmen, darüber grämt Euch nicht, er will auf
alle Fälle eine Rolle spielen und denkt mit zweideutigen Bemerkungen zu imponie-
ren und etwas zu erreichen ...

16 an CW, 7. 10. 1902

[betr. die Besitzverhältnisse in Wahnfried nach 1883] ... nach der damaligen
Lage der Dinge mußte eine gerichtliche Auseinandersetzung stattfinden und da
wurde entschieden, daß Du und Fidi [SW] zu gleichen Teilen der Erbe Wahnfrieds
bist. So daß einst Fidi der Besitzer der ganzen einen Hälfte sein wird (die ihm gesetzlich zugesprochen ist) und von der Dir zugehörigen Hälfte wird jedes der fünf
Kinder ein Fünftel erhalten. Fidi soll außerdem Wahnfried mit seinen Schätzen
[und] das Festspielhaus mit dem Fonds erhalten. Rechnerisch ausgedrückt würde
die Verteilung so zu erfolgen haben, daß Fidi sechs Zehntel [und] jede der vier
Töchter ein Zehntel des Kapital-Vermögens erhalten. Bei Lullu [Daniela] und
Boni [Blandine] hat außerdem [das], was sie von ihrem Vater erhielten in Abzug
zu kommen ...

17 an CW, 25. 10. 1903

... Strecker hat wohl die Aufführungsbeschränkung auf dem Titelblatt [der sog.
»kleinen« Parsifal-Parituraisgabe des Schottverlags] erwähnt, nicht aber in so
bestimmter Form als auf der großen Ausgabe; ganz weggelassen auf der kleinen
ist das Verbot des Abschreibens und das Ausschreiben der Stimmen, und schließlich wurde die Ausgabe ohne Revers verkauft. ... Ein Prozeß gegen Schott's Söhne
wird wohl aussichtslos sein, ich grüble und grüble und finde keinen Angriffspunkt,
denn der Verlag beschränkt die Ausgabe der Partitur in keiner Weise. Der Vertrag, den Strecker selbst s. Z. verfaßt [hat], beschränkt das Verlagsrecht in keiner
Weise und von Partitur-Herausgabe ist nichts erwähnt. Wir haben schon im Jahre
1884 dagegen vergebens protestiert ...

18 an CW, 29. 10. 1903

... die Reverse bei Partiturhinausgabe habe ich im November 1883 veranlaßt,
nachdem die Fa. Schott diese Forderung annahm und als Gepflogenheit bis zur
Ausgabe der kleinen Partitur durchführte ... möglich, daß der Richter entscheiden
wird, daß die Gepflogenheit nicht einseitig aufgehoben werden darf ...

19 an CW, (?) 1903/04

... der Parsifal-Vertrag mit Schott unterlag schon ... 1884 einer gutachterlichen
Beurteilung ... damals handelte es sich allerdings nur um das Konzertauffüh-

rungsrecht des ganzen Werkes. Damals konnte ich als Beweis anführen, daß durch mündliche Besprechungen eine Einschränkung dieses Aufführungsrechts erfolgt sei. Aber heute nach 23 Jahren [1881 datiert der Vertrag] wird es unmöglich [sein], den Beweis zu führen, daß mündliche Besprechungen die Partiturausgabe beschränkt haben ...

20 an CW, 29. 9. 1904

... daß ich im Jahre 1894 gewünscht habe, Fidi möge die Festspielzeit hindurch um mich sein, um das ganze Getriebe mit allen Variationen kennen zu lernen. Du hieltst es nicht für anwendbar, mir kommt es heute noch vor, daß Dein Wunsch eine Berechtigung hatte in Fidis Interesse. Auf die Ausführungen bezüglich einer Änderung der Beziehungen werde ich in den nächsten Tagen zurückkommen ... Wir sind aufs Publikum angewiesen und dürfen nicht alles ignorieren ...

21 an CW, (?) 1904

... Wenn ich Euch recht weiter dienen soll, muß ich doch auch meiner Meinung Ausdruck geben; meine Beschäftigung läßt mich manches nüchterner sehen und den Enthusiasmus nicht so aufkommen; da wir ja auf den praktischen Standpunkt auch mit angewiesen sind, halte ich es für richtig, daß in Eurem Rate auch die weniger enthusiastische Seite mit vertreten ist. (Ich füge mich aber Eurer gegenteiligen Meinung für die Zukunft). Aber ich habe nie gewünscht, daß ich vorne stehe, ich glaube, meine Vergangenheit muß bezeugen, daß ich mich und mein Wesen niemals vorgedrängt habe. Ich, der ich meist in trockenster Prosa schwelge, kann mich manchmal höheren Gedankenflügen nicht anschließen und von diesem Standpunkt mußt Du, oder vielmehr, ich bitte Dich, daß es so sei, meine ev. Einwendungen annehmen. Von fremden Stimmen lasse ich mich sicher nicht leiten, diese Eigenart habt Ihr hoffentlich nicht bei mir entdeckt ...

22 an CW, 2. 5. 1905

... Ich erlaube mir zu wiederholen, daß ich nicht glaube, daß wir Kniese auch nur einigermaßen in einer Person ersetzen können. Franz [Beidler] ist ja der Berufenste und wäre ja sicher der Nächste, an den man denken soll; es ist ja überhaupt noch fraglich, ob Franz und Loldi das Amt K's übernehmen würden, ich glaube, man müßte zuerst in Ruhe die Frage mit dem Ehepaare besprechen und eventuell gleich Bedingungen stellen ...

23 an CW, 17. 11. 1906

... in dem Konflikt mit Deinen Colmdorfer Kindern ... habe [ich] mir erlaubt, offen und ehrlich zu sagen, wie ich darüber denke und wie allmählich sich wieder

ein einigermaßen guter Friedenszustand herbeiführen lassen könnte. Du warst so
gütig mir zu sagen, daß Du ganz dieselbe Ansicht teilst . . . Seit Meran hat sich nun,
wie die verschiedensten Korrespondenzen ergeben, manches verändert, ich denke
nicht daran zu verkennen, daß man über alle Dinge verschiedenerlei Ansicht sein
kann . . . Ich trete bescheidenst zurück, und nur da ich im vorliegenden Fall vielleicht mit Unrecht eine Schwierigkeit erheblicher Art für möglich halte, bitte ich es
mir nicht zu verargen, wenn ich mich dann eventuell verwahre, Euer Berater gewesen zu sein. In dem langen Brief an Marie [Groß] hast Du, wie ich höre, erwähnt, Du habest bisher nur immer meinem Rate gefolgt und nur deshalb glaubte
ich den Vorbehalt machen zu müssen . . .

24 an Eva, 29. 4. 1910

. . . Die Schutzfrist-Angelegenheit steht so traurig als nur möglich . . . ich sprach
auch mit Graf Crailsheim, vor 8 Jahren als er noch am Ruder war, hat Bayern im
Bundesrat dafür gewirkt, jetzt ist's anders . . .

25 an Eva, 9. 2. 1911

. . . erklärt Freund Chelius, daß der Kaiser einzig in bezug auf seine Hoftheater
angegangen werden könnte und da sicher eintreten würde. Privat- [und] Stadttheater könnten nur durch eine gesetzliche Verordnung im Zaume gehalten werden und eine solche könnte zur Zeit *nicht* erreicht werden . . .

26 an Eva, 21. 2. 1911

. . . muß ich fast vermuten, daß Ihr mich für den haltet, der der teuren Mama
lästige Angelegenheiten zubringt; ich kann mich da frei von jeder Schuld sprechen und wenn Ihr glaubt, es sei förderlich, werde ich mich so selten wie möglich
machen . . .
RWA

27 Adolf von Groß an SW, 8. 2. 1924.

. . . Über fünfzig Jahre bin ich nun für Eure Interessen nach allen Richtungen eingetreten und ich darf mir wohl sagen nicht ohne Erfolg. Bis vor ungefähr zwei
Jahren, als Du, *ohne mich aber irgendwie zu verständigen,* mit Deiner Gattin an-
fingst, selbst in geschäftliche Dinge einzugreifen, war ich in der Lage . . . Rechenschaft abzulegen durch Vorlage von Jahresrechnungen . . . deren Einnahme- und
Ausgabeposten durch Belege ausgewiesen waren.
. . . Ein richtiges Bild geben diese Abrechnungen [für 1922 und 1923] keineswegs,
die meisten Eingänge *wurden von Euch selbst vereinnahmt, wurden nicht bei der*

Bank einbezahlt und sind mir auch ebenso wie ihre Verwendung gar nicht bekannt gegeben worden.

... Den unter meiner Verwaltung entstandenen Festspielfonds habe ich bis jetzt noch unter meiner Obhut im Depot bei der Vereinsbank, bei jeder möglichen Gelegenheit habe ich Dir darüber berichtet, ohne ein Interesse an den von mir gewählten Anlagewerten zu bemerken.

Im Laufe des letzten Sommers hat sich der Fonds durch verschiedentliche Spenden namhaft vermehrt; als ich zu entsprechender Anlage schreiten wollte, mußte ich vernehmen, daß Du, ohne daß ich davon erfuhr, Herrn Schuler beauftragt hast, spekulative Werte dafür anzuschaffen.

Daraufhin habe ich mich nicht weiter um den Fonds bemüht und stelle Dir den Depositenschein der Bank zur Verfügung.

Erwähnen will ich nur, daß bisher nie ein Verlust entstanden ist und daß der Fonds eine anständige Verzinsung lieferte.

Bis zum Herbst haben unsere Anschauungen über nächstmalige Festspiele übereingestimmt; als Du mir dann mitteiltest, daß Du Dich endgültig für 1924 entschieden hättest, habe ich meiner Meinung dahin Ausdruck gegeben, daß ich es für gänzlich unmöglich halte, daß Du unter den obwaltenden Umständen Aufführungen in diesem Sommer hinzustellen vermagst, die auf dem gleichen künstlerischen Niveau stehen, wie alles was wir bisher geleistet haben ... Als Dein ehemaliger Vormund bitte ich Dich sehr zu beherzigen, daß die Durchführung der Festspiele nicht ohne eine feste umsichtige Verwaltung weiterhin erfolgreich sein kann.

RWG

1 CW an Adolf von Groß, (undatiert)

... Die Korrespondenz mit Th. Uhlig erstreckt sich vom Jahr 1849-52. Sie enthält ungefähr 90 Briefe, welche ihrem unpersönlichen Gehalte nach die in den Kunst-schriften des 2ten Bandes der »Gesammelten Schriften« ... ausgeführten Gedan-ken in bedeutender Weise kund geben. Persönlich aber bringt sie das Allerintimste. Aus beigefügtem Briefe aus dem Jahre 1878 ist zu ersehen, daß niemals nur an die Möglichkeit der Veröffentlichung solcher Briefe gedacht wurde.

Die Korrespondenz wurde vornehmlich deshalb im Jahre 1883 angekauft, um sie vor der Veröffentlichung zu schützen. Bereits in den ... [von] Zeitungen veröffent-lichten Briefen erscheinen Mitteilungen, welche Zartgefühl und Ehrfurcht vor dem Andenken auf das empfindlichste verletzen ...

RWG

2 CW an Adolf von Groß, 30. 4. 1893

Die Briefe, die Oesterlein besitzt, sind Autographe. Niemals gibt er seine Quellen an. Er ist überhaupt schlau und ist jetzt bereits im Vorteil mit dem Comité. Es kann *diese* Angelegenheit wiederum nicht klug und nicht energisch genug angegriffen werden. Vielleicht verhilft sie uns zu dem Besitz der Briefe, von denen leider ge-wiß bereits Abschriften genommen wurden ...

RWG

3 CW an Adolf von Groß, 4. 9. 1891

... Levi bat mich um die Enthebung von der Direktion des Parsifal. Du wirst es nicht sehr männlich finden. Ich habe ihm erwidert, daß weder er noch ich — Wir! befugt seien die Dinge zu ändern, wir müßten uns gegenseitig ertragen, ich bäte ihn das mit mir zu tun, wie ich das herzlich gerne mit ihm täte. Mit diesem Stamm, mein lieber Adolf, bleibt es ein ewiges Elend ...

RWG

1 Der Verwaltungsrat der Bayreuther Festspiele und Vorstand des Bayreuther Patronatsvereins an Ludwig II. Entwurf von F. Feustel. (vermutl.) 1880.

Ew. Majestät haben ... so bedeutend beigetragen, daß man in deutschen Landen sich längst gewöhnt hat, in Ew. Majestät den eigentlich idealen Protektor dieses Bühnenfestspielhauses und der Festspiele selbst zu verehren.

... da vor allem die festliche Aufführung des »Parsifal«, wiederum durch Königliche Huld, nunmehr in nähere Aussicht gerückt erscheint, so glaubte der ... Verwaltungsrat der Bühnenfestspiele und Vorstand des Patronat-Vereines Ew. M. heute mit der ehrfurchtsvollen Bitte nahen zu dürfen: ... das ideale Protektorat in ein formales und öffentliches zu verwandeln. ... Es erschien aber der neuerdings gebildeten »Vereinigung der Vertreter des Patronat-Vereines«, welche die Vermehrung der allgemeinen Teilnahme für Bayreuth mehr agitatorisch anzustreben beabsichtigt, als zwecksprechend und nutzbringend, wenn außer und nach diesem alleinigen und höchsten Königlichen Protektorate, an zweiter Stelle, ein weiteres, allgemeines Fürstenprotektorat für eine fernere ... künstlerisch praktische Unternehmung: nämlich eine nationale Stylbildungsschule deutscher musikalischer und dramatischer Kunst überhaupt, geschaffen werden könnte ... Zu diesem allgemeinen Schulprotektorate würde sich das darüber stehende besondere Ehrenprotektorat über Festspielhaus und Festspiele ebenso verhalten, wie das bereits gegenwärtig verwirklichte Festspielhaus selbst zu der für künftig geplanten Schule. Das Festspielhaus ist gleichsam das vorhandene und bleibende Bundesheiligtum einer idealen Zukunftsgemeinde, oder die erreichte und gesicherte Akropolis einer zu erhoffenden, aber erst allmählich zu erbauenden, nationalen Kunstpflegestatt ...

Bürk.

2 Ludwig von Bürkel, Notizen nach einer Besprechung mit CW, 2. 1. 1880.

I. Übernahme des Protektorats für Stilübungs Schule in Bayreuth. Großherzog von Mecklenburg-Schwerin eventuell bereit.

II. Alternativer Wunsch — Anbau eines Studier-Zimmers und eines Arbeitszimmers —. Erziehung nach Wilhelm Meister — »ich bin begierig wie dies ausfällt — hoffentlich gut« ...

Bürk

3 Adolf von Groß, Rundschreiben des Verwaltungsrates, 2. 3. 1883.

Werte Freunde!

Der Gesundheitszustand der ... Gattin unseres teuren Verblichenen hat sich in den letzten Tagen etwas gebessert, die Teilnahme für die Umgebung und für alles, was den Verklärten betrifft ist im Wachsen, und wir dürfen nun mit mehr Mut und Hoffnung in die Zukunft blicken. Was nun die Aufführungen anbelangt, so hat sich vor einigen Tagen Gelegenheit gegeben, den Willen der Edlen zu erfahren und der geht dahin, daß die vorbereiteten Aufführungen in größter Pietät als Gedenkfeier d. teuren Dahingeschiedenen abgehalten werden sollen. —

S. M. unser erhabener der Sache unseres Meisters treu gesinnter König geruhte zu bestimmen, daß uns zunächst für dieses Jahr die gleiche Unterstützung durch kostenfreie Überlassung der Chor- und Orchesterkräfte zuteil werde, und so habe ich nun die unterbrochenen Vorbereitungen wieder aufgenommen und suche mit allen Kräften und größter Hingebung mich der weiteren Entwicklung zu widmen ... Für jede freundliche Mithilfe und Unterstützung werde ich dankbar sein ...

RWG

4 Julius Kniese an Carl Friedrich Glasenapp, 22. 4. 1883.

... Die Festspiele — lassen Sie mich praktisch reden — haben reüssiert, so lange der Meister lebte und persönliche Anziehungskraft war. Vielleicht geht es in diesem Jahre noch, dann aber nicht mehr. Das ist auch die Ansicht des Verwaltungsrates. Und weiter: sollen die Festspiele eine Filiale der Münchner Oper werden ? ... Niemand außer Brandt auf der einen, Liszt und Bülow auf der andereen Seite hat die Autorisation zur Fortsetzung der Festspiele.

... muß ich mir die Idee der Schule mit der Erhaltung der Festspiele in engste Beziehung bringen. (Bülow erwähne ich Ihnen erst jetzt, wo ich aus Leipzig höre, daß H. v. Wolzogen mit ihm wegen Lösung der Bayreuther Fragen in Verbindung steht. Er ist der hervorragendste aller »Wagnerianer« unter den Künstlern, wenn auch von ihm nach dem persönlichen Bruche mit dem Meister die widersprechendsten Dinge bekannt geworden sind, die aus innerer Zerrissenheit unschwer zu erklären sind.) ...

Der Großherzog von Weimar ist sein Schirmherr [betr. den Allg. Deutschen Musikverein], Liszt Ehrenpräsident, Präsident Prof. Riedel in Leipzig. Dieser Verein hat ein ziemliches Vermögen und eine große Mitgliederzahl. Er müßte das Bayreuther Erbe antreten und sich dadurch lebensfähig erhalten, was er in nicht allzuferner Zeit sonst nicht mehr sein würde. Seine üblichen Musikfeste würde ihm alle 2 oder 3 Jahre die B[ayreuther] Schule in B. arrangieren, um — ganz im Sinne des Meisters — die großen Werke der von der Bühne unabhängig schaffenden musikalischen Künstler der Vergangenheit und Gegenwart lebendig zu machen und zu erhalten, während abwechselnd damit ebenso alle 2 oder 3 Jahre die Bühnenfestspiele als Resultat der Stylstudien aus der Schule herauszuwachsen hätten. Liszt und Bülow würden den übrigen Lehrkörper heranziehen ... Warum soll ich Ihnen verschweigen, daß ich hoffte, ich möchte ihm [RW] der werden, dem er die dramatisch-musikalische Seite der Ausführung seiner Werke anvertrauen könnte? ...

RWG

5 Zur Gründung einer »Richard Wagner Stiftung«, 1884 (Flugschrift)

... 1. Zweck der RW-Stiftung ist die Realisierung in Bayreuth *aller* jener Projekte, deren Verwirklichung in Bayreuth RW selbst angestrebt hat und die in seinen Schriften niedergelegt sind ...

3. Alle Anschaffungen für Bayreuth, die einen dauerhaften, permanenten Charakter haben, werden als Kapitalanlage betrachtet ... Hierunter verstehe ich zunächst: die *Inszenierung* der in Bayreuth zu gebenden Werke; sodann der event. Ankauf

des Theaters; der Ankauf von irgendwelchen Rechten in bezug auf Aufführungen von Wagners Werken etc . . . Diese Anschaffungen sind also und bleiben *Besitz der Stiftung* . . . Der Stiftung bliebe es aber also *verboten, sich an den laufenden Ausgaben zu beteiligen!*

4. Für alle solche dem jetzigen Unternehmen geleisteten Dienste würde die Stiftungskommission ein Recht der *Ingerenz* fordern, und zwar:

a) in geschäftlicher Beziehung; Revision der Bücher, beratende Stimme bei den Ausgaben, etc.

b) in künstlerischer Beziehung: einen Einfluß auf das *Ganze* der Aufführung, (da wir bezwecken, daß dieselben nicht nur auf jetziger Höhe bleiben, sondern dem noch entfernten Wagner'schen Ideale sich nähern sollen), sei dies durch Mitwahl der Regie, oder sonstwie zu verwirklichen; eine beratende Stimme bei der Wahl der Künstler, etc . . .

5. Die Zinsen . . . wären derartig anzuwenden, daß man nach und nach durch Preisermäßigung etc. Bayreuth immer leichter zugänglich zu machen suchte, wogegen man dem Verwalter des Betriebsfonds für seine diesbezüglichen Konzessionen gegen ein bestimmtes Defizit *garantierte.*

Alle solche Ermäßigungen etc. wären *zuerst* als Begünstigungen für die Mitglieder des ARWV zu verlangen, so daß wenn auch nach und nach das große Publikum von ihnen profitierte, die treue Wagner-Gemeinde, die Gründerin der Stiftung, sich doch immer in einer privilegierten Lage befände.

6. Als ferneres Ziel hat die Stiftung die Verschmelzung ihrer selbst mit dem augenblicklichen Betriebsfonds und Unternehmen zu erstreben. Mit dem Augenblicke würden . . . der verwaltenden Kommission der Stiftung alle Rechte zukommen, die einer sonstigen Theaterdirektion eigen sind . . . Namentlich würde die Kommission mit den Wagner'schen Erben Verträge abschließen können in bezug auf »Tantiemes« für im Bayreuther Festspielhaus aufgeführte Werke von RW . . .

Obiges ist natürlich sehr skizzenhaft und ich habe absichtlich alles ausgelassen, worüber ich meine, daß es keine Meinungsverschiedenheiten geben wird . . .

So meine ich unter anderem, daß wenn das nicht-deutsche Ausland sich an der Stiftung in einem irgendwie nennenswerten Maßstab beteiligt, es wohl ratsam wäre, dem nicht-deutschen Auslande in der Kommission eine Stimme zu geben . . .

Ich möchte auch ausdrücklich erwähnen, daß wenn ich mich oben trockengeschäftsmäßig ausgedrückt habe, dies nicht im Mindesten irgendeinen Antagonismus gegen die jetzige Leitung der Bühnenfestspiele verdecken soll. Im Gegenteil, ich meine wir können nie genug dankbar sein für die aufopfernde und intelligente Leitung, der wir die schönen Festspiele von 83 und 84 verdanken . . . Die Stiftung kann zunächst nur entstehen als *Hilfe* für das schon Bestehende.

. . . ich hoffe und glaube, daß derselbe Mann, der mit solcher Energie und Umsicht den Betriebsfonds verwaltet, auch in der Tat *an der Spitze der Stiftung* stehen wird. Anstatt irgendeiner . . . Opposition, (wie sie, hoffe ich, auch nirgends existiert), müssen wir im Gegenteil streben, von vornherein den Herrn Gross auf unserer Seite zu haben. Ich hoffe sehr, daß Herr Gross in der Kommission die *zwei* Stimmen der Familie *und* des Verwaltungsrates haben wird.

6 Statuten-Entwurf für eine »Internationale RW-Stiftung«, (vermutl.) 1884.

Zweck der Stiftung: § 1 ... [die] dauernde Erhaltung des Festspielhauses ... als
Stätte für mustergültige, stylvolle Aufführungen der ... Werke RWs, der periodischen Veranstaltung dieser Aufführungen in der von RW begründeten Form außer-
ordentlicher Bühnenfestspiele, in der Folge: die Erweiterung dieser Festspiele
durch stylreine Wiedergabe original deutscher musikalischer und musikalisch-
dramatischer Werke auch anderer Meister und als letztes Ziel: die Verbindung der
Festspiel-Aufführungen mit jener schulartigen Institution, welche RW in seinen
letzten Lebensjahren zum Zwecke der Feststellung und Bewahrung des richtigen
Styles der aufzuführenden Meisterwerke, zu erreichen gedachte ...

RWA

7 Adolf von Groß an Carl Friedrich Glasenapp, 19. 1. 1885.

[betr. die von der Münchener Generalversammlung der RW-Vereine vorgelegten
Satzungen einer »Festspiel Stiftung«.] ... Abgesehen davon, daß dieser Entwurf
vom praktischen Standpunkt aus eine ... Kritik nicht vertragen kann, bezeugt
[derselbe] so ein Nichtverständnis des Standpunktes, den einzig man in Wahnfried
selbst einnehmen ... kann. In Wahnfried selbst berührte der Entwurf peinlich,
und auch ich war nicht erfreut darüber; im Einverständnis mit Wahnfried ließe
sich in München die Bitte aussprechen, man möge den Entwurf zurücknehmen und
uns dadurch einer Beantwortung entheben; das ist aber nicht geschehen ...

RWG

8 CW an Carl Friedrich Glasenapp, Briefentwurf, Jan. 1885.

...Bereits in den Jahren vor der Vorführung des »Ring des Nibelungen« in Bayreuth war es zum geläufigen Scherz in Wahnfried geworden — wenn hie und da
eine diesbezügliche Anfrage dort einlief — daß vermutlich das Theater hier erbaut
würde, um »Freischütz« oder »Zauberflöte« darauf zu geben. Warum hier einzig
die Werke des Meisters aufzuführen sind, diese belehrende Erörterung bleibe den
Herren von Wolzogen und Porges vorbehalten, welche wohl am geeignetsten sind,
sie dem Verein erschöpfend zu geben ...

Es bedarf keiner neuen Stiftung; der Stipendienfonds ist die bereits bestehende,
von dem Meister selbst in das Leben gerufene »RW Stiftung« ... Sind die Aufführungen durch die Tätigkeit des ARWV gänzlich unentgeltlich geworden (wie
eine derselben es im vorigen Jahre durch eine Spende schon war), ist, wenn auch
nur ein Teil der deutschen Jugend gewonnen und belehrt, sind die Sänger durch
regelmäßige Aufführungen in dem Stil des neuen Kunstwerkes befestigt, dann
wird der Augenblick der erhebenden Vereinigung gekommen sein. Dann — so Gott
will —, wird es der Sohn des Meisters sein, welcher Vorschläge macht und entgegennimmt ...

RWG

9 Daniela von Bülow an Ludwig von Bürkel, 7. 1. 1885.

... Beinahe am hoffnungsvollsten hat uns die Gründung des neuen Vereines in Berlin [RW-Zweigverein Berlin-Potsdam] gestimmt, welche von den Söhnen eines hohen Beamten ausgehend Aussicht auf Unterstützung seitens opferkräftiger Mitglieder eröffnet. Die schlichte Vornahme dieses Vereines, welche die Gründer desselben in den präzisen Worten: »wir wollen nur Geld sammeln und nach Bayreuth schicken« (...), berechtigt auch zu der Hoffnung, daß hier etwas Gedeihliches ohne Konflikte im Werden sei ...

Bürk.

10 CW an Carl Friedrich Glasenapp, 24. 3. 1889.

... 40 Millionen, das brauche ich, um den Deutschen die Festspiele zu geben, vielleicht schenkt sie mir einmal eine gute Seele; ein Jude, der das Unheil seines Stammes sühnen will. Solches halte ich für eher möglich, als daß einige unserer Freunde verständig werden ...

RWG

11 CW an Theodor Muncker, 21. 5. 1891. (Aus einem Rundschreiben Th. Munckers an die RW-Vereine vom 28. 5. 1891).

... Der Verein hat keinen Anteil an der Verwirklichung der Festspiele, welche durch die Öffentlichkeit erhalten werden. Die Bedeutung des Vereines liegt auf einem anderen Gebiete; nämlich: dem der Verbreitung der Gedanken, welche in den gesammelten Schriften niedergelegt sind. Vergünstigungen sind aus dem Grunde seitens des Verwaltungsrates nie zugestanden worden, als dieselben die Festspiele schädigen mußten ...

RWA

12 Emil Heckel an Theodor Muncker, 13. 9. 1883.

... Offen gestanden hätte es mich aber auch nicht geärgert, wenn man in irgendeiner Weise an uns gedacht hätte. Der Protektor dürfte doch wenigstens durch ein Kabinettschreiben seine Zufriedenheit ausdrücken lassen, daß wir 1882 und 1883 kein Defizit gemacht haben — oder ist derartiges nicht üblich? ... Oder ist der preußische Commerzienrat [gemeint ist A. v. Groß] im Wege? Dies nur für Sie, lieber Herr Bürgermeister! ...

RWG

13 Emil Heckel an Theodor Muncker, 22. 12. 1890.

... Die RW-Vereine brachten doch erst das richtige Leben in das Erfassen des Künstlerischen und wirkten für das Finanzielle. So brachte der Mannheimer Verein zu den ersten Aufführungen allein M 51.000 auf. — Nach der Leipziger Patronat-Versammlung, auf welcher es mir gelungen, den von 23 Stimmen gefaßten Beschluß, das Festtheater von Bayreuth nach Leipzig zu verlegen, umzustoßen, schrieb mir der Meister am 11. August 1877 »Geb Ihnen Gott langes Leben ...« ... Bitte denken Sie meiner, vielleicht ist der Verehrliche Magistrat für Anerkennung meines uneigennützigen Wirkens für das Zustandekommen des Unternehmens und Pflege desselben zu erwärmen ...

14 Emil Heckel an Theodor Muncker, 3. 1. 1891.

... wenn man so zusehen mußte, wie sich die Jungen da oben auf dem Hügel so breitmachten, als hätten sie alles allein vollbracht und man sich nur als geduldet vorkommt, das schmerzt tief ... Ich wäre stolz darauf, da oben auf dem Hügel meine Funktion als Ehrenbürger von Bayreuth auszuüben ... Das Angeregte könnte der ... Magistrat ohne bei Frau Wagner zu fragen vollziehen, da es in die künstlerische Leitung nicht eingreift ...

RWG

15 Adolf von Groß an Hans von Wolzogen (?), Briefentwurf, 5. 12. 1895.

Volle Häuser hatten wir 1882 die beiden ersten Parsifal-Aufführungen; das bezog sich aber nur auf den Amphitheaterraum, die Fürstengalerie und die obere waren nicht besetzt. Ganz volles Haus mit teilweise besetzter Galerie kam zum ersten Mal im August 1886 einmal vor bei einer Parsifal-Aufführung. Vom Jahre 1888 ab waren fast alle Parsifal-Aufführungen total besetzt und immer 30—40 Galerieplätze verkauft.

Volle Häuser so wie 1882 bei der ersten Parsifal-Aufführung hatten auch alle übrigen Erst-Aufführungen der übrigen Werke; während im Tristan-Jahr '86 einige Tristan-Aufführungen kaum 200 zahlende Besucher zählten, hatte sich dieses Verhältnis immer gebessert, die Meistersinger waren durchgängig besser besucht; im Jahre 1889 waren alle Parsifal-Aufführungen übervoll, die Meistersinger und Tristan nahezu ganz besetzt.

Tannhäuser war zum ersten Male schon wesentlich besser als die Meistersinger besucht und beim zweiten Male waren alle Aufführungen nahezu voll.

Im Jahre '94 waren zwei Lohengrin und ein Tannhäuser nicht ganz vollständig besetzt, [ein] ... Lohengrin sogar mäßig, die übrigen aber ganz. Das Resumé ist, daß Abweisungen bis jetzt nur bei Parsifal verschiedene Male erfolgen mußten, die anderen Werke waren schließlich auch sehr gut besucht, aber bis jetzt konnte man jeden noch zu spät kommenden immer unterbringen. Ich würde das aber nicht weiter verbreiten und nichts darüber schreiben. Wenn der Besuch im nächsten Jahre so gut wird wie ich es nach den bisherigen Anmeldungen erwarten darf, ist endgültig gewonnen ...

RWA

16 Martin Plüddemann an Ludwig Schemann, 25. 2. 1896.

... Cosimas Geist, fürchte ich, ist schließlich das Grab des *wahren* Bayreuth-Geistes. Den Schlüssel zu diesem Rätsel bildet der lakonische Ausspruch des mit ihr innig befreundeten Josef Rubinstein zu mir: Ich halte sie für gänzlich unmusikalisch! — Wagners Werke können voll aber nur aus dem tiefsten Grunde des deutschen Gemütes, der deutschen Musik verstanden und wiedergegeben werden ... Überall, seit C. wirklich am Ruder, ist die Rede von theatralischen Wirkungen, szenischen Verbesserungen etc., nicht von der Musik ... Gefährlicher ist der Bayreuther Internationalismus, wie er gerade durch Cosimas echt französisches, jedenfalls vom Wirbel bis zur Zehe undeutsches Wesen zum Verderben Bayreuths heraufbeschworen wurde! — Alle Beschönigungen von seiten der [Bayreuther-]Blätter können die einfache, sonnenklare Tatsache nicht aus der Welt schaffen: seit 1888 (damals war ich da, Jahr des Umschwungs, Neu-Bayreuther Geist!) sind die *Fremden* heimisch geworden in B., während sich der *Deutsche* so ungemütlich fühlt wie damals schon ein gewisser M. Pl. — Namentlich die älteren, besseren Wagnerianer fühlten sich feindlich und widerwärtig berührt vom Leben und Treiben am durchweg undeutschen Hofe der Fürstin Cosima ...

(Schüler S. 143/44)

17 Houston Stewart Chamberlain an Hans von Wolzogen, 2. 12. 1891.

... Die Patronisierung des Publikums! Sie wissen, verehrter Freund, daß dies stets *mein* einziges Ideal war; und heute mehr wie je. Wenn wir von dem großartigen und göttlichen Denken, Streben und Schaffen unseres Meisters etwas mehr als eine Mode hinüberretten wollen in die Seele des Volkes, so gibt es nur das eine: hunderte und tausende von echt deutschen *Lehrern* hinzuschicken nach Bayreuth ...

RWG

18 F. Kunert, MdR an CW, 28. 5. 1901.

... Und darum ist für ferne Zeiten der beste Schutz des Parsifal nicht die Familie, sondern das Volk, nicht der Einzelne, sondern die unendlicher Entwicklung fähige Menschheit ...

RWG

19 Friedrich von Schoen an Hans von Wolzogen, 2. 12. 1904.

... Dem Gedanken, zunächst vor allem die Fürsten zu gewinnen, schließe ich mich natürlich gerne an, umso lieber, als er mir als der sympathischere Teil der Aufgabe erscheint und wir vielleicht auch *so* zum Ziele kommen können, ja wohl leichter und sicherer ... Daß das »Reich« und »Bayern« als Mehrheiten kein Pflichtgefühl für Bayreuth haben ... darf aber das *uns* abschrecken? ... Wir müssen eben kämpfen und arbeiten, nicht nur im Festspielhaus für die Kunst, sondern auch gegen die kunstwidrigen Verhältnisse in Reichstag und Volk ...

RWG

20 MdR Mumm an Hans von Wolzogen, 29. 6. 1912.

Ich wäre bereit, im Reichstag den Versuch zu machen ... Auch möchte ich mir den Weg offen halten: vielleicht dadurch, daß für das Werk ein Ausnahmegesetz beschlossen wird, besser aber vielleicht dadurch, daß dem Bundesrat durch ent-sprechende Änderung des Urheberrechts die Möglichkeit gegeben wird, Aus-nahmebestimmungen über [den] Schutz des Werkes über die sonst übliche Zeit hinaus zu erlassen ...

RWG

21 MdR Mumm, Anfrage Nr. 12. (Reichstag 13. Legislaturperiode, I. Session 1912/13.) 28. 11. 1912.

Ist dem Herrn Reichskanzler bekannt, daß nach den gesetzlichen Bestimmungen das Bühnenweihfestspiel Parsifal demnächst schutzfrei wird und daß weite Kreise unseres Volkes für eine reichsdeutsche Gesetzesbestimmung sowie für eine inter-nationale Konvention eintreten, um ungeeignete Darbietungen dieses Festspiels zu Erwerbszwecken unmöglich zu machen?

RWG

22 Paul Bekker, Bayreuth und seine Leute (1912)

... Brahms, Mahler und Strauß verfügen in unserer Zeit ebenso wie Bayreuth über solche Anhängergruppen. Was aber die Bayreuther von anderen Kliquen unterscheidet, ist einmal die Straffheit und methodische Disziplin ihrer Organisa-tion, die in Wagner-Vereinen eine über ganz Deutschland verbreitete, bis ins Ausland reichende feste Grundlage findet, dazu die Geschicklichkeit, mit der sie jedes Sonderinteresse von Bayreuth mit pathetischer Gebärde als nationale, ethische oder religiöse Forderung umzudeuten und plausibel zu machen weiß ...

Schon die 30jährige Schutzfrist ist aus diesem Grunde ein Übel und nur durch Rücksichten privatwirtschaftlicher Art erklärlich und entschuldbar ... denn die Existenz von Bayreuth ist nicht von der Aufrechterhaltung des Parsifal-Reservats abhängig. Bayreuth wird weiterdauern, wie es auch heut vor uns stehen würde, wenn der Parsifal nie geschrieben worden wäre. Ein Kunstwerk ohne zwingende wirtschaftliche Gründe an einen Ort fesseln, heißt eine lebendige Kraft in eine tote *Sehenswürdigkeit* verwandeln. Das ist der Parsifal dank Bayreuth heut schon geworden . . .

Die Forderung nach der Isolierung des Parsifal ist nicht nur aus Gründen allgemeiner Art unhaltbar. Sie muß auch scheitern an der Unvereinbarkeit der *dynastischen* und der *künstlerischen* Erbfolge. Wie kann ein Privileg auf Kosten der Allgemeinheit einem Unternehmen zuerteilt werden, dessen Verwaltung und Weiterbildung lediglich einer Familie anheimgegeben und mit deren Schicksal für immer verknüpft ist? . . .

Es gab damals [nach 1883] die Möglichkeit einer weitausgreifenden Entwicklung für Bayreuth, die ihm nicht nur scheinbar, sondern in Wirklichkeit zentrale Bedeutung gegeben hätte: den Ausbau zu einem *nationalen* Festspielhaus, das nicht dem Kultus eines Einzelnen, sondern der *gesamten* großen Kunst gewidmet worden wäre . . .

(aus: Frankfurter Zeitung, Nr. 221, 11. 8. 1912)

23 Friedrich von Schoen an Hans von Wolzogen, 20. 2. 1913.

. . . Der Ausschuß [zur Feier des 100. Geburtstages RWs] solle an das Ministerium für Schulangelegenheiten eine Eingabe zum 22. 5. richten mit dem Ersuchen, dafür zu wirken, daß in den oberen Klassen der höheren Schulen ausgewählte Teile aus Wagners Schriften in geeigneter Weise in den Lehrstoff aufgenommen oder herangezogen würden. Ich denke dabei z. B. an Auszüge aus »Oper und Drama«, an die herrlichen Ausführungen über Schillers »Deutschen Jüngling« . . . Vieles aus »Über das Dichten und Komponieren« oder aus »Was ist deutsch?« . . .

RWG

24 Maximilian Harden, Zur »Wahnfried-Stiftung«. 1914.

. . . Bayreuth ist das Wagnertheater der reichen Leute geworden, geblieben. Hat nie nach dem Ruhm gelangt, die Werke anderer deutscher Meister in vorbildlicher Darstellung zu zeigen. Hat mit seinen Millionen, seinen Propagandamitteln für die Förderung deutscher Kunst nichts getan; weder einem neuen Tonkünstler, Brahms, Wolf, Strauß, Pfitzner, Mahler, Humperdinck, Reger, Weingartner, vorwärtsgeholfen noch je eine Nachbarprovinz im Reiche der Künste gedüngt. Keinen Musikerhort gestiftet, keinen Nothafen für den heimlosen Sängerschwarm geschaffen, keine Freivorstellung, in dreißig Jahren nicht eine, gespendet . . .

Aus dem Werk, zu dem sie nicht im Geringsten mitwirken konnten, hatten die Erben Einkünfte, wie niemals und nirgends sie eines Künstlers Lebensleistung erbrachte . . . Tadelt nicht, richtet nicht; freut Euch des ansehnlichen Familienunternehmens und seiner sauberen Theaterkunstarbeit. Lasset endlich aber von dem

Versuch, es in das Zion, die Hochburg, das himmelan ragende Heiligtum deutscher Volkheit umzufälschen, von dessen Zinne der Wille des Meisters spricht...

Tatet Ihr nicht, als sei Bayreuth eine öffentliche Institution und deren Wahrung Germaniens wichtigste Kunstpflicht. Krochet Ihr nicht vor Cosima und Cosimas Sohn, als hätten sie Ungeheures gewirkt, nicht nur im Engsten den ererbten Hort emsig, durch säuberliche Mitarbeit zum Ganzen zu mehren getrachtet? ... Wie gering er [SW] das werte, erweise der Entschluß, das Festspielhaus samt seinem Hügelgrund, die Villa Wahnfried mit ihrem Handschriftenschatz und der Fülle ihrer Gedenkzeichen, sogar den Festspielfonds dem deutschen Volke zu vermachen. »Und die Versteigerung würde uns doch viel einbringen.« Sicherlich. War sie aber jemals nur denkbar? Könnten Menschen, die, ohne die winzigste Regung schöpferischer Kraft, Millionen gescheffelt haben, die Schmach der Nachrede auf sich laden, daß sie die Trophäen und die Geisteswindeln des Großen, aus dessen Hirnschale sie dreißig Jahre lang und länger noch Edelwein und Lobhudlerbowle schlürften, an die Meistbietenden verschachert haben? ... Und dieser Künstler, Kunstindustrielle, Millionenstapler fordert von der Nation Dank dafür, daß er die Manuskripte und Bilder, die Briefsammlung und Ehrendenkmale des Vaters nicht versteigern läßt, die Bleibsel des Theaterbetriebskapitals (...) nicht in die Tasche steckt? In Anderer Tasche: achtet auch darauf! So lange er lebt, bleibt alles ja sein ...

Wenn Herrn Siegfried ... einst die Sonne sinkt, überweist er Wohn- und Spielhaus, Theaterfundus und Festspielfonds »dem deutschen Volk«; oder (was nicht so pompös klänge, aber praktischer Vernunft näher läge) dem Bundesstaat Bayern, dem die Wagnerei, von Ludwigs Zeit her, in Geld- und Dankesschuld verpflichtet ist und der die Verwaltung der Gemeinde Bayreuth auftragen könnte. Ein Wagner-Museum: Das war zu erwarten ... Was, also verliert er durch die Stiftung, von deren Preiswert sein Mund vor stenographierendem Zeitungsvolk überläuft? ... Und warum kündet Herr Wagner den Beschluß, die Vorarbeit für die Stiftungsurkunde ruhen zu lassen, bis in der Sache Beidler wider Wagner die höchste Gerichtsinstanz gesprochen habe? Dieser Spruch könnte des Planes Ausführung nicht hemmen noch in Einwandsmöglichkeit engen. Daß nur Cosima und Siegfried über den Besitz der Wagners zu verfügen haben, hat schon vor einunddreißig Jahren das Nachlaßgericht entschieden ...

(aus: M. Harden, Tutte le Corde, in: Die Zukunft, (Berlin) 27. 6. 1914, S. 421 ff.)

25 J. M. Jurinek, Über die Tantièmen-Einnahmen Wahnfrieds bis 1913 und die »Wahnfried-Stiftung an das deutsche Volk« (1914).

... Wenig geschmackvoll war es, daß verschiedentlich in der Öffentlichkeit das Richard-Wagner-Gedenkjahr 1933 mit der Behauptung eingeleitet wurde, *Wahnfried sei in einen Geschäftsbetrieb umgewandelt worden.* Nichts falscher als das! Diese verleumderische Mär erinnert mich an jene Niedertracht, die ein großes Blatt Sachsens im Jahre 1914 in den Satz zusammenfaßte: »Die Villa Wahnfried muß in Fafners Neidhöhle umgetauft werden«. Als ich damals *Siegfried Wagner* die Schmutzzeitung überreichte, gab er zur Antwort:

»Hunderttausende von Mark haben wir für die Festspiele geopfert, tausende und abertausende von Mark geben wir jährlich für Stiftungen und Sustentationen aus. Bayreuth haben wir nicht nur dem deutschen Volke, sondern der ganzen Welt in unverbrüchlicher Treue und Tradition ausgestaltet. Das ist unser Geiz, das ist unsere Geldgier«.

Die *Tantiemen aus den Werken Richard Wagners* waren wiederholt öffentliches Streitobjekt, besonders zu jener Zeit, als sich das bayerische Finanzministerium mit der Prüfung der Belege beschäftigte. Darum ist vielleicht im Wagner-Gedenkjahr angebracht, einmal diese rein materielle Seite des Schaffens des Bayreuther Meisters rückhaltlos und ohne Geheimnistuerei vor aller Welt zu behandeln. Ich schicke voraus, daß mir im Jahre 1914 der Finanzminister Wahnfrieds, Geheimrat Adolf von *Groß*, mit ausdrücklicher Genehmigung von Cosima und Siegfried Wagner Einblick in die Bücher gewährte. Die Summen, die ich mitteilte, sind daher durchaus authentisch.

Wollen wir einen ziffernmäßigen *Überblick über die Gesamttantiemen Wahnfrieds* gewinnen, so ist es angebracht, gleich einleitend die wohl nur sehr wenigen bekannte Tatsache festzuhalten, daß *elf der größten deutschen Hof- bezw. Stadttheater überhaupt keine Tantiemen für die älteren Opern Wagners bezahlten*, denn der Meister hatte diesen Bühnen die Partituren gegen eine einmalige Abfindung von zehn Louis d'dor überlassen. Weiter muß man wissen, daß *eine große Reihe anderer Bühnen nur 3 Prozent ablieferten*.

Der klaren Übersichtlichkeit wegen wollen wir die Zeit von 1883 bis 1914 in *zwölf Gruppen* einteilen, denn in diesen 30 Jahren gab es bei den Tantiemeneingängen 12 Abschnitte mit jeweils neuen Höhepunkten.

Die erste Periode reicht von 1883 bis 1886; denn 1886 erreichten die Tantiemen den Betrag von 90 617,72 Mark. Schon 1887 haben wir den zweiten Höhepunkt mit 94 935,95 Mark.

In den Jahren 1888 und 1889 ist ein kleiner Rückgang zu verzeichnen, erst 1890 setzt die dritte Periode mit 117 105 Mark ein, die auch für das Jahr 1891 gilt.

1892 ist ein neuer Höhepunkt mit 141 247,15 Mark, dem bereits 1895 als fünfte Periode 157 637 Mark und 1896 als sechste Periode insgesamt 174 629 Mark folgen.

Die Tantiemen der Jahre 1897 bis 1900 einschließlich halten sich auf der Höhe von 175 000 Mark, erst 1901 ist ein weiteres Ansteigen mit 219 167 Mark festzustellen, ein Ergebnis, das auch die Jahre 1902 und 1903 anhält.

1904 ist als Summe der Tantiemen der Betrag von 262 580 Mark gebucht, 1905 bringt einen neuen Höhepunkt mit 301 579 Mark. Die Tantiemen Wagners sind also kurz nach der Jahrhundertwende bei ⅓ Millionen Mark angelangt.

1906 beginnt mit 323 532 Mark die drittletzte Periode, die bis 1911 einschließlich dauert.

1912 finden wir dann an Tantiemen die Endsumme von 336 000 Mark und endlich im letzten Jahre den höchsten Höhepunkt mit 375 946 Mark. *Am Ende des dreißigsten Jahres hatte sich die erste Periode von 90 617 Mark rund vervierfacht.*

Interessant ist, daß zweimal in den Tantiemeneingängen der 30 Jahre ein gewisser Stillstand in längeren Jahreszwischenräumen zu verzeichnen war, nämlich von 1896 bis 1900, wo sich die Tantiemen jährlich im Durchschnitt auf 175 000 Mark bewegten, und von 1906 bis 1912, wo sie zwischen 323 000 und 330 000 Mark schwankten. Zusammengestellt ergibt sich für die Zeit von 1883–1914 folgende Zahlenreihe, wobei selbstverständlich nur runde Summen eingesetzt sind:

```
1883/86:  90 618 mal 3 =    271 854 Mark
1887/90:  94 936 mal 3 =    284 808  „
1890/91: 117 105 mal 2 =    234 210  „
1892/95: 141 247 mal 3 =    423 741  „
1895:    157 637 mal 1 =    157 637  „
1896/01: 174 629 mal 5 =    873 145  „
1901/04: 219 167 mal 3 =    657 501  „
1904:    262 580 mal 1 =    262 580  „
1905:    301 579 mal 1 =    301 579  „
1906/12: 323 532 mal 6 =  1 941 192  „
1912:    336 000 mal 1 =    336 000  „
1913:    375 946 mal 1 =    375 946  „
```

in 30 Jahren an Tantiemen: 6 120 193 M.

Noch eine zweite Frage drängt sich auf:

Wie verteilen sich die 6 Millionen Mark Tantiemen auf die einzelnen Theater?

Der Umfang eines dickleibigen Buches würde kaum ausreichen, um die Tabellen zu bringen, die zeigen, in welchem Maße alle Theater der Welt an den Tantiemen Wagners beteiligt waren. Ich greife nur eine der größten deutschen Opernbühnen, und zwar jene heraus, die die höchsten Beträge für Tantiemen an Wahnfried gezahlt hat, nämlich *die Münchener Staatsoper.*

Aus dieser Tantiemensumme geht hervor, welche immensen Kasseneingänge von 1883 bis 1914 München aus den Wagneropern erzielt hat.

1883 zahlte München an Wagner-Tantiemen 11 364.94 Mark, 1884 schon 15 737.98 Mark, 1885 nur 8 362.53 Mark, 1886 bereits wieder 11 475.69 Mark, während im Jahre 1887 ein Abstieg bis auf 4 980.70 Mark eintrat.

Das Jahr 1887 brachte aus München die niedrigsten Tantiemen für Wagnerwerke überhaupt.

1888 weisen die Münchener Tantiemen wieder 11 824.97 Mark auf, sie sinken 1889 auf 7 009.12 Mark, steigen um ein Weniges auf 8 452.25 M., fallen 1891 auf 6 211.40 Mark.

Eine neue Periode setzte für die Münchener Oper mit dem Jahre 1896 ein. Es ergibt sich folgende Tabelle:

```
1896 Tantiemen für Wagner    8 734.96 M.
1897    „        „      „     7 584.81 M.
1898    „        „      „     9 581.08 M.
1899    „        „      „     8 245.98 M.
1900    „        „      „    13 437.10 M.
1901    „        „      „     5 944.92 M.
1902    „        „      „    25 001.24 M.
1903    „        „      „    20 725.02 M.
```

1904	„	„	„	20 329.16 M.	
1905	„	„	„	22 601.60 M.	
1906	„	„	„	37 429.— M.	
1909	„	„	„	46 492.— M.	
1912	„	„	„	50 135.— M.	
1913	„	„	„	52 652.— M.	

Es bleibt der Kassenverwaltung der bayerischen Staatstheater unbenommen, die hier mitgeteilten Ziffern zu vergleichen und zu kontrollieren, sie müssen genau stimmen.

In der Aufstellung fehlt die Periode von 1892 bis 1896. Nehmen wir für diese Zeit rund 175 000 M. Tantiemen für die Münchener Aufführungen der Richard-Wagner-Werke an, so ergibt sich folgende Gesamt-Zahlenreihe für München:

1883	11 364.94 M.
1884	15 737.98 M.
1885	8 362.53 M.
1886	11 475.69 M.
1887	4 980.70 M.
1888	11 824.97 M.
1889	7 009.12 M.
1890	8 452.25 M.
1891	6 211.40 M.
1892—96	175 000.— M.
1896—1914	328 893.37 M.
In 30 Jahren:	589 312.95 M.

Wenn also München an Wahnfried rund 600 000 M. für Tantiemen gezahlt hat, — nebenbei bemerkt der zehnte Teil aller Tantiemeneingänge —, so kann man ausrechnen, welchen Ausfall Wagner dadurch hatte, daß

11 große Bühnen überhaupt tantiemenfrei

waren. Nimmt man für jede dieser Bühnen für 30 Jahre nur 350 000 M. an, so ergibt dies für die Schatulle Wahnfrieds einen

Ausfall von rund 4 Millionen Mark.

Selbst als die Tantiemeneingänge noch sehr gering waren, hat Wahnfried gewaltige Summen für die *Bayreuther Festspiele* geopfert. Niemals hat Wahnfried aus seinen eigenen Festspielen auch nur einen Pfennig Tantiemen bezogen, es hat alle Gelder dem Festspielfonds überwiesen, die Unkosten aber, die vielen Unterstützungen und die in die Hunderttausende gehenden pekuniären Opfer aus privaten Mitteln getragen und bestritten.

Ich kenne die hierfür bis 1914 ausgegebene Gesamtsumme, ich bin aber zur Geheimhaltung verpflichtet, »weil Wahnfried nicht mit Opfern paradieren will«.

Eines aber darf mit aller Deutlichkeit gesagt werden: Je reicher die Tantiemen eingingen, desto opferfreudiger hat Wahnfried unendlich viel in der Stille für die Kunst im allgemeinen und für die Werke des Meisters im besonderen getan.

In diesem Zusammenhange möchte ich zum Schluß eine Angelegenheit anschneiden, die bereits zwischen Wahnfried und dem bayerischen Königshause in die Wege geleitet war, aber durch den Weltkrieg jäh unterbrochen wurde.

Wahnfrieds »Richard-Wagner-Stiftung für das deutsche Volk«

Gerade jetzt im Richard-Wagner-Gedenkjahr dürfte es angebracht sein, auf diesen Gedanken zurückzukommen, um so mehr, als unter der treuen Obhut unseres Reichskanzlers *Adolf Hitler* Bayreuth zu einem Kulturmittelpunkt des neuen Deutschland gestempelt worden ist.

Im Sommer 1914 — es schwebte damals der unselige Prozeß, den Isolde Beidler gegen Cosima Wagner angestrengt hatte und der in allen Teilen zugunsten Wahnfrieds entschieden wurde — hatte mich *Siegfried Wagner* in Gegenwart von Houston Stewart Chamberlain bis ins kleinste mit dem Stiftungsgedanken vertraut gemacht. Er sagte damals wörtlich zu mir:

»Alles was in Bayreuth Richard Wagners Erbe ist, also: Festspielhaus mit den dazugehörigen Grundstücken, alle Gegenstände, die zum Festspielhaus und Wirtschaftsbetriebe gehören, das Haus Wahnfried mit allen seinen handschriftlichen Schätzen, allen seinen Andenken und Erinnerungen an Wagner und der beträchtliche Festspielfonds: Dieses alles ist von meiner Mutter und mir dem deutschen Volke als ewige Stiftung bestimmt! ...

Wir werden uns als wahre Hüter Wahnfrieds zeigen und unseren Stiftungsgedanken nicht fallen lassen. Das Bayreuth Richard Wagners, so haben wir beschlossen, gehört nicht uns, es gehört dem deutschen Volke, ihm soll es von Wahnfrieds Erben als »ewiges Richard-Wagner-Heim« übergeben werden.«

»Steht der Stiftungswille der Frau Cosima und Ihnen unabänderlich fest« fragte ich etwas ungläubig und setzte hinzu: »Ist die Stiftungsurkunde bereits ausgearbeitet?«

»Unabänderlich! ... Wir haben mit der Ausarbeitung der Stiftungsurkunde unter Mitwirkung unseres Rechtsanwalts bereits vor einem Jahre, nämlich im Juli 1913, begonnen.«

Der juristische Berater des Hauses Wahnfried war der inzwischen längst verstorbene Münchener Justizrat *Dr. Troll*, der mir damals mit Genehmigung von Siegfried und Cosima Wagner als Bearbeiter der Stiftungsurkunde folgende Einzelheiten mitteilte:

»Die Stiftung soll den Namen »Richard-Wagner-Stiftung für das deutsche Volk« tragen. Es wird eine selbständige Stiftung errichtet, die ihren Sitz in Bayreuth haben muß, und der landesherrlichen Genehmigung bedarf. Gegenstand der Stiftung ist das Festspielhaus und das Haus Wahnfried mit allem, was dazu gehört.
Der Zweck ist ein doppelter:
a) Im *Festspielhause*, die Aufführung von Werken Wagners im Geiste und nach dem Vorbilde des Meisters;
b) im *Hause Wahnfried* die Bildung einer Sammlung, genannt »Richard-Wagner-Heim«, aus den vorhandenen Beständen sowie ihre Erhaltung und Mehrung.
Die Erträge des Stiftungsvermögens dürfen zu privaten Zwecken nicht verwendet werden. Die Einzelheiten der Organisation sind so, daß sie sicher allgemeine Billigung finden werden.

Der Stiftungsgedanke beschäftigt Wahnfried bereits ein volles Jahr. Ich habe nacheinander vier Stiftungsentwürfe ausgearbeitet. Der vierte hat im September 1913 allseitige Billigung im Hause Wahnfried gefunden.«

In diesem vierten Entwurfe, den mir Justizrat Dr. Troll zeigte, hieß die entscheidende Stelle wörtlich:

»daß die Witwe Cosima Wagner und der Sohn Siegfried Wagner dem deutschen Volk zu Ehr und Vorbild eine ewige Stiftung, die *Richard-Wagner-Stiftung*, in *Bayreuth errichten*«.

Als Vermögen der Stiftung wurden in dem Entwurf der Urkunde folgende Werte bestimmt präzisiert:

1. Das *Festspielhaus* mit den dazu gehörigen Grundstücken.
2. Die *Gegenstände*, die zu den Vorstellungen im Festspielhaus und zum Wirtschaftsbetrieb bestimmt sind.
3. Das *Haus Wahnfried* in Bayreuth.
4. Die *Gegenstände*, die im Hause Wahnfried zur Bildung des Richard-Wagner-Heims bestimmt sind.
5. Der *Festspielfonds*, den die Stifter für die Festspiele angesammelt haben, und der so reichlich bemessen ist, daß die Fortdauer der Festspiele für alle Zeiten gesichert ist.

Auch die *Organisation der Stiftung*

war in großen Zügen aufgebaut, sie kristallisierte sich um einen Verwaltungsrat aus sechs Personen. Damit Bayreuth niemals aus dem Verwaltungsrat ausgeschieden werden konnte, war vorgesehen, daß der erste Bürgermeister von Bayreuth in diesem kleinen Gremium eine Sonderstellung einnehmen muß. Der Verwaltungsrat sollte als kulturelle Hauptaufgabe jeweils Auswahl und Zeit der Festspiele bestimmen . . .

Aus den Trümmern der Nachkriegszeit ist Wahnfried im Sommer 1933 neu entstanden. Cosima und Siegfried Wagner sind in Walhall eingezogen, in ihrem Sinn und Geist behütet und betreut das Erbe des Bayreuther Meisters Frau *Winifred Wagner*. Der Volkskanzler des neuen Deutschland hält seine Hand schirmend und schützend über Wahnfried.

Wenn heute der Bayreuther Stiftungsgedanke erneut aufgegriffen würde, nicht nur Deutschland, sondern die gesamte Kulturwelt würde diesen Schritt als ewiges Denkmal Wahnfrieds preisen und bejubeln, denn dann wäre für ewige Zeiten Bayreuths einzigartige Stellung und Sendung unerschütterlich im Kulturleben Deutschlands und der ganzen Welt verankert.

Dazu sei noch die Erinnerung an die Inflationsjahre 1922/23 aufgefrischt, die auch das Vermögen der Familie Wagner derart aufzehrten, daß die ehemaligen Hoftheater der Frau Cosima einige Prozent Tantiemen freiwillig bezahlten, damit die Witwe des Bayreuther Meisters in ihrem hohen Greisenalter nicht Not leide.

(*Aus:* J. M. Jurinek, »Schatullen-Geheimnisse Wahnfrieds«, VB vom 26. 8. 1933.)

CW, »Letzter Wille«. Aus dem Testament und Testaments-Nachtrag. 1913/18.

1 Testament vom 13. 8. 1913.

1. Zu meinem Nachlaß gehört:
a) Der Hälfteanteil des Hauses Wahnfried mit Nebengebäuden und umliegendem Grundbesitz, einschließlich des Inhaltes: an Kunstwerken, Manuskripten, der Bibliothek, sämtlichen Einrichtungsgegenständen, wie überhaupt allen beweglichen Gegenständen.
b) Der Hälfteanteil am Bühnenfestspielhaus mit Nebengebäuden, an der vollständigen Einrichtung dieser Gebäude, überhaupt dem ganzen Inventar, sowie an dem jeweilig vorhandenen Betriebsfonds der Festspiele.
c) Der Hälfteanteil am Kapitals- und Barvermögen einschließlich des von mir in die Ehe eingebrachten Vermögens, sowie an den Aufführungs [und] Literarischen Rechten.
2. Meinen Sohn Siegfried setze ich zu meinem alleinigen Erben ein. An den unter 1a und b bezeichneten Gegenständen haben seine Geschwister keinen Anteil. Von meinem übrigen Vermögen (1c) hat SW seinen Geschwistern je ein Fünftel zu geben in den vorhandenen Wertpapieren und Barbeträgen . . .
4. Zu meinem Testamentsvollstrecker ernenne ich hiermit Herrn Geheimrat Adolf von Groß dahier, nach dessen Ableben Herrn Direktor Ernst Beutter . . .

2 Nachtrag vom 2. 9. 1918.

. . . 1. Die Hälfteanteile am Haus Wahnfried mit Zubehör, Inhalt und Einrichtung und am Bühnenfestspielhaus mit Nebengebäuden, Einrichtung und Betriebsfonds der Festspiele sind von mir schon zu Lebzeiten auf meinen Sohn Siegfried übertragen worden, gehören also nicht mehr zu meinem Nachlaß.
2. Obgleich somit zu meinem Nachlaß nur der unter 1c meines Testaments vom 13. 8. 1913 angeführte Hälfteanteil am Kapitals- und Barvermögen und Urheberrechten gehört, soll doch nur mein Sohn Siegfried mein Erbe sein und gilt die Zuwendung von je 1/5 Reinnachlasses an seine Geschwister . . . nur je als Vermächtnis . . .

3 Aus dem »Gemeinschaftlichen Testament« Siegfried und Winifred Wagners.
8. 3. 1929.

I. Stirbt Herr SW vor Frau Winifred Wagner, so hat folgende Erbfolge Platz zu greifen:
1. Frau Winifred Wagner wird Vorerbin des gesamten Nachlasses des Herrn SW. Als Nacherben werden bestimmt die gemeinsamen Abkömmlinge der Ehegatten Wagner zu gleichen Stammteilen. Die Nacherbfolge tritt ein mit dem Tode oder mit der Wiederverheiratung der Frau Winifred Wagner . . .

2. Die Erben erhalten bezüglich des Festspielhauses folgende Auflage: Das Festspielhaus darf nicht veräußert werden. Es soll stets den Zwecken, für die es sein Erbauer bestimmt hat, dienstbar gemacht werden, einzig also der festlichen Aufführung der Werke RWs.

Erfüllen die Erben diese Auflage nicht, so sollen die gleichen Folgen eintreten, wie sie ... für den Fall der Ausschlagung der Erbschaft durch Vorerben oder Nacherben dargestellt sind [d. h. Beschränkung auf den sog. Pflichtteil].

Ist die Durchführung dieser Auflage trotz besten Willens der mit dieser Auflage belasteten Personen unmöglich, so soll über die weitere Bestimmung und das weitere Schicksal des Festspielhauses unter Ausschluß der ordentlichen Gerichte mit bindender Wirkung für alle beteiligten Personen eine Kommission entscheiden, die aus folgenden Personen besteht:

Frau Winifred Wagner, sofern sie nicht wieder verheiratet ist, nach deren Wegfall der jeweils älteste Abkömmling des Herrn SW als Vorsitzender, das älteste Mitglied der Juristischen Fakultät in Erlangen und der Testamentsvollstrecker, Herr Ernst Beutter ..., nach dessen Wegfall oder Unfähigkeit Herr Rechtsanwalt Dr. Fritz Meyer ..., nach dessen Wegfall oder Unfähigkeit der Präsident der Akademie der Künste und Wissenschaften in München. Ist einem berufenen Mitglied dieser Kommission die Mitwirkung ... nicht möglich, so wird der Ersatzmann durch den ersten Bürgermeister der Stadt Bayreuth bestimmt ... Maßgebend für die Entscheidung der Kommission soll die Erwägung sein, daß das Festspielhaus als eine Hochburg echter deutscher Kunst der Nachwelt erhalten bleiben soll ... Sollten Vorerben, Nacherben oder gesetzliche Erben ... die Auflage nicht erfüllen, so soll die Stadt Bayreuth als Vermächtnisnehmerin das Festspielhaus zum Eigentum erhalten. Der Stadt Bayreuth werden für diesen Fall die im Vorstehenden, den Erben gemachten Auflagen ausdrücklich auferlegt ...

III. Stirbt Frau Winifred Wagner vor ihrem Ehemann, so ist Herr SW Alleinerbe ... Im übrigen soll Herr SW nach dem Ableben seiner Ehefrau das Recht haben, das vorliegende Testament aufzuheben, ohne daß er das ihm Zugewendete ausschlagen muß ...

1 Deutsche Festspiel-Stiftung Bayreuth gegr. 1921. Aus den Protokollen der Leipziger Zentralleitung des ARWV.

Die am 23. Mai 1921 in Leipzig abgehaltene Versammlung von Vertretern und Freunden des ARWV, des Bayreuther Bundes, des RWV Deutscher Frauen, der RW-Gedächtnisstiftung, sowie akademischer und anderer RWVe hat folgende Kundgebung beschlossen:

1. Die Versammlung erklärt es im Interesse der Erhaltung deutschen Kulturbesitzes für unbedingt geboten, daß die Bayreuther Festspiele zur Erhaltung der Bayreuther Überlieferung so bald als irgend möglich im engsten Einvernehmen mit dem Hause Wahnfried wieder aufgenommen werden.

2. Bei dem ungeheuren wirtschaftlichen Wagnis, das mit der Wiederaufnahme der Festspiele verbunden ist und unmöglich von einzelnen Personen allein getragen werden kann, hält es die Versammlung für unbedingt erforderlich, die Festspiele in wirtschaftlicher Hinsicht auf eine Art stiftungsmäßige Grundlage zu stellen — unter Wahrung völliger Freiheit der künstlerischen Leitung durch Herrn SW und die von ihm selber zu wählenden Mitarbeiter — und zu diesem Zweck einen ausreichenden Garantiefonds zu schaffen, dessen Höhe mit mindestens 3 Mill. Mark in Aussicht genommen wird.

3. Zur Aufbringung dieses Fonds beschließt die Versammlung die Gründung einer Stiftung, die mit bestimmten Rechten auszustattende Patronatsscheine zu M. 1000,— ausgibt . . .

4. Für den Verwaltungsrat schlägt die Versammlung vor: Herrn Geh.Rat v. Groß, Hofrat Preu, Herrn v. Schoen, Herrn v. Puttkamer, sowie je ein Vorstandsmitglied der Zentralleitung des ARWV und des RWV-Deutscher Frauen.

RWG

2 Aufruf zur Zeichnung von Patronatsscheinen für die Deutsche Festspiel-Stiftung Bayreuth. 1921.

Was keiner derer, die 1871 den . . . Traum von deutscher Einheit und deutschem Kaisertum verwirklichen halfen, je für möglich gehalten hätte, ist geschehen. Der schimmernde Reif ist jäh zersprungen . . . Wer glaubt noch an Ideale? Wer hat noch den Mut, sich zu ihnen zu bekennen? Und doch wissen wir, daß grade der Deutsche ohne Ideale auf die Dauer nicht leben kann, wissen, daß Gesundung der deutschen Seele, Wiedergeburt des deutschen Geistes nur aus der Wiederaufrichtung der *idealen Güter* unserer Nation erblühen kann! . . . Diese Sehnsucht gilt es zu wekken, den glimmenden Funken unter der Asche zu schüren, daß er zu neuer reiner Flamme werde . . . »Was deutsch und echt wüßt' Keiner mehr, lebt's nicht in deutscher Meister Ehr'!« Dies Meistersinger-Mahnwort ist in unseren Tagen zu ganz neuer Bedeutung gelangt. Es soll uns aufrütteln und uns den rechten Weg weisen, einmal zu unseren großen deutschen Künstlern überhaupt, dann aber speziell zu ihm, der es sprach, ihm, dessen ganzes Schaffen der machtvollste, reinste, erhebendste Ausdruck germanisch-deutscher Volksart ist und dessen wichtigste Schöpfung gleichfalls unter den Trümmern des großen Zusammenbruchs liegt: RW. Eins der edelsten Kleinode deutscher Kultur, die im *Vertrauen auf den deutschen Geist* begründeten und in den letzten Jahrzehnten vor dem Kriege zur höchsten Blüte entwickelten Bayreuther Bühnenfestspiele sind in Gefahr für immer verloren zu gehen. Seit dem Sommer 1914 ist das stolze Haus ... geschlossen. Das wirtschaftliche Wagnis einer Wiederaufnahme der Spiele ist unter den heutigen Verhältnissen so groß geworden, daß es von den Nachkommen Wagners nicht mehr allein getragen werden kann. Es wäre mehr als töricht, ruhig warten zu wollen, bis wieder bessere Zeiten kommen. Täuschen wir uns nicht, damit würde das Todesurteil über Bayreuth gesprochen! Es ist gar keine Zeit zu verlieren! Die Bayreuther Überlieferung ... ruht heute nur noch in den Händen weniger getreuer Hüter ...

Und welch schöne Möglichkeiten, Deutsche wieder in gemeinsamer Ergriffenheit um ein hohes Ideal zu sammeln, das Brudergefühl im Glück gemeinsamer Kunstandacht und Bayreuth-Pilgerschaft neu erwachen zu lassen, das Bewußtsein des Deutschtums in der reinen Atmosphäre des deutschesten Kunstwerks zu heben und zu stärken, hätte man sich inzwischen entgehen lassen!

Nein, es ist wirklich keine Zeit mehr zu verlieren. Wer Deutschland liebt und für seine Gesundung, seine Zukunft *als Kulturvolk* etwas tun will, der muß Bayreuth zu Hilfe kommen ... wer unserem Volke ein neues ideales Ziel setzen will, der unterstütze die neue Festspiel-Stiftung ... Zum dritten Male steht Bayreuth auf dem Punkte, wo jede Zukunftshoffnung erloschen schien ... Nach 1876 war es RW selbst, der diese Energie bewies, nach seinem Tode des Meisters Gattin. Und nun, zum 3. Male soll es das deutsche Volk selber sein, das es dem Sohn ermöglicht, das Gleiche noch einmal zu leisten ...
RWG

3 Rundschreiben der Leipziger Zentralleitung des ARWV an die Patrone der Deutschen Festspielstiftung Bayreuth. Dez. 1927.

... Denn wir dürfen uns doch keiner Täuschung darüber hingeben, daß von den Hochzielen, die der Meister von Bayreuth in seinen Schriften dem deutschen Volk vorgezeichnet hat, von der Durchdringung des gesamten Lebens der Nation mit der heiligen deutschen Kunst bis zu jenem Grade der Veredelung, in dem Religion und Kunst eins werden, erst sehr wenig erreicht ist. Fast möchte man an der Erreichbarkeit solcher Ziele verzweifeln, wenn man heute über 50 deutsche Opernbühnen ein Werk geben sieht, in dem ein auf weiße Frauen Jagd machender Neger als Erbe des alten Europas, also auch als Erbe der Kultur eines Bach, Mozart, Beethoven und RW aufzutreten sich erdreisten darf! Nur das Vertrauen in den deutschen Geist, das dem Meister die Errichtung seines Bayreuther Lebenswerkes allen Widerständen zum Trotz ermöglicht hat, kann uns in der Hoffnung beharren lassen, daß der geistige »Untergang des Abendlandes« noch nicht gekommen ist. Dieses Vertrauen macht es uns aber doppelt zur Pflicht, alle die zu gemeinsamer Arbeit aufzurufen, die noch an eine Zukunft des geistigen Deutschlands glauben. Darum ergeht unser Ruf an alle Freunde Bayreuths und alle Verehrer der Werke RWs:

Helft uns, unsere Aufgaben zu erfüllen. Tretet dem ARWV bei ...
Mit Bayreuther Gruß

Die Zentralleitung des ARWV, Hofrat R. Linnemann, Vorsitzender (sowie G. Freiesleben, R. Hagen, Th. Köchert, A. Preu, A. Prüfer, A. v. Puttkamer, H. v. Wolzogen, L. P. Zenker).

RWG

Zur Liquidierung der Deutschen Festspielstiftung Bayreuth (1926–1929).

4 Franz Wilhelm Schuler an A. Gemming, 1. 9. 1926.

... Daß die Vorstände der Stiftung: Puttkamer, Linnemann und Zenker die erste Anregung, ja überhaupt die Zustimmung zu einem Verzicht der Patrone geben werden, der ja praktisch die Auflösung der Stiftung bedeutet, halte ich nach meiner Kenntnis von den Machtbestrebungen dieser Herren für gänzlich ausgeschlossen. Also müßten die Patrone den Anstoß dazu geben.

Anfangs Dezember 1925 schrieb Puttkamer einen langen Brief an SW, in welchem er meine, Siegfrieds und der Verwaltung begangene Fehler aufdeckt und schließlich vorschlägt, sich selbst an meine Stelle zu setzen. Als ich für die Weimarer Tagung eine Einladung erhielt, schrieb ich an Linnemann, daß ich, solange Puttkamer im Vorstand der Festspielstiftung sitzt, Versammlungen der letzteren nicht besuche ...

5 Max Wiskott an Franz Wilhelm Schuler, 9. 6. 1928.

... Hiernach ist *nicht etwa nur* aus § 10 heraus (unzureichende Vermögenssubstanz) die Auflösung der Stiftung notwendig, *sondern* auch bestehen für Bayreuth überhaupt keinerlei Bindungen mehr, da das Verhältnis der Stiftung zu Bayreuth ein wahres Schulbeispiel eines gegen die guten Sitten verstoßenden Vertragsverhältnisses ist. Wenn ich nun aber gar aus Ihrem Briefe, leider jetzt erst, ersehe, daß die Festspielverwaltung über das fast völlige Zusammenschwinden des Stiftungsvermögens, das bereits am Schluß der Inflation nur noch einen Rest von 12.000 M betragen hat, damals keine Mitteilung erhalten und diese *Tatsache erst (wann? Oktober 1927?) aus der Presse erfuhr, daß sie also durch Schweigen außer Stand gesetzt wurde, ihre Interessen zu wahren,* ganz im Gegenteil vielmehr Jahraus Jahrein Patronatsrabatte hergab, die insgesamt sich wohl auf über 100.000 Goldmark (oder wieviel?) belaufen mögen; *so scheint hier, statt eines Anspruches gegen Bayreuth, ein Regreßanspruch Bayreuths gegen den Verwaltungsrat der Stiftung vorzuliegen* ...

Sollte unser Ruf vom 8. 6. beim Verwaltungsrat [der Festspielstiftung] nicht *sehr* bald Gehör finden, dann beabsichtigen wir drei Patrone [Stassen, Passmann, Wiskott], unter Heranziehung von noch weiteren Unterschriften und unter Ausschaltung des Verwaltungsrates, unmittelbar an die Patrone heranzutreten, um die Auflösung der Stiftung zu erzwingen, jedenfalls aber um eine möglichst weitgehende, freiwillige Wiedererstattung der diesjährigen, vielleicht gar eines Teiles der früheren Rabatte zu erreichen. Daß dieses Vorgehen nicht etwa den Eindruck einer verkappten Sammlung für die Festspiele erwecken kann, dafür wird *unsere* Art der Abfassung des Rundschreibens sorgen ...

Wenn ich gewußt hätte, ... *daß* man Einfluß auf Bayreuth zu gewinnen, Rechnungslegung zu erhalten, die Platzpreise mitzubestimmen versucht hat, — und das alles mit Papiermark als Relief, — *dann* wäre unser Brief noch beträchtlich anders ausgefallen!

6 Carl Vering an Max Wiskott und Albert Knittel, Pfingsten 1929.

... In Stuttgart sprach ich Herrn v. Puttkamer. Er bekannte mir, daß der Beschluß des Verwaltungsrates der Festspielstiftung, deren Restvermögen an den ARWV zu überweisen, *in Unkenntnis des § 10 des Statutes* gefaßt worden sei. Nach Feststellung dieses Versehens sei der Beschluß wieder aufgehoben und das Vermögen, der Satzung entsprechend, der Stadtgemeinde Bayreuth zu treuen Händen zugewiesen worden, die es ohne Zweifel so bald wie möglich seiner ursprünglichen Bestimmung wieder zuführen werde. Das bestätigte mir Herr Hofrat Preu ...

RWA

1 SW an Alexander Spring, (vor dem 9. 11.) 1923.

... Gottlob gibt es noch deutsche Männer! Hitler ist ein prachtvoller Mensch, die echte deutsche Volksseele. Er muß es fertig bringen! ... (A. Spring, SW — Zur 70. Wiederkehr seines Geburtstages, Festspielführer 1939, S. 22).

2 SW an Rosa Eidam, Weihnachten 1923.

... Wir lernten den herrlichen Mann im Sommer hier bei dem Deutschen Tag kennen und halten treu zu ihm, wenn wir auch dabei ins Zuchthaus kommen sollten. Gesinnungslumpen waren wir ja in Wahnfried nie. Die Zustände in Bayern sind ja unerhört. Die Zeiten der spanischen Inquisition sind zurückgekehrt. Meineid und Verrat wird heilig gesprochen und Jude und Jesuite gehen Arm in Arm, um das Deutschtum auszurotten! — Aber vielleicht verrechnet sich der Satan diesmal.

Sollte die Deutsche Sache wirklich erliegen, dann glaube ich an Jehova, den Gott der Rache und des Hasses. Meine Frau kämpft wie eine Löwin für Hitler! Großartig! ...

RWG

3 Adolf Hitler an SW, 5. 5. 1924.

Als ich Anfangs Oktober letzten Jahres das Glück hatte, zum erstenmale in meinem Leben Wahnfried betreten zu dürfen, durfte ich auch mit bestem Grunde hoffen, schon in kürzester Zeit wieder, oder besser noch einmal nach Bayreuth kommen zu können, liegt es ja doch an der Marschlinie nach Berlin.

So konnte ich auch bis zum 9. November wohl glauben, ich würde besonders Chamberlain gegenüber meinen Dank für dessen wundervolle gütige Briefe, mündlich abzustatten in der Lage sein. Es wäre mir dies im Glücksgefühl des Erfolges auch viel lieber gewesen ... Und damals war ich vermessen genug zu erwarten, daß das Schicksal mir gestatten würde, als erster Zeuge und Bote dieser kommenden Erhebung nach Bayreuth kommen zu können, um dem schwer leidenden Manne das beste Heilmittel zu bringen, das diese Welt heute wohl für ihn haben kann.

Der Mißerfolg des 9. November zerstörte diesen Traum. Ich selber bin nun wieder einmal im Gefängnis d. h. auf »Festung«.

... Ich wollte einst nicht Ihre Liebenswürdigkeit in Anspruch nehmen, da ich fürchtete auch Ihnen ..., die Feindschaft jener Kreise ins Haus zu tragen, unter deren Mißgunst Ihr hochseliger Herr Vater, unser aller »Meister« so sehr zu leiden hatte ...

Ich bin kein Mann der Feder und schreibe nur schlecht, umsomehr als ich glaube meinem Volke weniger Worte als Werke schuldig zu sein. So bitte ich mir meine briefliche Schweigsamkeit nicht als Unempfindlichkeit auslegen zu wollen. Mehr noch als früher bewegt mich seit dem 9. Nov. ein einziger Gedanke. Seine Erfüllung würde mein bester Dank und meine beste Antwort sein.

Wie sehr dies zutrifft, werden Sie . . . wohl empfunden haben im April, da das Wahlresultat von Bayreuth Ihnen bekannt wurde; ist doch gerade dies nur der Dank für eine Arbeit, die in erster Linie Ihnen und Ihrer Frau Gemahlin zuzuschreiben ist. Stolze Freude faßte mich, als ich den völkischen Sieg gerade in der Stadt sah, in der, erst durch den Meister und dann durch Chamberlain, das geistige Schwert geschmiedet wurde mit dem wir heute fechten.

Was nun die Wahl selber betrifft, so hege ich trotz aller Freude auch schwere Befürchtungen. Die Bewegung ist noch so jung, daß der große Erfolg auch eine große Belastungsprobe bringen wird. Da nun aber die deutsche Frage doch nicht im Reichstag entschieden wird, die zu übernehmende Verantwortung aber sehr groß sein kann, hätte ich es für richtiger gehalten, eine Wahlbeteiligung wenigstens diesmal noch zu vermeiden. Es wäre dies ein augenblicklicher Verzicht, jedoch späterer Erfolg gewesen. Daß es nun nicht umgekehrt komme, muß nun unsere erste Sorge sein. Ebenso muß verhütet werden, der Bewegung eine andere Stoßrichtung zu geben. Leider ist hier schon etwas gesündigt worden. Unser Haupt- und Todfeind ist und bleibt der Marxismus und seine Träger. Persönlich habe ich nun nach Beendigung des Prozeßes etwas mehr Zeit und Muße. Ich kann nun erst wieder einmal lesen und auch lernen; kam ich doch schon kaum mehr dazu mich notdürftig über die Neuerscheinungen auf dem völkischen Büchermarkt zu unterrichten. Endlich schreibe ich eine gründliche Abrechnung mit jenen Herren, die auch am 9. Nov. begeistert »Hurra« schrien, um jedoch schon am 10., . . ., in ebenso großer »weiser Einsicht« wie tatsächlich verlogener Falschheit, die »Unüberlegtheit des wahnsinnigen Unternehmens« zu beweisen suchten. Allerdings muß ich hier eine Korrektur insoferne vornehmen, als ein nicht unbeträchtlicher Teil dieser Tapfersten sich schon wieder zur Stimmung des 9., oder besser 8. durchgerungen hat. Besonders das Wahlergebnis hat zu solch wundervoller Wandelfähigkeit nicht wenig beigetragen.

Wenn man das Ziel unseres Kampfes nach dem Wesen solcher »Größen« abstecken wollte, wäre dies allerdings weiterer Mühen nicht mehr wert. Man würde dann auch zweckmäßiger Straßen fegen, als sich für solche Minderwertigkeiten zu plagen. Umso glücklicher aber ist man dann zu wissen, daß wenigstens ein kleiner Teil unseres Volkes noch Träger einer höheren Gesinnung ist.

Der heurige Sommer wird mir noch einen großen Schmerz bringen. Was mir seit meinem 13. Jahre schon, als bisher unerfüllbarer verträumter Wunsch, vorschwebte, schien nun für dieses Jahr Wirklichkeit werden zu wollen: ein Besuch der Festspiele. Leider scheint mich das Schicksal noch nicht für würdig oder reif genug zu halten. Eines von beiden wird es wohl sein . . .

RWA

4 Joseph Goebbels in Bayreuth. Tagebuchaufzeichnungen aus dem Jahr 1926.

8. 5. 1926.

Am anderen Tag Bayreuth. Wagnerstadt. Ich fühle mich gehoben . . . Zu H. St. Chamberlain . . . Erschütternde Szene: Chamberlain auf einem Ruhebett. Gebrochen, lallend, die Tränen stehen ihm in den Augen. Er hält meine Hand und will mich nicht lassen . . . Vater unseres Geistes, sei gegrüßt. Bahnbrecher. Wegbereiter! Ich bin im Tiefsten aufgewühlt . . . Du bist bei uns, wenn wir verzweifeln wollen.

9. 5. 1926.

Frau Wagner holt mich zum Essen herein . . . So sollten sie alle sein. Und fanatisch auf unserer Seite. Herzige Kinder. Wir sind alle sofort Freund. Sie klagt mir ihr Leid. *Siegfried ist so schlapp.* Pfui! Soll sich vor dem Meister schämen. Auch Siegfried ist da. Feminin. Gutmütig. Etwas dekadent. So etwas wie ein feiger Künstler. Gibt es das? Gehört zum Künstler nicht wenigstens Zivilcourage?! Seine Frau gefällt mir. Ich möchte sie als Freundin haben. Sie führt mich durch des Meisters Zimmer. Da sein Flügel, sein Bild, sein Schreibtisch. Alles so wie damals. Seltsame Erschütterungen. Wagners Tannhäuser hat meine Jugend erweckt. Ich war damals 13 Jahre alt. Daran denke ich jetzt. Die Kinder toben durch die Räume. Kinderlachen, wo ehedem Musik ward. Das ist alles dasselbe: Geschenke Gottes. Wir stehen lange plaudernd in der Halle . . . Park . . . am Grabe . . . Eine junge Frau weint, weil der Sohn nicht ist, wie der Meister war . . .

8. 9. 1926.

Bayreuth. Ich werde mit Jubel empfangen . . . Abends . . . zur Tannenbergfeier. Bis in die Nacht sitze ich mit Opernsänger Beer (ein neuer Pg.) und Hauptmann Ziegler in der Eule.

9. 9. 1926.

Auch die Alldeutschen tagen in Bayreuth . . . Justizrat Claß spricht am Grabe des Meisters. Um ihn herum stehen 20 teutsche Männer mit langen Bärten. Es ist erschütternd: soviel Einsicht in die Dinge und so wenig Praxis. Ich spreche dann bei unseren Leuten zur Fahnenweihe . . . Den Morgen in Wahnfried mit Beer . . . ich spiele so gerne mit den Wagnerkindern . . . Nachmittags Vorbeimarsch. Blumen werden gestreut und Heil gerufen. Dann tolle ich mit der Wagnerbagage eine Stunde im Heu herum . . . Ich geniere mich dann vor den Leuten . . .

Abends rede ich. Vor überfülltem Saal. Man rast. Landrat v. Herzberg vom Alldeutschen Verband ist begeistert . . .

(H. Heiber (Hrsg.), Das Tagebuch von J. Goebbels 1925/26, Schriftenreihe der Vierteljahreshefte f. Zeitgeschichte Nr. 1, Stuttgart ²/1961, S. 77 f., u. S. 101 f.).

5 Adolf Hitler an Winifred Wagner, 30. 12. 1927

. . . Ich muß mich nur auf die Zukunft verlassen. Und ich glaube am Ende dieses Jahres wieder freudig an sie. Ich weiß nun wieder, daß mich das Schicksal dorthin führen wird wo ich schon vor 4 Jahren zu kommen hoffte. Dann wird die Zeit kommen in der der Stolz auf Deinen Freund Dank sein soll für vieles was ich Dir heute gar nicht vergelten kann . . .

6 Hans Conrad, »Der Führer und Bayreuth«. Die Jahre 1923-1925.

... Wahnfried ist immer, auch in der Zeit des schmachvollen Niederganges, ein Hort deutscher Treue geblieben. Frühzeitig wurde darum auch Bayreuth eine Hochburg der nationalsozialistischen Freiheitsbewegung Adolf Hitlers. Im November 1922 bildete sich hier die erste Ortsgruppe der NSdAP ... *Am 28. 1. 1923* nahm eine Abteilung Bayreuther Nationalsozialisten zum erstenmal an einer öffentlichen Veranstaltung, dem ersten Reichsparteitag in München, teil. Siegfried und Winifred Wagner, H. St. und Eva Chamberlain und Daniela Thode traten damals schon mit furchtlosem Bekennermut und aus ehrlich überzeugter Begeisterung für Adolf Hitler ein, dessen überragende, staatsschöpferische Führerpersönlichkeit von ihnen erkannt wurde.

... Am 30. 9. 1923 erlebte die junge nationalsozialistische Bewegung in Bayreuth ihren ersten Höhepunkt. Tausende und aber Tausende SA-Männer, Mitglieder und Anhänger der NSdAP und der befreundeten Verbände marschierten hier am »Deutschen Tag«, dem letzten vor der Erhebung, auf ... Am Abend aber kam es ganz in der Stille zu einer der denkwürdigsten Begegnungen der Bayreuther Geschichte und — man darf wohl auch sagen — der Geschichte der nationalsozialistischen Bewegung: Adolf Hitler und Houston Stewart Chamberlain reichten sich die Hände. Der große Denker, der durch seine Schriften ein Wegbereiter des Führers geworden ist und die geistigen Grundlagen der nordischen deutschen Weltanschauung geschaffen hat, der geniale Seher und Künder des Dritten Reiches fühlte, daß sich in diesem einfachen Manne aus dem Volke das deutsche Schicksal beglückend erfüllen wird ...

Am 1. 10. 1923 betrat Adolf Hitler zum ersten Mal das Haus Wahnfried, darin der Geist des von ihm so verehrten Meisters lebendig geblieben ist. Siegfried und Winifred Wagner brachten ihm ihre Herzen entgegen ... Wahnfried folgte unbeirrt dem Führer durch Kampf und Not in seinem schweren Ringen um das neue Deutschland der Ehre und Freiheit ...

Siegfried und Winifred Wagner erlebten den Tag der Erhebung und der Blutweihe des 9. November in München. Sie waren die ersten, die erschüttert wieder nach Bayreuth zurückkehrten ... Am Montag, 12. 11. 1923, aber gab Frau Winifred in einer Zusammenkunft der durch die Ereignisse verstörten, aber dadurch nur umso enger verbundenen Ortsgruppe der NSdAP ... einen Bericht in Gesprächsform über ihre eigenen Erlebnisse. Schon am nächsten Tag gingen ihr von verschiedenen Seiten ohne Namensnennung »mit dem Ausdruck freundschaftlicher Besorgnis« Warnungen zu.

In einem offenen Brief antwortete sie mit einem Bekenntnis unerschütterlicher Treue zu Adolf Hitler ...

Am 23. November 1923 wurde die NSdAP aufgelöst. Am 17. Dezember 1923 sprach auch Frau Geheimrat Daniela Thode ... vor den Mitgliedern der Ersatzgründung des Völkischen Bundes über ihre Erfahrungen. Anfang Juli 1924 wurden in Bayreuth über 10 000 Unterschriften gesammelt zu einer Eingabe an die bayerische Staatsregierung, in der Hitlers Freilassung gefordert wurde. Das Haus Wahnfried bewährte seine Treue nun erst recht und wollte dem Führer nach seiner Entlassung aus der Festungshaft im Dezember 1924 sogar Heimat werden.

Befestigungsspiele unseres Glaubens.

Bei den Proben und Festspielen 1924, die SW mit den gesinnungsstarken Worten begann: »Ich fasse das Wort Festspiele nicht auf im Sinne eines hohen Festes, sondern als Befestigungsspiele unseres Glaubens an den deutschen Geist«, war der grüne Hügel unter den Farben Schwarz-Weiß-Rot Treffpunkt der »verbotenen« Nationalsozialisten. Auch General Ludendorff und Dr. Buttmann weilten in Bayreuth und sprachen in einer Kundgebung in der Reithalle. Spontan wurde damals nach Beendigung der ersten Meistersinger-Aufführung von den Festspielgästen das Deutschland-Lied angestimmt.

Endlich, *im Juli 1925, erlebte Adolf Hitler zum ersten Male* eine Aufführung des »Ringes des Nibelungen« in Bayreuther Geist und Stil. Schon empfand er, was er acht Jahre später als Reichskanzler öffentlich bekannt hat: »Es gibt keine herrlichere Äußerung des deutschen Geistes als die unsterblichen Werke des Meisters selbst.« Und damals äußerte er, während noch das Redeverbot über ihn verhängt war, an einem Abend, den er im kleinen Kreise der Bayreuther Ortsgruppe verbrachte, daß die Werke Wagners alles in sich schlössen, was der Nationalsozialismus erstrebe . . .

Seit dieser Zeit kehrte Adolf Hitler immer wieder nach Bayreuth zurück, Freund dem Hause, das ihm in bitter schweren Zeiten die Treue hielt, Freund dem toten Seher des Dritten Reiches, Freund dem genialen Meister . . . Der Bayreuther Gedanke ist durch Adolf Hitler zum deutschen Gedanken geworden.

(aus: Bayer. Ostmark, Sonderbeilage, 25./26. 7. 1936)

7 Bayreuther Bund der deutschen Jugend (gegr. 1925). Aufgaben und Ziele

In einer Zeit des kulturellen Zusammenbruchs, internationaler Überfremdung und der bewußten Zersetzung des deutschen Kulturlebens . . . [haben wir die] Aufgabe, den Bayreuther Kulturgedanken dem deutschen Volke lebendig zu erhalten und ihn vor allem der deutschen Jugend und dem schaffenden deutschen Volksgenossen zu übermitteln.

[Zukünftige Aufgaben:] das Ideengut Bayreuths, die Kunstwerke und kulturpolitischen Ideale RWs dem gesamten deutschen Volke zu übermitteln;

den tiefen Sinn der unmittelbaren Verbundenheit *des großen deutschen Erinnerungswerkes Adolf Hitlers* und seines kulturellen Willens mit dem Werke von Bayreuth zu erschließen;

aus der innigen Gemeinsamkeit von Weltanschauung, Ethos, nationalem, sozialem und kulturellem Willen, die zwischen Bayreuth und dem Nationalsozialismus besteht, seine tiefsten Erlebnisse und seine vornehmsten Pflichten dem deutschen Volke und seiner Kultur gegenüber zu empfangen.

A. Hitler auf der Kulturtagung des Reichsparteitages 1938:

Die Kunst war stets im gesamten ihrer Zeit verpflichtet. Sie mußte dem Geist ihrer Zeit dienen und gehorchen, oder es gab keine Kunst. Ja, noch mehr: sie stand darüber hinaus im Dienste der Aufgaben ihrer Zeit und half damit selbst an ihrer Gestaltung und Ausprägung mit. Das Wesen ihres Wirkens liegt nicht in der rein beschaulichen Wiedergabe des Inhalts und Ablaufs, als vielmehr in der eindrucksvollen Demonstration der Kräfte und Ideale seiner Zeit.

(aus: Mitgliedsausweis des BBdJ)

Die »Tannhäuser-Spende«. Aktion zum 60. Geburtstag SWs. 1929.

1 Max Wiskott an Carl Vering, 30. 1. 1929.

Außerdem handelt es sich bei dem Aufruf »für weitere Kreise« um den *Angelpunkt der ganzen Sammlung* . . . Er setzt, auf *Freunde* Bayreuths berechnet, Begeisterung als vorhanden voraus. Aber wir *müssen auch weitere Kreise gewinnen,* sonst kommt bei der Sammlung nicht viel zusammen. Und bei denen muß die Flamme erst entzündet werden. Was uns bitter fehlt, ist ein Chamberlain mit seinem hinreißenden Stile! Aber wo ist der? Keiner hat so auch beim Nichtvertrauten Interesse und Begeisterung hervorgerufen, wie er. Das müssen wir auch! *Dann* haben wir Erfolg. Wenn der Bildungsphilister begreift: »Hier ist eine furchtbare Gefahr, *nicht* etwa für Kunst allein, sondern für *Deutschland,* hier versäumen wir eine Gelegenheit, die uns kein Schicksal mehr zurückbringt«, *dann* haben wir gewonnen . . .

. . . 3. [Der Aufruf] muß daher darauf abgestellt sein: Nicht »*Kunst*« allein, sondern *Ethik, Religion, geistige Bereicherung* . . .

4. Er muß das Thema, daß RW vor allem *Dichter* ist, streifen. Sonst schließen wir von vornherein die nichtmusikalischen Kreise aus.

5. . . . ist es unumgänglich, einen Abriß von der Bedeutung *RWs für die Kultur, insbesondere die des deutschen Volkes zu geben.*

6. Der Einwurf: »*Was brauchen wir überhaupt noch Bayreuth? Wir haben ja groß*artige Wagneraufführungen« tritt *sicher* auf und lähmt alles Spenden, *wenn* wir ihm nicht die Spitze abbrechen und eine Zukunft *ohne* Bayreuth ausmalen . . .

7. Der Hinweis, daß der Verlust Bayreuths eine *nationale Beschämung* wäre, darf nicht fehlen . . .

11. *Der Aufruf muß zünden.* Während für die 3 000-Mk.-Leute ein lediglich sachliches Referat wohl genügt, müssen die Fernerstehenden fortgerissen werden . . . Daher muß der Aufruf auch *Sorge* um Bayreuth erwecken, also auf eine *bestehende Bedrohung* deutlich hinweisen.

12. Wenn nicht der *Legende entgegengetreten* wird, *als ob Wahnfried von den Festspielen Vorteile hätte,* so wird unsere Sammlung zu einer solchen »für Wahnfried« gestempelt und verpufft. Daher sollte auch das 6 Millionen Opfer vom J. 1903 erwähnt werden (*nicht* das von 1925!). Es erweckt das Anstandsgefühl . . .

2 Max Wiskott an Winifred Wagner, 21. 3. 1929.

. . . Die Frau der *ersten* amerikanischen Gesellschaft hat eine Macht, vor der sich unter Umständen sogar die Presse (. . .) beugt. Wir müssen daher sehen, an Frauen der allerersten Kreise heranzukommen und diese zu einer Comitébildung zu bewegen.

Aber nicht für eine Sammlung, sondern für eine Konzerttournee. Die Konzerte, die SW vor 4 Jahren drüben dirigiert habe, könnten als Maßstab nicht gelten, da die Zeit damals zu kurz nach dem Kriege gelegen habe. Heute wäre die Stimmung viel besser und ein sehr großer finanzieller Erfolg wäre *dann* sicher, wenn die erste Gesellschaft dahinterstünde . . .

Im übrigen werden wir in wenigen Monaten darüber klar sehen, ob wir dem damaligen Plane gemäß für den nächsten Herbst uns erneut mit dem Lotteriegedanken, und dann aber auf solider Grundlage, befassen wollen. Inzwischen ist nicht das geringste versäumt, da von unserer Sammlung der Lotterie kein Schaden erwächst, während umgekehrt eine voraufgegangene Lotterie jede spätere Sammlungsmöglichkeit aus der Welt geschafft hätte. Interessant ist, wie im Laufe der Zeit die Versprechungen wachsen: im Oktober erhoffte Frau Witte sich 250 000 M und jetzt sind es schon 500 000 geworden ...

Hugenberg. Ich füge im Original mit der Bitte um Rückgabe, nachdem Sie und Dr. Knittel Kenntnis genommen haben werden, ein sehr beachtenswertes Schreiben Dr. Vering's bei. Hugenberg zu gewinnen, wäre von der größten Bedeutung ...

3 Max Wiskott an Albert Knittel, 26. 6. 1929.

Ich erlaube mir, Sie von dem Gedankenaustausch in Kenntnis zu setzen, der in Weimar zwischen Frau Wagner, Herrn Dr. Vering und mir darüber stattgefunden hat, in welcher Art wir möglicherweise mit Erfolg unsere Sammlung fortsetzen können ...

Meiner Ansicht nach beruht der uns alle überraschende Erfolg der bisherigen Sammlung vor allem auf zwei Grundlagen: erstens darauf, daß wir glücklicherweise die *Notlage* Bayreuths in den Vordergrund gerückt haben, so daß die Angst um Bayreuth die Herzen und Taschen geöffnet hat; sodann darauf, daß wir die Sammlung von vornherein auf ein hohes Niveau (3 000 M) gestellt und den vermögenden Freunden diesen Maßstab an die Hand gegeben haben ... Wir haben also die richtige psychologische Einstellung gehabt und sie auch unter den künftigen neuen Verhältnissen wiederzufinden, wird das Wichtigste sein ...

Wir werden jetzt neue, uns noch unbekannte Kreise aufsuchen müssen und dieses Aufsuchen sollten wir auf alle diejenigen ausdehnen, die überhaupt anerkennen, daß Kultur und deutsche Kulter etwas des Erhaltens notwendiges ist.

Zahlungsfähigkeit wird am allerersten immer noch in der Industrie und im Handel, also in der *Geschäftswelt* angetroffen werden. Auf die Psyche des Geschäftsmannes also werden wir uns einzurichten haben ... bin ich davon ausgegangen, daß die Geschäftswelt, und mit Recht, Leistung und Erfolg für die Gewähr der inneren Gesundheit einer Sache ansieht ... Ich habe daher die bisherige Sammlung und ihren Erfolg stark in den Vordergrund gestellt, ebenso natürlich die finanziellen Leistungen und die Arbeit des Hauses Wagner sowie die »Tüchtigkeit«, mit der 1924-28 die Festspiele finanziell durchgehalten worden sind.

... Um zahlenmäßig den Umfang des Betriebs der Bühnenfestspiele und den Abstand zwischen einst und heut dem geschäftlich denkenden Spender klar zu machen: Er ist naturgemäß leicht geneigt, abseits von allem Idealismus, die Größe eines Unternehmens auch ziffernmäßig zu beurteilen, wobei ihm ein solches von 2 Millionen Reserven, abgesehen vom Familienvermögen, imponiert ... und sieht mit einem Schlage den unmöglichen heutigen Zustand ein ...

Es liegt der Gedanke nahe, nach dem Erfolge der »internen« Sammlung eine öffentliche vorzubereiten. Doch scheint mir dies noch verfrüht und richtiger zu sein, erst noch intern, nur auf stark erweiterter Grundlage, zu sammeln und erst nach Beendigung auch dieser erweiterten Sammlung zur öffentlichen zu greifen . . .

Mehr Sorge als der Text des Aufrufes macht es mir, die Namen *deutsch* gesinnter vermögender Männer herauszufinden. Vorläufig bin ich da ratlos. Könnten uns etwa bei diesem Suchen die Leitungen national gesinnter Parteien unterstützen? Die müßten doch eigentlich zuerst wissen, wo nationaler Opfersinn vorhanden ist . . .

4 Max Wiskott an Albert Knittel, 15. 10. 1929.

. . . Ford hätte sich, wäre er, und seinem Besitze entsprechend, für Bayreuth eingetreten, einen Namen gemacht, dauerhafter, als der auf Automobile basierende. Daß er nicht eintrat, dürfte schwerlich auf eine Nichtachtung von Bayreuth zurückzuführen sein. Denn *Ford* hatte systematisch und mit großer Energie die gesamte Tingeltangel- und Jazzmusik in Amerika bekämpft und einen Kreuzzug zugunsten des Volksliedes gepredigt. Wer tut das bei uns? Aber der Rückzug, den er vor zwei Jahren antrat, verbietet ihm augenscheinlich heut ein Eintreten für Bayreuth . . .

5 »An die Freunde der deutschen Kunst«, Spendenaufruf 1929.

. . . Dem festen Vertrauen des Hauses Wahnfried auf die Treue der Freunde Bayreuths ist es zu verdanken, daß die Festspiele in den vier Jahren 1924/25 und 1927/28 durchgeführt werden konnten, obwohl kein Fonds zur Vorbereitung der Aufführungen und zur Sicherung gegen finanzielle Mißerfolge vorhanden war. Vor dem Kriege besaß die Festspielverwaltung ein Vermögen von fast 1 000 000 Mark, das die Familie Wagner aus den Überschüssen der Festspiele allmählich angesammelt hatte: es ist, wie das Vermögen der [Deutschen] Festspielstiftung, ein Opfer der Inflationszeit geworden.

Eine Weiterführung der Festspiele ohne deren Sicherung durch eine neue Rücklage ist jedoch nicht möglich . . . Dem Hause Wahnfried, das allein für die Verbindlichkeiten der Festspielverwaltung haftet, würde dadurch eine Verantwortung aufgebürdet werden, die es nicht tragen kann und darf. Bisher war die Gefahr minder groß, weil die neu einstudierten Werke, »Die Meistersinger«, zu denen die Dekorationen und Kostüme noch vorhanden waren, und der szenisch einfache »Tristan«, keine hohen Kosten verursachten . . . In den Jahren 1930/31 soll der seit 1904 nicht mehr aufgeführte »Tannhäuser« wieder aufleben. Für dieses szenisch überaus reiche Werk muß alles neu beschafft werden . . . Für den »Lohengrin« und den »Fliegenden Holländer«, die sonst einzig als Bayreuther Neuschöpfungen in Frage kämen, gilt dasselbe. Ohne die Aufnahme eines neuen Werkes in den Spielplan ist aber an eine Weiterführung der Bayreuther Festspiele nicht zu denken . . .

In jedem anderen Lande, das eine Kulturstätte von der Bedeutung Bayreuths besäße, würde deren Erhaltung als eine dem Parteizwist und dem Streit um ästhetische Theorien entrückte nationale Aufgabe ersten Ranges anerkannt werden, niemals würde ein solches Kulturwerk in die Gefahr geraten aus Mangel an Geld die Tore schließen zu müssen. Es darf nicht dahin kommen, daß das Ausland uns des Unvermögens zeiht, ein Werk zu erhalten, dessen Ruhm weit über die deutschen Grenzen hinaus in fernste Länder vorgedrungen ist.

Ein unersetzliches Gut steht auf dem Spiele! Mehr denn je bedarf das deutsche Volk in dieser nach Zerstreuung und Genuß jagenden Zeit der Weihen einer edlen und reinen Kunst, wie sie, fernab von dem Frondienst der großstädtischen Bühnen, auf dem grünen Hügel von Bayreuth gepflegt wird. Tausende sind von dort mit dem beglückenden Bewußtsein eines großen Erlebnisses heimgekehrt, das sie aus der Alltäglichkeit zu den Höhen einer idealen Welt erhob. So ist Bayreuth auch jedem gewissenhaften Bühnenleiter von jeher ein mahnendes Vorbild gewesen. Wo nur je eine stilreine Aufführung die Zuhörer erfreute, war ein Hauch des Bayreuther Geistes in ihr lebendig, und solange als diese Kräfte noch walten, werden die Verunstaltungen der Werke unserer deutschen Meister durch Experimente moderner Spielleiter zunichte werden.

So helfe ein jeder nach Kräften, daß dieser Quell nicht versiege! . . . Mit Bayreuther Gruß! (Unterschriften:) Fürst v. Thurn und Taxis, Fürst Ernst zu Hohenlohe Langenberg, Oberbürgermeister A. Preu, Max Slevogt, Karl Muck, H. Hartmeyer, W. v. Opel, F. v. Schoen etc., sowie Knittel, Vering und Wiskott für den Arbeitsausschuß.

6 Aufruf für »3 000-Mark-Spender«. Entwurf von Max Wiskott. 1929.

. . . Es ist bekannt, welchen heroischen Kampf Wagner unter bittersten Entbehrungen um sein Werk führen mußte, wie er von der deutschen Öffentlichkeit *im Stich gelassen wurde,* wie wir es einzig dem hinreißenden Schwunge des jungen König Ludwig zu verdanken haben, daß die letzten Werke Wagners überhaupt geschaffen wurden und daß das Bayreuther Haus heut dasteht, ein Geschenk für das Deutschtum ohnegleichen und ein Besitz, um den uns eine ganze Welt beneidet. Immer wieder taucht die Behauptung auf: »Wozu heut noch Bayreuth? Im In- und Auslande werden ja bis zum Überdruß die Wagnerschen Werke aufgeführt«. Wenn heut Bayreuth verschwände, so würde Theaterschlendrian, Gewinnrücksichten und mangelndes Vorbild es bewirken, *daß in ganz wenigen Jahren die Tradition verloren ginge, die Werke verschandelt würden und damit RW für die Welt tot wäre . . .*

Die *Finanzgeschichte Bayreuths* ist der deutschen Öffentlichkeit wenig bekannt. *Sie ist die Geschichte eines unvergleichlichen und nie ermüdenden Opfermutes des Hauses Wahnfried.* Ehe noch das Festspielhaus bestand, sind RW vom Auslande die verlockendsten Angebote gemacht worden, sein Festspielhaus außerhalb Deutschland zu errichten: er blieb trotz bitterster Erfahrungen seinem Vaterlande treu. Für das Defizit in Höhe von 180 000 M nach den ersten Festspielen im Jahre 1876, entstanden durch die Mißgunst eines großen Teiles der Presse, sprang Wagner mit seinem ganzen, so schwer erworbenen Privatvermögen ein und setzte damit seiner Familie Zukunft aufs Spiel! Später traten erneut Angebote auf. *Alle wurden abgelehnt,* so z. B. im Jahre 1903 eines von 6 Mill. Mark für Freigabe des

Parsifal in den USA; so im Jahre 1925 ein Millionen-Angebot, ebenfalls aus den USA gegeben unter der Bedingung der Umwandlung Bayreuths in ein landläufiges Theaterunternehmen. Niemals hat das Haus Wahnfried aus den Festspielen Vorteile gezogen.

Die Reserve der Festspiele, der »Festspielfonds«, ist aus den eigenen Mitteln der Festspiele bis zum Jahre 1914 auf die Höhe von rund 1 Mill. Mark gebracht worden . . . Die Inflation hat diesen Fonds bis auf einen kleinen Rest vernichtet. Während der Inflation wurde für die Festspiele eine »Deutsche Festspielstiftung« errichtet, an der sich in schwerster Zeit . . . 5 000 Zeichner beteiligt haben, ein Beweis, wie tief die Liebe zu Bayreuth im Volke wurzelt. Die Zeichner *glaubten* während der Inflation vermögend zu sein und für Bayreuth etwas zu geben; nach Schluß der Inflation aber trat der Irrtum zu Tage: das Vermögen der Stiftung betrug nur 12 000 Goldmark und von den 5 000 Spendern waren 1928 nur noch 200 im Stande, die Festspiele zu besuchen!

Unter dem Drucke unbedingter Gewissensverantwortung für das Deutschtum und im Gefühl unerläßlicher Anstandspflicht dem Hause Wahnfried gegenüber, das für Bayreuth so viel gelitten und so viel finanziell geleistet hat, haben sich eine Anzahl von Männern und Frauen gegenseitig versprochen, für Bayreuth zu sammeln. Es wäre ja gar nicht auszudenken, was wäre, wenn Bayreuth zu Grunde ginge! Ein nie mehr gut zu machender Verlust für unser Volk und ein unaustilgbarer Fleck auf unserem Namen!

Von einer *öffentlichen* Sammlung kann heut kaum etwas erwartet werden. Die Verarmung ist zu groß, als daß jene Kreise, die Bayreuth fern stehen, sich beteiligen würden; andererseits ist zu befürchten, daß eine öffentliche Enthüllung der Geldbedürftigkeit Bayreuths eine bedenkliche Rückwirkung auf den Kredit und auf die doch aus der ganzen Welt zusammenzuholenden Künstler ausüben würde . . .

Aber selbst *im Freundeskreise Bayreuths* kann nur mit Vorsicht an eine Sammlung herangegangen werden. Dieser Kreis bedeutet zwar sicher einen intellektuellen und ethischen Höchststand. Aber darin liegt auch sein verhältnismäßig geringer Umfang, an der Masse des Volkes gemessen, begründet . . .

Beiträge von 3-5 000 M sind bereits in den ersten Tagen gezeichnet worden aus dem Gefühle unbedingter Notwendigkeit heraus, *den mit nichts Ähnlichem vergleichbaren ethischen und geistigen Wert der Bayreuther Festspiele zu erhalten und allen anderen Aufgaben voranzustellen.* Was wohl würde Frankreich oder England tun, wenn sie so glücklich wären, ein Bayreuth zu besitzen? . . .

Bisher haben wir Deutsche Opfer über Opfer vom Hause Wahnfried *angenommen,* nun ist es an *uns,* für unsere größte Kunst Opfer zu bringen. Hätte Deutschland die gleiche Urheberrechtsdauer von 50 Jahren wie die meisten anderen europäischen Staaten, so wäre das durch die Inflation zerstörte Privatvermögen der Familie Wagner wieder aufgefüllt und SW würde in altbewährter Großherzigkeit die nötigen Mittel aus eigener Kraft hergeben können. Die deutsche, oft beanstandete Gesetzgebung hat das verhindert. Tun nun wir einzelnen Deutschen wenigstens das Unsrige . . .

Fortsetzung der Sammelaktion. Aufruf für »weitere Kreise«. Entwürfe von Max Wiskott und Winifred Wagner. 1929.

7 a . . . Aber wir dürfen uns keiner Täuschung hingeben. Nur als eine augenblickliche Hilfe kann das bisher Geleistete betrachtet werden, als mehr nicht. Ein Blick auf die Reserven der Vorkriegszeit lehrt das. Es gilt, eine wirkliche Reserve von großer Höhe zu schaffen. Kein Unternehmen kann ohne Reserven bestehen, am allerwenigsten ein so exponiertes, wie das der Bayreuther Bühnenfestspiele . . . Wie schwer auch die Zeit sein und wie schwer die Opfer fallen mögen — vor dem Verlust Bayreuths muß das deutsche Volk geschützt werden . . .
Es geht um Größtes. Versäumnisse in *diesem* Punkte sind nie wieder einzubringen. Ist Bayreuth erst einmal untergegangen, so wird das Schicksal dem deutschen Volke keine Familie Wagner mehr schenken, um ein neues Bayreuth aufzubauen. Mit bitterer Reue würden wir vor dem »zu spät« stehen, verspottet von den anderen Nationen.

7 b Weiteste Kreise der gebildeten Welt sehen heute mit Entsetzen den Niedergang unseres geistigen Lebens, empfinden den jetzigen Tiefstand unserer Kultur als Zusammenbruch und zweifeln an der Möglichkeit, höchste deutsche Kulturwerte aus diesem allgemeinen Chaos in eine bessere Zukunft hinüberretten zu können. Wie mancher wäre bereit, seine Kräfte zur Verfügung zu stellen, um die letzten Bollwerke deutschen Geistes und deutscher Art verteidigen und erhalten zu helfen, wenn ihm ein Weg dazu gezeigt würde. Als ein solches Bollwerk haben sich die Bayreuther Festspiele durch ein halbes Jahrhundert hindurch gezeigt und vor allem seit der Wiederaufnahme im Jahre 1924 nach einer durch den Krieg und seine Folgen bedingten zehnjährigen Pause bewährt. Durch künstlerisch geradezu vollendete Aufführungen der unsterblichen Werke RWs sind sie für ungezählte Menschen die Quelle neuer seelischer Kraft und Stärke und ein unvergleichlicher Genuß geworden. Jeder Deutsche wird dort mit Stolz empfinden, daß nur Deutschland einen solchen reinen Hort edler Kunstpflege besitzt, und das Ausland hegt, um dieses Ausdrucks deutschen Wesens willen, die höchste Achtung für unser Volk trotz seiner politischen Ohnmacht . . .

RWA

1 Winifred Wagner an Albert Knittel, 12. 6. 1929.

Hauptmann Köhler hat am 10. Juni prinzipielle Fragen mit mir verhandelt. *Ein Kopf in der geschäftlichen Betriebsleitung analog dem einen in der künstlerischen sei unerläßlich* ... Schuler sei möglichst rasch zu ersetzen. Um die Nachfolge Beutter kommen wir nicht herum — Köhler schlägt vor, ihm *eine* Bedingung allerdings zu stellen, nämlich: seinen Posten an der Bank völlig aufgeben. In dem Moment, wenn Beutter nicht mehr im Interesse seiner Bank handeln muß, kann er seine zweifellos vorhandenen Bankkenntnisse zu *unseren* Gunsten ausnützen... Köhler will sich gern als Art Treuhänder dann zu Beutters Entlastung betätigen, also auf Deutsch: Kontrollorgan ehrenamtlich sein, wenn sich die Frage so regeln sollte. Soweit ich Köhler verstand, glaubt er, daß *ich* den geschäftlichen Willen zu verkörpern imstande bin, wenn ich mich erst einmal gründlicher in die Materie eingearbeitet habe. Er schlug allen Ernstes vor, mich ein halbes Jahr in seinem Riesenbetrieb volontieren zu lassen — ein Angebot, das ja nicht ganz von der Hand zu weisen ist. — Beutter wäre damit Ausführungsorgan und für Alles verantwortlich zu machen — Einige »Wölfe«, die während der Hauptsaison oben überall zugleich sind, um die Anordnungen zu überwachen, würden wir ehrenamtlich einzustellen haben. Die Untereinteilung, die bereits besteht, Muck für das Orchester, Rüdel für den Chor, Kranich für das technische Personal, Frau Thode (!) für die Schneider, Schneiderinnen, Garderobiers, Friseure, Putzweiber verantwortlich zu machen, sei beizubehalten, nur die Zügel straffer anzuziehen. — Ein Rechtsbeistand (Dr. Meyer) der *alle* Verträge juristisch zu formulieren und zu kontrollieren habe, sei unerläßlich ... Um Köhler einen Überblick zu verschaffen, habe ich ihm unsere vorjährige Abrechnung zur Einsicht übergeben. Daraus wird er als Kaufmann zu allernächst ersehen, ob und wo noch Ersparnisse zu erzielen wären. Er schlägt z. B. vor, den Strom nicht mehr selbst herzustellen ... unsere Feuerversicherungsverträge [zu] revidieren. — Als Verbindungsmann mit der Presse nannte ich Sie — auch glaubte ich sagen zu dürfen, daß *Sie* bezüglich Propaganda uns immer mit Rat und Tat zur Seite stehen werden. — Die Frage der G. m. b. H. hat Köhler, nachdem er sich mit der Materie befaßt hat, als vollkommen undurchführbar erklärt. — Die Besitzfragen sind augenblicklich derartig kompliziert, daß wir *jetzt* nichts unternehmen können. Später, wenn meine Familie allein dasteht, ist das sehr viel einfacher ... Ich hoffe hiermit die wesentlichsten Fragen berührt ... zu haben — und möchte hiermit nochmals feierlichst erklären, daß Ihr Interesse an den Festspielen und jeder Rat, den Sie zu geben die Güte haben wollen, immer willkommen und dankbarst in Erwägung gezogen wird. *Niemals* würden wir *ihre* Einwendungen als Einmischungen empfinden ...

RWA

2 Eva Chamberlain an Winifred Wagner, (vermutl. Ende) 1930.

... Ich weiß es von ihm [SW] selbst, wie ungern er den ... Vorschlägen Dr. Knittels nachgab ... er empfand diese Zumutung sehr peinlich.

... wogegen es von jeher hier Sitte gewesen, gutbestrebte und freundlich gesinnte unter den Zeitungsschreibern im einzelnen Fall entgegenkommend zu berücksichtigen (siehe Davidsohn, Holzbock, Dr. Manz, Karpath etc.) ...

[und das] Liebäugeln mit der Presse *gar keinen* Erfolg unserer Sache gegenüber hatte ... Bayreuth stand stolz und frei bisher der Presse gegenüber da — das können wir leider seit dem Sommer 1930 nicht mehr sagen ...

RWG

Chronik der Jahre 1933-1937. Aus Briefen Liselotte Schmidts an ihre Eltern.

3 19. 5. 1933.

Frau Wagner hat unerfreuliche Tage in Berlin. Die Hetze gegen Bayreuth — die letzten Endes auch nur jüdischen Ursprungs ist — scheut vor keiner Lüge und Gemeinheit zurück und alle die, die auch gern in Bayreuth mittäten (...) blasen in ihrer Wut ins gleiche Horn. Es ist der reinste Hexensabbat ... Am 1. Juni gehen die technischen Proben an, dann haben wir hier an der Arbeit unsere Freude und pfeifen auf Berlin, das gottseidank nicht die Welt ist ...

4 26. 5. 1933.

Die Mächte der Finsternis sind unablässig am Werk, und auch leider mit Erfolg: planmäßig und auch höchst raffiniert wird das unantastbare Bayreuth seiner letzten Stützen beraubt, und das Traurigste ist, daß es so aussieht, als ob man an höchster Stelle nichts davon merken will. Jedenfalls gehen Leute dort aus und ein und haben mitzureden, die weder solcher Ehre würdig sind, noch einen Dunst von Bayreuth haben. Höchste Tragik, daß Bayreuth noch nie so von allen Fronten angegriffen wurde wie im 3. Reich. Wir stehen in eisiger Einsamkeit, von allen guten Geistern verlassen — nur Knittel ist ein treuer Mann und Tietjen, der weiß Gott vielleicht den schwersten Stand hat und ganz unerhört behandelt wird ... Von Dr. Frank kam ein lieber Anruf am 24. Mai; er kann uns ja auch nicht helfen, die Verwirrung und unselige Verkettung ist zu groß — eines Tages muß ja ein großes schmerzliches Erkennen kommen wenn es für uns zu spät ist ...

5 16. 6. 1933.

Unser voraussichtliches Defizit, das er [Knittel] errechnete, ist leider nackte Wahrheit! ... Wir haben jetzt von 21 Aufführungen 12 verkauft; bis wir von der 11. zur 12. kamen, das hat über einen Monat gedauert. Die 40,- Mark-Plätze für die mittleren 3 Meistersinger-Aufführungen sind nun gottseidank auch preisgegeben und auf 30.- gesetzt ... Festspielbesucher kriegen auf der Bahn gegen Vorweis ihrer Eintrittskarte 33 % Ermäßigung wie bei Sonntagsfahrkarten. Für viele ist das doch eine wesentliche Erleichterung ...

6 30. 6. 1933.

Seit vorgestern sind wir erlöst von unserer größten Sorge: Wolf [Hitler] hat sich unserer Sorge angenommen. Er rief Frau W. nach Berlin, sie flog und innerhalb einer Viertelstunde war uns geholfen — und wie! Es ist so, wie wir immer dachten: er ahnungslos, und in seiner Umgebung Stimmen, die uns vielleicht aus allzumenschlichen Gründen nicht ganz hold gesinnt sind ... Dr. Wiskott hat auf eigene Faust an der richtigen Stelle angesetzt, nämlich bei Frank! ... Er hat es verstanden, in seiner überaus klugen, gewandten und höflichen Art nicht locker zu lassen, hat es am Tag bis zu 4 Telefonaten gebracht, hat es auch erreicht, daß Schemm ... schon vor etwa 12 Tagen zu nächtlicher Stunde einmal hier bei uns war. Er war sehr bereitwillig und versprach Hilfe durch den Lehrerbund ... Siebert wurde dann auch noch alarmiert und die Sache im Ministerrat beschlossen (Bayern stellt 50 000 M zum Ankauf von Karten zur Verfügung und sie haben die anderen Länder aufgefordert, ein Gleiches zu tun. Das ist doch nobel?). Das war am Dienstag . . und am Mittwoch kam dann der erlösende Anruf Frau W's. Schönstes Einvernehmen wie von je, keinerlei Verstimmung oder irgend etwas Fremdes zwischen ihnen ...

7 19. 1. 1934.

Seit gestern abend ist Frau W. wieder in Berlin und hat gleich heute den Führer erwischt ... In höchster Not — und die arme Frau W. war wirklich am Ende ihrer Fassung — kam wieder mal erlösende Hilfe ...

8 2. 3. 1934.

Mit unserem Kartenverkauf sind wir jetzt noch nicht mal auf 6 000 Stück, das sind kaum 3 1/2 Vorstellungen, voriges Jahr um diese Zeit waren es acht. Wohnungen werden infolgedessen auch keine vermietet und unser Oberbürgermeister hat auch Sorgen deswegen. Wir müßten mehr Propaganda machen. Ich verstehe ja nicht, daß man den Rundfunk nicht einspannen kann, und zwar kostenlos; das wäre doch eine Selbstverständlichkeit. Die Einwände wegen der Preise sind auch nicht ganz von der Hand zu weisen, wenn es auch nur eine kleine Erleichterung gegeben hätte ... Natürlich machen 5 M weniger pro Karte im Etat gleich sehr viel aus ...

9 14. 5. 1934.

Schemm bringt jetzt mächtig Leben in die Bude. Der NS-Lehrerbund stellt 50000 M zum Ankauf von Karten zur Verfügung ... inzwischen hat er dies auch beim Beamtenbund angekurbelt und bei der Obersten SA-Führung, die sich auch nicht lumpen läßt ...

10 30. 5. 1934.

Wegen des Reiches wissen wir noch gar nichts, aber irgendetwas *muß* ja schließlich geschehen, denn wir haben noch nicht einmal die Hälfte verkauft ...

11 9. 6. 1934.

. . . mehrmals mit der Obersten SA-Führung in München telefoniert. Der Stabschef will nun zum ersten Zyklus alle obersten Führer der SA einladen. Da braucht er 70 Plätze in bester Lage . . . Die Gauleiterin der Frauenschaft hat auch gestern 100 Karten bestellt. Auch sollen von einigen Gauleitern noch größere Bestellungen kommen . . . Das Reich schweigt noch immer . . .

12 22. 6. 1934.

Wir verstehen es ja voll und ganz, daß man einfach keine Zeit hat, sich um Bayreuth zu kümmern, und zu einer letzten Katastrophe wird es auch nicht kommen, da ist dann ja noch der Führer da . . .

13 29. 6. 1934.

Tschammer-Osten hat schon sehr zeitig bestellt, sonst aber keiner der Führer, mit Ausnahme von Göring und Röhm. Heute nun hat Frau W. einen sehr offenen Brief an Wolf geschrieben . . . Er ist bestimmt wieder ahnungslos, obwohl man in seiner Umgebung Bescheid weiß. Aber wir werden eben von einer ganz bestimmten und einflußreichen Seite so lange übersehen und totgeschwiegen, bis es nimmer länger geht. Wenn man glaubt, uns auf die Knie zwingen und dann einsacken zu können, so ist das ein Irrtum und wir sind vielleicht der einzige Fall, vor dem man eben Halt machen *muß* . . .

14 6. 7. 1934.

Der Führer hat durch das Reichspropagandaministerium uns mitteilen lassen, daß das Reich Karten, die bis zum 10. Juli nicht verkauft sind, abnimmt. Das ist ein gehöriges Versprechen und so tröstlich die Nachricht für uns ist und so wunderbar die Hilfe unseres einzigen Schützers, so fällt es im Grunde doch schwer, dieses Opfer annehmen zu müssen und zu wissen, daß wir ohne dieses verloren wären . . .

15 11. 5. 1935.

Aber die Bedingungen, unter denen er [Furtwängler] jetzt von Frau W. gerufen wurde, sind doch wesentlich andere . . . Außerdem hat er sich verpflichtet, ab 1936 keine Oper mehr im Ausland zu dirigieren. So wird er doch eine große Anziehungskraft werden und wir sind froh für jede Karte, die wir an rechtmäßige Käufer losbringen, damit wir dem Reich nicht so sehr zur Last fallen . . .

16 18. 5. 1935.

Dr. Knittels Festspieltätigkeit ist nun auf einen anderen abgewälzt worden. Es ist dies der Oberregierungsrat Sawade/Berlin, ein feiner und vor allem in Theaterdingen ganz bewanderter, tüchtiger Mann, der sowohl mit Zahlen, als auch mit dem Künstlervolk umgehen kann. Daran ist's doch letzten Endes immer gescheitert, daß K. einen Bühnenbetrieb genauso anpacken wollte wie seinen Druckereibetrieb . . . Nun ist er lediglich noch persönlicher Vermögensverwalter und Berater von Frau W . . . Es ist doch fein, daß nun endlich die wahre Lösung gefunden wurde und das Propagandaministerium die ganze Werbung etc. in die Hand nimmt. Für uns eigentlich ideal: Frau W. bestimmt *was* in die Zeitung kommt, *wie* der Prospekt aussehen soll, welches Bild das Plakat bekommen soll, aber um die technische Seite der Sache hat sie sich nicht mehr zu kümmern . . . Es kommen auch keine Übergriffe oder irgendwelche unerwünschte Einmischungen vor. Unser ganzer Presse-Apparat, der doch seither so viel Zeit und Mühe verschlungen hat, ist damit unnötig geworden, worüber wir bestimmt nicht böse sind. Die Herren, mit denen Frau W. zu tun hat, sind sehr zugänglich und hilfsbereit . . . Sie erzählte auch, daß neulich in München sowohl Herr als auch Frau Goebbels auffallend zutunlich gewesen sind . . .

17 12. 6. 1936.

Der Kartenverkauf geht immer weiter sehr erfreulich vonstatten und von Reichsstipendium kann keine Rede sein . . .

18 29. 6. 1937.

Der Kartenverkauf geht stetig sehr gut voran und wir werden wohl ohne Hilfe durchkommen. Der NS-Lehrerbund hat für 60 000 M Karten gekauft und KdF für 15 000 M, was doch sehr erfreulich ist . . .

RWA

19 Ministerialrat Dr. Ott im RMVAP, 11. 10. 1934.
Akten-Notiz

An Karten für die Bayreuther Bühnenfestspiele 1934 zum normalen Preis von 30.— bzw. 15.— RM sind dem Propagandaministerium insgesamt 11 310 Stück zugegangen = 326.640 RM, daneben von Frau Wagner direkt

verteilt für	37.380 RM
zusammen	364.020 RM . . .

Der Wille des Führers, das Bayreuther Werk unter allen Umständen zu erhalten und daneben den Minderbemittelten den Besuch der Festspiele zu ermöglichen, ist somit ausgeführt worden. Da die Festspiele auf diese Art fast ausverkauft waren und die Rundfunkübertragung des »Ring« weitere Einnahmen von 95.000,— RM erbracht hat, ist möglicherweise sogar ein erheblicher Überschuß erzielt worden. In letzterem Falle wäre zu erwägen, ob der volle Betrag von 364.020,— RM gezahlt werden muß.

Da damit zu rechnen ist, daß der Rechnungshof eine Abrechnung über die hierfür aufgewendeten Reichsmittel fordern wird, und da es nach den allgemeinen Grundsätzen der Reichshaushaltsordnung und der Wirtschaftsbestimmungen für die Reichsbehörden (...) notwendig erscheint, daß die Verwaltung der Bayreuther Festspiele einen Nachweis der Einnahmen und Ausgaben vorlegt, war beabsichtigt, daß ein Vertreter des Ministeriums mit Frau Wagner persönlich über die Frage der Form und Notwendigkeit dieses Nachweises sprechen sollte. Die persönliche Fühlungnahme mit Frau Wagner war von Herrn Minister Dr. Goebbels besonders gewünscht, um jedes Mißverständnis von Seiten der Frau Wagner zu vermeiden. In dem mit Frau Wagner geführten Telefongespräch, in dem ihr mitgeteilt wurde, daß demnächst der Unterzeichnete zu einer Aussprache nach Bayreuth kommen werde, war ausdrücklich betont worden, daß lediglich an eine summarische Aufstellung gedacht und nicht etwa eine eingehende Buchprüfung oder ein Eindringen in die internen Verhältnisse der Verwaltung der Bühnenfestspiele beabsichtigt wäre.

BAK

Wilhelm Furtwängler und die Bayreuther Festspielleitung, 1931—32.

1 18. 1. 1931. Vereinbarung zwischen Winifred Wagner, Heinz Tietjen und Wilhelm Furtwängler:

Frau Winifred Wagner hat als Nachfolger Siegfried Wagners in der künstlerischen Leitung der Bayreuther Festspiele Heinz Tietjen und in der musikalischen Leitung Wilhelm Furtwängler berufen. Der preußische Kultusminister hat Tietjen seine Ermächtigung zur Annahme der Berufung erteilt, ebenso hat Furtwängler seine Zusage gegeben. Diese Neuordnung wird erst 1933 in Kraft treten, da nach dem Willen Siegfried Wagners die diesjährigen Festspiele in unveränderter Form stattfinden. Wilhelm Furtwängler hat sich aber freundlicherweise bereit erklärt, schon in diesem Jahre die Leitung von »Tristan und Isolde« zu übernehmen. —

2 21. 3. 1932. Wilhelm Furtwängler an Winifred Wagner.

Wenn ich nachträglich unsere gestern gehabte Unterredung überdenke, so scheint sie mir von Ihnen mit einer bestimmten Absicht geführt worden zu sein: Gleich die zu Anfang gefallene Bemerkung, daß für Bayreuth jedermann ersetzlich sei, — eine Anschauung, die ich nur bedingt teile, und deren gegen mich gerichtete Spitze ich wohl verstanden habe — sodann die mit aller wünschenswerten Offenheit und Deutlichkeit abgegebene Erklärung, daß Sie die Herrin in Bayreuth seien und niemand anders neben sich duldeten usw. wiesen in dieser Richtung.
Bald wurde mir dann auch der Grund klar: Es ist zwischen uns von dritter Seite gehetzt worden. Sie sagten mir, Sie wüßten, daß ich Sie als Leiterin von Bayreuth mißbilligte, nicht anerkannte, erwähnten in diesem Zusammenhange Namen usw. Ich beschränke mich hier darauf, solche Unterstellungen nochmal gebührend zurückzuweisen; im übrigen habe ich nicht die Absicht, auf Klatsch einzugehen. Entscheidend ist nur bei alledem die Atmosphäre von Mißtrauen, die alle ihre Äußerungen kennzeichnete. Es scheint geradezu, als ob Sie in mir eine eigensüchtige Primadonna, nicht einen der Sache ergebenen Künstler vor sich zu haben glauben, was sich am deutlichsten in der schließlich von Ihnen erhobenen Forderung dokumentierte, daß Sie aus rechtlich-testamentarischen Gründen die letzte Entscheidung in Streitfragen, *auch rein künstlerischen Charakters,* beanspruchten. Es dürfte Ihnen selber wohl bei näherer Überlegung klar sein, daß sich eine solche Forderung — da Sie in künstlerischen Fragen doch schließlich nicht Fachmann sind — nicht mit dem Gewissen eines verantwortungsbewußten Künstlers vereinen läßt. Entweder wollen Sie Mitarbeiter am Bayreuther Werk — als solche haben Sie seinerzeit mit mir und Tietjen verhandelt — oder Sie wollen mehr oder weniger unverantwortliche bloße Berater, in der Absicht, selbst die Verantwortung — wie gesagt auch über rein künstlerische Streitfragen — zu übernehmen. — Da diese Anschauung mit der Auffassung, die ich von meiner Aufgabe in Bayreuth habe, nicht übereinstimmt, und da mir die Atmosphäre von Mißtrauen, die aus allen Ihren Äußerungen mir gegenüber bisher hervorging, nicht die Vorbedingung zu einer gedeihlichen Zusammenarbeit im Interesse des großen Bayreuther Werkes zu sein scheint, so

möchte ich Ihnen unter diesen Umständen anheimgeben, mir mein Ihnen seinerzeit unter anderen Voraussetzungen und Erwartungen gegebenes Wort zurückzugeben. —

3 Winifred Wagner an Wilhelm Furtwängler, 1. 4. 1932.

Ihren Brief vom 21. März habe ich erhalten und ersehe mit Erstaunen aus demselben, daß Sie sich entschlossen haben, mich zu bitten, das von Ihnen seinerzeit für die Mitarbeit am Bayreuther Werk gegebene Wort zurückzugeben. — Aus unserer letzten mündlichen Besprechung habe ich erkennen müssen, daß Sie ausschlaggebende Bedenken gegen meine Forderung der letzten Entscheidung auch in künstlerischen Dingen hegen. Wenn ich mir auch nicht anmaße, für die künstlerische Executive fachmännische Vorbildung zu besitzen, so muß ich doch auf der geäußerten Forderung beharren, weil der letzte Wille meines Mannes bestimmt, daß ich mein Amt als Leiterin der Bayreuther Festspiele nicht nur dem Namen nach führe, sondern mit voller Verantwortung für den Weiterbestand des Werkes, außerdem darf ich darauf aufmerksam machen, daß ich in 15jähriger engster Zusammenarbeit mit meinem Mann und unter den Augen von Frau Cosima Wagner wohlvertraut und wohlausgerüstet für die Gesamtleitung bin. Wenn ich mir nach dem Tode meines Mannes in Ihnen und Herrn Tietjen sofort die Mitarbeiter erwählte, die ich für die Kunstausübung für die Berufenen hielt, so glaube ich, damit zum Ausdruck gebracht zu haben, daß ich mir nicht mehr anmaße, als ich selbst zu leisten imstande bin. — Ich hegte die Hoffnung, daß auch Ihnen das Besondere der in Bayreuth zu leistenden Arbeit voll bewußt werden würde, erlebte aber die große Enttäuschung, aus Ihrem Munde hören zu müssen, daß Sie Bayreuth nicht brauchen. Diesen Ihren Standpunkt dokumentieren Sie nunmehr leider mit Ihrem Ersuchen, Sie von dem mir seinerzeit gegebenen Worte zu entbinden. Ihre oben zitierte Ansicht und Ihr Entschluß, sich zurückzuziehen, machen es mir leider unmöglich, Sie um etwas zu bitten, wozu man bei der Eigenart des Bayreuther Werkes in erster Linie das Gefühl einer inneren Berufung in sich tragen muß. Ich entbinde Sie daher wunschgemäß mit dem Ausdruck des Bedauerns von Ihrem Worte. Vielleicht findet sich trotzdem ein Weg, daß Sie in Bayreuth dirigieren. —

4 Wilhelm Furtwängler an Winifred Wagner, 18. 6. 1932.

Den Inhalt Ihres letzten Briefes, insbesondere die Wendung »daß wir gegenseitig die Möglichkeit im Auge behalten sollen, später wieder zusammenzufinden«, kann ich angesichts der prinzipiellen Differenzen zwischen uns unmöglich anders als eine nichtssagende zu nichts verpflichtende »façon de parler« betrachten.

Das Entscheidende ist, — *und deshalb muß es nach wie vor bei meinem Rücktritt bleiben* — daß Sie, obwohl Sie nicht Fachmann sind, doch die letzte Entscheidung auch in künstlerischen Dingen im zukünftigen Bayreuth *für sich allein* beanspruchen. Sie begründen dies *heute* mit dem Wortlaut des Testamentes; es widerspricht aber dem Sinne der Vereinbarung, die wir seinerzeit zusammen, als ich nach dem plötzlichen Rücktritt Mucks Ihnen durch Übernahme des Tristan aus der Verlegenheit half, für meine Tätigkeit ab 1933 ausdrücklich festgelegt und veröffentlicht haben.

In jedem Falle halte ich diese Ihre Forderung, die letzte Entscheidung in künstlerischen Dingen sich allein vorzubehalten, mit dem Gewissen eines verantwortungsbewußten Künstlers für unvereinbar. —
(Aus dem vervielfältigten Pressematerial vom 19. 6. 1932.)
RWG

5 Wilhelm Furtwängler, Um die Zukunft von Bayreuth (1932).

Wenn ich mich einmal zur Bayreuther Frage äußere, so geschieht es nicht meinetwegen, sondern wegen der Zukunft Bayreuths. Bayreuth befindet sich heute an einem Scheideweg, gerade deswegen ist aber Klarheit, rückhaltlose Offenheit, gerade auch in Bayreuths eigenem Interesse vonnöten. Zunächst etwas Persönliches: Der Fall Toscanini hat mit meinem Entschluß von Bayreuth zurückzutreten, nicht das geringste zu tun. Ich erwähne dies nur deshalb, weil es immer noch Leute gibt, die aus einer angeblichen Rivalität zwischen Toscanini und mir Kapital schlagen versuchen. Eine solche Rivalität gibt es nicht, hat es nie gegeben. Das persönliche Verhältnis zwischen uns war stets das allerbeste. Von einer Beeinträchtigung der künstlerischen Bewegungsfreiheit Toscaninis etwa aus Anlaß des Gedächtniskonzerts im Sommer 1931 kann gar keine Rede sein. Alle derartigen Gerüchte weise ich auf das Entschiedenste zurück. Programm, Anfang und Zeit der Proben usw. wurden im Einverständnis mit Toscanini und nach seinem Wunsch festgesetzt. Mir allein war es zu verdanken, daß bei dem unglückseligen Zwischenfall bei der Generalprobe dieses Konzerts — bekanntlich verließ Toscanini damals demonstrativ das Podium und lehnte jedes weitere Dirigieren ab — nicht zu einem unüberbrückbaren Zerwürfnis zwischen Toscanini und dem Orchester kam. Das Zerwürfnis zwischen Toscanini und Bayreuth freilich konnte ich damals trotz mehrfacher Versuche hierzu nicht beseitigen. Ich war stets der Ansicht, daß Toscanini Bayreuth erhalten bleiben müsse.
Was nun die Sache selbst, meinen Kompetenzkonflikt mit Frau Winifred Wagner betrifft, möchte ich zunächst bemerken, daß ich niemals etwas anderes verlangt habe, als was ursprünglich zwischen uns vereinbart war. Die ganze Sache wird nicht dadurch zerstört werden, daß man das selbstverständliche und nie in Zweifel gezogene Recht der Erbin und Besitzerin bei etwaigen hypothetischen Streitfragen, etwa zwischen Tietjen und mir, als letzte Instanz mit heranzieht, nicht darum handelt es sich, sondern um den Anspruch Frau Wagners, auch in künstlerischen Dingen sich jederzeit die letzte Entscheidung allein vorzubehalten. Hier liegt der Kernpunkt der Frage, die mir über mein persönliches Interesse hinaus von Bedeutung zu sein scheint.
Die Vereinbarung zwischen Frau Wagner, Tietjen und mir beruhte auf gemeinsamer Zusammenarbeit und setzte damit auch in gewissem Sinn Gemeinsamkeit in der Verantwortung voraus. Eine solche Verantwortung als Musiker mit zu übernehmen ist mir aber nicht möglich, wenn sie durch einseitigen Machtspruch einer Persönlichkeit, die in musikalischen Dingen kein Fachmann ist, jederzeit illusorisch gemacht werden kann, und — wie die persönliche und unmotivierte Aufrollung der Kompetenzfrage durch Frau Wagner beweist — auch illusorisch gemacht werden sollte.

Frau Wagner denkt bei ihrer Forderung anscheinend an die Art, wie seinerzeit Cosima Wagner Bayreuth geführt hat. Was wäre aber im vorliegenden Falle die unausbleibliche Folge? Da Frau Wagner nun einmal nicht musikalisch fachmännisch durchgebildet ist, so ist sie auf Ratgeber angewiesen. Es wären demnach diese Ratgeber, die ihrerseits im Hintergrund und unverantwortlich in Bayreuth durch Frau Wagner »regierten«. Das war früher anders, denn Cosima Wagner und später Siegfried Wagner waren ihre eigenen Ratgeber und durften selber in künstlerischen Fragen als Autoritäten zu gelten in Anspruch nehmen.

Es wird Frau Winifred gewiß kein Mensch übel nehmen, daß sie so ist, wie sie ist, und niemand kann etwas anderes mit Recht von ihr verlangen, aber ausgesprochen muß es doch werden: Sie ist nicht gut beraten, wenn sie glaubt, aufgrund der Auslegung des Testaments Eigenschaften beanspruchen zu müssen, die sie nun einmal nicht hat. Ich sage »Auslegung«, denn bei Abschluß der ersten Vereinbarung mit Tietjen und mir war dieses Testament ja auch schon da. Das oberste Prinzip, daß nur der mit zu entscheiden hat, der dafür verantwortlich gemacht werden kann, gilt auch für Bayreuth. Über kurz oder lang wird es auch Frau Winifred nicht erspart bleiben, anstatt unverantwortlicher Ratgeber sich verantwortliche Mitarbeiter wählen zu müssen.

Die Leistungen der Familie Wagner haben Bayreuth groß gemacht. Unter der Führung Cosimas und später Siegfrieds unter Assistenz großer Künstler — ich nenne nur Karl Muck — hat Bayreuth seine Weltgeltung errungen. Diese aber nur, weil die Familie das Erbe nicht in erster Linie als »Familienbesitz« betrachtet hat, sondern als Verpflichtung gegenüber der Allgemeinheit, weil nicht der private Machtanspruch Einzelner, sondern stets das Werk im Vordergrund stand. Das muß so bleiben, soll nicht Bayreuth ernsthaft in Gefahr geraten.

(aus: Hannoverscher Kurier, vom 29. 6. 1932)

6 Winifred Wagner an Heinz Tietjen, 4. 8. 1933.

Als mir durch Siegfrieds Tod die ungeheure Last der Verantwortung für die Fortführung der Festspiele wurde, beschäftigte mich Tag und Nacht die eine brennende Frage: »Wo finde ich den Kapellmeister-Regisseur, der imstande ist, durch restlose Beherrschung der Partitur, der Dichtung und der Inszenierungsabsichten des Meisters die künstlerische Seele Bayreuths zu vertiefen? Wo finde ich den selbstlosen Helfer, um meiner Aufgabe gerecht werden zu können«?

Sie, mein lieber Herr Tietjen, hatten bereits in jahrzehntelanger künstlerischer Arbeit bewiesen, daß Sie diese allseitige Befähigung zum Werk besitzen und die erste Fühlungnahme mit Ihnen brachte die beglückende Erkenntnis, daß Sie nicht nur die künstlerischen Qualitäten besitzen, sondern auch die menschliche Größe haben, die erforderlich ist, um sich restlos *hinter* das Werk zu stellen und ihm zu dienen. Das Werden der diesjährigen Festspiele haben mir bestätigt, daß Sie der Berufene sind. Helfen Sie mir in treuer Zusammenarbeit weiter und führen Sie meinen Sohn Wieland allmählich seiner Lebensaufgabe zu: Der würdige Nachfolger seines Vaters im Dienst am Bayreuther Werk zu sein.

(aus: S. Scheffler, W. Golther, H. Penzold (Hrsg.) Bayreuth im Dritten Reich, Hamburg 1933, S. 14).

1 Daniela Thode, Notizen für eine Besprechung mit Joseph Goebbels. 1933.

Dr. Goebbels: ... Absage Toscanini.

Judenfrage, die Stellung Bayreuths dazu; Siegfried's, Chamberlain's Brief dazu; Stellung — Wagner's Brief Levi.

Katastrophale Lage für Bayreuth und uns durch die Haltung — oder vielmehr Nicht-Haltung der Presse.

Unabhängigkeit des Werkes muß gewahrt werden. Festspiele bisher 98⁰/o ausver-kauft, Durchführung schuldenfrei — jetzt 50⁰/o.

Hitler und Göring haben vor vielen Wochen Frau Wagner in Aussicht gestellt, größere Posten von Karten über Reich und Länder anzukaufen, um sie an Würdige zu verteilen. Minister Schemm hat vor 8 Tagen diese Zusage (für Bayern) bestätigt. Die Festspiele sind am 1. Juli geldlich am Ende — 10-15 000 Karten innerhalb der nächsten 8 Tage müßten von den Ländern gekauft sein.

RWG

2 Heinz Tietjen an Daniela Thode, 27. 10. 1931.

... Die zweimaligen Veröffentlichungen Toscaninis, von der gesamten deutschen Presse als authentische Äußerung des Maestro interpretiert, haben einen solchen verheerenden Eindruck und Einfluß im In- und Ausland ausgelöst, daß ich nun leider schon von der letzten und größten Gefahr sprechen muß, nämlich, daß ich das Werk auf das Ernstlichste gefährdet sehe.

... [glaube ich], daß für Sie jetzt der große Augenblick gekommen ist, da Sie das ganze Vertrauen des Maestro genießen, sich hier schützend vor das Werk zu stel-len. In dieser infamen Angelegenheit muß die ganze Familie Wagner in völliger Solidarität zusammenhalten.

... Ich sehe sonst die letzte Möglichkeit, ihn für Bayreuth zurückzugewinnen für geschwunden, denn die deutsche Presse versucht bereits in dieser wirren Zeit Bay-reuth zu politisieren, und wenn es ihr gelingt, ist das Werk verloren ...

RWG

3 Daniela Thode, »Für den Intendanten«. Notiz von Eva Chamberlain: »nicht ab-gegeben«. 7. 3. 1932.

... daß der Terrorismus seitens Knittel und Winifred in der Presse ... endlich aufhöre ... Familie und Freunde sind außer sich über jenen Schmähartikel. Der Schurke, der ihn geschrieben und der Schurke, der ihn veranlaßt, haben dem In-tendanten, uns allen und dem Werke von Bayreuth einen Teufelsdienst getan.

... es handelt sich nicht, wie sie meint: um das Erbe Frau Wagner's (wenn Sie auch persönlich den größten Nutzen davon haben solle und möge), sondern um das Erbe der ganzen Kulturwelt und dessen würdige Verwalter, als deren größter und berufenster und selbstlosester, Toscanini, dasteht [als] Siegfrieds Vermächtnis und sein einziger Nachfolger. . . . der seit Siegfrieds Scheiden sofort eingerissene neue Geist — der Geist des Merkantilen . . . der Geist der Ehrfurchtlosigkeit, Pietätlosigkeit, Traditionslosigkeit in Bühne wie Haus, die Ullstein-Presse etc., der scheußliche Anbau, das edle Profil des Theaters ruinierend, . . . die Willkür, der bodenlose Dilettantismus in der Regie, das laute Geschwätz A. Spring's und Frl. Schm's [Schmidts], jeden andächtigen Zuhörer störend . . . das Klettern der Kinder über Stühle und Bänke, ihr Benehmen, Kritisieren von Künstlern und Werken: »der langweilige Parsifal« etc. . . . »rin in die Bude« des Herrn Knittel etc. . . . wie das Entree-Verlangen für eine Trauerfeier und *deren Probe* . . . In seinem Brief an Winifred hat er dieses auf's Deutlichste formuliert . . .

Es wäre meinerseits noch zu erwähnen, daß wir Schwestern in diesem Jahr auf das Schnödeste von einer materiellen Anteilnahme der Festspieleinnahmen, die Siegfried nach jedem natürlichen und moralischen Rechte uns freundlich gönnte, ausgeschlossen wurden . . .

RWG

4 Arturo Toscanini an seinen Impresario Smith. (Vor dem 20. 10. 1931.)

Noch einmal muß ich betonen, daß ich nie Kunst mit Politik verbinde, die mich gar nicht interessiert, weder in meinem eigenen Lande noch in anderen Ländern, da ich jedem die Freiheit gönne, zu denken wie er will. Als ich Bayreuth verließ, habe ich nur in einem Brief an Frau Winifred Wagner meine tiefe Verbitterung ausgedrückt über die künstlerische »Desillusion« die ich erfahren habe in jenem Theater, welches ich für einen wahren Tempel der Kunst hielt. Das ist der einzige Grund.

(Übersetzung des Telegramms in: Bayreuther Tagblatt vom 20. 10. 1931)

5 Arturo Toscanini an Adolf Hitler, handschriftl. Entwurf. 29. 4. 1933.

Your Excellency
you know how closely I feel attached to Bayreuth, and what deep pleasure it gives me to consecrate my »something« to a genius like Wagner whom I love boundlessly. Therefore it would be a bitter disappointment to me if any circumstances should interfere with my purpose to take part in the coming Festival Plays, and I hope that my strength which the past weeks here vaxed severely, will hold out. Expressing once more my thanks for your kind expressions of thought I subscribe myself as your Excellency's sincere

A. T.

RWG

6 Arturo Toscanini an Winifred Wagner, Entwurf. 28. 5. 1933.

Die schmerzlichen Begebenheiten, die meine Gefühle als Mensch und Künstler verletzt haben, haben bis jetzt, entgegen allen meinen Hoffnungen, keine Genugtuung erfahren. Es ist indessen meine Pflicht heute das Schweigen, das ich mir seit 2 Monaten auferlegt habe, zu brechen und Sie davon zu verständigen, daß um meiner eigenen Ruhe, der Ihrigen und der aller Willen es besser ist, nicht mehr an mein Kommen nach Bayreuth zu denken . . .

(Aus dem Italienischen von Gil Gravina).

RWG

7 Daniela Thode, »Toscaninis Eintritt und Austritt in Bayreuth«. 1935.

. . . Bei einem Zusammentreffen mit Frau W. Wagner am Lago Maggiore ward jede Kränkung beiderseits begraben und von Toscanini beschlossen, die 8 Meistersinger- und 5 Parsifal-Aufführungen des Sommers 1933 in Bayreuth zu dirigieren . . .

Das Schicksal aber hatte es anders beschlossen. — Sehr bald nach Ernennung Adolf Hitlers zum Kanzler des deutschen Reiches begann die große Aktion gegen die Juden. Der damals in Amerika weilende Toscanini ward vom heftigsten Unwillen daob erfüllt, er hatte sich nie mit der Rassenfrage beschäftigt, ganz nur in der Welt und der Ausübung seiner Kunst lebend, kam es ihm von je einzig und allein auf die *Leistungen* an . . . Zahllose jüdische Künstler wandten sich an ihn, um seinen Namen unter eine gewaltige Protestaktion zu setzen. In seinem Innern begann ein schwerer Kampf sich vorzubereiten, er sah bei der seit dem Beginn der nationalsozialistischen Bewegung dort treugepflegten politischen Gesinnung ein politisches Bayreuth voraus, in das er als Künstler nicht mehr hineinstimmen würde. Unausbleibliche Konflikte sah er für sich und seine Umgebung entstehen. Irgend eine politische Kundgebung auf dem Festspielhügel würde ihn in seiner impulsiven Art zu einer für das Ganze nur verhängnisvollen Handlung hinreißen müssen, er war heftiger Anti-Fascist in seinem Lande, wie sollte er sich als Fascist im fremden Lande gebärden? . . . Man hatte dem Reichskanzler gesagt, ein Zuruf von ihm würde den schon sich abwendenden Künstler zu Gunsten Bayreuths umstimmen und Hitler schrieb ihm in solchem Sinne einen warmen, verehrungsvollen schönen Brief. Toscanini antwortete in äußerster Höflichkeit, mit großer Würde, aber in unerschütterlicher Festigkeit . . . Am 28. Mai wurde von ihm, seinem Rechtsanwalt und mir seine Absage an Bayreuth für die Öffentlichkeit formuliert . . .

RWG

8 Richard Strauss an Stefan Zweig, 17. 6. 1935.

Ihr Brief vom 15ten bringt mich zur Verzweiflung! Dieser jüdische Eigensinn! Da soll man nicht Antisemit werden? Dieser Rassestolz, dieses Solidaritätsgefühl — da fühle sogar ich einen Unterschied! Glauben Sie, daß ich jemals aus dem Gedanken, daß ich Germane . . . bin, bei irgendeiner Handlung mich habe leiten lassen . . .

Wer hat Ihnen denn gesagt, daß ich *politisch so weit* vorgetreten bin? Weil ich für den . . . Lauselumpen Bruno Walter ein Concert dirigiert habe? das habe ich dem Orchester zu Liebe — weil ich für [den] anderen »Nichtarier« Toscanini eingesprungen bin — das habe ich Bayreuth zu Liebe getan. Das hat mit Politik nichts zu tun. Wie es die Schmierantenpresse auslegt, geht mich nichts an und Sie sollten sich auch nicht darum kümmern. Daß ich den Präsidenten der Reichsmusikkammer mime? Um Gutes zu tun und größeres Unglück zu verhüten. Einfach aus künstlerischem Pflichtbewußtsein! Unter jeder Regierung hätte ich dieses ärgerreiche Ehrenamt angenommen. Aber weder Kaiser Wilhelm noch Herr Rathenau hat es mir angeboten. Also seien Sie brav . . .

(Teilveröffentlichung in: H. Brenner, Kunstpolitik des Nationalsozialismus, Reinbek 1963, Dok 44/S. 199.)

BDC

1 D. Bergen, »Bayreuth seit dem Tode Siegfried Wagners« (1932).

Das Testament SWs bestimmte Frau Winifred . . . zum Alleinerben. Das hatte zunächst wenig praktische Bedeutung, da Frau W. W. über keine souveränen fachlichen und künstlerischen Kenntnisse verfügt, somit als absolute Autorität und Leiterin des Gesamtkunstwerkes (. . .) nicht in Frage kam. Im Gegensatz zu Cosima und SW war sie also von vornherein auf verantwortliche Mitarbeit und Ratgeber angewiesen. Nach einer Zeit erfuhr dann auch die deutsche Öffentlichkeit von der Zusammensetzung eines *Direktoriums*, das fortan die Geschichte Bayreuths lenken sollte. In der Bildung eines solchen Direktoriums lag auch zunächst die einzig mögliche Lösung. Die Vorarbeit für die Festspiele war auch weiterhin den bewährten Händen von Helfern anvertraut, die sich Siegfried — zum Teil sogar noch CW — herangezogen hatten. Frau W. W. berief überdies in kluger Überlegung Künstler zur Führung, die auch im sonstigen deutschen Kunstleben an entscheidender Stelle stehen: Generalintendant *Tietjen* und Dr. Wilhelm *Furtwängler*. Neben ihnen stand der gewandte Herr Fries aus Stuttgart als Verwaltungsmann mit Dr. Knittel, einem Freunde des Hauses Wahnfried. Das Festspieljahr 1931 galt halb als pietätvolles Interregnum, halb als Probe aufs Exempel. Die Aufführungen des Jahres 1930 sollten ziemlich unverändert übernommen und nur die Versager aus der Reihe der Solisten ersetzt werden . . . Nach der sicherlich sehr zweckmäßigen Lösung der Führerfrage durch Frau W. W. begann der Spielsommer 1931. Obwohl noch unter den alten Zeichen und Vorstellungen geboren, brachte er innerlich vollständig veränderte Sachlage . . . Tietjen war beratend und helfend schon überall zur Stelle und gewann mit seiner Art der Einführung sicherlich bald genaueste Kenntnisse. Gleich ihm war Dr. Furtwängler den besonderen Bayreuther Verhältnissen fremd gewesen; als Dirigent überall gefeiert, fand er hier ein Gewordenes, dem er sich anzupassen hatte . . .

Leider machte sich aber bald das Fehlen eines natürlichen Mittelpunktes bemerkbar . . . Jetzt trat mit dem Fehlen dieser Persönlichkeit das übliche Rangordnungs-Prinzip an die Stelle des menschlichen . . . Die Bürokratie gewann die Oberhand; niemand mehr konnte sich der Empfindung der Entpersönlichung verschließen. Und die Folgen . . . zeigten sich in diesem sensiblen Künstlerkreis bald . . .

Diese Uneinheitlichkeit und Spaltung trat beim *Gedächtniskonzert für SW* zu Anfang August klar zu Tage. Statt einer stillen, verinnerlichten Totenfeier wurde daraus fast so etwas wie eine *demonstrative Kundgebung für* die Dirigenten. Mancherlei unglückliche Zufälle hatten es so gefügt, daß Toscanini die Proben zum Gedächtniskonzert, an dem alle drei Dirigenten hatten beteiligt sein sollen, verlassen hatte. Die Leistung des Orchesters hatte noch nicht seinen hochgespannten Ansprüchen genügt . . . Das Konzert fand ohne ihn statt und wurde zu einem persönlichen Triumph der Dirigenten, namentlich Furtwänglers, der die Eroica hervorragend dirigierte. Man hatte den Eindruck, einem großen Konzert in der Berliner Philharmonie beizuwohnen; ein Uneingeweihter wäre aber kaum auf den Gedanken gekommen, daß hier eine Ehrung des verstorbenen Leiters und Neuschöpfers von Bayreuth, des Sohnes Richard und CWs, statthaben sollte . . . Ein Fehler der Leitung kam hinzu: sie schuf falsche Voraussetzungen zum inneren Sinn der Veranstaltung, indem sie die Feier zu einer *bezahlten* öffentlichen Aufführung machte. So ergab sich alles in allem ein schreiender Gegensatz zu der Totenfeier des Jahres 1930. Wenn heute nun Frau W. W. bemüht ist, zu einer stärkeren Zentralisierung der Leitung zu gelangen, so handelt sie aus unabweislichen inneren Notwendigkeiten ... Vielleicht entwickelt sich jetzt die innere Kraft, Bayreuth seine besondere und persönliche Atmosphäre wiederzugeben ... Wenn die notwendige Zusammenfassung nicht anders erreicht werden konnte, als daß einer der beiden großen Dirigenten geopfert wurde, so ist das tief zu bedauern, doch scheint die Lage, wie sie sich schon im Sommer 1931 entwickelt hatte, keinen anderen Ausweg mehr zugelassen zu haben ...

RWG

2 E. Müller, Zur Abwehr der gegen RW angezettelten Lügenhetze (1933).

... Die Feinde des Bayreuther Gedankens und die Widersacher Wagners sind mithin diejenigen Kreise, welche das sittlich Belebende und geistig Aufbauende dumpf ablehnen und sich dagegen wenden ... weil sie von der Wiedergeburt Deutschlands keinen Vorteil zu erhoffen haben. Diese Tatsache zeigte sich besonders deutlich, als im Jahre 1924 die durch Weltkrieg und Umsturz 12 Jahre lang geschlossenen Tore des Bayreuther Festspielhauses sich wieder öffneten. Damals gestaltete sich die Aufführung der deutschen Erlösungsspiele zu einer großartigen Kundgebung des neu erwachenden deutschen Geistes. Es war erhebend, als am Schluß der ersten »Meistersinger«-Aufführung die Zuschauer, von Begeisterung ergriffen, sich erhoben, um das Deutschlandlied anzustimmen. Dieses Ereignis wirkte auf die neuen Götter Deutschlands wie der Hornruf Siegfrieds auf jenen Räuber des »Hortes«. Es zuckte wie ein Blitzstrahl in das Lager derer, die da wähnten, Deutschland für ewig in ihrer Kralle zu halten ...

Jawohl, Wagners Werke sind nationale Propaganda. Sie haben die Bestimmung, für den deutschen Geist zu werben. Sie sind nach ihres Schöpfers eigener Erklärung: »geschrieben im Vertrauen auf den deutschen Geist«. Der Festspielhügel soll ein Wallfahrtsort gerade der Deutschen sein ...

(aus den Monatsblättern des Bayreuther Bundes der deutschen Jugend, zit. nach VB, 1. 2. 1933.)

3 Joseph Goebbels, RW und das Kunstempfinden unserer Zeit (1933).

... Viele Jahrzehnte mußten vergehen, bis ein ganzes Volk den Weg zu RW zurückfand. Sein Kampf war mit seinem Tode nicht ausgekämpft; seine Nachfahren mußten ihn weiter bestehen und sich durchsetzen gegen Mißgunst, Neid, kritische Hoffart und Überheblichkeit. Es ist eine stolze Genugtuung, die heute die Erben RWs erfüllen kann bei dem Bewußtsein, daß der Meister und sein Werk wohl geborgen sind im Schutze und in der Fürsorge einer Regierung und eines Volkes, dessen Führer im ersten Jahre der deutschen Revolution an der Stätte Wagnerschen Wirkens weilte, um dem größten musikalischen Genius aller Zeiten seine demütigste Huldigung zu Füßen zu legen ...

(VB, 8. 8. 1933)

4 Domprediger E. Martin (Magdeburg), »Bayreuther Eindrücke«. 1934.

. . . aber es gehört zu dem Großen unserer Tage, daß heute überall das im Vordergrund steht, dem alles, auch das Werk Bayreuth, zu dienen hat: Deutschland. Deutlich kommt das zum Ausdruck in den Schlußworten des schönen Geleitwortes des Bayreuther Oberbürgermeisters im Festspielführer 1934: »Heil Deutschland! Heil Hitler! Heil dem Werke Bayreuths!« Der erste überwältigende Eindruck, den der Besucher Bayreuths heute empfängt, ist der des nationalsozialistischen Sieges. Daß dieser Eindruck bei der Feier vor dem Rathaus zum Gedenken des toten Reichspräsidenten . . . besonders tief war, braucht nicht besonders betont zu werden. Vor drei Jahren durfte ich Bayreuth zum ersten Mal erleben. Damals lag in Deutschland noch alles im wirren Dunkel. Aber hell leuchtete hier schon der Name Adolf Hitlers. Ich weiß noch, welchen Eindruck es damals auf mich machte, als ich hörte: Bayreuth glaubt an die Sendung Adolf Hitlers. Während der Festspiele fand eine politische Versammlung statt. Der Redner war irgendein . . . unbekannter Bayreuther Lehrer. Schemm ist sein Name. Man war zunächst nicht geneigt, während der Festspieltage eine politische Versammlung zu besuchen. Aber das Wort drängt und zwängt: Bayreuth glaubt an Adolf Hitler. In der Versammlung brausende Begeisterung. Der Lehrer wußte zu packen und mitzureißen, wußte Glauben an das dritte Reich und seine hohe kulturelle Sendung zu entzünden. Wenn ich in den letzten Jahren vom Siege des Nationalsozialismus überzeugt war und den Glauben an diesen Sieg manchmal bezeugt habe, so verdanke ich das in erster Linie Bayreuth und der Versammlung, in der Schemm sprach. Heute ist dieser Bayreuther Lehrer bayerischer Kultusminister. Heute flattern die Fahnen, die damals verpönt waren, aus allen Fenstern . . .

Dieser Eindruck vertieft sich im Festspielhaus. Wie anders ist das Publikum geworden als in den früheren Jahren. Es fehlen so viele Gestalten, die von den Bayreuthern wie exotische Vögel angestaunt wurden. Dafür sieht man im Zuschauerraum viele Männer im braunen Rock. Der Führer hat es Bayreuth zu danken gewußt, daß es auch während der dunkelsten Jahre an ihn geglaubt hat. Es ist gewiß ein großer Gedanke des Führers, den Besuch der Festspiele Menschen zu ermöglichen, denen ohne diese Hilfe der Besuch versagt geblieben wäre. Es ist gewiß ein großer Gedanke des Führers, seinen Kämpfern durch das Werk Bayreuth den tiefsten Sinn ihres Kämpfens offenbaren zu lassen. Über diesem Großen vergißt man die kleinen Schäden, die durch bessere Vorbereitung der Besucher in späteren Jahren behoben werden können.

. . . Vielleicht ist der Ring Wagners niemals so wenig als Genuß und so sehr als Aufgabe und Dienst empfunden worden wie jetzt im dritten Reich . . . Ich will es mit Rosenbergs Worten aussprechen: Wagner rang neben Lagarde als einziger gegen die ganze bürgerlich-kapitalistische Welt der Alberiche und fühlte neben einer Gabe auch eine Aufgabe im Dienst für sein Volk. Er sagte nicht zusammengebrochen mit Hebbel: »Ich verstehe die Welt nicht mehr«, sondern er wollte eine andere Welt erschaffen . . . Wie eine Prophezeiung klingen Rosenbergs Worte: »Der innere Wert Bayreuths ragt immer noch lebensspendend in unsere Zeit hinein, über sie hinaus in die Zukunft des kommenden deutschen Reiches.«

Geteilt sind die Meinungen über die neue Inszenierung des Parsifal ... Es wäre gut, wenn der Gedanke zur Durchführung gekommen wäre, Parsifal in der alten und neuen Inszenierung zu bieten, damit das Volk Richter sein könnte ...

Mehr noch als in anderen Jahren stehen wir unter dem Eindruck des Erziehungswerkes RWs am deutschen Volk. In diesem Erziehungswerke wird die [RW-]Gedenkstätte ... ein gewichtiges Wort mitsprechen. Daß das Haus Wahnfried seine Archive geöffnet und unter dem Motto »Genie am Werk« dem Besucher der Bayreuther Festspiele zugänglich macht, verstärkt den Eindruck, daß sich Bayreuth seiner inneren Sendung mehr denn je bewußt ist. Jedenfalls ist das der tiefste Eindruck bei den diesjährigen Festspielen: Bayreuth leistet Erziehungsarbeit im dritten Reich und für das dritte Reich, und dafür sei ihm von allen gedankt, die das dritte Reich lieben und seine Größe und Vertiefung wollen.

RWG

1 Die »Parsifal-Eingabe«. September 1933.

An die Leitung der Bühnenfestspiele zu Bayreuth.

Richard Wagner vollendete sein Bühnenweihfestspiel »Parsifal« im eigentlichen Sinne des Wortes erst mit der Inszenesetzung und Einstudierung im Jahre der Uraufführung 1882 ... Nicht die Niederschrift der Dichtung, auch nicht die Vollendung der Orchesterpartitur hätten genügt, um der Welt das Wesen dieses, in der Geschichte des Theaters unerhörten, dem Nurtheatralischen ewig unerschließbaren Werkes zu vermitteln; es wäre vielmehr auf alle Zeiten unvollendet geblieben, wenn dem Meister nicht auch die letzte Arbeit daran, eben die Inszenesetzung und Einstudierung, beschieden gewesen wäre: ohne die Uraufführung unter dem Meister selbst wäre das hehre Werk ein Torso geblieben.

In der Erhaltung des Bühnenweihfestspiels in der von seinem Schöpfer ihm gegebenen Bühnengestalt lag daher nach seinem Tode die vornehmste Aufgabe der Festspielleitung. Der wechselnde Zeitgeschmack durfte diesem in jedem Betracht zeitlosen und über alles Zeitliche hinausweisenden Werke gegenüber nicht entscheidenden Einfluß gewinnen. Die nach der Freigabe des »Parsifal« an die Theater draußen gemachten Erfahrungen bewiesen, daß man wohl hie und da in Einzelheiten gute Lösungen zu finden verstand, daß aber der Eindruck höchster Weihe und des völligen Entrücktseins vom Alltag, wie er von den Aufführungen im Festspielhause ausgeht, draußen nie und nirgends zu erzielen ist.

So war es ein dankenswerter Entschluß der Festspielleitung, im Wagnergedenkjahr 1933 das Bühnenweihfestspiel unter Zurückgreifen auf die persönlichen, in treuem Gedächtnis bewahrten Anweisungen des Meisters und unter Beibehaltung der Szenenbilder des Jahres 1882, soweit sie noch erhalten sind, darzubieten. Der Eindruck war so ergreifend und erhebend, daß man wohl sagen darf, in *ihm erreichten die Festspiele des Jahres 1933 einen ihrer Höhepunkte,* und dies nicht nur für die alten Freunde und Besucher Bayreuths, sondern auch für nicht wenige unter den jungen Besuchern der Festspiele, die dank der großzügigen Förderung durch die Regierungen des Reiches und der Länder heuer in so großer Zahl das Festspielhaus zum ersten Male betreten durften. Die Szenerien aus dem Jahre 1882, namentlich auch die Wandeldekorationen, fanden vor dem unverbildeten Sinn der völkischen Jugend volle und gerechte Würdigung und wurden in ihrer so ganz aus dem Geiste der Musik heraus entstandenen Formung begriffen und bewundert ... Daß der Gralstempel nie herrlicher Bühnengestalt gewinnen könne, als hier gezeigt wurde, darüber herrschte wohl nur eine Stimme. Aber auch den Landschaften des 1. und 3. Aktes verleiht der Umstand, daß sie in engster Zusammenarbeit mit dem Meister aus dem Geist der Musik heraus entworfen wurden, zeitlose Gültigkeit. Die szenischen Bilder, *auf denen das Auge des Meisters geruht hat,* sprechen zu unsern Sinnen auch heute noch ihre besondere, unnachahmliche, mit der Weihe des ganzen Werkes unauflöslich verbundene Sprache ... Die Versuche, die Bayreuth selber mit der Erneuerung der Szenenbilder des 2. Aktes gemacht hat, erhärten nur die Notwendigkeit, auch für diesen Akt zu den szenischen Entwürfen des Jahres 1882 zurückzugreifen und so zugleich die unerläßliche stilistische Einheit wiederherzustellen.

Die unterzeichneten alten und jungen Freunde Bayreuths richten daher an die Festspielleitung die dringende Bitte, das Bühnenweihfestspiel »Parsifal« fortan in keiner anderen als der szenischen Urgestalt von 1882 aufzuführen und so zugleich dem Meister von Bayreuth das einzig seiner würdige, weil sein und seiner durchaus einmaligen und unvergleichlichen Kunst Wesen lebendig widerspiegelnde Denkmal zu errichten.

(Eva Chamberlain, D. Thode, H. v. Wolzogen, Richard Strauß, K. Schlumprecht, Paul Pretzsch, B. Wieger.)

Wolfgang Golther an Eva Chamberlain, 1933.

2 11. 9. 1933.

... keine Eingabe an die Reichsregierung; dafür vertrauliche mündliche Aussprache mit dem Führer, was Schoen hier zu ermöglichen hofft ... Wenn es doch gelänge, den Führer, dessen wundervolle gefühlsmäßige Einstellung zum Gedanken von Bayreuth uns alle wie eine »Erfüllung« anmutet, dahin zu bringen, daß er an maß-gebender Stelle auf [die] Aufrechterhaltung der geheiligten Tradition hinwirkt, um somit unseren Wunsch und Ziel mit völligem Ausschluß der breiten Öffentlichkeit zu erreichen ...

3 19. 9. 1933.

... wenn es gelänge, den Parsifal für Bayreuth zurückzugewinnen, Tantième der Theater für den Bayreuther Festspielfonds allen Aufführungen aufzuerlegen, dem Stipendienfonds einen Reichszuschuß zu verschaffen, wie Schoen will, dann wären die Festspiele im idealen Sinn gesichert, ohne daß man, wie heuer, [um] eine Ret-tung durch das Reich in letzter Stunde nachsuchen müßte ...

4 29. 10. 1933.

... Unter Tietjen ist die Staatsoper das Bollwerk des undeutschen Geistes! Und darum ist Tietjen fehl am Ort ... Zinsstag spricht mit herzerquickender Offenheit ... Was soll man zu einem Theater sagen, wo nach wie vor Klemperer und Klei-ber dirigieren? ...

5 20. 12. 1933.

... Das beabsichtigte große Geschenk an Bayreuth, die Rückgabe des Parsifal, knüpfte Hitler an die Bedingung einer völligen Neuausstattung des Werkes. Frau Wagner denkt nur an »Erneuerung« ... Die Festspielverwaltung sei verpflichtet, dem Wunsche des Führers, der ihrer eigenen Ansicht entspreche, nachzukommen.

6 Franz Strauss an Daniela Thode, 16. 12. 1933.

... Der Führer sagte Papa, daß mehrere Projekte Bayreuth betreffend ihn beschäf-
tigten, jedoch noch keines zur Entscheidung reif sei; nachdem ihm Bayreuth so am
Herzen liegt, wünscht er eine möglichst umfassende Lösung zu finden, die besonders die Selbständigkeit Bayreuths auch für alle Zukunft sichert ...

RWG

7 Heinz Tietjen an Daniela Thode, 12. 1. 1934.

... Die Entscheidung, daß der Parsifal neuinszeniert wird, hängt mit dem Wagner-
Schutzgesetz eng zusammen, das demnächst von der Reichsregierung herausgegeben wird. Diese Entscheidung ist vom Führer selbst gefällt worden, untersteht
also nicht der Kritik. Man scheint ihn nicht zu kennen, wenn man glaubt, er ließe
sich in seinen Entscheidungen irgendwie beeinflussen. Das kommende Wagner-
Schutzgesetz ist von so weittragender Bedeutung, daß die Neuinszenierung des
Parsifal in ihm nach dem Willen des Führers aufgehen muß. Ob ... 1934 oder 36
... bleibt dabei gleichgültig ...

RWG

8 Daniela Thode an Heinz Tietjen, 18. 1. 1934.

... Von Herrn Dr. Knittel wußte ich, daß er exclusiv — nach der Entlassung Direktor Hauptmann Köhlers — nur der finanzielle Leiter des ganzen Unternehmens war.
Ich mußte mich daher mit unserer Bittschrift direkt an meine Schwägerin und Sie,
als die Vertreter dieser »Festspielleitung« wenden, und eine Antwort von »Ihnen
Beiden« erwarten.

Diese hätte unter allen Umständen ... erfolgen müssen ... und wenn nicht an eine
der Persönlichkeiten, welche den Aufruf signierten, so doch an den ersten der Bitt-
steller, als welcher König Ferdinand von Bulgarien auf unserer Liste figurierte,
einer Liste, die unter anderen bedeutenden Namen den eines Arturo Toscanini enthält. Diese Eingabe war ohne jede unfreundliche Gesinnung gegenüber der »Festspielleitung« verfaßt ...

Wir Schwestern sind von jeder, auch noch so passiven Anteilnahme an den Festspielangelegenheiten völlig ausgeschlossen worden, erfuhren die wichtigsten Entscheidungen dessen, was doch einst unseren Lebensinhalt ausmachte, aus den
Zeitungen ... Ich gehe nicht weiter auf Details ein und will nur des Einen Erwähnung tun, daß ich nach den Festspielen 1930 meine Schwägerin bat, auf eine Wiederholung des Tristan zu verzichten, einem Irrtum, (nämlich sieben Aufführungen!)
den schon Siegfried ernstlich bereut hatte. Wäre sie meinem Rate gefolgt, so wäre
die Berufung eines dritten Kapellmeisters nicht nötig geworden, mit dem sie dann
in schwerste Konflikte geraten mußte ...

... erwähne nur die feindliche Behandlung, die ich zu erfahren hatte, als ich von
Berlin zurückkehrte, wo es mir gelungen war, die Unterstützung des Reiches in

ernster Notlage zu erlangen . . . Und als ein großer Empfangsabend für den Führer in Wahnfried, unserem Vaterhaus stattfand, wurden wir drei Schwestern davon ausgeschlossen . . .

Sie glauben, oder nehmen vielmehr an, daß die Anderen es glauben können, zwei Welten stünden sich hier gegeneinander über. *Dem ist so* und zwar geistig, künstlerisch und moralisch. Nennen wir sie die des 19. und 20. Jahrhunderts . . . Wenn ich aber aus Ihrem Munde höre, daß Wieland zum »Regieren« erzogen würde, so überfällt mich ein wahrer Schrecken. In Bayreuth ist nie »regiert« worden, es ist nur in großer Demut *gedient* worden . . .

RWA

9 Richard Strauss an Heinz Tietjen, 13. 11. 1934.

. . . Die Sitzung über das Urheberrecht ist Freitag. Ich habe gestern Dr. Goebbels geschrieben und ihn beschworen, sich in der 70—100 jährigen Schutzfrist für Wagner nicht beirren zu lassen, da nach einer Äußerung Dr. Schmidt Leonhardts die Gefahr besteht, daß Dr. Goebbels inzwischen wieder umgestimmt wurde u. eventuell wieder auf seiner Culturabgabe besteht. Bitte, sehen Sie doch noch einmal Minister Frank zu erreichen, den ich ebenfalls gebeten habe, bei der Freitagssitzung anwesend zu sein . . .

Akad. d. K./H. T.-Arch.

10 Richard Strauss an Winifred Wagner, 16. 12. 1934.

. . . Die Minister Goebbels und Frank, die ich von Hamburg aus nochmals brieflich bombardierte, haben geantwortet: Goebbels schriftlich, daß er seinen Entwurf gegen die 50 jährige Dauer zurückgezogen habe, die 70 jährige erwähnt er nicht mehr. Frank telefonisch: daß wir vorläufig über die 50 jährige Schutzfrist froh sein sollten (aber damit ist ja Wahnfried nicht gedient!) das Übrige müßte allmählich kommen, »man dürfe dem Patienten die Medicin nur in kleinen Dosen verabreichen«. Ich bin nicht seiner Ansicht: Denn was wir jetzt nicht erreichen und womöglich durch Hitler selbst — wenn das neue Urhebergesetz erst heraus und auf 50 Jahre festgesetzt ist, wer weiß wann es dann wieder zu einer Revision kommt. Ich werde Frank demnächst in München sehen und hätte von Ihnen bis dahin gerne nähere Informationen. Soll ich selbst mich einmal beim Führer anmelden? . . .

RWA

11 Emil Preetorius an Adolf Zinsstag, 23. 10. 1933.

. . . Ob der Parsifal in seiner alten Fassung verbleibt — eine auch von mir nachdrücklich vertretene Möglichkeit — oder aber neu gemacht wird, hängt allein von der letztgiltigen Entscheidung des Reichskanzlers ab, des Reichskanzlers, der betontermaßen für unsere szenische Erneuerung eintritt und doch wohl auch nach Ihrer Meinung frei ist vom Verdacht jüdischen Geistes oder mangelnder Vertrautheit mit Wagners Werk . . .

12 Adolf Zinsstag an Emil Preetorius, 6. 11. 1933.

. . . Ihrer Erwähnung des Reichskanzlers, dessen große Begeisterung für Wagner mir seit 1924 bekannt ist, darf ich wohl gegenüberstellen, daß er nicht zu derjenigen Generation gehört, die noch vor 1914 Bayreuth erlebt hat und deshalb unter Einflüssen steht, die erst nach 1924 sich geltend machten. Es darf daher die Frage gestellt werden, ob die Festspielleitung unbedingt richtig beraten ist, den »*letztgiltigen Entscheid*« in einer derart folgenschweren Frage wie der Neugestaltung des Parsifal einer verhältnismäßig — rein bayreuthisch gesprochen — doch noch jungen Instanz anheimzustellen . . .

Die allermeisten Besucher wollen doch nichts anderes sehen, als den echten, unverfälschten Wagner, zu dessen Haus sie voll Andacht und oft unter großen Entbehrungen und Opfern pilgern . . . Alle diese Leute überlassen doch sehr gerne das Experimentieren den Operntheatern . . . Diese Festlegung des Ringes und des Parsifal könnte einmal für zehn Jahre als unantastbar erklärt werden, bis Wieland Wagner zum Manne gereift ist . . .

(XVII, 11 u. 12: aus dem vervielfältigten Briefwechsel Zinsstag — Preetorius)

RWA

13 Adolf Zinsstag an Joseph Goebbels, 19. 11. 1933.

Von einer größeren Anzahl alter, treuer Freunde des Bayreuther Werkes werde ich immer wieder dazu aufgefordert, Ihnen meine Schrift über die Festspiele 1933 zuzusenden, um Ihnen ein Bild von der Lage zu geben, in welche sich unsere Gemeinde versetzt sieht, wie sie durch die zu Tage getretenen Traditions-Verleugnungen sich ergeben haben . . . Herr Prof. Dr. W. Golther in Rostock, einer unserer bewährtesten Kämpfer um RW hat mich gestern wiederholt aufgefordert, in diesem Sinne Schritte zu unternehmen, daß sich prominente Regierungsmitglieder mit der Sache befassen, um auf diese Weise vielleicht gar an den Herrn Reichskanzler zu gelangen. Ich habe im Einverständnis mit Frau Eva Chamberlain auch Herrn Oberbürgermeister Schlumprecht in Bayreuth gebeten, an der Sache mitzuwirken, und ihn ersucht, vielleicht ein Wort der Vermittlung an die Regierung zu richten . . .

RWA

14 Wolfgang Golther an Joseph Goebbels, 22. 11. 1933.

. . . Ein getreuer Alt-Bayreuther Adolf Zinsstag aus Basel hat Ihnen über unsere Sorgen geschrieben. Es handelt sich nicht darum, ob diese oder jene Ausstattung im Parsifal gezeigt wird, sondern ob der Wille RWs im Festspiel unverbrüchlich gewahrt bleibt oder durch wesensfremde Einflüsse gestört wird, also um eine hochwichtige deutsche Sache . . .

Ich bitte Sie, der beiliegenden Eingabe an die Festspielverwaltung und den Ausführungen Zinsstags, der mit herzerfrischender alemannischer Offenheit spricht, Gehör zu schenken . . .

RWA

15 Reichstheaterkammer (im Auftrage) an Paul Pretzsch, 12. 1. 1934.

. . . nach Rücksprache mit dem Reichsdramaturgen O.Regierungsrat Dr. R. Schlösser darauf hinweisen, daß Frau Winifred Wagner als die berufene Hüterin des Wagnerschen Erbes aufzufassen ist, . . . keine Veranlassung zum Eingreifen [besteht] und unseres Wissens auch der Führer mit der Darstellung in der jetzigen Form einverstanden ist . . .

RWG

16 Max Wiskott an Paul Pretzsch, 14. 9. 1933.

. . . Von Anbeginn sind die Festspiele auf einem Willen und einem Können aufgebaut gewesen. Wenn irgendwo dann bei ihnen ist das Führerprinzip, auf dem wie im wiedererstandenen Deutschland so in der Kunst alles Große beruht, das Ein und das Alles. An seine Stelle will die Eingabe ein Plebiszit »aller Freunde Bayreuths« setzen, die freie Entschließung der Leitung durch eine Massenabstimmung ausschalten.

Das ist der Tod des Bayreuthers Gedankens, das Verdrängen der einen, führenden, verantwortlichen, Leben und Existenz dem Bayreuther Werke widmenden Persönlichkeit durch eine Vielheit unverantwortlicher, passiver, die Festspiele lediglich genießender Menschen . . .

An Sie, Frau Geheimrat Thode und Frau Chamberlain richte ich die Bitte, die Eingabe nicht zur Überreichung zu bringen . . . Diese Aufforderung spreche ich nicht im Interesse von Frau Wagner aus, sondern *in dem der Würde der Bayreuther Gemeinde.* Nach dem Hingang des großen Dreigestirnes Richard, Cosima, Siegfried Wagner bildeten die diesjährigen Festspiele die mit Sorge erwartete Probe darauf, ob die Welt künftig noch weiter ein Bayreuth besitzen würde oder nicht. Die Probe ist bestanden, die Festspiele erreichten einen Höhepunkt ihrer Geschichte . . .

RWA

17 Paul Pretzsch an Max Wiskott, 21. 9. 1933.

. . . Sie nehmen mit Recht den Führergedanken auch für Bayreuth in Anspruch; dieser Gedanke hat zur Voraussetzung, daß auch der *geborene* Führer vorhanden ist . . . Führerschaft in eigentlichem Sinne wird nur in gerader Linie blutmäßig vererbt, man gewinnt sie nicht durch Einheirat. Nun war Frau Winifred Wagner vor etwa 3 Jahren noch selbst der Meinung, daß sie zur künstlerischen Leitung der Festspiele unfähig sei, das vernahm ich aus ihrem eigenen Munde ... Frau W. hat vielmehr inzwischen in der Tat bewiesen, daß sie unfähig ist, in künstlerischen Dingen die Festspiele zu leiten. Denn wichtigste, ja entscheidende künstlerische Entscheidungen, die sie traf, waren verfehlt ... weil sie Männer an ausschlaggebende Stellen berief, die dem Werk von Bayreuth, ja, dem Kunstwerk Wagners überhaupt fremd gegenüber stehen. Ich meine hiermit die Berufung Furtwänglers 1931 und diejenige des Bühnenbildners Preetorius für 1933 ...

Ich bin der neuen Festspielleitung mit hoffendem Vertrauen entgegengetreten, bis ich mich dann blutenden Herzens überzeugen mußte, eben, weil ich Augen habe zu sehen, daß es meine Pflicht sei, das Bayreuth RWs mit meiner ganzen Kraft gegen diese Festspielleitung von 1933 zu verteidigen ...

RWA

18 Max Wiskott an Winifred Wagner, 5. 11. 1933.

... Der Mann ist durch seinen Fanatismus eine große Gefahr. Ob Sie nicht doch von seinem Brief an mich Wolf [Hitler] gegenüber Gebrauch machen. Wenn es ihm gelingen sollte, Ihre Position, z. B. durch F[urtwäng]ler, zuerst einmal zu schwächen, dann bestätigt so ein, womöglich von P. Pr[etzsch] *selber* veröffentlichter Brief der Menge gegenüber die Rolle des getreuen Eckart, die der Mann spielen will. Hat Wolf, wie Sie uns sagten gelacht, als Sie ihm den Brief zeigen wollten, so wird er zu ihm sehr ernst Stellung nehmen, wenn Sie ihm sagen, daß der Mann Sie stürzen und den Führergedanken RWs begraben will ...

Kann Hess in der Sache, wenn einmal plötzlich Not am Mann sein sollte, helfen? Sie wissen, daß er unser Nachbar ist und wir ausbaldowern können, wann er mal etwas Zeit hat.

Bei Pr[etzsch] spielt nicht nur »Hass« mit, sondern auch die, nur zu begründete Erwartung, daß in einem Kuratorium er selber drin sitzen würde, und wie! ...

RWA

19 Paul Pretzsch an H. Hertwig, (?) 1933.

... Sie ist nach meiner Ansicht nur das willenlose ... Werkzeug in der Hand des früheren Edelkommunisten Tietjen, der wiederum rassisch verdächtige Mitarbeiter an entscheidende Stellen berufen hat, so Preetorius, Palm u. a. ...

RWG

20 Leopold Reichwein an Adolf Zinsstag, Dezember 1933.

... Die weit verbreitete Ansicht, daß diese Festspiele Gemeinbesitz des gesamten deutschen Publikums seien, daß also die Festspielleitung diesem Publikum gegenüber gewisse Verpflichtungen hätte, an die sie zu mahnen jeder »Freund Bayreuths« berechtigt sei, ist unbegründet . . .

Es war damals wie heute: Die Zahl der tatkräftigen Helfer Bayreuths war klein, die der Besserwisser Legion.

Das deutsche Publikum hat das Recht, die Bayreuther Bühnenfestspiele als gemeinsamen Besitz zu betrachten, verwirkt.

Einzig der Meister selbst hat das Werk, das sich »Bayreuth« nennt, geschaffen. Und fortgeführt haben es einzig seine Gattin, sein Sohn und dessen Gattin.

Also hatten und haben auch diese einzig das Recht, die Führung in Händen zu halten, und sind niemandem Rechenschaft schuldig. Wohl hat jeder einzelne Besucher das Recht zu einer in angemessenen Formen gehaltenen Kritik . . .

RWA

21 Adolf Zinsstag, Zur »Parsifal-Eingabe« 1934.

In das Frühjahr 1934 fiel auch die bekannte Parallelaktion der Schwestern SWs, die Parsifal-Eingabe, — eine sehr gut vorbereitete Anstrengung, das Werk vor der bevorstehenden Entstellung und Verfälschung zu bewahren. Es unterzeichneten rund 1000 Bayreuthfreunde und Festspielbesucher, darunter auch Richard Strauss . . . meldete sich . . . Kammersänger Rode, der bei Hitler viel galt, mit dem Vorschlag, ich solle versuchen, mich in einem besonderen Schreiben an den Reichskanzler direkt zu wenden im Sinne eines Schutzes des jetzt so sehr gefährdeten Parsifal. Er, Rode, halte es für möglich, die für 1934 vorgesehene Umgestaltung des Werkes im letzten Moment durch ein Machtwort Hitlers verhindern zu können. In der Folge kam es dann zu einem solchen Brief, der sehr sorgfältig redigiert war. Am Ablauf der Dinge aber war schon damals nichts mehr zu ändern, da ich von Frau Wagner selbst erfuhr, »es sei der ausdrückliche Wille des Führers gewesen, den Parsifal neu zu gestalten«. Die neuen, zersetzenden Kräfte waren am Werk . . . Der Überbringer meines Schreibens an Hitler war übrigens nicht Rode, sondern Reichsleiter Bouhler, und ich erfuhr dann, daß der machttrunkene spätere Zerstörer Deutschlands den Boten mit den Worten angefaucht haben soll: »Sagen Sie dem Herrn in der Schweiz, daß im neuen Deutschland nichts mehr vom alten Deutschland Platz haben kann!« . . .

(aus: Bayreuther Musikbriefe, 3. Jg., Nr. 4, Bayreuth 1952 sowie 4. Jg., Nr. 1, 1953).

RWG

22 Paul Pretzsch an Friedrich von Schoen, 12. 2. 1934.

. . . Vorerst wollen wir . . . den Erfolg unserer Parsifaleingabe abwarten. Dann geht es weiter aufs ganze Bayreuth. Inzwischen muß Hitler aufgeklärt werden . . .

RWG

23 Adolf Zinsstag an Daniela Thode, 4. 11. 1935.

... Ich vertraue auf den Menschen Adolf Hitler, auf dessen Gerechtigkeitssinn, und gebe mich erst dann für besiegt, wenn dieser bei ihm versagen sollte. Solange das aber nicht entschieden ist, ist auch Ihre und Ihrer Schwester Rolle nicht ausge-spielt ...

[Randnotiz D. Thodes:] »Nur diesen Irrtum nicht — wir sind entfernt und bleiben es.«

RWG

24 Adolf Zinsstag an Daniela Thode, 8. 11. 1935.

... die Nachricht übermitteln ließ, ich solle mich ja nicht unterstehen, wieder deutschen Boden zu betreten ... Vorgestern kam von Freund Pretzsch die Bestäti-gung dieser Gefährlichkeit ... Ihre [Winifred Wagners] Position in unmittelbarer Nähe des Kanzlers legt den Begriff einer »Majestätsbeleidigung« ... nahe ... und daß Majestätsbeleidigungen im dritten Reich Verhaftung, womöglich per Hinrich-tung nach sich ziehen können, das liegt ... nicht außerhalb des Möglichen ...

RWG

25 Adolf Zinsstag an Winifred Wagner, 13. 2. 1935.

... Wir können nun nicht mehr weiter zuwarten, und fragen Sie, welchen Weg Sie nun einschlagen wollen: den der Vernunft und Pietät, oder den des unabseh-baren, bayreuthschädigenden Kulturkampfes ... Achten Sie diese Elite-Truppen nicht gering, sie alle leiden unter der Fehde unsäglich und ersehnen nichts so heiß, als die Rückkehr eines Friedenszustandes, der es ihnen ermöglicht, sich wieder wie ehedem in Bayreuth zu gemeinsamer Arbeit zusammenzufinden ...

Sollte diese [Stellungnahme] ablehnend oder ausweichend sein, oder überhaupt nicht erfolgen, behalte ich mir vor, dessen Wortlaut an alle mir geeignet erscheinen-den Personen aus beiden »Lagern« zu verbreiten, ebenso ihn mit einem besonderen Begleitschreiben an die Reichskanzlei zu schicken mit dem Ersuchen, ... ihn an Herrn Reichskanzler Adolf Hitler weiter leiten, im Hinblick auf die Tatsache, daß er selbst für Bayreuth noch immer Zeit übrig hatte ...

26 Winifred Wagner an Adolf Zinsstag, 16. 3. 1935.

... Niemals haben Herr Tietjen oder ich Sie »beschworen«, nichts an die Öffent-lichkeit zu bringen. Wir haben Ihnen nahegelegt, Ihre öffentlichen Angriffe gegen Bayreuth einzustellen ...

Sie haben absolut kein Recht, für das deutsche Volk und für die übrige Kulturwelt ultimativ Forderungen zu stellen, denn Sie sind lediglich das Sprachrohr einer ver-schwindend kleinen Gruppe, mir wohlbekannt, die sich bedauerlicherweise von der alten Bayreuther Gemeinde abgespalten hat und auf deren Verständnis und Unterstützung ich bei meiner weiteren Arbeit verzichten lernen mußte . . .

27 Adolf Zinsstag an Winifred Wagner, 18. 4. 1935.

. . . Da wäre doch gar keine Ursache, nach zwei Jahren schon diese »Zustimmung der ganzen Welt« wieder durch den neuen, noch ungeborenen »Weltfirma-Parsifal« aufs Spiel zu setzen und den »Erfolg« zu gefährden . . . Sie reden wegwerfend und verächtlich von dieser Minderheit, die ich vertrete . . . Haben Sie z. B. 1924 nicht selbst einmal einer solchen »verschwindend kleinen Gruppe« angehört? . . .

(aus dem von A. Zinsstag vervielfältigten Briefwechsel A. Zinsstag — Winifred Wagner)

RWA

1 Winifred Wagner an Elisabeth Wölfel, 12. 2. 1941.

... Bei allem selbstverständlichen Respekt vor Herrn von Schoen und seinen Verdiensten um die Stipendienstiftung liegt es nicht in seiner Macht Sie ... quasi zu seiner Nachfolgerin zu machen, wie Sie mir in einem ersten Briefe vertraulich mitteilten, Herr von Schoen hat *sein Amt* an Frau Strauss *abgegeben* und *ich* habe den neuen Vorstand zu ernennen, nachdem Frau *Strauss niedergelegt* hat.

Dann handelt es sich jetzt nicht darum, den von mir vorgeschlagenen Oberbürgermeister »in den Vorstand« zu wählen ... Der Vorstand besteht aus *einer* Person. § 5 wird Sie darüber aufklären, daß der Vorstand *und die Beiräte* die Verwaltung besorgen. Die Statuten sind im Jahre 1887 von Schoen verfaßt und im Jahre 1914 von ihm redigiert worden und verkörpern das Führerprinzip, wie es den heutigen deutschen Anschauungen durchaus entspricht ...

RWA

2 Winifred Wagner an Carl Benedict, 24. 2. 1941.

Haben Sie Dank für Ihren Brief vom 21. Februar, aus dem ich mit Bedauern zur Kenntnis nehme, daß Sie verabredungsgemäß gleichzeitig mit Frau Strauß Ihr Amt niederzulegen gedenken. Ich weiß, daß Ihnen die Sorge um die Stipendienstiftung jahrzehntelang am Herzen gelegen ist und Sie mit Tatkraft und Umsicht die verantwortungsvolle Arbeit geleistet haben ... Mit der Wahl Dr. Kempflers zum Vorstand der Stipendienstiftung hoffe ich mit den Beiräten wiederum eine Verwaltung der Stipendienstiftung zu haben, die im bisherigen Sinne arbeitet ... Ich persönlich sehe durchaus keinen Grund, um die derzeit gültigen Statuten zu ändern und möchte vorschlagen, daß man nunmehr Frau Grotrian, Frau Wölfel und Direktor Uhl als Beiräte beläßt und Herrn von Schoen zum »Ehrenbeirat« oder etwas Ähnliches ernennt ...

RWA

3 Elisabeth Wölfel an Winifred Wagner, 4. 3. 1941.

... In mehrfachen Versuchen hat Herr von Schoen sich bemüht, Frau Wagner auf die Notwendigkeit hinzuweisen, daß die Satzungen in einzelnen Punkten geändert werden müssen, weil sie — aus den Jahren 1882 und 1914 stammend — den heute gegebenen Verhältnissen ... und dem grundsätzlichen Willen des Meisters nicht entsprechen. Aus seinen Darlegungen an Frau Wagner vom 9. 12. 1939 geht hervor, daß er angesichts der bayreuthfeindlichen Einstellung des alten deutschen Reichstags eine engere Zusammenarbeit der beiden Verwaltungen für richtig hielt, die zugleich eine Dokumentierung der ideellen Zusammengehörigkeit nach außen bildete. Die Notwendigkeit dieser Dokumentierung ist heute weggefallen. Er schreibt: »Denn seitdem hat der Führer das deutsche Volk von der Schmach befreit, mit der es seine früheren Reichstage durch die völlige Nichtbeachtung aller Wünsche des Meisters und seiner Anhänger belastet hatte. Umso mehr mußte es mir als Dankespflicht erscheinen, daß der hochherzigen Entschließung des Führers

Rechnung getragen werde, womit er die Eintrittskarten erwirbt ...« ... Die Satzungen sind auf die Herren A. v. Groß, Feustel und Muncker abgestellt, die zusammen ehemals den Verwaltungsrat der Bayr. Bühnenfestspiele bildeten. Diese Herren sind gestorben, damit sind ihre Persönlichkeiten, nachdem sie auch nicht durch andere Herren ersetzt worden sind, *und* ihre Funktionen innerhalb der Satzungen in Wegfall gekommen. *Ein Vereinigen* ihrer Funktionen mit denen des Hauptes der Familie Wagner innerhalb der Satzungen ist logisch und juristisch eine Unmöglichkeit ... Dem Vertreter des Namens Wagner ist in den Satzungen nirgends die Rolle des Befehlenden, nicht einmal die des Vorschlagenden zugewiesen, sondern einzig die Rolle des *Zustimmenden* ...

RWA

4 Winifred Wagner an Elisabeth Wölfel, 19. 3. 1941.

... Für mich und alle Beteiligten maßgebend ist das von den Organen der Stiftung und dem Hause Wahnfried seit drei Generationen anerkannte Statut. In dieses einen »Sinn« hineinzuinterpretieren und damit die Ernennung Dr. Kempflers bekämpfen zu wollen, geht nicht an. Damit stellen Sie sich sogar zu Herrn von Schoen in Gegensatz ...

Die Satzungen sprechen nicht von einem »Verwaltungsrat«, sondern von der »Verwaltung der Festspiele«, d. h. von der jeweiligen. Die bin zur Zeit ich, und nur ich. Im übrigen war einstens der »Verwaltungsrat«, von jeher und ausnahmslos, mit der künstlerischen Leitung einig. Niemals wäre es dem Verwaltungsrat, der nur eine beratende Funktion hatte, beigekommen, einen Vorstand vorzuschlagen, mit dem das Haupt der Familie Wagner nicht von vornherein einverstanden sein konnte ... Ich nehme also von Ihrem endgültigen Rücktritt hiermit Kenntnis und Ihren Rücktritt an ...

RWA

1 Heinz Tietjen an das Haus Wahnfried, 21. 8. 1941.

... Es ist festzustellen, daß sich die Grundeinstellung der Wahnfriedjugend ...
mir gegenüber im Verlauf der diesjährigen Kriegsfestspiele vollkommen geändert
hat ...

Während des Kriegssommers 1940 ... war *beschlossen* worden, daß die beiden
Wagnersöhne mit dem gemeinsamen Ziel, daß sie dereinst auf dem Hügel gemeinsam führen sollten ... getrennt marschierend, ausgebildet werden sollten ... Die
Zeitdauer von 4—5 Jahren wurde damals errechnet und gleichgeschaltet mit dem
Umbau des Festspielhauses, möglichst nach den Mewesschen Plänen ... Nach
meiner, *Wolfgang gegenüber oft geäußerten Meinung*, sollten dann Frau Wagner
und ich von der Leitung des Werkes zurücktreten und die beiden Jungens die
Leitung selbständig und endgültig übernehmen und mit dem neuen Hause sollte
auch die neue Ära beginnen. Ich habe *wiederholt* und *immer wieder* ... gesagt, ...
die Jugend [sei] *so schnell wie möglich an die Führung des Werkes heranzubringen*
... [und] geäußert ..., die Jungens sollten ihre Ära nach dem Umbau mit dem
Tannhäuser beginnen ...

In der »Post« erschien der Arbeitsführer Kirchner und beteiligte sich an dem
Gespräch, in dem er erzählte, Herr [Wieland] Wagner hätte ihm soeben oben bei
Tisch mitgeteilt, er (W. W.) wolle dem Führer einen fix und fertigen Plan vorlegen
— er wolle die Sache hier genau so aufziehen, wie es sein Vater gehabt habe. Er
(W. W.) wolle die Führung von Bayreuth übernehmen, er habe deshalb mit Dr.
Goebbels gesprochen, daß er in Heidelberg dirigieren kann, um sich dort auszu-
probieren. Auf die Frage des Herrn Kirchner, ob er sich nicht in Bayreuth auspro-
bieren könne, habe Herr Wagner geantwortet, Tietjen lasse sie (die Jungens) in
Bayreuth nichts lernen und nicht hochkommen ...

RWA

2 Wolfgang Wagner an Wieland Wagner, 16. 9. 1941.

... Jetzt könne und werde er [H. Tietjen] nie mehr nach Wahnfried kommen, denn
als einem, dem man kein Vertrauen mehr entgegen bringe, könne man es nicht von
ihm verlangen. Auch Deine Andeutungen in bezug auf den Führer wußte er genau
und sagte, daß er auch sich da rechtfertigen werde, denn der Führer wisse ja immerhin seine Verdienste. Er werde sich aus Bayreuth zurückziehen und Du sollst die
Führung übernehmen, und zwar solle das nach außen hin in aller Freundschaft und
Ruhe vonstatten gehen ... Meinerseits habe ich dem Ganzen nichts hinzuzufügen,
nur sehe ich, daß die Führung des Werkes durch Dich noch nicht in Frage kommt ...

RWA

3 Heinz Tietjen an Winifred Wagner, 5. 11. 1940.

... Warum ich den Wolfi zum Wolf [Hitler] geschickt habe? Weil ich wollte, daß
die ... Jungens ... *selbst* hören sollten, daß *Bauen* jetzt *nicht* in Frage kommt ...
Also: ich hatte dem Wolfi drei Fragen mitgegeben (gestern Abend war er dort).

I. Groß? (Mit Tannhäuser und Parsifal, wie unser Marienbader Plan) II. klein? (K. d. F. wie voriges Jahr) III. *gar nicht* und *bauen?* Antwort von Wolf: Nur I.! Zusätzlich: sollte »Umstände halber«, sich *später* herausstellen, daß nur II möglich, trägt *er* alle Kosten *sowieso:* »*Jedenfalls sofort* I. *ankurbeln.«* Zu III. kam die kalte Dusche: »Darüber könnte man ein Jahr nach Friedensschluß sprechen, *vorher wäre nicht daran zu denken!«* . . .

RWA

4 Wieland Wagner an Winifred Wagner, 3. 12. 1941.

. . . Von Dir erhielt ich . . . im Einverständnis mit Heinz [Tietjen] den Auftrag, die Tannhäuserbühnenbilder zu übernehmen. Da der Tannhäuser mir wie kein anderes Werk seit 12 Jahren am Herzen liegt und mir damit endlich die Gelegenheit gegeben worden wäre, in der Sparte in Bayreuth mitzuarbeiten, in der ich bayreuthreif zu sein glaube, sofern Herr Preetorius dies ist, war ich mit Freuden dazu bereit . . . Entscheidend für meinen endgültigen Entschluß, den Auftrag nicht annehmen zu können, war für mich die Mitteilung . . . am 21. Nov. 1941, daß bereits 60 000.— RM für den Bau der Preetorius'schen Bühnenbilder von der Festspielleitung ausgegeben worden sind . . . Weder Du noch ich können die Verantwortung übernehmen, daß diese riesige Summe sinn- und zwecklos ausgegeben wird, nachdem jahrzehntelang jeder Pfennig gespart werden mußte . . .

RWA

5 Heinz Tietjen an das Haus Wahnfried, 21. 12. 1941.

. . . Weg I: Die Beziehungen zwischen . . . Wahnfried und mir werden sofort abgebrochen; ich lege mein Amt mit sofortiger Wirkung nieder . . . Aus Gründen der Loyalität teile ich mit, daß ich in einer Rechtfertigungsschrift an den Führer alles vom Beobachtungsjahr 1931 bis einschl. aller jüngsten Ereignisse in historischer Treue . . . niedergelegt habe; da mir, bis das Haus Wahnfried seinerseits Meldung gemacht hat, oder kurz danach etwas zustoßen kann, befindet sich die Rechtfertigungsschrift im versiegelten Kouvert in Händen einer Persönlichkeit, die sichere Gewähr bietet, daß dem Führer dieses Kouvert persönlich überreicht wird.

Weg II: Wieland W. kommt zu einer Aussprache nach Berlin . . . Ich lege Wieland ausführliches Beweis- und Überführungsmaterial vor . . . und es kommt zu einem friedlichen Auseinandergehen; damit meine ich, daß ich nicht officiell mein Amt niederlege, sondern daß ich es auf mich nehme, wenn es soweit ist, daß nächste Festspiele vorbereitet werden müssen, unter dem aller Welt plausiblen Grund, wenn nächster Sommer in Frage käme, zeitlich zusammenfallenden triftigen Grund des Umzuges und der Wiederetablierung der Staatsoper ins Lindenhaus, . . . Wahnfried zu bitten, mich »vorübergehend« (streng intern natürlich endgültig) zu beurlauben . . .

Weg III: Trotzdem mir durch die Ereignisse in diesem Sommer die wichtigste Eigenschaft genommen wurde, die der künstlerische Führer in Bayreuth *haben muß*, nämlich die Besessenheit und an ihre Stelle eine tiefe Verbitterung getreten ist, ... bin ich bereit, die letzten noch vorhandenen physischen Reserven dazu zu verwenden ... und ... hoffentlich die Basis zu neuer Besessenheit zu schaffen. Und damit erkläre ich mich bereit zur *Versöhnung* ... Es wird aber dann unter alles ... der endgültige dicke Strich gezogen und ... auch zu Dritten nichts anderes mehr geäußert als daß das Haus Wahnfried und ich in vollster und letzter Übereinstimmung dem Werk gegenüber und in persönlichen Angelegenheiten zueinander stehen ... Im Interesse des endgültigen Friedens halte ich es für notwendig, daß Herr Dr. Strobel ... sich verpflichtet, in die Auslegung des lebendigen Werkes in der bisherigen Weise nicht mehr einzugreifen ... Der Grund liegt beim Beschreiten des Weges III, in dem latent bleibenden Zustand, den ich für die im Werk heranreifende Wahnfriedjugend auf weite Sicht zumindest verwirrend halte, daß zwischen der aus der Wissenschaft und aus allen im Wahnfried-Archiv ruhenden Dokumenten allerdings authentischer Interpretation, soweit sie nicht durch die lebendige, ebenfalls authentische Auslegung, manchmal sogar absoluter Änderung, nicht mehr stichhaltig ist, eine Discrepans besteht.

Ich bin bereit ... diese von 6 authentischen Zeugen, darunter SW, mit übermittelten Interpretationsänderungen, die sie ... von CW haben, ... von Werk zu Werk bekannt zu geben, wobei ich auch die Aufklärung geben werde gegenüber allen Strobel'schen Behauptungen ...

Bei Weg III ist es selbstverständlich, den Tannhäuser mit Wieland bühnenbildnerisch zu machen und daß Wolfgang in die Regieassistenz eintritt ...

RWA

6 Wolfgang Wagner an Winifred Wagner, 29. 1. 1942.

[betr. »Friedensfestspiele« 1942] ... Tannhäuser oder Holländer oder Meistersinger ... Ich stehe ja auf dem Standpunkt, daß man dem Führer unsere Pläne zur Mitentscheidung vorlegt, denn so ganz kann man ja nicht machen was man will ...

RWA

7 Wolfgang Wagner an Wieland Wagner, 3. 4. 1942.

... Endlich bringst Du es fertig, den Führer dahin zu bringen, daß er den ganzen genehmigten Festspielplan *ohne Rücksprache mit Mama* umwirft ... Da Du die Verantwortung aber nicht übernehmen willst und es außerdem auch noch nicht kannst, läßt Du sie sich innerlich völlig aufreiben, statt ihr beizustehen und ihr zu helfen bei ihrer schweren Aufgabe ... Ich will nun wissen, wie Du Dir die nächste und weitere Zukunft denkst, die Dir ja schon festumrissen im Kopfe zu spuken scheint, dies mußte ich wenigstens aus den Andeutungen des Führers entnehmen ...

RWA

8 Wieland Wagner an Wolfgang Wagner, Entwurf mit Vermerk »nicht abgeschickt«, April 1942.

... Dem im März beschlossenen Festspielplan stand ich, nachdem meine Vorschläge, die ich Mama unterbreitet habe, samt und sonders abgelehnt waren, ... wohlwollend neutral gegenüber. Im Großen gesehen hielt ich es für verantwortungslos nur aus dem Grunde, weil Mama und Heinz [Tietjen] der Ansicht sind, daß es außer ihm in ganz Europa keinen Ring-Dirigenten gibt und er selbstverständlich nach all den Zwischenfällen außerstande ist, in Bayreuth wieder den Ring zu dirigieren, diesen einfach stillschweigend bis nach dem Umbau, der damals noch in nebelhafter Ferne lag, wegfallen zu lassen. Wie ich in Bayreuth hörte, habe man ihn mir überlassen wollen — ich könne ihn ja dann neu machen! ...

2.) Hielt ich es für unkünstlerisch, die Meistersinger als Serienaufführung à la Fledermaus herunterzuspielen, noch dazu mit *einem* Dirigenten ... Trotzdem schrieb ich damals ..., ich sei mit den Meistersingern einverstanden, wenn man damit das höchstmögliche Niveau für heuer erreichen könnte.

3.) Habe ich mir die Auffassung von Heinz, der behauptete, daß die Meistersinger kein »Start« für Karajan wären, zu eigen gemacht und hielt auch für mich die Meistersinger für keinen geeigneten Start in diesem Jahr vor KdF, da mir ja nach dem Parsifal-Intermezzo weder der Tristan noch der Holländer — ich hätte mich beides besser zu machen getraut wie dies geschehen ist — übertragen wurde ...

Ich kann nicht umhin ... für eine böswillige Verleumdung zu erklären, wenn weiter behauptet wird, ich hätte das Programm der heurigen Festspiele umgestoßen und dem Führer sozusagen mein Gedankengut aufgezwungen. Die Gründe, die der Führer für seinen Wunsch, doch heuer von den Meistersingern abzusehen, anführte, hat er Dir ... wohl klar und unmißverständlich dargelegt. Du hieltest es damals für selbstverständlich, einen Wunsch des Führers zu respektieren ...

Du hast aus den Ausführungen des Führers entnommen, daß mir die nächste und weitere Zukunft fest im Kopf zu stecken scheint. Du meinst damit wohl die Zukunft Bayreuths ... Du hast doch wohl selber gehört, daß nach 2 Jahren Friedensfestspielen mit Meistersingern, *Parsifal* und Ring umgebaut werden soll. Ich habe mir deswegen gedacht, daß man das neue Haus nicht besser eröffnen könnte, als durch den Tannhäuser ... Durch die Unterredung mit dem Führer, bei der ich schließen mußte, daß es ihm selbstverständlich erschien, daß ich in Zukunft die Bühnenbilder in Bayreuth mache, war der Fall trotz meiner Bedenken für mich erledigt. Deshalb mein plötzlicher Entschluß, in den ersten Friedensfestspielen die Meistersinger, den Ring und den Parsifal zu machen ...

RWA

9 Heinz Tietjen an Winifred Wagner, 17. 12. 1944.

... Du wirst erstaunt sein, daß ich die Frage des Führers, ob im Sommer 1945 in Bayreuth gespielt werden kann, was die künstlerische und technische Durchführung anbelangt, ohne Bedenken mit »Ja« beantworten kann. Es wären dazu nicht mehr Führerbefehle nötig als bisher.

1. Wenn Neuinszenierungen gewünscht werden, so sind genügend Rohmateriale für Dekorationen und Kostüme vorhanden. Ich bin aber der Meinung, daß man das jetzt moralisch nicht verantworten kann. Ich erwähne die Möglichkeit nur für den Fall, daß die Lage sich so wesentlich verändert, daß dem Führer doch an irgendwelchen Neuinszenierungen gelegen ist. Für diesen Fall aber müßte die Entscheidung, ob überhaupt und welche Werke, sofort fallen.

2. Die »Meistersinger« können ohne Weiteres wieder aufgeführt werden. Das Personal steht zur Verfügung, ebenso würde ich die Kostüme aus unserem Salzbergwerk in Thüringen zu diesem Zweck herausholen lassen. Die Entscheidung, ob »Meistersinger« hat Zeit bis Ende Februar.

3. Wenn *nur* Rundfunkübertragungen aus dem Festspielhaus, also mit funkgerecht, konzertant aufgebautem Personale stattfinden sollen, so kann der Führer hierfür jedes Werk bestimmen, das er wünscht. Alle erforderlichen Kräfte wären aus der abgeschirmten Künstlerschaft reichlich vorhanden. Hierzu wären auch Reklamationen nicht nötig, weil diese Künstler kriegsverpflichtet für die Kunstausübung sind, also ohne Formalitäten für Bayreuth eingesetzt werden können. Obgleich ich bei mir in der Staatsoper opernkonzertmäßige Wagner-Abende leider zulassen mußte, ebenso die von Dr. Goebbels ausdrücklich gewünschte Rundfunkaufnahme des III. Aktes der »Götterdämmerung«, so bin ich bayreuthisch gesehen immer ein Eiferer gegen jede Rundfunkaufnahme und Sendung der Werke des Meisters gewesen und werde es auch bleiben. RW hat Musikdramen geschrieben, die den heißen Atem der lebendigen Gestaltung fordern und der Rundfunk wird das niemals ersetzen können.

RWA

1 Wilhelm Rode an Staatskommissar Hans Hinkel im RMVAP, 25. 4. 1933.

... Wenn *Tietjen* hierzu irgendwie den Anlaß gegeben hätte [betr. die Uraufführung von Zemlinskys »Der Kreidekreis« in der Berliner Staatsoper unter der
musikalischen Leitung von Otto Klemperer], wäre das wiederum bezeichnend und
belastend für ihn.

Daß der Intendant Illing, der sich dieser Tage erschossen hat, ein guter Freund
Tietjens war, wirft immer wieder jenes Licht auf T., in dem wir, die ihn kennen,
ihn schon lange beobachten.

Ab ersten Mai wieder in Berlin u. immer zu Ihren Diensten ...

BDC

2 Heinz Tietjen, Ansprache zum »Betriebsappell der Preußischen Staatstheater« am
30. 1. 1936.

... Der erste Nationalsozialist, der mit mir über die Preuss. Staatstheater gesprochen hat, war Adolf Hitler. Es war im Sommer 1930 in Bayreuth, als der Führer
seine Fahrten noch in Nacht und Nebel machen mußte, denn zu dieser Zeit bestand
die dringende Gefahr, daß die Bayreuther Festspiele zusammenbrechen würden,
da die Musik RWs bei der früheren Regierung nicht beliebt war. Erhöht wurde die
Gefahr durch den Tod SWs. Diese erste Begegnung werde ich nie vergessen:
In einer stürmischen Sommernacht, bei einem Gewitter, wurde ich in das Zimmer
Winifred Wagners gerufen und stand dort Adolf Hitler gegenüber. Als Hitler mit
mir über die Bayreuther Frage gesprochen hatte, fragte er, was ist mit den Deutschen Theatern und was ist mit den Preuss. Staatstheatern. Zum Schluß sagte er
nur das eine Wort: »Durchhalten« ... Bei den Festspielen in Bayreuth im Jahre
1931 wurde ich von einem noch unbekannten und unbedeutenden jungen Mann
angesprochen und gebeten, ihn mit an die hiesigen Staatstheater zu nehmen. Dabei flüsterte er mir noch etwas ins Ohr. Ich nahm diesen Mann mit nach hier und
gründete derselbe sofort die Betriebszelle, es war Köhler [Karl Köhler I., seit 1925
in Bayreuth], Chor-Repetitor ...
Im April 1933 waren um 12 Uhr Kabinettsbildung und Vereidigung. Schon um
1 Uhr erhielt ich den Befehl, zu Hermann Göring zu kommen ... Er sagte zu mir:
Sie gehören mit Ihren Staatstheatern ressortmäßig noch zur Kulturkammer, Pg. Rust
ist ihr Vorgesetzter, aber ich garantiere für die Preuss. Staatstheater ... Hermann
Göring ist Chef der Preuss. Staatstheater durch die Erkenntnis des Führers geworden. Es hat Kämpfe und Zusammenstöße gegeben, was ja natürlich ist, aber heute
ist das gesamte Theaterwesen auf freundschaftliche Basis gebracht. Die Erkenntnis
des Führers, daß das Herz des Hermann Göring auch etwas haben müsse, hat dazu
geführt, daß Adolf Hitler die Souveränität über die Preuss. Staatstheater Hermann
Göring übertragen hat. Hermann Göring übt seine Souveränität als Mäzen aus.
Aber nicht als Zuschauer, sondern als General-Intendant [bin] ich stolz darauf,
sein erster Adjutant zu sein ...
Wenn ich in Bayreuth Gelegenheit hatte, mit Adolf Hitler vertraulich zu sprechen,
so habe ich immer mit Erstaunen festgestellt, wie gut Hitler die Wagnerschen Partituren kennt. Es ist einmal vorgekommen, daß Adolf Hitler nach Schluß des Spiels

zu mir kam und sagte, die Oboe hat aber nicht ganz gestimmt. Ich mußte dies bestätigen ... Als ich Richard Strauss darauf aufmerksam machte, erklärte dieser,
das habe ich nicht gehört; — so gut hatte er also doch noch gespielt ...

BDC

3 Heinz Tietjen, »Die Wahrheit über Bayreuth«. Das Manuskript trägt den Vermerk: »aufgezeichnet unmittelbar nach dem Zusammenbruch«. (1945).

... Die vielen Künstlerpersönlichkeiten, die um die Wesensart und den tiefen
Ernst der drei Genannten [CW, SW und H. Tietjen] wußten, die nach dem Tode
des Meisters von 1883-1944 das Werk auf dem Hügel künstlerisch führen durften,
wissen auch, daß es vor 1933 niemals ein »teutsches« Bayreuth in nationalistischem
Sinne, und nach 1933 niemals ein Hitler-Bayreuth bei der Deutung des *Kunstwerkes* auf dem Festspielhügel gegeben hat! Das Bestreben der Drei, — für sie zeugt
60 Jahre hindurch gleichzeitig als Hauptzeuge der Wagner-Forscher Professor
Wolfgang Golther, Rostock — ist immer nur das gewesen, aus *jahrzehntelangem
Wissen* um das Werk, in absolutester Werktreue und unbeeinflußt von irgendwelchen politischen Ereignissen, ausschließlich *dem künstlerischen Willen des Dich-
ter-Komponisten möglichst nahe zu kommen.* Die Sänger-Generation[en], die wir
in strenger bayreuthischer Erziehungsarbeit heranbildeten bezeugen die Eindeutig-
keit unseres Schaffens.

So kann ich meinerseits für SW als Zeuge auftreten, daß er als wesentliche Begründung, der nationalsozialistischen Partei *nicht* beizutreten, angab und durchführte, daß das große Vermächtnis seiner Mutter gewesen ist, das Werk *international* weiterzuführen, er hat bis zu seinem Tode danach gehandelt.

Mir selbst hat niemals jemand gewagt, in Bayreuth in irgend etwas hineinzureden.
Selbst die Gesamtleiterin der Bayreuther Festspiele, Frau Winifred Wagner, hat
mir in allen künstlerischen Angelegenheiten vollste Freiheit gelassen. Indirekt an
mich herangebrachte Wünsche, die möglicherweise aus der engeren Umgebung
Hitlers stammen konnten, z. B. der immer wieder auftauchende Versuch, Benno von
Arent als Bühnenbildner hineinzuschieben, habe ich nie berücksichtigt; sie würden
der Berufung und höchsten Verantwortung, die je einem Künstlermenschen auferlegt war, widersprochen haben. Hitler selbst hat nie Forderungen oder Wünsche
geäußert, wir standen uns *mehr* als skeptisch gegenüber. Er lebte unsichtbar im
»Führerbau« (Gartenhaus links im Wahnfriedpark) während der jeweils 10 Tage
seines Festspielaufenthaltes. Von 1933 bis 1939 kam er jedes Jahr mit wenig Ge-
ladenen, das heißt *Befohlenen.* Und hier die Wahrheit über ein gern verbreitetes
Märchen: Es hieße der »Partei« zu viel Ehre erwiesen, wenn man ihr nachsagen
wollte, sie sei wagner*freundlich* gewesen; in Wirklichkeit waren die führenden
Parteileute im ganzen Reich wagner*feindlich*, oder standen der Herrlichkeit dieser
klingenden Welt verständnislos oder gelangweilt gegenüber. — Die Größten der
Partei kamen nur »befohlen«, und selbst dann sehr spärlich nach Bayreuth und —
nur einmal — (!) Man kann die Ausnahmen an einer einzigen Hand abzählen! *Einmal* im Jahr taten sie aber doch, als wären sie Alle wagnerbesessen; dies aber nicht
in Bayreuth, sondern *nach* den Festspielen beim Reichsparteitagsrummel in *Nürn-*

berg, wo alljährlich mit den Meistersingern vor der Welt Bayreuth-»freudigkeit« geheuchelt wurde. — Ich habe nie eine Vorstellung besucht, man erzählte mir aber, daß der Zuschauerraum alljährlich je Akt, je größere Lücken aufwies, die man improvisierend versuchte mit braunen und schwarzen Uniformen *von der Straße* zu füllen! Die Propaganda log alles »bayreuth«-gemäß um, und Deutschland glaubte und glaubt noch jetzt an ein »Hitlerbayreuth«, das es nie gegeben hat. Die Partei duldete den Wagnerenthusiasmus Hitlers, bekämpfte aber den Mann offen oder versteckt, der sich für das Werk exponierte, wie ich es immer getan habe, der Kreis um Rosenberg offen, der um Goebbels versteckt; es wäre darüber noch manches zu sagen! Auch die, denen es verdammt not getan hätte, nach Bayreuth zu kommen, um das zu lernen, was sie allesamt nicht konnten, *die* blieben mit geringsten Ausnahmen aus: Die Intendanten — nicht einmal die Namen kannte man — die Kapellmeister — pardon 19-jährige »Generalmusikdirektoren« — Opernregisseure, auch sie unbekannter künstlerischer Legitimation. Alles Leute, die der Nationalsozialismus eingesetzt hatte. Kam aber der »Führertag« in ihren Gau, dann konnten sie alles besser, dann wurden die Meistersinger in Benno von Arentscher »Ausrichtung« zu Tode gehetzt, auch wenn man sie vorher nicht einmal gesehen hatte; und wiederum glaubte ganz Deutschland, die *Partei* sei die Trägerin einer »nationalen Wagnerverehrung«. —

So kam aus Lüge und Mittelmäßigkeit — sie lag *unter* dem Durchschnitt — ein »Bayreuth Mythos« zustande, den zu glauben man endlich ablehnen sollte!

Nun ein Kuriosum: vor mir liegen die B. Z., das Berliner Tageblatt, 8 Uhr Abendblatt und gar die arg gefürchtete »Tribüne« von Ende 1930. Also: das *demokratische* Deutschland von damals (seit 1904 habe ich Wagner dirigiert und inszeniert) begrüßte *einhellig* meine Berufung nach Bayreuth und lobte den sozialdemokratischen Kultusminister, daß er mir die Erlaubnis hierzu erteilt habe. — Das nationalsozialistische Deutschland war mir in seiner Führerschicht unhold, *ob* — »Bayreuth«. —

Und — das neue demokratische Deutschland, dem ich mich für den kulturellen Wiederaufbau zur Verfügung stellte, raunt, wohl nicht die Wahrheit wissend, wenig freundlich »Ja, aber Bayreuth«. Kuriosum eines Einzelschicksals.
Aber das Werk RWs *ist ewig.*

Akad. d. K./H. T.-Arch.

4 Winifred Wagner, aus der »Denkschrift« für die Spruchkammer, (1946).

... Siegfried hatte testamentarisch bestimmt, daß Winifred als Vorerbin der erst 9-13 Jahre alten Kinder die Durchführung weiterer Festspiele übernehmen solle, unter der Bedingung, daß sie nicht wieder heirate. Durch die letztwillige Verfügung hat Siegfried zum Ausdruck gebracht, daß er Winifred für fähig hielt, das Werk Bayreuth weiterzuführen und wünschte, daß, solange Namensträger und direkte Nachkommen vorhanden seien, einzig diese berufen sein sollten, das Werk weiterzuführen.

Während der 15-jährigen Ehe hat Winifred Wagner für die Öffentlichkeit im Hintergrunde gestanden ... Intern jedoch war sie von Siegfried zu seiner ständigen

Mitarbeiterin herangezogen worden . . . Durch ihre Erziehung im Hause Klindworth vertraut mit Wagners künstlerischen Forderungen, lernte sie in den 15 Jahren ihrer Ehe mit Siegfried und bei der Zusammenarbeit mit ihm und mit CW diese künstlerischen Forderungen Wagners in der *praktischen Durchführung* kennen. Mit 33 Jahren übernahm sie allein die Aufgabe, weiterhin das Werk Wagners der Welt durch die Festspiele zugänglich zu machen . . .

Die wirtschaftliche und kulturelle Niedergeschlagenheit nach dem Kriege 1914/18 hatte die Erhaltung und die weitere Pflege der Festspiele und des Festspielhauses auf viele Jahre hinaus schwer erschüttert. Das Festspielvermögen war durch die Inflation verloren und die Aussichten auf eine Besserung in jeder Hinsicht waren völlig trübe. Die Nachkommen RWs waren in banger Sorge und verfolgten mit großem Interesse jedes Anzeichen wirtschaftlicher und politischer Besserung in Hinblick auf den Bestand des von ihnen zu verwaltenden Kulturinstitutes ersten Ranges. — Durch M. G. Conrad und Musikkritiker J. Stolzing-Czerny erfuhren Wagners 1919 von der Gründung der NSdAP, deren Führer ein Mann namens Adolf Hitler war. In Bayreuth wurde 1922 eine Ortsgruppe der NSdAP gegründet, ein Beitritt der Wagnerschen Familienmitglieder fand *nicht* statt. Jedoch war der Umgang mit Mitgliedern in Bayreuth unumgänglich. — 1923 sprach Hitler das erste Mal in Bayreuth in der Reithalle. Wagners waren *nicht* anwesend bei dem Vortrag. Hitler äußerte den Wunsch, Wagners in Wahnfried zu besuchen. Am 1. Oktober 1923 kam er nach Wahnfried — als ehrfürchtiger Bewunderer des deutschen Genius RW, *nicht* als politischer Agitator. Mit besonderem Interesse besichtigte er die reichhaltige Bibliothek und den Arbeitsraum RWs. In andächtiger Stille verweilte er am Grabe des Meisters. — Er versprach, bei Gelingen einer Einflußnahme auf die Geschicke Deutschlands — den »Parsifal« einzig für Bayreuth zurückzugeben. — *Bis 1925 keine weitere* Fühlungsnahme mit Hitler. — Am 8. und 9. November 1923 zufällige Anwesenheit S. u. W. Wagners in München, da SW als Gastdirigent ein Konzert in der Tonhalle leiten sollte. Das Konzert mußte abgesagt werden, wegen der Geschehnisse am 9. November (Revolution). — Sofortige Rückreise S. u. W. Wagners von München nach Bayreuth. Hier wurde Frau Winifred gebeten, im Lokal Lieb in kleinem Kreise vor Parteimitgliedern, dem sie selbst *nicht* angehörte, über München zu berichten. Diesem Wunsche kam Frau Winifred nach. — Zur Klarstellung und Beseitigung von Gerüchten übergab Frau W. einen offenen Brief an die Presse, der ihre rein idealistische Auffassung über die Persönlichkeit Hitlers zum Ausdruck brachte und die rein zufällige Anwesenheit in München am 9. November bekannt gab . . .

Auf Veranlassung Siegfrieds bat Frau Winifred brieflich Ad. Hitler, der im Januar 1925 nach seiner Entlassung von der Festung Landsberg vorhatte, in Bayreuth Wahnfried einen Besuch abzustatten, hiervon Abstand zu nehmen, um evtl. Kundgebungen usw. zu vermeiden. 1925 Besuch Hitlers der Festspiele. Bis 1933 besuchte er nicht wieder Bayreuth, um der Sache nicht zu schaden. Nur kurze private Aufenthalte in Wahnfried gelegentlich einiger Durchreisen. — Als Hitler 1926 erfuhr, daß Frau W. nicht in der Partei war, redete er zu, dieser beizutreten. Siegfried lehnte mit Rücksicht auf seine Stellung als Leiter der Festspiele es ab, hatte aber gegen den Eintritt seiner Frau als Privatperson nichts einzuwenden . . . An den Trauerfeierlichkeiten [*für CW und SW im Jahre 1930*] nahm Ad. Hitler nicht teil, um Schwierigkeiten, die für die Familie und die Bayreuther Sache entstehen könnten, zu vermeiden. Nach der Machtübernahme 1933 noch seltenere Begegnungen mit Hitler, bis 1939 durchschnittlich im *Jahr einmal* zu Tisch, gelegentlich von Berliner Aufenthalten. — Nach Kriegsausbruch ist Frau Winifred nie mehr bei Adolf Hitler gewesen. *Einmalige* Anwesenheit im Jahre bei offiziellem Künstlerempfang in der Reichskanzlei als Repräsentantin eines weltberühmten deutschen Namens u. als Leiterin der Festspiele Bayreuth, desgl. bei einem Abendessen zu Ehren Mussolinis, und gelegentlich des Besuches von Simon u. Eden in Berlin, als geborene Engländerin . . .

Von 1933 ab regelmäßiger Besuch Hitlers zu den Festspielen. Aufenthalt ca. eine Woche; von 1936 bis 1939 wohnte er in dem erweiterten Siegfried-Wagnerhaus . . . Politische Kundgebungen verbat sich Hitler bei seinem Aufenthalt in Bayreuth zu den Festspielen. Die kurzen Aufenthalte dienten nur der Entspannung, Erbauung und Erholung. Jedes Staatsoberhaupt, z. B. Kaiser Wilhelm II., Zar Ferdinand v. Bulgarien, König Eduard VII. von England usw. wurde am Portal des Festspielhauses vom Hausherrn oder der Hausfrau begrüßt. So wurde auch Ad. Hitler von Frau Winifred auf dem Festspielhügel empfangen. — Frau W. ist nicht der Reichstheaterkammer beigetreten. Im Festspielhause ist niemals nach der Parteizugehörigkeit gefragt worden, sondern nur nach der Leistung. — Die Leistungen haben in Bayreuth in keiner Weise in den Jahren des Nationalsozialismus nachgelassen . . .

Frau Winifred Wagner hat, als leidenschaftliche Kriegsgegnerin, vor Ausbruch des Weltkrieges 1939 den Versuch gemacht, den Frieden zu erhalten, und einen Empfang des englischen Botschafters Henderson bei Hitler in Bayreuth zustandezubringen. Hitler aber lehnte schroff ab; ebenso mißlang es, daß Hitler u. Henderson bei den Festspielen in einer Loge zusammensitzen sollten. — Während des ganzen Krieges keine Zusammenkunft Winifred Wagners mit Hitler, außer einer kurzen Begegnung 1940 beim Besuch der Götterdämmerungsvorstellung in Bayreuth. Letzte Zusammenkunft vor seinem Tode . . .

Der politische Umschwung des 30. Januar 1933 hat in keiner Weise zu irgendeiner Abänderung aller getroffenen Entscheidungen geführt. Die jüdischen Sänger des Pogner, Fafner, Hunding, Hagen, Titurel, Gurnemanz wurden beibehalten (Emanuel List, Alexander Kipnis) sowie 9 ausländische Künstler wirkten weiterhin an hervorragender Stelle mit . . .

RW u. seiner Kunst drohte Gefahr in der ablehnenden Haltung der meisten führenden Männer des Nationalsozialismus. Der Fortbestand von Bayreuth war gefährdet. In den Schulungslagern entstand eine Gegnerschaft u. a. m. — Hitler selbst glaubte am wirkungsvollsten dagegen durch seinen alljährlichen Besuch der Festspiele, der auf die Dauer beispielgebend wirken sollte, auftreten zu können. —

Obwohl sämtliche kulturellen Vereinigungen irgendeiner Parteiorganisation unterstellt werden mußten, erkämpfte Frau Winifred die völlige Unabhängigkeit des im Jahre 1913 gegründeten RW-Verbandes deutscher Frauen. — Die Abhaltung eines im Festspielhause geplanten Reichsjugendtages verhinderte sie. —

Eine angebotene finanzielle Unterstützung der Bayreuther Bühnenfestspiele seitens Ad. Hitlers zurückzuweisen, wäre unverantwortlich gewesen u. wie jeder gerecht Urteilende zugeben muß, im dritten Reich praktisch unmöglich gewesen. Kein auf Qualität sehendes Kulturinstitut eines Landes kann auf die Dauer auf die Unterstützung des Staates oder auf die von Privatpersonen verzichten. Hitler gewährte für Neuinszenierungen in Bayreuth aus dem Fonds für kulturelle Zwecke einen Betrag von rd. 55 000 Mk., der natürlich nur einen Bruchteil dessen darstellt, was alle vergleichbaren Kunstinstitute aus Staatsmitteln oder von Hitler erhalten haben. (Für Neuinszenierung einer Operette waren doppelt so viel gestiftet worden. Für die Pflege Mozartscher Musik hat Hitler einmal 350 000 Mk. zur Verfügung gestellt.) —

Als der Krieg ausbrach, wollte Frau W. das Festspielhaus schließen. Hitler jedoch ordnete die Durchführung von sogenannten Kriegsfestspielen an; der Organisation KdF übertrug er die Heranführung und die Betreuung des zugelassenen Zuhörerkreises. Vielen Verwundeten, sowie Kopf- u. Handarbeitern wurde es ermöglicht (. . .) kostenlos in schwerster Zeit eine seelische Erhebung sich zu gönnen, durch das Erlebnis reinster Kunst. Im Sinne RWs der erste Versuch, die Festspiele kostenfrei für das Publikum zu gestalten. Jeder durfte sich bewerben um eine Karte, ohne daß eine Einschränkung nach Parteizugehörigkeit vorhanden war . . .

Gegen die Beschlagnahme des Festspielhauses zu militärischen Zwecken (Fliegerbeobachtungsstelle, Rundfunknachrichtenstelle usw.) protestierte sie schärfstens, ebenso ihr Sohn Wolfgang W. mit Erfolg.

Sie erwog im April 1945 mit dem Oberbürgermeister Dr. Kempfler alle möglichen Schritte, um die Stadt kampflos übergeben zu lassen und sie in ihrer Eigenschaft als international anerkannte Pflegestätte der Kunst RWs von Kampfhandlungen ausnehmen zu lassen. Die Bemühungen wurden jedoch zunichte in dem letzten Chaos der Kampfhandlungen und Luftangriffe . . .

RWG

5 Zur Geschichte der Bayreuther Festspiele. Autor unbekannt. (?) 1946.

. . . Auf keine Weise war es möglich, die deutsche Öffentlichkeit oder Regierung und Reichstag zu bewegen, der gewaltigsten Kunstleistung, diesem »Bayreuth« zu helfen, das man schon beim Besuche im Stich gelassen hatte. Wagner war gezwungen, das Vermögen der Familie, 180.000 Mark, für das Defizit zu opfern, Konzertreisen zu unternehmen, die seine Gesundheit weiter erschütterten und zu seinem vorzeitigen Tode beitrugen, der die Welt um die von ihm noch geplanten Werke gebracht hat. Das wird stets ein Flecken auf Deutschlands Haltung bleiben.

Bis zum Anfang des 20. Jhs. konnten die Festspiele sich finanziell nur durch die starke Teilnahme der ausländischen, besonders der französischen Besucher halten — eine neue Beschämung für Deutschland. Von da ab bestritt die, durch die Autorenrechte allmählich wieder zu Vermögen gekommene Familie Wagner die Zuschüsse für die Festspiele.

. . . Um jene Zeit erhielt CW Millionenangebote für die Freigabe des »Parsifal«. Sie hatte abgelehnt, um das religiöse Werk nicht zu profanieren. Zum »Danke« dafür hat dann der deutsche Reichstag 1913 es abgelehnt, die Schutzfrist für dieses Werk zu verlängern. Auch hier entsteht die Frage, was im gleichen Falle das Ausland getan haben würde.

Das Vermögen des Hauses Wahnfried war durch die Inflation zum größten Teile zerstört worden, so daß 1924 die Festspiele nur unter großen finanziellen Schwierigkeiten durchgehalten werden konnten. Als im Turnus der Aufführungen der »Tannhäuser« mit seinen besonders großen Unkosten gebracht werden mußte, waren die Mittel zu Ende. Jetzt endlich raffte sich, unter der Führung einiger Männer, die das Herz auf dem rechten Fleck hatten, das deutsche Volk auf, sammelte — jedoch abermals unter Beteiligung des Auslandes — 200.000 Mark, bekannt geworden als »Tannhäuserspende« und ermöglichte dadurch 1930 die Wiederaufführung des Werkes nach 26jähriger Pause.

Als 1933 Hitler an die Macht kam, unterblieb der Zustrom der ausländischen Festspielbesucher. Die geringe Zahl der deutschen Besucher reichte bei weitem nicht aus, die Unkosten zu decken, während große Ausgaben für die von langer Hand vorbereiteten Aufführungen schon entstanden waren. Die Festspiele und das Haus Wahnfried standen unmittelbar vor dem Ruin.

In der Erkenntnis, daß diese plötzliche Not in keiner Weise aus künstlerischen Gründen entstanden, sondern lediglich durch die Entwicklung des deutschen Staatswesens als solchen verschuldet war, wurde die finanzielle Unterstützung der Festspiele durch den Staat angeordnet und damit grundsätzlich nur das einstige Hilfswerk König Ludwigs fortgesetzt.

. . . Sollte Winifred Wagner, ohne alles Verschulden plötzlich vor die Vernichtung des ihr anvertrauten Werkes, ohne Beispiel in der Kulturgeschichte, und vor die der eigenen und ihrer Kinder Existenz gestellt, diese Staatshilfe *abweisen*, das Werk im Stiche lassen und zugrunde gehen?

Die Frage beantwortet sich von selbst.

War aber erst einmal von staatswegen geldliche Hilfe gewährt, so lag es nahe, daß der Geldgeber auch dreinreden wollte. Sogar seitens König Ludwig war das zum Kummer Wagners geschehen. Doppelt nahe lag es, wenn es sich um die nationalsozialistische Partei handelte und ihren Hang, ohnehin sich in alles einzumischen. Frau Wagner hat einen beständigen Kampf gekämpft, wenigstens von künstlerischen Fragen die Partei fernzuhalten . . .

RWA

1 Winifred Wagner an Reichsleiter Martin Bormann, 7. 3. 1938.

Vielleicht entsinnen Sie sich einer kleinen Denkschrift, die ich Ihnen am Abreisetag Mussolinis früh morgens in der Reichskanzlei übergab. Heute erlaube ich mir eine nochmalige Zusammenfassung des ganzen Fragenkomplexes »Gründung einer RW Forschungsstelle« zu übersenden, mit der herzlichen Bitte, sie an die Stelle weiterzuleiten, die in der Lage wäre, zu entscheiden, daß diese Angelegenheit vom Reich aus finanziell zu unterstützen sei. Die Stadt Bayreuth rechnet mit einer Jahresausgabe von 20.000 Reichsmark — will gern die Hälfte aufbringen, die restlichen 10.000 Reichsmark erhofft sie aus Reichszuschüssen oder Zuwendungen erhalten zu können. Der 125. Geburtstag des Meisters am 22. Mai wäre ein Tag, um eine solche Gründung zu Ehren dieses deutschen Meisters vorzunehmen. Ich erbitte Ihre gütige Hilfe und Unterstützung in dieser Angelegenheit, die mir als Verwalterin des Erbes besonders am Herzen liegen muß . . .

BAK

2 Gedanken und Richtlinien betreffend die geplante Einrichtung einer »DEUTSCHEN STELLE FÜR RICHARD-WAGNER-FORSCHUNG« durch die Stadt Bayreuth. Denkschrift/Entwurf: Oberbürgermeister Dr. Schmidt. 5. 3. 1938.

I. Vorbemerkung

Nur wenige große Erscheinungen der Kulturgeschichte haben so viele Federn in Bewegung gesetzt wie Richard Wagner: das Schrifttum, das ihm gilt, ist fast schon unübersehbar, so daß die Frage auftauchen könnte, ob denn auch *heute* noch Richard Wagner überhaupt Gegenstand der Forschung sein *kann* und zu sein *hat* . . .

In welchem Sinne diese Frage zu beantworten ist, ergibt sich einerseits schon aus der Tatsache, daß nur ein kleiner Bruchteil dessen, was über Wagner geschrieben worden ist, *wirklichen* Wert besitzt, andererseits aber aus dem Umstande, daß wir *jetzt* erst *beginnen*, Wagner als Gesamterscheinung *völlig* zu überblicken; denn wie ein großer Berg erst dann in seinen Ausmaßen und charakteristischen Umrissen wirklich zu erkennen ist, wenn wir genügend weit von ihm entfernt sind, so erschließt sich uns auch das *wahre* Bild eines überragenden Menschen stets erst geraume Zeit nach dessen Tode. Hieraus erklärt es sich denn auch, daß Wagner zwar als Schöpfer unvergänglicher Kunstwerke längst unbestritten dasteht, daß er aber als *Persönlichkeit* fast noch garnicht in das Bewußtsein der Allgemeinheit übergegangen ist.

Dieser seltsame Umstand ist jedoch zweifellos nicht zuletzt auch auf die Art und Weise zurückzuführen, in der jahrzehntelang über Wagner öffentlich berichtet werden durfte. Wer in- und ausländische Zeitungen der hinter uns liegenden Jahre durchblättert, wird feststellen können, daß es meist nur anekdotenhafte, stets irgendwie *absonderlich* wirkende Züge sind, in denen das Bild seiner Persönlichkeit gezeichnet wurde. Dem aufmerksamen Leser wird es dabei nicht entgehen, daß in dieser Berichterstattung System lag, das darauf abzielte, Wagners menschliches und künstlerisches Wesen zu verzerren, um so *weiteren* Kreisen es unmöglich zu machen, von seiner Erscheinung und seinem Wollen eine klare Vorstellung zu erlangen. Die Hintergründe dieser planmäßigen Zersetzungsarbeit liegen heute offen zutage: der Mann, der es im Zeitalter des Liberalismus wagte, mit seiner Schrift über das »Judentum in der Musik« einer furchtbaren Macht den Fehdehandschuh hinzuwerfen, und diese Macht endlich sogar als den »plastischen Dämon des Verfalles der Menschheit« kennzeichnete, hatte sich für immer die unerbittliche Feindschaft derjenigen zugezogen, die das Instrument zur Formung der öffentlichen Meinung, über das sie fast ausschließlich verfügten (und im Auslande auch heute noch verfügen) — die Presse — rücksichtslos gegen ihn einsetzten. Und man muß es leider zugeben: die Juden verstanden es, *ganze* Arbeit zu machen; denn selbst heute noch wirken bei uns Deutschen viele der Einzelheiten nach, die uns beinahe Tag für Tag über Wagner aufgetischt wurden, und aus denen sich für die Allgemeinheit sein Bild schließlich zusammensetzte.

Es war also ein *übelgemeintes* Wunschbild, das der Öffentlichkeit, mitunter sogar unter dem Deckmantel ernster Forschungsabsichten, hinsichtlich Wagners unentwegt vorgesetzt wurde. Freilich kann nicht verschwiegen werden, daß *diese* Art der Charakterisierung Wagners zum Teil geradezu *herausgefordert* worden ist durch eine *andere* Betrachtungsweise, die versuchte, Wagner zum Gegenstand eines hohlen, durchaus undeutschen »Kultus« zu machen, also *ebenfalls* ein, wenn auch gutgemeintes, so doch falsches Wunschbild zu nähren, ja, dieses selbst dann noch aufrechtzuerhalten, als es durch die Tatsachen längst schon widerlegt war.

Die verantwortungsbewußte Forschung hat *andere* Wege zu gehen, die im Wesentlichen durch drei Faktoren bestimmt werden: durch den tiefen *Ernst*, ohne den der Dienst an einer großen Persönlichkeit oder Sache undenkbar ist; durch die *Ehrfurcht* vor dem Einmaligen einer überragenden Erscheinung und durch das Bestreben, *niemals* bloßen *Meinungen* Raum zu geben, sondern immer *nur* die *Tatsachen* sprechen zu lassen. Als höchstes Ziel aber hat heute auch der *Wagner-Forschung* die stete *Gegenwartsbezogenheit* ihres Wirkens zu gelten.

II. »Deutsche Stelle für Richard-Wagner-Forschung«

In Anbetracht der dargelegten Verhältnisse und im Hinblick auf die gänzlich neue Bewertung, die — dank dem tiefen Verständnis und genialen Weitblick des Führers — der Persönlichkeit und dem Werke Richard Wagners im neuen Deutschland zuteil wird, trägt sich die *Stadt Bayreuth* mit dem Plane, eine *besondere Stelle* zu schaffen, der ausschließlich die *wissenschaftliche Betreuung des von Wagner hinterlassenen kulturellen Vermächtnisses* obliegt. Die Stadt Bayreuth weiß sich dabei von zwei besonderen Umständen geleitet: einmal von der Überlegung, daß sie allein als Sitz einer solchen Stelle in Betracht kommen kann, zum andern aber von der ausschlaggebenden Tatsache, daß ihr durch das großzügige Entgegenkommen von Frau Winifred Wagner die Möglichkeit gegeben ist, das Archiv des Hauses Wahnfried mit seinen unermeßlichen Schätzen in den Dienst ihrer weitreichenden Absichten zu stellen.

Die Wirkungsmöglichkeit der in Aussicht genommenen »*Deutschen Stelle für Richard-Wagner-Forschung*« wird gewährleistet:

a) durch *Personalunion* zwischen dem *Leiter* derselben und dem *Archivar des Hauses Wahnfried*, also dem Verwalter desjenigen Institutes, das über das umfassendste einschlägige wissenschaftliche Material verfügt.

b) durch die Förderung, die ihr von seiten Frau *Winifred Wagners* und der *Stadt Bayreuth* zuteil wird.

c) durch die *Anerkennung* und *Unterstützung* der einschlägigen Stellen von *Partei* und *Staat*, die als vordringlich *anzustreben* sind.

III. Aufgaben der geplanten Forschungsstelle

1) *Herbeiführung* der unbedingten *Eingliederung* Wagners in die *Reihe der großen Deutschen*, die unserem Volke stets beispielhaft und richtunggebend vor Augen stehen sollen, und *Abwehr aller tendenziösen Angriffe* auf seine Persönlichkeit und sein Werk.

2) *Klarstellung* der *rein arischen Abstammung Wagners* unter Zugrundelegung des gesamten, teils bereits bekannten, teils erst noch aufzufindenden urkundlichen Materials.

3) *Unterstützung* der Arbeiten *der in- und ausländischen Wagner-Forschung* und der *Presse* durch Erteilung eingehender, streng zuverlässiger Auskünfte sowie *einheitliche Ausrichtung der Forschung* auf der Grundlage unbedingt sachlicher Darlegung aller Wagners Leben und Werk betreffenden Vorgänge und Verhältnisse.

4) *Vorbereitung und Durchführung* der schon lange fälligen *kritisch-revidierten Gesamtausgabe* von *Wagners Schriften und Dichtungen*, für die sich bereits ein Verleger als Interessent aus eigenem Antrieb gemeldet hat.

5) *Vorbereitung und Abfassung* einer neuen *umfassenden*, das gesamte authentische Quellenmaterial verwertenden *Beschreibung von Wagners Leben*, da C. F. Glasenapps »Leben Richard Wagners« durch die Forschungen der letzten zwei Jahrzehnte völlig überholt ist.

IV. Organisatorisches

Die Erfüllung der oben benannten Aufgaben ist — namentlich im Hinblick auf die kulturelle Entwicklung des neuen Deutschlands — *vordringlich . . .*

Die Stadt Bayreuth ist natürlich nicht in der Lage, die vollen Kosten dieser, dem gesamten Deutschtum dienenden, Forschungsstelle zu tragen. Sie wendet sich daher an die deutsche Reichsregierung mit der Bitte, die Errichtung der geplanten Stelle ideell und — durch Gewährung eines entsprechenden jährlichen Zuschusses — auch materiell zu fördern.

Der *125. Geburtstag Richard Wagners*, den das deutsche Volk am 22. Mai 1938 begeht, wäre der geeignete äußere Anlaß zur Erfüllung einer dem Meister gegenüber bestehenden, noch uneingelösten Dankesschuld.

BAK

3 a *Erlaß über die Errichtung einer Richard-Wagner-Forschungsstätte.*

Am 125. Geburtstag RWs ordne ich an, daß zur Erforschung seines Lebens und seines Werkes eine Richard-Wagner-Forschungsstätte in Bayreuth zu errichten ist. Die Ausführungen dieses Erlasses übertrage ich nach meinen näheren Weisungen dem Reichsminister und Chef der Reichskanzlei.

Bayreuth, den 22. Mai 1938

Der Führer und Reichskanzler Adolf Hitler [mpp.]

Der Reichsminister und Chef der Reichskanzlei Dr. Lammers [mpp.]

3 b *Richtlinien für die Richard-Wagner-Forschungsstätte in Bayreuth.*

1. In Durchführung des Erlasses des Führers vom 22. Mai 1938 wird eine RW-Forschungsstätte in Bayreuth errichtet.

2. Die Leitung der RW-Forschungsstätte übertrage ich dem Stadtbibliothekar der Stadt Bayreuth, Archivar des Hauses Wahnfried Dr. Otto Strobel.

3. Die Aufgabe der RW-Forschungsstätte ist, unter Auswertung des Archivs im Hause Wahnfried sowie der Bücherei, des Archivs und des sonstigen Sammlungsguts der RW-Gedenkstätte in Bayreuth das Leben und das Werk RWs zu erforschen und das Ergebnis der Forschung gegebenenfalls der Öffentlichkeit zugänglich zu machen.

4. Die Unterhaltung der RW-Forschungsstätte wird aus Mitteln bestritten, die vom Führer und der Stadt Bayreuth zur Verfügung gestellt werden.

5. Der Leiter hat das Verfügungsrecht über die Mittel der Forschungsstätte. Er hat am Ende jedes Rechnungsjahres dem Reichsminister und Chef der Reichskanzlei Rechnung zu legen.

Berchtesgaden, den 28. 7. 1938.

Der Reichsminister und Chef der Reichskanzlei: Dr. Lammers

BAK

4 Der Reichsführer-SS

Persönlicher Stab

SS-Obersturmbannführer R. Brandt

31. 8. 1943

Herrn Reichskabinettsrat Dr. Ficker

Frau Winifred *Wagner* hat sich vor längerer Zeit mit der Frage an den Reichsführer-SS gewandt, ob er sich nicht dafür verwenden könne, daß ein Druckverbot für alle die Veröffentlichungen über RW herausgegeben wird, die nicht in Zusammenarbeit mit der Forschungsstätte zustandegekommen sind. Frau Wagner meint, es komme immer wieder vor, daß Arbeiten veröffentlicht würden, die ohne Einsichtnahme in das Wahnfried-Archiv unvollständig bleiben müßten und dadurch viel an Wert einbüßten.

Da die RW-Forschungsstätte Herrn Reichsminister Dr. *Lammers* unmittelbar untersteht, gebe ich diese Frage von Frau Wagner an Sie weiter.
Sollte der Reichsführer-SS hier helfen können, ist er selbstverständlich gern dazu bereit . . .

BAK

5 Der Reichsminister der Justiz Dr. O. G. Thierack   13. 10. 1943
  an den Reichsminister und Chef der Reichskanzlei Herrn Dr. H. H. Lammers

Ihr Schreiben . . . habe ich nur unter dem Gesichtspunkt geprüft, ob *rechtliche* Bedenken gegen den Erlaß eines Druckverbots für alle nicht in Zusammenarbeit mit der RW-Forschungsstätte in Bayreuth zustandegekommenen Veröffentlichungen über RW vorliegen. Vom Standpunkt meines Geschäftsbereichs bestehen solche Bedenken gegen die Anregung nicht, insbesondere auch im Hinblick auf Art. 17 der Berner Übereinkunft zum Schutz von Werken der Literatur und Kunst . . . nicht insoweit, als sich ihre Durchführung gegen ausländische Autoren auswirken würde. Zur Erreichung des erstrebten Zwecks dürfte es allerdings erforderlich sein, gegebenenfalls außer dem Druckverbot auch ein Verbot der gewerbsmäßigen Verbreitung der Schriften zu erlassen, da sonst die Möglichkeit bestünde, im Ausland gedruckte Werke durch den inländischen Buchhandel zu vertreiben.
Ob die Anregung, deren Verwirklichung . . . dem Leiter der RW-Forschungsstätte eine Schlüsselstellung hinsichtlich des gesamten Wagnerschrifttums verschaffen würde und gleichartige Wünsche bezüglich anderer großer Deutscher auslösen könnte, sonst unbedenklich ist, dürfte von dem Herrn Reichsminister für Volksaufklärung und Propaganda und dem Herrn Reichsminister für Wissenschaft, Erziehung und Volksbildung zu prüfen sein . . .

BAK

6 Der Reichsminister für Volksaufklärung und Propaganda Dr. J. Goebbels
                                    19. 11. 1943
  an Reichsminister Lammers
  Betr. Veröffentlichungen über RW

Im Rahmen der Reichskulturkammer-Gesetzgebung besteht ohne Weiteres die Möglichkeit, eine Zensur für Veröffentlichungen über RW einzuführen. Ich habe bisher davon abgesehen, die Zensur für außenpolitisches, naturwissenschaftliches und Wehrmachts-Schrifttum, die praktisch durch die Abteilung Schrifttum meines Ministeriums durchgeführt wird, rechtlich festzulegen, um unsere Gegner nicht auf sie aufmerksam zu machen. Außerdem bin ich entschlossen, diese Beschränkung des deutschen Geisteslebens nach dem Kriege so bald wie möglich aufzuheben. Jede Zensur durch Beamte gefährdet die freie Entwicklung des kulturellen Lebens. Sie widerspricht auch dem Gedanken der Reichskulturkammer, die die Kulturschaffenden führen, aber nicht ihre Werke kleinlich kontrollieren will. Für völlig ausgeschlossen halte ich es, das Schrifttum über einen großen Deutschen unter die Aufsicht eines Archivars zu stellen. Mit demselben Recht könnte die Goethe-Gesellschaft für Goethe das Gleiche in Anspruch nehmen. Wir würden damit die Arbeiten eines der wichtigsten Schriftumsgebiete auf das Niveau von Archivräten herabdrücken. Ich bitte deshalb, den an Sie herangetragenen Wunsch abzulehnen. Im übrigen werde ich den interessierten Schriftstellern eine Zusammenarbeit mit der RW-Forschungsstätte empfehlen . . .

BAK

7 Der Reichsminister für Wissenschaft, Erziehung und Volksbildung Dr. B. Rust

18. 3. 1944

an Reichsminister Lammers

Betr. Veröffentlichungen über RW

Der Gedanke, ein ausgedehntes Forschungs- und Publikationsgebiet, wie es das Schrifttum über RW und Bayreuth darstellt, unter die Kontrolle einer einzigen Zentralstelle zu bringen und dieser somit ein beherrschendes Monopol auf diesem Gebiet einzuräumen, erscheint mir sehr bedenklich. Die RW-Forschungsstätte in Bayreuth ist zu dem Zwecke errichtet worden, die bisher noch unausgewerteten Schätze des Wahnfried-Archivs zu erschließen und damit, sowie durch beispielgebende Forschungsarbeiten und Veröffentlichungen die gesamte RW-Forschung auf sichere dokumentarische Grundlagen zu stellen. Mit dieser Aufgabe ist der Forschungsstätte ein Wirkungsbereich zugewiesen, das in seiner Bedeutung schwerlich überschätzt werden kann. Ihr darüber hinaus aber den Charakter einer Zensurbehörde verleihen zu wollen oder ihr das Recht zuzusprechen, Richtung und Umfang aller Veröffentlichungen über RW von sich aus zentral zu bestimmen, würde zur Abdrosselung jeder freien Initiative auf dem Gebiet führen müssen. Die Gefahr einer uferlosen Produktion im Wagner-Schrifttum ist gegenwärtig ohnehin durch die Lage im Verlagswesen weitgehend ausgeschaltet und die Notwendigkeit einer Zensur kann nicht anerkannt werden angesichts der Tatsache, daß sich in der Vergangenheit Werk und Gedankenwelt RWs gegen eine häufig feindselig eingestellte Umwelt und Literatur siegreich behauptet haben. Die Verwirklichung des Gedankens würde ganz im Gegenteil Anlaß zu schwerwiegenden Mißdeutungen in der Öffentlichkeit geben. Ich bin deshalb der Ansicht, daß ihr mit allen Mitteln entgegengetreten werden muß . . .

BAK

8 Der Reichsführer-SS

Persönlicher Stab

SS-Standartenführer R. Brandt

24. 4. 1944

An SS-Brigadeführer Ministerialdirektor Dr. Meerwald

Ich habe dem Reichsführer-SS sowohl von Ihrer Mitteilung vom 13. 4. 1944 als auch von dem Inhalt der Schreiben des Reichsjustizministers, des Reichspropagandaministers und des Reichserziehungsministers Kenntnis gegeben. Der Reichsführer-SS schließt sich zwar auch dieser Auffassung an, empfiehlt aber doch einen Vortrag beim Führer, um dessen Entscheidung einzuholen . . .

BAK

9 Reichsminister Lammers, Aktennotiz, 29. 4. 1944.

. . . Danach ist der von Frau Winifred Wagner an den Reichsführer-SS herangetragene Gedanke der Schaffung einer Zensurstelle für Wagner-Veröffentlichungen bei der RW-Forschungsstätte abzulehnen.

Der Reichsführer-SS schließt sich dieser Auffassung zwar an, er empfiehlt aber trotzdem einen Vortrag beim Führer, um dessen Entscheidung einzuholen.

Ein Grund dafür, weshalb der Führer mit der Sache erst noch befaßt werden soll, ist nicht recht ersichtlich, es sei denn, der Reichsführer-SS befürchtet, bei irgendeiner Gelegenheit könnte Frau Wagner unmittelbar an den Führer herantreten und dessen Zustimmung erwirken . . .

BAK

1 Wieland Wagner. Plan zur Gründung eines ausländischen Festspielunternehmens. (vermutl.) 1946.

Die Familie Wagner ist sich darüber einig, ein neues Familienunternehmen zu gründen, um im Ausland RW-Festspiele durchführen zu können. Es soll angestrebt werden, die Veranstaltungen von Festspielen auf der Grundlage eines eigenen Finanz- und Wirtschaftswesens, ähnlich wie in Bayreuth aufzubauen. Gegebenenfalls ist eine Beteiligung an dieser Wirtschaftsgrundlage zu sichern.
Für den Fall, daß die Familie oder Familienmitglieder den Betrieb des Festspielhauses in Bayreuth wieder übernehmen können, wird das neue Auslandsunternehmen im Einklang mit den Bayreuther Interessen durchgeführt . . .
Unabhängig von der Aufgabenverteilung sind die einzelnen Familienmitglieder zu gleichen Anteilen an der Neugründung zu beteiligen.

(Archiv der Festspielleitung)

2 a Wolfgang Wagner an Wieland Wagner, 27. 8. 1946.

Bilanz: Pro Vorstellung wurde immer mit der Einnahme von 40 000,- Mark gerechnet, daraus ergibt sich eine Einnahme bei 22 [Vorstellungen] von 880 000,- M. An sonstigen Nebeneinnahmen (Rundfunkübertragungen ca. 50 000,-; Garderobengelder, Restaurationspacht, Photoatelierpacht, Postkartenumsatz, Programmverkauf, Anteile an Niehrenheims Führer, Besichtigungsgelder u. a. 50 000,-) ergaben sich auch noch einige M., so daß man je nach Aufführungszahl mit einem Gesamtumsatz von 900 000,- bis 1 Million rechnen konnte; der Zuschuß für Neuinszenierungen ergab sich nach Überrechnung pro Werk auf 55 000,- M.! Die Ausgaben verschieben sich in den einzelnen Festspieljahren ziemlich unterschiedlich . . ., daß eigentlich eine Aufstellung mehrerer Jahre notwendig wäre, um ein genaues Bild erkennen zu lassen . . .
Nach seiner Rundfunkrede am Sonntag vor 8 Tagen hielt der Oberbürgermeister [O. Meyer] eine Gedenkrede bei einem Konzert zur 70 jährigen Eröffnung der Festspiele . . . Er behauptete, die letzten 20 Jahre der Bayreuther Geschichte gehören ausgestrichen und ausgelöscht und die Familie hätte ihre Aufgabe dahin mißbraucht und das Haus entweiht, da sie ausschließlich auf materielle Vorteile die Sache betrieben hätte . . . Butterfly und Tiefland usw. werden damit gerechtfertigt, daß das Geld für die Unterhaltung des Hauses verwendet und gebraucht würde und lauter so schöne leicht widerlegbare Ammenmärchen . . .
. . . und es ließe sich nicht für später verantworten, wenn man alles ruhig über sich ergehen hätte lassen. Mama und der andere Teil der Familie bleibt natürlich dabei völlig außerhalb jeder Erörterung — und so kann kein Schaden für das Kommende entstehen . . .

2 b Wolfgang Wagner an Wieland Wagner, 5. 4. 1947.

. . . Auf jeden Fall ist mir . . . sehr klar geworden, daß unsere Familie von sich aus nicht mehr in der Lage ist, die Festspiele durchzuführen . . . Am Sonntag war der

3

Gouverneur von Bayern kurz in Bayreuth. Er war auch kurz bei mir . . . Nach seiner Aussage sei eine Hilfe für die Festspiele in Vorbereitung — wie sie gedacht ist, konnte ich nicht in Erfahrung bringen. Mir persönlich ist das jetzt auch völlig gleichgültig, in welches Verhältnis unsere Familie dann zu dem Haus da oben dadurch etwa zu stehen kommt, da ich, wie ja schon oben erwähnt, unsere Familie für diese Aufgabe unfähig halte . . .

RWA

3 Wolfgang Wagner, Bericht über die Ereignisse vor, während und nach dem 22. 5. 1948.

. . . 9. 5. Richter [Edgar R., Treuhänder des Wahnfried-Vermögens] berichtet mir von seiner Besprechung mit dem Oberbürgermeister, der . . . seinen bisherigen Standpunkt weiter vertrat: Kaputte Theater, daher Verpflichtung, das Haus auch anderen Zwecken zugänglich zu machen usw . . .

22. 5. . . . Dr. H[undhammer] sei von Dr. S[attler] nicht ausgiebig genug ins Bild gesetzt worden, doch hoffte er, das Versäumte nachgeholt zu haben . . . Dr. H[undhammer] frägt mich, warum wir bei ihm in München noch nicht gewesen seien. Ich sagte ihm, daß wir schon bei Dr. S[attler] in Festspieldingen vorstellig gewesen seien. Er forderte mich mehrfach auf, in München bei ihm vorzusprechen, wir könnten jederzeit zu ihm kommen . . .

23. 5. Oberbürgermeister Dr. Meyer erklärt in einer Rede bei der Veranstaltung »Jugend bekennt sich zur Neuen Musik« im Festspielhaus, daß er entgegen der Meinung des Ministers dafür sei, daß das Haus auch den Modernen zugänglich gemacht werden müßte.

Die versammelten 400 Neutöner wollen eine Protestadresse an Dr. Hundhammer absenden, was dann aber doch unterbleibt.

RWA

1 Franz Wilhelm Beidler, Bedenken gegen Bayreuth, 1951.

Was 1945 schlechterdings unvorstellbar war, ist zur Tatsache geworden: nur sechs
Jahre nach einem materiellen und mehr noch moralischen Zusammenbruch ohnegleichen . . . können die Festspiele in Bayreuth wieder aufgenommen werden, gleich
als sei nichts geschehen, können sie einfach fortgesetzt werden ohne das geringste
äußere Anzeichen eines Systemwechsels, einer Kursänderung, eines Gesinnungs-
wandels, sondern im Gegenteil mit stolz betonter Kontinuität und obendrein mit
festlichem Prunk, ja mit Pomp und Luxus, als gesellschaftliches Ereignis erster Ordnung. Man wird gut tun, diese erstaunliche Tatsache, in der sich ein hohes Maß
geglückter Spekulation auf die Vergeßlichkeit der Menschen unserer Zeit manifestiert, nicht gedankenlos hinzunehmen.

Mögen die Söhne von Winifred Wagner politisch noch so »unbelastet« sein, wie
man es attestierte, als man ihnen vor zwei Jahren das Festspielhaus zu eigen gab —
belastet ist, was sich in 75 Jahren zu dem Begriff Bayreuth verfestigt hat, mit dem
Schwergewicht einer bedenklichen Tradition. Sie ist geeignet, der legitimen Genugtuung über die augenscheinliche Lebenstüchtigkeit eines kulturellen Werkes, dessen
Ursprung immerhin auf RW zurückreicht, und über seine Anpassungsfähigkeit
an der Zeiten Wandel einiges Unbehagen beizumischen; denn es ist keineswegs nur
eine formal künstlerische, sondern eine ideologische Tradition, weil Bayreuth
immer weit weniger eine Stätte reiner Kunstübung ohne außerkünstlerische Zu-
rücksetzungen als eine Kultstätte mit weltanschaulicher Mission gewesen ist . . .
In gewissen Kreisen gehört es heute zur fable convenue zu behaupten, das Bayreuther Werk sei erst 1933 durch Hitlers Machtantritt politisiert und damit »entweiht« worden. Das ist grundfalsch. Muß man . . . noch ausdrücklich daran erinnern, wie sich 1924 bei der damaligen Wiedereröffnung der Festspiele die ganze
Fronde des gestürzten Kaiserreichs mit Ludendorf an der Spitze demonstrativ
gegen die »Judenrepublik« zusammenfand? Wie der Rechtsradikalismus dort
derart überbordete, daß sich SW, freilich aus vorwiegend opportunistischen Erwägungen, gezwungen sah, die Mahnung an die Türen anschlagen zu lassen: Hier
gilt's der Kunst?

Ausgestattet mit der suggestiven Ausdruckskraft Wagners waren die Festspiele in
Bayreuth mit ihrem obligaten Zubehör an Weltanschauung immer ein Politikum
hohen Grades. 1933 ist lediglich die Drachensaat aufgegangen, die vorher während
Jahrzehnten vornehmlich von dort ausgesät worden war. Wenn im Nationalsozialismus überhaupt eine Ideologie, eine Gesinnung enthalten ist, so ist es zu einem er-
schreckend großen Teil Bayreuther Gesinnung . . .

(aus: Das literarische Deutschland. Zeitung der deutschen Akademie für Sprache
und Dichtung, 2. Jg. Nr. 16, Heidelberg, 20. 8. 1951.)

2 a Oberbürgermeister Oskar Meyer an Franz Wilhelm Beidler, 28. 8. 1946.

Sie werden aus den Zeitungen sicher entnommen haben, daß die Stadt Bayreuth
sich ihrer verpflichtenden Aufgabe bewußt ist, das Richard-Wagner-Festspielhaus
zu erhalten und so Idee und Werk des Meisters in eine Zeit hinüber zu retten, die,

wirtschaftlich gesehen, hoffentlich besser als die jetzige ist und damit auch gestatten wird, die Festspiele wieder der musikalischen Welt im alten Stile und traditionsgemäß zu geben.

Es ist selbstverständlich, daß in den Trümmern der deutschen Gaue und angesichts der schweren Zerstörungen in der Festspielstadt selbst an eine alsbaldige Verwirklichung der Festspielaufführungen in Bayreuth nicht gedacht werden kann, aber wir müssen trotzdem die Zeit nützen, und der Welt zeigen, daß Bayreuth lebt und für seine Tradition wirbt.

Ich möchte Ihnen zunächst einmal die Situation in Bayreuth schildern: Nach dem amerikanischen Gesetz Nr. 52 ist das Vermögen aller Personen, die den Nationalsozialismus in besonderem Maße gefördert oder unterstützt haben, beschlagnahmt. Infolgedessen wurde für das Vermögen von Frau Winifred Wagner, die nach dem Testament Siegfried Wagners Vorerbin (die anderen Kinder sind Nacherben) ist, ein Treuhänder aufgestellt und die Funktion desselben der Treuhandstelle der Stadt Bayreuth übertragen. Der Treuhänder ist verpflichtet, das vorhandene Vermögen zu erhalten und auch dafür zu sorgen, daß die für den Unterhalt der zu verwaltenden Güter notwendigen Geldmittel durch Verwendung derselben zu Gewinn tragenden Veranstaltungen aufgebracht werden, nachdem eine Inanspruchnahme des blockierten Geldvermögens z. Zt. noch nicht möglich ist. Das unbeschädigt gebliebene Festspielhaus wurde anfänglich von der Besatzung ausschließlich zur Veranstaltung von Shows aller Art benutzt, man hat den Orchesterraum überdeckt, eine Vorbühne geschaffen und eine gut funktionierende Warmluftheizung eingebaut. Uns hat man den Vorschlag gemacht, um eine Rentabilität des Hauses zu erzielen, ein Kino einzurichten, Varietèvorstellungen zu veranstalten etc. Ich habe aber meine Gedanken über die Tradition des Hauses schließlich und endlich doch durchsetzen können und von den amerikanischen Behörden die Zustimmung dazu erhalten, daß im Festspielhaus für deutsche Besucher nur erstklassige Symphonie- und Solistenkonzerte, sowie bis zur Freigabe des ebenfalls unbeschädigt gebliebenen markgräflichen Opernhauses als Stadttheater, gelegentlich erstklassige Opernaufführungen, vorerst aber keine Wagnerfestspiele stattfinden dürfen. Bisher haben nur Symphoniekonzerte und kürzlich ein einmaliges erstklassiges Gastspiel der Frankfurter Oper mit Alberts »Tiefland« stattgefunden, dem sich »Fidelio« und auf amerikanischen Wunsch »Butterfly« anschlossen.

Nur auf diese Weise war es möglich, die allernotwendigsten Betriebsmittel sicherzustellen und die Gebäude, so gut es bei der in Deutschland außerordentlich ungünstigen Versorgungslage mit Baustoffen aller Art überhaupt möglich ist, zu erhalten.

Sie werden ja wissen, daß unser liebes Bayreuth in den letzten Tagen des Krieges durch 4 schwere Luftangriffe am 5., 8. und 11. April 36,8 % seines Wohnraumes verloren hat und daß heute in der zu mehr als $\frac{1}{3}$ insbesondere im Bahnhofsviertel zerstörten Stadt fast 60 000 Menschen wohnen. Es besteht deshalb zunächst keine Unterbringungsmöglichkeit größeren Stils für auswärtige Besucher und damit ist auch vorerst die Notwendigkeit zwingend vorgeschrieben, die Frage der Wiederveranstaltung von Festspielen bis auf weiteres zurückzustellen. Das darf aber nicht heißen, daß wir nun tatenlos auf bessere Zeiten warten wollen, im Gegenteil, wir müssen der Welt zeigen, daß Bayreuth trotz allem lebt und daß der alte Bayreuther

Geist lebendig geblieben ist. Zur Wiederingangsetzung der Festspiele brauchen wir Geld. Ob hiezu das blockierte Wagner'sche Hausvermögen und die ebenfalls beschlagnahmten verschiedenen Wagnerstiftungen und -Fonds freigegeben werden, ist noch ungewiß. Darauf kann aber auch gar nicht gewartet werden. Wir müssen deshalb den Weg gehen, den der Meister selbst gegangen ist und die vielen Tausende, durch seine Kunst in der Welt Vereinten auffordern, uns durch Spenden die Möglichkeit zu bieten, daß der Gral wieder auf dem grünen Hügel droben leuchtet. Das Festspielwerk ist deshalb zunächst verwaltungsmäßig auf eine neue Grundlage zu stellen. Hiezu scheint mir neben der starken Hand, die die Leitung des Ganzen zu besorgen hat, ein Kuratorium von bewährten Mitarbeitern aus der Zeit Ihres Herrn Vaters erforderlich. Dr. Karl Siegmund Benedikt in München, der langjährige Betreuer des Richard-Wagner-Frauenverbandes und des Richard-Wagner-Stipendienfonds, Professor Dr. Engel, der bedeutende Musikprofessor der Universität Königsberg, der mich erst kürzlich auf Sie aufmerksam gemacht hat, Professor Dr. Weiß, Charlottenburg, der bekannte Berliner wissenschaftliche Wagnerforscher und andere haben sich mir zur Mitarbeit zur Verfügung gestellt. Ich bin aber der Meinung, daß ein solches Kuratorium einer sicheren Basis entbehren würde, wenn darin nicht die berechtigten unbelasteten Nachfahren des Meisters maßgeblich vertreten wären. Ich habe mich deshalb an Friedelind Wagner in Amerika um Mitarbeit gewandt und tue heute dieselbe Bitte bei Ihnen. Es ist der Wunsch der Stadt Bayreuth, daß Sie beide das künstlerische Erbe Ihres Großvaters antreten und fortführen.

Ich kann mir wohl denken, daß Sie Ihren Wohnsitz und insbesonders auch Ihre Tätigkeit in der freien Schweiz nicht gerne aufgeben werden, aber das müßte m. E. auch gar nicht der Fall sein, Sie könnten ja von Zürich aus der großen Sache durch zeitweiligen Besuch in Bayreuth dienen; viele Bayreuther und auswärtige Wagnerfreunde sind der Meinung, daß Sie mit zur Verwaltung und zur Lenkung des Ausbaues des Bayreuther Vermächtnisses berufen sind und daß bei Ihrer Einstellung zum Nationalsozialismus die sicherste Gewähr dafür gegeben ist, daß die für die Sache Wagner besonders verhängnisvolle geistige und künstlerische Entfremdung und Entgleisung, die die Bayreuther Tradition unter Winifred Wagners Leitung erlitten hat, eine hinter uns liegende Episode bleiben wird.

Geben Sie mir bitte recht bald Antwort, ich möchte keine Entscheidungen betr. Kuratorium treffen, bevor ich Ihre Ansicht und Ihre Absichten kenne; aber es wird allmählich Zeit, zur Tat zu schreiten.

(Privatbesitz Dr. F. W. Beidler, Zürich)

2 b Franz Wilhelm Beidler an Oberbürgermeister Oskar Meyer, 21. 9. 1946.

. . . bewegt, ja erschüttert und nicht ohne Rührung habe ich Ihren inhaltsschweren Brief vom 28. August a. c., der vor drei Tagen eintraf, gelesen und darf Ihnen sowohl für Ihren überaus anschaulichen Bericht als auch für das Vertrauen danken, das Sie mir entgegenbringen. Neu war mir vor allem, daß die Stadt Bayreuth die Funktionen eines Treuhänders über das Vermächtnis von Richard Wagner auf sich genommen hat. Ich begrüße diese Lösung mit umso größerer Genugtuung, als Ihre Ausführungen mit aller Klarheit erkennen lassen, daß die Repräsentanten der Stadt von einem Verantwortungsbewußtsein durchdrungen sind, das keineswegs als selbstverständlich vorausgesetzt werden kann; denn ich gebe mir voll und ganz Rechenschaft darüber, was es bedeutet, inmitten eines Trümmerfeldes, unter Bedingungen, bei denen die primitivsten Voraussetzungen das Daseins und des Zusammenlebens im kommunalen Verband Schritt für Schritt erst neu errungen werden müssen, sich an ideell-kulturelle Aufgaben heranzuwagen, die im Verhältnis dazu doch fernab zu liegen scheinen — und das überdies mit einem Optimismus, der bei Berücksichtigung aller Umstände zunächst geradezu unbegreiflich anmutet.

Wenn man bedenkt, daß es erst zu einer Katastrophe von solchen Ausmaßen kommen mußte, bis ein neues Beginnen in Bayreuth in den Bereich der Möglichkeit gerückt ist, so kann man sich eines Gefühls tiefster Bitterkeit nicht erwehren. Ja, ich darf weder Ihnen noch mir selbst verhehlen, daß die Vorzeichen für ein neues Beginnen mindestens zur Stunde nicht eben günstig und hoffnungsvoll erscheinen. Zuviel ist in all den Jahren geschehen, das weder auszulöschen noch je wieder gutzumachen ist. Zudem wird es sich um ein *ganz* neues Beginnen handeln müssen; denn auch der Begriff der »Tradition«, den Sie betonen, ist nicht eindeutig und klar und wird von gar manchen Wandlungen und Entstellungen gereinigt werden müssen, die seit Wagners Tod mehr und mehr Gestalt annahmen und in gerader Linie zu Hitler führten, wie denn ja wohl überhaupt geistig ein Wiederanknüpfen an die Zeit vor Bismark und damit an die ursprüngliche, nicht korrumpierte Wagner-Tration unerläßlich sein dürfte. Ob dies gelingt und sich fruchtbar erweist, kann erst die Zukunft lehren.

Dennoch haben Sie recht: der Versuch muß unternommen werden. Und mir stände es ganz besonders übel an, auf Ihren von Entschlossenheit, Tatkraft und Umsicht getragenen Appell mit kühler Skepsis zu antworten. So darf ich nicht zögern, Ihnen meine volle Bereitschaft zur Mithilfe zu versichern. Was ich an Sach- und Personenkenntnis und an internationalen Verbindungen beizusteuern habe, steht denn also zu Ihrer Verfügung.

Nebenbei: hätte ich früher gewußt, zu was für Schaustellungen — die an ihrem Ort sicher ihre Berechtigung haben — das Festspielhaus herangezogen wurde, es hätte wohl nur eines Wortes an befreundete Publizisten in den Vereinigten Staaten bedurft, um diesen Unfug abzustellen. Man darf Ihnen indessen dazu gratulieren, daß es Ihnen aus eigener Kraft gelungen ist, wenngleich Tiefland und Madame Butterfly wohl auch noch nicht ganz in das Bild hineinpassen, das Ihnen und mir von einer künstlerischen Zukunft Bayreuths vorschwebt.

Erlauben Sie mir nun bitte, Sie meinerseits zu orientieren und zugleich um Ihren Beistand zu bitten. Ich arbeite an einer Biographie meiner Großmutter Cosima Wagner und habe über das Buch, das insofern über den Rahmen einer bloßen Lebensbeschreibung ziemlich weit hinausgreift, als seine eigentliche Absicht eine geistig-gesellschaftliche Analyse der »Welt von Bayreuth« ist, schon vor dem Krieg einen Verlagsvertrag mit einem großen Verlagshaus in den Vereinigten Staaten abgeschlossen. Gegenwärtig bin ich von meiner hauptamtlichen Tätigkeit (ich bin Sekretär des Schweizerischen Schriftsteller-Vereins) partiell beurlaubt, um die Vollendung dieser sehr großen Arbeit zu beschleunigen. An vielen Stellen des Buches wird das Vorhandensein unveröffentlichter Dokumente mit mehr oder minder großer Bestimmtheit vermutet. Als Todfeind des Hitlerregimes bekannt, hatte ich, obwohl Ausländer, seit 1933 weder die Möglichkeit noch den Wunsch, Deutschland zu betreten. Diese Entschuldigung ist nun fortgefallen, und die allfälligen Leser des Buches sind berechtigt, Tatsachen, nicht nur Vermutungen zu verlangen.

Die wichtigsten der in Betracht kommenden Dokumente müssen sich im Archiv des Hauses Wahnfried befinden. Von der Bayerischen Staatskanzlei dahin unterrichtet, daß das Archiv wie alles übrige vom U.S. Military Government beschlagnahmt sei, habe ich daher schon vor Monaten auf dem diplomatischen Weg über Bern das Gesuch um eine unbeschränkte Vollmacht zur Durchsicht und Benützung sämtlicher Bestände des Archivs an die Militärregierung gerichtet. Daraufhin habe ich zwar verhältnismäßig rasch die Bewilligung zur Einreise und zum Aufenthalt in Bayern erhalten, die erbetene Vollmacht jedoch noch nicht, weil offenbar die Zuständigkeitsfrage nicht abgeklärt war. Ihr Schreiben belehrt mich nun, daß dies inzwischen erfolgt ist, und ich darf annehmen, daß die Stadt Bayreuth als Treuhänderin mit den entsprechenden Kompetenzen ausgestattet ist.

So erlaube ich mir denn, das formelle Gesuch an Sie, sehr geehrter Herr Oberbürgermeister, zu richten, die Stadt Bayreuth möge mir im Hinblick auf meine erwähnte wissenschaftliche Arbeit die im Vorstehenden umschriebene Vollmacht erteilen. Sobald ich einen positiven Bescheid von Ihnen erhalte, werde ich nicht zögern, nach Bayreuth — meiner Geburtsstadt, der ich trotz allem ein gutes Maß von Anhänglichkeit bewahre — zu kommen, und dann ergäbe sich die sehr erwünschte Gelegenheit, alle Fragen der Zukunftsgestaltung mit Ihnen zu besprechen.

Empfangen Sie in dieser freundlichen Erwartung, sehr geehrter Herr Oberbürgermeister, die Versicherung meiner ganz vorzüglichen Hochschätzung.

(Kopie; Privatbesitz Dr. F. W. Beidler, Zürich)

2 c Franz Wilhelm Beidler, Richtlinien für eine Neugestaltung der Bayreuther Festspiele. I. Entwurf, 31. 12. 1946.

1.) Die zum Erbe von Richard bzw. CW gehörigen Mobilien und Immobilien sind, soweit sie Voraussetzungen oder wesentliche Bestandteile des Festspielunternehmens bilden, in das Eigentum einer ... autonomen Stiftung mit dem Namen »RW Festspielstiftung« mit dem Sitz in Bayreuth zu überführen. Die *bisherigen Besitzer sind zu enteignen*, soweit ihnen überhaupt privatrechtliche Ansprüche an jenen Gegenständen und Liegenschaften zustehen, die als zum Festspielbetrieb gehörig zu betrachten sind und folglich ein schutzwürdiges öffentliches Interesse darstellen. Ob diese allenfalls erforderliche Enteignung mit oder ohne Entschädigung zu erfolgen hat, ist noch zu prüfen. Gegen eine Entschädigungspflicht sprechen folgende Erwägungen:

a) CW und ihre Bevollmächtigten, insbesondere der Geh. Kommerzienrat Adolf von Gross, haben ständig öffentlich erklärt, daß die Familie Wagner aus dem Betrieb des Festspielunternehmens keinerlei private Einkünfte beziehe.

b) SW hat 1914 öffentlich erklärt, Festspielhaus und Wahnfried seien von seiner Mutter und ihm selbst als Stiftung für das deutsche Volk bestimmt, eine entsprechende Stiftungsurkunde sei bereits in Vorbereitung. — Das Privatvermögen der Familie Wagner wird durch diese Neuregelung ... nicht berührt ...

3.) Vollzugsorgan der Stiftung ist ein Stiftungsrat ... Präsident des Stiftungsrates ist der Oberbürgermeister der Stadt Bayreuth. Außer diesem haben Sitz und Stimme ... je ein Vertreter der Amerikanischen Militärregierung, des Freistaates Bayern sowie der Schweizerischen Eidgenossenschaft ... Ein Sitz bleibt dem Vertreter eines künftigen deutschen Bundesstaates vorbehalten. Den Stiftungsrat bilden im übrigen sach- und kunstverständige Persönlichkeiten ... ohne Rücksicht auf ihre Nationalität, die mit den Grundgedanken der Werke von RW und namentlich mit den kunstpädagogischen und sozialen Absichten des Schöpfers der Festspiele vertraut sind. Reproduktive Künstler können dem Stiftungsrat nicht angehören.

4.) Der Stiftungsrat trifft alle Maßnahmen, welche die Erhaltung, Neubelebung und den Ausbau der Festspielstätte Bayreuth erfordern. Er ... stellt nach besonderen Richtlinien jeweils ihr Programm auf und erteilt an führende ausübende Künstler ... Aufträge zur selbständigen Durchführung der zu lösenden künstlerischen Einzelaufgaben ...

5.) Zur Gewinnung einer zeitgemäßen gesellschaftlichen Grundlage für die Festspiele und zur Beschaffung der bedeutenden Mittel ... wird das traditionelle Patronatssystem Wagners in der Weise erneuert, daß vornehmlich die für Kunst und Kultur verantwortlichen Stellen und die organisatorischen Träger des Kulturlebens und der künstlerischen Volksbildung im internationalen Maßstab zur Übernahme des Patronats unter noch festzusetzenden Bedingungen eingeladen werden. Den patronisierenden Stellen und Organisationen ist ein Mitspracherecht und eine angemessene Vertretung im Stiftungsrat einzuräumen.

6.) Der geistigen Vorbereitung und Sinngebung der Festspiele ist besondere Aufmerksamkeit zuzuwenden. Dabei ist insbesondere an eine Erneuerung der »Bayreuther Blätter« im wahrhaften Geiste Wagners und an ihren Ausbau zu einem maßgebenden Organ für die internationale Volksbildung auf künstlerischem Gebiet zu denken.

RWG

3 Franz Wilhelm Beidler, Vorschläge für die Zusammensetzung des Stiftungsrates der »RW Festspiel-Stiftung«, 3. 1. 1947.

1. *Präsidium und Sekretariat*
   Ehrenpräsident: Thomas Mann
   Präsident: Der Oberbürgermeister der Stadt Bayreuth
   Vizepräsident: vom Stiftungsrat zu wählen
   1. Sekretär: Franz W. Beidler
   2. Sekretär: Anneliese Landau
2. *Offizielle Vertreter*
   1 Vertreter der UNESCO
   1 Vertreter der Militärregierung in Bayern

1 Vertreter der Bayerischen Staatsregierung
1 Vertreter eines künftigen deutschen Bundesstaates
1 Vertreter der Schweizerischen Eidgenossenschaft

3. *Experten*

   a) Wagnerforschung, Musikwissenschaft, Dramaturgie, künstlerische
      Volksbildung
      Ernest Newman
      Herbert F. Peyser
      Leo Kestenberg
      Alfred Einstein
      Hans Mersmann
      Fritz Gysi
      Jean Cantavoine
      Maxima Leroy
      Hans Engel

   b) Zeitgenössisches Musikschaffen
      Arnold Schönberg
      Paul Hindemith
      Arthur Honegger
      Frank Martin
      Heinz Tiessen
      Karl Amadeus Hartmann

   c) Bildende Kunst
      zwei bis drei noch zu bestimmende Repräsentanten

   d) Vertreter des alten Bayreuther Freundeskreises
      Carl Sigmund Benedict
      Erika Ritter

   e) Presse-, Verwaltungs- und Verkehrsfragen
      Julius Steeger
      Konrad Pöhner
      ein Verkehrsexperte.

RWG

4 Franz Wilhelm Beidler an Oberbürgermeister Oskar Meyer, 3. 1. 1947.

... Zum Vorschlag von Thomas Mann als Ehrenpräsident wäre zu sagen, daß
ich ihn aus vielen Gründen für unerläßlich halte. Einmal ist er heute der in der
ganzen Welt führende Repräsentant jenes »anderen Deutschland«, das wir alle
trotz der schmerzlichen gegenteiligen Erfahrungen für das wahre halten ... Mit
Thomas Mann nominell an der Spitze des Stiftungsrates wird der Welt kundgetan,
daß Bayreuth mit seiner üblen Vergangenheit entschlossen und drastisch bricht und
an die wirkliche Wagnertradition anzuknüpfen willens ist ... Er muß heute mit
Fug und mit Recht als der erste und tiefste aller Wagnerianer im positiven Sinne
dieses Begriffes bezeichnet werden ...

Den zweiten Haupteinwand habe ich bereits vorweggenommen, er betrifft das zu hohe Durchschnittsalter der Stiftungsmitglieder. Ich kann nur antworten ... daß gerade das Haus Wahnfried es versäumt hat, rechtzeitig dafür zu sorgen, daß ein geistig und moralisch ernst zu nehmender, geschulter Nachwuchs herangezogen wird. Es ist kein Zweifel, daß alle Persönlichkeiten, die heute für die Sache von Wagner und Bayreuth in der Welt maßgebend sind, sich teils ohne Beziehung zum Hause Wahnfried, teils im offenen Gegensatz zu diesem herangebildet haben ...

... Es wird also sehr auf die Bestellung eines arbeitsfähigen und technisch kompetenten Vollzugsausschuß aus der Mitte des Stiftungsrates ankommen, und dafür stehen in Bayreuth und in der näheren und weiteren europäischen Umgebung genügend Persönlichkeiten zur Verfügung ... Auch um diese Seite gleich auch noch konkret zu beleuchten, darf ich ... bemerken, daß ich bei einer Wiederaufnahme der Festspiele in erster Linie an folgende ausführende Künstler (unter Beschränkung auf die Dirigenten) denke, die sämtlich für begrenzte Aufträge zu gewinnen wären: Bruno Walter, Hermann Scherchen, Fritz Busch, Ernest Ansermet, Hans Knappertsbusch, Karl Ranklm, Fritz Utz (letzterer Chöre und Oratorien) ...

RWG

5 Heinz Tietjen an Theodor Kiendl, 3. 5. 1947.

... Aber mit gleicher Klarheit möchte ich auch zum Ausdruck bringen, daß ich nicht mehr den Wunsch habe, bei Bayreuther Festspielen aktiv mitzuwirken ...

Akad. d. K. / H. T.-Arch.

6 Theodor Kiendl, »Um die Zukunft Bayreuths«. Manuskript (1947).

...Es wäre nicht tolerant, die Hinterlassenschaft des Meisters ... der allgemeinen nationalsozialistischen Konkursmasse einzuverleiben. Einzelne übertendenzierte Stimmen bezichtigen das absolute Werk Wagners als Sonderpathetik nationalsozialistischen Vorläufertums! Er, RW, habe aus den Werken Nietzsches jene nationalspezifische Geistesüberhöhung angenommen, welche man heute Nietzsche, insbesondere seinem Werk »Der Wille zur Macht«, zur Last legt ...

Akad. d. K. / H. T.-Arch.

7 Heinz Tietjen, zum »Wiederaufbau« der Bayreuther Festspiele.
  Manuskript 1. 8. 1947.

Bayreuth: Für den Wiederaufbau der Festspiele stehe ich auf dem Standpunkt des Begründers, daß die Festspiele für *alle Zeiten* ein *Familien-Unternehmen* der Familie Wagner darzustellen haben. Dieser Standpunkt ist der des *Rechts*, der in dem Testament SWs aufs Neue manifestiert wurde.

Sollte aber die Militärregierung das Recht des Siegers in Anspruch nehmen und andere bestimmen, dann kann nur eine *internationale Festspielstiftung* mit einem »Stiftungsrat« an der Spitze in Frage kommen. Dieser Stiftungsrat ernennt den *künstlerischen Gesamtleiter*, den *Verwaltungsleiter* und sorgt für das Betriebs-kapital . . .

Für den Stiftungsrat kommen u. a. Persönlichkeiten in Frage wie: Thomas Mann, Ernest Newman, Herbert Peysner, Dr. Alfred Einstein, Jean Cantavoine, Jacque Prod'homme, Dr. Paul Cronheim, Bruno Walter, Thomas Beecham, V. de Sabata, P. Hindemith, A. Honegger, Ansermet, E. Preetorius, Heinz Tiessen, H. H. Stukkenschmidt.

Die Familie Wagner müßte durch die jüngere Generation im »Stiftungsrat« vertreten sein, etwa durch Wolfgang Wagner und den Sohn Isolde's Franz W. Beidler.

Akad. d. K. / H. T.-Arch.

8 August Rösener, »Bayreuth 1947«, 26. 6. 1947.

. . . Wenn der Inhaber der Staatsgewalt, aus welchen Gründen auch immer, dem Werk in besonderer Neigung zugetan war, so war dies bei allem Elend der Zeit als ein positives Moment zu werten, das es im guten Sinne zu nützen galt. Warum hätte man auch eine ausnahmsweise gute Auswirkung jener sonst so verhängnisvollen Mächte verhindern sollen? . . . Eine Enteignung der Festspiele und ihre Überführung in die Zwangsverwaltung des allmächtigen Staates war durchaus zu erwarten, wenn es nicht gelang, in kluger Weise mit der herrschenden Gewalt so zusammenzuwirken, daß man ihre Hilfe wo immer möglich in Anspruch nahm, ohne sich aber die Entscheidung im Wesentlichen aus der Hand winden zu lassen . . . Trotz aller Totalität des »Dritten Reiches« wahrten die Festspiele ihr künstlerisches Eigenleben in der traditionsgebundenen Verantwortung des Hauses Wahnfried, die dafür sorgte, daß — allen Versuchen zum Trotz — die hohe künstlerische Linie durchaus gewahrt blieb, welche die Weltbedeutung des Bayreuther Werkes nun einmal ausmacht . . .

Dieses hohe Verdienst mag durch die Irrungen und Wirrungen, die der Zusammenbruch ausgelöst hat, zeitweise verdunkelt werden. Eine ruhige und gerechte Betrachtung aber wird . . . erweisen, daß Winifred Wagner das stolze Schiff des Bayreuther Werkes durch die vielfältigen Klippen einer an tragischen Verhängnissen beispiellos reichen Zeit ebenso kühn wie umsichtig nach bestem Wissen und Gewissen hindurchgesteuert hat . . .

RWG

9 Oberbürgermeister Oskar Meyer an August Rösener, 17. 7. 1947.

. . . Die Stadt war vor 70 Jahren vom Schicksal berufen, Wegbereiter des Meisters zu sein. Sie ist heute zum 2. Male zum Hüter des Grals ausersehen, nachdem irregeleitete Mitglieder der Familie Wagner das Festspielhaus in Bayreuth, den Tempel der Träume RWs zum truggoldspendenden KdF-Betrieb herabgewürdigt und durch Aufziehen der Hakenkreuzfahne entweiht haben; nur hierin erblicken wir eine Entweihung der Stätte auf dem Hügel. Unsere Aufgabe wird es sein, daß das Festspielhaus wieder die Weihestätte der durch des Meisters Töne geeinten Hunderttausenden in aller Welt und so nach des Meisters eigenem Wort »das Theater wieder seine Würde erhalte«. Z. Zt. sind in den Trümmern der deutschen Städte Festspielgedanken praktisch nicht durchzuführen, aber planen wollen wir und der Welt sagen, daß Bayreuth lebt und alles tun muß, das Festspielhaus als solches zu erhalten, nachdem keinerlei Geldmittel weder aus dem Vermögen der Familie Wagner noch aus sonstigen ehemaligen reichen Stiftungen vorhanden sind. Wir nützen deshalb das von einem gütigen Geschick unversehrt gebliebene Haus, indem wir es in den Dienst der deutschen Kunst stellen. Revuetheater oder Kino oder Varieté war die Stätte des Parsifal noch niemals gewesen.

Vielleicht veranlassen Sie diese Zeilen, Ihre Meinung über die sich für Bayreuth und für die Erhaltung des Festspielhauses verpflichtet Fühlenden zu korrigieren. Zur Steuer der Wahrheit würde es sich wohl empfehlen, eine Korrektur auch hinsichtlich der Texte der mir übersandten und zur Veröffentlichung ... bestimmten Artikel vorzunehmen ...

RWG

10 W. Matthes an Willy Krienitz (?), 8. 6. 1948.

[betr. W. Matthes' Eingabe an den CSU-Landtagsabgeordneten A. Haußleiter über die Wiederaufnahme der Bayreuther Festspiele]

... Auch Minister Dr. Hundhammer, dem H. [außleiter] den Entwurf vorlegte, stimmte in allen Punkten zu ...:

1. Das Haus Wahnfried mit Wieland Wagner als ältesten männlichen Erben muß wieder in alle angestammten Rechte eingesetzt werden und zum alleinigen Leiter der Festspiele aufgestellt werden.

2. Die Wiederherstellung der Festspiele kann nur auf der Basis der großen Bayr. Tradition erfolgen, die dem Willen ihres Schöpfers entspricht, wobei von allen Experimenten Abstand zu nehmen ist.

3. Der Leiter der Festsp., Wieland W., muß über volle Bewegungsfreiheit verfügen, um einen Stab von Mitarbeitern aufstellen zu können, der

   a) über ein lückenloses Wissen und Können verfügt
   b) sich *kritiklos* der Werke RWs verbunden fühlt.

4. Die Wiedereröffnung setzt voraus, daß

   a) die entspr. Quartiere ... zur Verfügung stehen, weswegen es das dringende Gebot einer durchgreifenden Kommunalpolitik wäre, neben der Beschaffung von Bürgerquartieren den längst geplanten Bau eines Festspielhotels zu ermöglichen ...

   b) vom Staate die entspr. Geldmittel zur Verfügung gestellt werden, die eine Wiederherstellung der Festspiele von Bayreuther Format ... gewährleisten. Durch die Bereitstellung solcher Geldmittel darf die künstlerische und organisatorische Leitung der Festspiele in keiner Weise abhängig gemacht werden.

Ich habe Haußleiter eingehend geschildert, daß die Wiedereröffnung der Bayr. Festspiele auch unabhängig von ihrer künstlerischen Motivierung für den bayerischen Staat heute eine *lebenswichtige Aufgabe und Forderung erster Ordnung* geworden ist, da Bayreuth heute den einzigen wirklichen »Aktivposten« in Bayern darstellt, der für die Hebung des Fremdenverkehrs und der Devisenbeschaffung dieselbe Bedeutung hat, die der Wiedereröffnung der Oberammergauer Passionsspiele zufällt. Ich sah mich zu diesem sehr realen und trivialen Hinweis verpflichtet, weil ich überzeugt bin, daß ein solches Argument bei den entspr. Dienststellen am meisten ins Gewicht fällt. Die Voraussetzung für eine solche wirtschaftliche Bedeutung wird jedoch nur erfüllt ..., wenn dem Ausland volle Gewähr geboten wird, daß die Besucher dort in Bayreuth unverfälschte, von allen neuzeitlichen Problemen und Experimenten unbelastete Aufführungen erwarten dürfen, denen sie ihren vollen Glauben und ihre Ansprüche auf eine authentische Darstellung im Sinne der Bayreuther Tradition entgegenbringen können. Ein solcher Glaube und Anspruch wird in erster Linie durch das Bewußtsein erweckt, daß dort noch die direkten Nachkommen RWs am Werke sind ...

RWA

11 Dieter Sattler an F. Meyer I, 29. 1. 1949.

... bezüglich der von uns ins Auge gefaßten Stiftung »Bayreuther Festspiele« möchte ich Ihnen folgendes mitteilen:

In den letzten Jahrzehnten wurden die Bayreuther Festspiele als reines Familienunternehmen geführt. Durch die Zerstörungen des Krieges und die allgemeine Finanznot glaube ich, daß jetzt der Durchführung der Festspiele wesentlich größere Schwierigkeiten entgegenstehen als früher ... Hinzu kommen noch die politischen Schwierigkeiten. Wie Sie aus den Fällen Gieseking und Furtwängler in den Vereinigten Staaten z. Zt. ersehen ... ist die Zeit noch nicht vorbei, wo mit politischen Angriffen und Vorwürfen gegen deutsche Künstler zu rechnen ist ...

Der Schatten, der durch die nahen Beziehungen der Familie Wagner mit den Großen des 3. Reiches über den Bayreuther Festspielen gelegen hat, ist meiner eigenen Meinung nach nur dadurch im Laufe der Zeit zu lichten, daß man möglichst das Werk RWs von der Familie trennt. Aus diesem Grunde halte ich wenigstens für die nächsten Jahre eine unpersönliche Stiftung für geeigneter, die Bayreuther Festspiele zu veranstalten, als die Mitglieder der Familie Wagner. Dem steht freilich das Testament SWs entgegen, das nur für den Fall einer Verhinderung der Familie den Übergang des Festspielhauses an die Stadt Bayreuth vorsieht. Ich könnte mir aber denken, daß dieser Fall eintritt und daß sich in den nächsten Jahren tatsächlich die Unmöglichkeit der Durchführung der Festspiele durch die Familie Wagner ergibt ...

Aus diesen verschiedenen Erwägungen haben wir im Interesse des Werkes RWs und der Durchführung der Bayreuther Festspiele folgenden Plan erwogen ...

Errichtung einer selbständigen öffentlichen Stiftung, die bis auf weiteres als Trägerin des Werkes auftreten könnte. Die Stiftung wäre mit einem vom Staat zur Verfügung zu stellenden Grundstockvermögen auszustatten. Die Ausgaben zur Erfüllung des Stiftungszweckes wären aus den Erträgnissen des Stiftungsvermögens, ferner aus einmaligen und fortlaufenden Zuwendungen aus öffentlichen und privaten Mitteln zu decken. Hierbei wäre u. a. an eine Beteiligung der Stadt Bayreuth zu denken. Auf Grund einer mit der Wagner'schen Erbengemeinschaft zu treffenden Vereinbarung wäre sicherzustellen, daß das Festspielhaus für die Aufführungen zur Verfügung steht. Die Ausrichtung der Stiftung wäre einem Kuratorium zu übertragen, das aus Vertretern des Staates, der Stadt Bayreuth, anderer Körperschaften (Bayer. Rundfunk?) und Erbengemeinschaft Wagner zu bestehen hätte. Ein Geschäftsführer wäre vom Kuratorium zu bestellen. Die Stiftung wäre der unmittelbaren Aufsicht des Staatsministeriums für Unterricht und Kultus zu unterstellen. Die Stiftung könnte ihre Tätigkeit einstellen, wenn die Voraussetzungen für ihre Errichtung wegfallen würden . . .

RWA

12 Oberbürgermeister Hans Rollwagen, Aktenfeststellung betr. RW-Festspiele, 24. 2. 1949.

. . . Ministerpräsident Dr. Ehard wurde . . . gebeten, mit Rücksicht auf die von Frau Wagner abgegebene Erklärung vom 25. 1. 1949, die Bewährungsfrist als beendet zu erklären und dadurch für die zu bevollmächtigenden Söhne Wieland und Wolfgang Wagner die Handlungsfreiheit zur Durchführung der Festspiele herzustellen. Es wurde dabei betont, daß von Bayreuth aus der Gedanke einer Stiftung unter maßgeblichem Einfluß des Bayerischen Kultusministeriums abgelehnt und an der Trägerschaft der Familie Wagner für die Festspiele festgehalten wird.

Ministerpräsident Dr. Ehard äußerte sich für seine Person zunächst dahin, daß der Gedanke einer Stiftung in einer Zeit aufgetaucht sei, wo niemand gewußt habe, was überhaupt aus dem Festspielkomplex werden solle und wie sich die Eigentums- und Verfügungsverhältnisse über das Festspielhaus gestalten würden. Man hat damals den Gedanken der Stiftung aufgeworfen, lediglich, um für die Weiterführung der Festspiele überhaupt eine Grundlage zur Diskussion zu stellen. Von heute aus gesehen, hält Ministerpräsident Dr. Ehard daher an dem Gedanken der Stiftung nicht mehr fest.

Auf der anderen Seite lehnt es Ministerpräsident Dr. Ehard kategorisch ab, die in dem Spruch der Berufungskammer verhängte Bewährungsfrist als solche jetzt für beendet zu erklären. Er vertrat die Auffassung, daß eine solche Entscheidung mit Rücksicht auf die politische Rolle von Frau Wagner einerseits und die Behandlung unzähliger wesentlich geringer Belasteter andererseits politisch untragbar sei. Er äußerte sich dabei kritisch gegenüber dem Spruch der Berufungskammer, die nach seiner Meinung anstatt schöner Empfehlungen in den Gründen die entsprechenden Folgerungen in ihrem Spruch selbst hätte ziehen sollen, zumal ja die Verzichtserklärung von Frau Winifred Wagner im Zeitpunkt des Spruches bereits vorlag . . .

Im weiteren Verlauf der Verhandlung wurde vor allem die Notwendigkeit herauskristallisiert, der Familie Wagner in der Person der Söhne Wieland und Wolfgang die Handlungsfreiheit wiederzugeben. Dies hätte — es war die übereinstimmende Auffassung — zur Voraussetzung, daß die in Ziff. VI des Spruches der Berufungskammer verhängte Sperre aufgehoben und die endgültige Verfügung über das gesperrte Vermögen, ohne Rücksicht auf den Ablauf der Bewährungsfrist, schon jetzt getroffen wird. Es sollte also ein Weg gesucht werden, ohne förmliche Aufhebung der Bewährungsfrist und damit unter Vermeidung dieser politisch wirkenden Entscheidung, die für die Durchführung der Festspiele erforderliche Handlungsfreiheit herzustellen. Es soll geprüft werden, ob über den Weg einer partiellen Gnadenentscheidung zu Ziff. VI des Spruches der Berufungskammer diese Lösung erreicht werden kann .

(Archiv des Festspielhauses)

13 Wieland und Wolfgang Wagner, Aufzeichnungen über eine Besprechung im Bayerischen Kultusministerium, 9. 4. 1949.

... 1.) der Minister [Hundhammer] fühlt sich durch die Abordnung Bayreuths beim Ministerpräsidenten Ehard — es handelte sich um die Freigabe des Festspielhauses — übergangen.

2.) Der Minister ist ... über die rechtliche Lage auf Grund des Testaments nicht unterrichtet. (!)

3.) Der Minister spricht sich für die ausschließliche Verwendung des Festspielhauses für die [Werke] RWs aus. Es verbleibe selbstverständlich im Besitze der Familie.

4.) ...

5.) Der Minister spricht von den Hakenkreuzen, die über Bayreuth liegen und von der nicht wegzudiskutierenden Tatsache des engen Verhältnisses der Familie mit Hitler.

6.) Der Minister glaubt einen Zuschuß für die Festspiele im nächsten Haushaltsplan des Bayerischen Landtags durchzubringen. Bedingung ist ein Gremium aus Vertretern des Staates, des Rundfunks, der Industrie, der Stadt Bayreuth und int. Freundeskreises, das einen *Intendanten* wählen solle. Dieses ist dem Staat für die Verwendung des Geldes verantwortlich.

Diese Bedingung wird von uns auf Grund der Rechtslage und der Verhältnisse in Bayreuth, die sich mit einem gewöhnlichen Theaterbetrieb nicht vergleichen lassen, abgelehnt.

7.) Man verbleibt dabei, daß man einen für beide Teile annehmbaren Kompromißvorschlag suchen werde.

8.) Zur Lösung des politischen Problems wünscht der Minister eine maßgebende Beteiligung Friedelinds an den Festspielen.

(Archiv des Festspielhauses)

14 Wieland und Wolfgang Wagner, Aufzeichnungen über ein Gespräch mit einem UNESCO-Vertreter, 7. 11. 1949.

... Um eine Möglichkeit zu schaffen, die Bayreuther Festspiele durch die UNESCO ideell und materiell fördern zu können, schlägt Mr. Thompson die Errichtung eines internationalen Komitées vor. Diesem könnten dann Gelder zufließen. Wir erklären uns damit grundsätzlich einverstanden, wenn wir die Garantie haben, daß keine im politischen Leben stehenden Persönlichkeiten diesem Komitée angehören sollen. Mr. Thompson will seinen Plan demnächst dem Direktor der

XXIII

14

UNESCO in Paris vortragen ... Th. würde aus Bayreuth gerne ein internationales Musikzentrum machen, wenn die örtlichen Gegebenheiten die dazu nötigen Voraussetzungen bieten würden, da es seiner Ansicht nach dann leichter wäre, auch die Festspiele zu unterstützen ...

(Archiv des Festspielhauses)

STIFTUNGSURKUNDE

der Richard-Wagner-Stiftung Bayreuth

Zur dauernden Erhaltung der Voraussetzungen für die Durchführung der Bayreuther Richard-Wagner-Festspiele, zur Pflege des künstlerischen Nachlasses von Richard Wagner und des Verständnisses seiner Werke sowie zur Förderung der Richard-Wagner-Forschung errichten

1. Frau Winifred Wagner, Bayreuth, Wahnfriedstraße, Siegfried-Wagner-Haus

2. Frau Friedelind Wagner, Nußdorf a. Bodensee, Zur Forelle 4

3. Frau Verena Lafferentz, geb. Wagner, Nußdorf a. Bodensee, Zur Forelle 4

4. Herr Wolfgang Wagner, Bayreuth Festspielhügel

5. die Abkömmlinge von Herrn Wieland Wagner

   a) Fräulein Iris Wagner

   b) Fräulein Nike Wagner

   c) Frau Daphne Proksch, geb. Wagner

   d) Herr Wolf-Siegfried Wagner

   zu a) bis d): Keitum/Sylt, Haus Wieland Wagner

6. die Bundesrepublik Deutschland, vertreten durch den Bundesminister des Innern

7. der Freistaat Bayern, vertreten durch das Bayer. Staatsministerium für Unterricht und Kultus

8. die Stadt Bayreuth, vertreten durch den Oberbürgermeister

9. die Gesellschaft der Freunde von Bayreuth e. V., vertreten durch den Vorsitzenden

10. die Oberfrankenstiftung (Adolf-Wächter-Stiftung) Bayreuth, vertreten durch den Vorsitzenden des Stiftungsrates

11. der Bezirk Oberfranken, vertreten durch den Regierungspräsidenten, und

12. die Bayer. Landesstiftung, vertreten durch den Vorstand

mit Wirkung von dem auf die Zustellung der Genehmigung an den letzten Stifter folgenden Tage eine rechtsfähige öffentliche Stiftung des bürgerlichen Rechts mit dem Sitz in Bayreuth.

Die Stiftung wird mit dem in § 3 der Satzung und in der der Satzung beigegebenen Aufstellung näher bezeichneten Vermögen ausgestattet.

Die Stifterinnen zu 1) und 8), erstere mit Zustimmung der Stifter zu 2) bis 5), übereignen alsbald nach der Errichtung der Stiftung das Festspielhaus Bayreuth nebst allen Nebengebäuden und allen dazugehörenden bebauten Grundstücken unentgeltlich auf die Stiftung. Die Stifter zu 6), 10) und 12) stellen der Stiftung das Richard-Wagner-Archiv (einschließlich der Bibliothek Richard Wagners sowie der Bilder, Büsten und sonstiger Erinnerungsstücke und des bis 1945 entstandenen Bildmaterials) für dauernd leihweise zur Verfügung. Die Stifterin zu 8) stellt der Stiftung das Haus Wahnfried mit allen Nebengebäuden und Park für dauernd leihweise zur Verfügung. Die Stifterin zu 9) verzichtet auf ihren Anspruch auf

Rückzahlung der für Baumaßnahmen am Festspielhaus zur Verfügung gestellten Beträge sowie auf die dafür bestehenden Sicherheiten.

Der Stifter zu 7) verpflichtet sich, der Stiftung nach Maßgabe der Ansätze in seinem Haushaltsplan jährlich zum Verbrauch bestimmte Zuschüsse zu gewähren, deren Gesamthöhe unter Berücksichtigung der eigenen Einnahmen der Stiftung und der von den übrigen Stiftern und von dritter Seite gewährten Zuschüsse und Leistungen die angemessene Erfüllung des Stiftungszwecks nachhaltig ermöglicht. Die Stifterin zu 8) verpflichtet sich, einen wissenschaftlich vorgebildeten Bediensteten zur Betreuung des Richard-Wagner-Archivs zu stellen und dafür, wie auch für die Tätigkeit des Geschäftsführers und für die Pflege der für die Allgemeinheit zugänglichen Grundstücke am Festspielhaus keinen Kostenersatz und keine Vergütung zu verlangen. Der Stifter zu 11) verpflichtet sich, eine Schreibkraft im tariflich zulässigen Rahmen zu bezahlen, die von der Stiftung eingestellt wird.

Die Stiftung soll durch den Stiftungsrat und den Vorstand verwaltet werden.

Der durch das Gemeinschaftliche Testament der Eheleute Siegfried und Winifred Wagner vom 8. 3. 1929 bestimmte Testamentsvollstrecker Rechtsanwalt Dr. Fritz Meyer I, Bayreuth, stimmt der Errichtung der Stiftung zu.

Die Stiftung erhält die nachstehende

Satzung

§ 1
Name und Sitz der Stiftung

(1) Die Stiftung führt den Namen »Richard-Wagner-Stiftung Bayreuth«. Sie ist eine rechtsfähige öffentliche Stiftung des bürgerlichen Rechts.

(2) Sitz der Stiftung ist Bayreuth

§ 2
Stiftungszweck

Zweck der Stiftung ist es, im Sinne des Gemeinschaftlichen Testaments von Siegfried und Winifred Wagner vom 8. 3. 1929

1. den künstlerischen Nachlaß von Richard Wagner dauernd der Allgemeinheit zu erhalten;

2. das Festspielhaus Bayreuth dauernd der Allgemeinheit zu erhalten und zugänglich zu machen und stets den Zwecken dienstbar zu machen, für die es sein Erbauer bestimmt hat, also einzig der festlichen Aufführung der Werke Richard Wagners;

3. die Richard-Wagner-Forschung zu fördern;

4. das Verständnis für die Werke Richard Wagners insbesondere bei der Jugend und beim künstlerischen Nachwuchs zu fördern.

§ 3
Stiftungsvermögen

(1) Das Vermögen der Stiftung besteht aus
1. dem Festspielhaus Bayreuth samt Nebengebäuden;
2. dem Anspruch gegen die Stadt Bayreuth auf leihweise Überlassung des Hauses Wahnfried mit allen Nebengebäuden und dem Park,
3. dem Anspruch gegen die Bundesrepublik Deutschland, die Bayer. Landesstiftung und die Oberfrankenstiftung auf leihweise Überlassung des Richard-Wagner-Archivs einschließlich Bibliothek und Zubehör,
4. sonstigen, dem Stiftungszweck dienenden Gegenständen, die der Stiftung zugewendet werden,
5. Forderungen gegen den Freistaat Bayern, die Stadt Bayreuth und den Bezirk Oberfranken auf laufende Unterstützung nach Maßgabe der Stiftungsurkunde.

Im einzelnen ergibt sich das Stiftungsvermögen nach Nr. 1 bis 3 aus der dieser Satzung als Anlage beigefügten und einen Bestandteil der Satzung bildenden Aufstellung.

(2) Die in Abs. 1 Nr. 1 und 4 genannten Gegenstände sowie das Richard-Wagner-Archiv und das Haus Wahnfried sind der Öffentlichkeit zugänglich zu machen, soweit das im Rahmen der Möglichkeiten der Stiftung ohne Gefährdung des Vermögens geschehen kann.

§ 4
Organe der Stiftung

(1) Organe der Stiftung sind
1. der Vorstand
2. der Stiftungsrat
(2) Die Tätigkeit in den Organen der Stiftung ist ehrenamtlich.
(3) Die Mitgliedschaft in den Organen endet außer durch Tod durch Zeitablauf, Abberufung oder Rücktritt. Abberufung und Rücktritt können, sofern nicht ein wichtiger Grund vorliegt, nur zum Ende eines Rechnungsjahres erfolgen.
(4) Beschlüsse mit finanziellen Auswirkungen können nur mit Zustimmung des Freistaates Bayern gefaßt werden. Bezieht sich ein Widerspruch des Freistaates Bayern auf den Haushaltsplan, so gelten diejenigen niedrigeren Ansätze, die die Zustimmung des Freistaates Bayern gefunden haben.
(5) Soweit der Leiter der Bayreuther Festspiele nicht Mitglied eines Organs ist, sollen ihn die Organe zu ihren Sitzungen zuziehen, sofern dies nicht unzweckmäßig erscheint.
(6) Vorstand und Stiftungsrat geben sich eine Gschäftsordnung, ersterer mit Zustimmung des Stiftungsrates.

§ 5
Der Vorstand

(1) Der Vorstand der Stiftung ist Vorstand im Sinne des Bürgerlichen Gesetzbuches. Er vertritt die Stiftung nach außen und ist für alle Angelegenheiten

zuständig, die nicht Aufgabe des Stiftungsrats sind und deren Erledigung er nicht dem Geschäftsführer übertragen hat.

(2) Der Vorstand besteht aus drei Mitgliedern. Je ein Vorstandsmitglied wird vom Bund und vom Freistaat Bayern bestellt. Ist der Leiter der Bayreuther Festspiele ein Abkömmling Richard Wagners, so ist er zugleich das dritte Mitglied des Vorstands! sind mehrere Abkömmlinge zusammen Leiter der Festspiele, so wird, wenn sie sich nicht einigen, der älteste von ihnen Mitglied des Vorstands. Im übrigen wird das dritte Vorstandsmitglied durch die Vertreter der Familie Wagner im Stiftungsrat benannt und bei gleichzeitiger Benennung eines neuen Mitgliedes abberufen. Haben die Vertreter der Familie Wagner innerhalb von zwei Monaten nach Aufforderung durch die Stiftungsaufsichtsbehörde keine Entscheidung getroffen, so entscheidet die Stiftungsaufsichtsbehörde selbst.

(3) Entscheidungen des Vorstands bedürfen einer Mehrheit von zwei Stimmen. Stimmübertragung ist zulässig. Die Vertretung der Stiftung erfolgt, soweit nicht der Vorstand etwas anderes bestimmt, durch den vom Vorstand zu wählenden Vorsitzenden des Vorstands zusammen mit einem weiteren Vorstandsmitglied oder mit dem Geschäftsführer.

§ 6
Stiftungsrat

(1) Der Stiftungsrat stellt den Haushaltsplan der Stiftung auf und entscheidet über die Vermietung des Festspielhauses (§ 8), in allen Fragen von grundsätzlicher Bedeutung sowie in den Angelegenheiten, in denen er sich die Entscheidung vorbehält. Er ist für Änderungen dieser Satzung zuständig.

(2) Die Stimmenzahl im Stiftungsrat beträgt 24. Sie verteilt sich wie folgt:

Bundesrepublik Deutschland	5 Stimmen
Freistaat Bayern	5 Stimmen
Familie Wagner	5 Stimmen
Stadt Bayreuth	2 Stimmen
Gesellschaft der Freunde von Bayreuth	1 Stimme
Oberfrankenstiftung	2 Stimmen
Bezirk Oberfranken	2 Stimmen
Bayer. Landesstiftung	2 Stimmen

(3) Für die Vertretung der Familie Wagner im Stiftungsrat gilt folgendes:

Eine Stimme steht Frau Winifred Wagner zu; sie kann auch einen Vertreter in den Stiftungsrat entsenden. Von den übrigen vier Stimmen steht jedem Stamm der vier gemeinschaftlichen Abkömmlinge von Siegfried und Winifred Wagner eine Stimme zu, wobei jeder Stamm auch einen Vertreter benennen kann, der nicht der Familie Wagner angehört. An die Stelle eines verstorbenen Abkömmlings treten jeweils seine Abkömmlinge, die ihr Benennungsrecht mit Mehrheit ausüben. Für jedes Mitglied im Stiftungsrat kann ein Stellvertreter bestellt werden. Der Stellvertreter hat das Recht, an den Sitzungen des Stiftungsrates teilzunehmen; ein Stimmrecht steht ihm nur zu, soweit das ordentliche Mitglied an einer Abstimmung verhindert ist.

Stirbt ein Stamm aus, so geht das Benennungsrecht auf die übrigen Stämme über, die es gemeinschaftlich ausüben und mit der Mehrheit ihrer Angehörigen entscheiden. Hierbei hat jeder Stamm eine Stimme. Hat das letzte Mitglied eines ausgestorbenen Stammes durch letztwillige Verfügung eine Person für den Stiftungsrat benannt, so gehört diese Person dem Stiftungsrat auf die Dauer von zwanzig Jahren seit dem Wirksamwerden der letztwilligen Verfügung an. Nach Ablauf der zwanzig Jahre gilt Satz 1. Adoptivkinder setzen einen Stamm nicht fort. Beim Ableben von Frau Winifred Wagner vermindert sich die Zahl der Stimmen der Familie Wagner auf vier; die Zahl der Stimmen der Gesellschaft der Freunde von Bayreuth erhöht sich auf zwei.

(4) Der Stiftungsrat ist beschlußfähig, wenn mehr als die Hälfte der Vertreter ernannt und mehr als die Hälfte der Stimmen vertreten ist. Stimmübertragung ist zulässig. Der Stiftungsrat kann die Teilnahme von Beratern gestatten.

§ 7
Der Geschäftsführer

(1) Zur Erledigung der einfachen und laufenden Geschäfte der Stiftung wird ein Geschäftsführer bestellt, dem auch Vollmacht zur Vertretung der Stiftung in bestimmten Fällen erteilt werden kann. Die Aufgaben des Geschäftsführers im einzelnen werden durch die Geschäftsordnung und durch Beschluß des Vorstands geregelt. Zur Bestellung und Entlassung des Geschäftsführers ist der Vorstand zuständig.

(2) Die Stadt Bayreuth benennt für den Posten des Geschäftsführers den Oberbürgermeister, der sich durch einen geeigneten Bediensteten der Stadt vertreten lassen kann.
Nimmt die Stiftung dieses Angebot nicht an, so hat sie den Geschäftsführer auf eigene Kosten anzustellen.

(3) Der Geschäftsführer nimmt an allen Sitzungen des Vorstands mit beratender Stimme teil.

§ 8
Vermietung des Festspielhauses an Festspielunternehmer

(1) Die Stiftung wirkt dahin, daß im Festspielhaus Bayreuth festliche Aufführungen der Werke Richard Wagners veranstaltet werden. Die Festspiele werden von der Stiftung jedoch nicht finanziert oder durchgeführt.

(2) Das Festspielhaus ist grundsätzlich an ein Mitglied, ggfs. auch an mehrere Mitglieder der Familie Wagner oder auch an einen anderen Unternehmer zu vermieten, wenn ein Mitglied, ggfs. auch mehrere Mitglieder der Familie Wagner die Festspiele leiten. Dies gilt nur dann nicht, wenn andere, besser geeignete Bewerber auftreten. Mit der Mehrheit ihrer Stimmen im Stiftungsrat können die Abkömmlinge von Richard Wagner Vorschläge machen. Sobald feststeht, daß der Vertrag mit einem Festspielunternehmer beendet ist oder beendet wird, weist die Stiftung die Vertreter der Familie Wagner im Stiftungsrat auf die Möglichkeit hin, einen Vorschlag zu machen; der Vorschlag muß inner-

halb von vier Monaten nach Zugang der Mitteilung der Stiftung bei der Stiftung eingehen. Die Mitteilungen gelten mit dem Ablauf des dritten Tages nach Absendung an die der Stiftung zuletzt mitgeteilte Adresse als zugegangen.

(3) Hat der Stiftungsrat Zweifel darüber, ob ein Mitglied der Familie Wagner für den Posten des Festspielunternehmers besser oder ebenso gut geeignet ist wie andere Bewerber, so hat der Stiftungsrat die Entscheidung einer dreiköpfigen Sachverständigenkommission einzuholen. Diese Kommission besteht aus den Intendanten von Opernhäusern aus dem deutschsprachigen Raum, wobei die Intendanten in der Reihenfolge der nachstehend genannten Opernhäuser zuzuziehen sind:

> Deutsche Oper Berlin,
> Bayerische Staatsoper München,
> Staatsoper Wien,
> Staatsoper Hamburg,
> Staatsoper Stuttgart,
> Städtische Oper Frankfurt/Main
> Städtische Oper Köln

Kommt eine Entscheidung der Kommission nicht zustande, so entscheidet der Stiftungsrat unter Abwägung aller Gesichtspunkte.

(4) Soweit sofort eine Entscheidung getroffen werden muß, entscheidet der Stiftungsrat allein unter Abwägung aller Gesichtspunkte über die unumgänglichen Maßnahmen.

(5) Der Mietvertrag sichert dem Unternehmer die künstlerische Freiheit.

§ 9

Verwaltung des Stiftungsvermögens

(1) Das Stiftungsvermögen ist nach den für staatliches Vermögen des Freistaates Bayern geltenden Grundsätzen zu verwalten.

(2) Die in § 3 Abs. 1 Nr. 1 bis 3 genannten Gegenstände sind unangreifbares Grundstockvermögen der Stiftung; die in § 3 Abs. 1 Nr. 4 genannten Gegenstände sind Grundstockvermögen, soweit sich nicht aus den Umständen der Zuwendung etwas anderes ergibt.

(3) Rechnungsjahr der Stiftung ist das Kalenderjahr.

§ 10

Gemeinnützigkeit

(1) Die Stiftung verfolgt ausschließlich und unmittelbar gemeinnützige Zwecke im Sinne des § 17 des Steueranpassungsgesetzes und der Gemeinnützigkeitsverordnung vom 24. 12. 1953.

(2) Die Stiftung verfolgt keinerlei Erwerbszwecke. Sie darf niemanden durch Ausgaben, die dem Zweck der Stiftung nicht entsprechen, durch unverhältnis-

mäßig hohe Vergütungen oder in sonstiger Weise begünstigen. Erträge des Stiftungsvermögens dürfen nur für satzungsmäßige Zwecke verwendet werden.

§ 11
Stiftungsaufsicht, Rechnungsprüfung

(1) Die Stiftungsaufsicht wird unter der Oberleitung des Bayerischen Staatsministeriums für Unterricht und Kultus von der Regierung von Oberfranken wahrgenommen.

(2) Die Prüfung der Haushalts- und Wirtschaftsführung der Stiftung erfolgt durch den Bayer. Obersten Rechnungshof. Der Bundesrechnungshof kann sich an der Prüfung beteiligen.

§ 12
Vermögensanfall

Im Falle der Aufhebung der Stiftung fällt das Festspielhaus nebst allen Nebengebäuden und allen dazugehörenden bebauten Grundstücken an die Stadt Bayreuth, die es im Sinn des Stiftungszweckes und der Anordnungen im Gemeinschaftlichen Testament von Siegfried und Winifred Wagner vom 8. 3. 1929 verwaltet und verwendet. Die Leihgeber erhalten ihre Leihgaben zurück; für Verbesserungen ist der Stiftung kein Ersatz zu leisten. Im übrigen geht das Vermögen im Verhältnis der seit Errichtung der Stiftung erbrachten Aufwendungen auf die Stifter über, die es im Rahmen ihrer Möglichkeiten zur Pflege und Erforschung der Kunst Richard Wagners zu verwenden haben.

§ 13
Satzungsänderungen

(1) Änderungen dieser Satzung bedürfen einer Mehrheit von drei Vierteln der satzungsmäßigen Stimmenzahl des Stiftungsrates.

(2) § 4 Abs. 4 kann nur mit Zustimmung des Freistaates Bayern, § 12 S. 1 nur mit Zustimmung der Stadt Bayreuth geändert werden. Änderungen der §§ 2, 5, 6, 8, 12 Satz 1 und 14 bedürfen bis zum Jahre 2052 einschließlich der Mehrheit der den Mitgliedern der Familie Wagner im Stiftungsrat zustehenden Stimmen. Satzungsänderungen, durch die ein Stifter zusätzlich verpflichtet werden soll, bedürfen dessen Zustimmung.

§ 14
Aufhebung der Stiftung

Eine Aufhebung der Stiftung ist nur aus den gesetzlich vorgesehenen Gründen zulässig.

München, den 2. Mai 1973.

Anhang

Bayreuther Richard Wagner Festspiele

Aufführungsstatistik (1876–1976)
Gewinn- und Verlustrechnungen (1876–1914)

Quellen:

Festspielabrechnungen (RWA)
Briefe A. v. Groß an das Haus Wahnfried (RWA/RWG)
Aufzeichnungen L. v. Bürkels. (Bürk)
Akten und Schriftstücke der Reichskanzlei (1933–1945). (BAK)
Wirtschaftsprüfer Wilhelm Hieber an die Verwaltung der Bühnenfestspiele (1947). (RWA)

Verwendete Abkürzungen

H	Der fliegende Holländer
L	Lohengrin
M	Die Meistersinger von Nürnberg
P	Parsifal
Ring	Der Ring des Nibelungen
Th	Tannhäuser
Tr	Tristan

Neuinszenierungen sind durch kursive Schreibweise hervorgehoben

Festspieljahr	Aufführungen	Werke	Gewinn M.	Verlust M.	Festspiel-fonds M.	Anmerkungen
1876	12	*Ring* 3		150.000,—		s. Dok. I/4a, b; IV/2;
1882	16	P 16	135.600,—			
1883	12	P 12	9.000,—		157.500,—	
1884	10	P 10	600,—			
1886	17	P 9 *Tr* 8	(ca. 19.000,—)			
1888	14	P 9 M 5	27.300,—		204.300,—	Kosten für die Umrüstung der Gasbeleuchtung auf Strom: M. 70.000,—.
1889	18	P 9 M 5 *Tr* 4	119.100,—			Nach einer Notiz L. v. Bürkels betrug der Reingewinn der Festspiele 1889 M. 140.000,—.
1891	20	P 8 M 4 *Tr* 4 *Th* 4	(ca. 16.000,—)		340.000,—	Angabe über die Höhe des Festspielfonds nach einer Notiz L. v. Bürkels. Die Ausgaben im Tannhäuser-Jahr 1891 erreichen mit 632.500,— eine bis dahin unerreichte Größenordnung.
1892	20	wie 1891	(?)			
1894	20	P 9 *Th* 5 *L* 6		(ca. 54.000.—)		
1896	20	*Ring* 5		105.000,—	352.900,—	
1897	20	P 8 *Ring* 3	138.700,—		484.700,—	
1899	20	P 7 *Ring* 2 M 5	50.000,—			
1901	20	P 7 *Ring* 2 *H* 5		(ca. 25.000,—)		Nach einer Notiz L. v. Bürkels sind von dem 216.000-Mark-Kredit Ludwigs II. »100.000 M. noch zu bezahlen« (Dok. I/6). Nach Angaben A. v. Groß' beläuft sich das private Barvermögen der Familie Wagner im Jahr 1901 auf $2^1\!/_4$ Million M.
1902	20	wie 1901	85.100,—		640.000,—	
1904	20	P 7 *Ring* 2 *Th* 5		(ca. 12.000,—)		Mehrausgaben bedingt durch »dauerhafte Neueinrichtungen« im Festspielhaus wie z. B. Bühnenumbau, Deckvorhang, el. Beleuchtung etc.

Festspieljahr	Aufführungen	Werke	Gewinn M.	Verlust M.	Festspiel-fonds M.	Anmerkungen
1906	20	P 7 Ring 2 Tr 5	43.200,—			2. Quartal 1906: die Kasse der Münchner Hoftheaterintendanz bucht den Eingang der »letzten Rate« (sämtlicher Bayreuther Schulden aus den Jahren 1874 und 1878. (Die Forderungen des Übereinkommens vom 27./28. 2. 1887, insbes. die des § VII. waren damit erfüllt. Vgl. du Moulin-Eckart, CW II, S. 95).
1908	20	P 7 Ring 2 L 5	14.000,—			Das Barvermögen der Familie Wagner beträgt Anfang 1908 rund 4,1 Mill. Mark: Gesamteinnahmen für 1907 rund eine halbe Million Mark, davon alleine M 307.700 Tantiemen. Zuwachs des Festspielfonds Ende 1908 M 98.400. (Aus den Briefen A. v. Groß an das Haus Wahnfried. RWA)
1909	20	wie 1908	(ca. 16.000,—)		778.600,—	
1911	20	P 7 Ring 2 M 5	86.500,—			
1912	20	wie 1911	227.100,—		1.092.300,—	
1914	8	P 2 Ring 1 H 2		150.000,—		Die ursprüngliche Kalkulation hatte einen Reingewinn von M 210.700 errechnet. Nach vorzeitiger Beendigung der Festspiele (Kriegsausbruch) mußten jedoch Eintrittsgelder in Höhe von M 360.000 zurückgezalt werden. Nach Kriegsende (August 1920) beläuft sich die Höhe des Festspielfonds auf M 700.000 bis 800.000. Das in Papieren angelegte Geld wird durch die Inflation nahezu vollständig entwertet, ebenso das bis 1914 auf 7 Mill. Mark angewachsene Barvermögen der Familie.
1924	20	P 7 Ring 2 M 5				Der u. a. in Devisen angelegte Teil des Vermögens der 1921 gegr. Deutschen Festspielstiftung Bayreuth ermöglicht die Wiedereröffnung der Festspiele. SWs Ameri-

Festspieljahr	Aufführungen	Werke	Anmerkungen
			katournee (1924) erbringt einen Zuschuß von ca. US-$ 8.000. Wahnfried bezieht von 1924–1945 aus den Festspielergebnissen jährliche Ehrentantiemen von RM 15.000 und mehr.
1925	20	wie 1924	Kosten für Um- und Erweiterungsbauten: RM 160.000. Gesamtetat rd. 1 Mill. RM.
1927	23	P 6 Ring 3 *Tr 5*	Kosten für die Erneuerung der Beleuchtungsanlage: RM 180.000.
1928	22	P 5 Ring 3 Tr 5	
1930	21	P 5 Ring 2 Tr 3 *Th 5*	Das Sammlungsergebnis der »Tannhäuser-Spende« betrug (am 12. 6. 1929) ca. RM 100.000
1931	21	P 5 Ring 2 Tr 3 Th 5	Kosten für bauliche Veränderungen: RM 67.000.
			1932: spielfrei.
1933	21	P 5 Ring 2 M 8 (Beethoven IX. Sinf.)	Kartenankauf RMVAP RM 53.600 Kartenankauf Land Bayern RM 50.000 Kartenankauf NS-Lehrerbund RM (?) (Dok. XIII/6; XV/1)
1934	22	P 6 Ring 3 M 4	Zuschuß Reichskanzlei RM 100.000 Reichsrundfunkgesellschaft RM 95.000 Kartenankauf RMVAP RM 364.000 Kartenankauf NS-Lehrerbund RM 50.000 Kartenankauf Ob. SA-Führung RM (?) Kartenankauf Beamtenbund RM (?) (Dok. XIII/9 u. 19) 1935: spielfrei.

Festspieljahr	Aufführungen	Werke	Anmerkungen
1936	19	P 5 Ring 2 L 6	Zuschuß Reichskanzlei RM 100.000 Kartenankauf Reichskanzlei RM 9.400 Reichsrundfunkgesellschaft RM 50.000
1937	21	P 5 Ring 2 L 8	Zuschuß Reichskanzlei RM 50.000 Kartenankauf Reichskanzlei RM 11.800 Kartenankauf KdF RM 15.000 Kartenankauf NS-Lehrerbund RM 60.000 Reichsrundfunkgesellschaft RM 50.000
1938	19	P 5 Ring 2 Tr 6	Zuschuß Reichskanzlei RM 100.000 Kartenankauf Reichskanzlei RM 22.700 Reichsrundfunkgesellschaft RM 6.200
1939	24	P 5 Ring 2 Tr 6 H 5	Zuschuß Reichskanzlei RM 100.000 Kartenankauf Reichskanzlei RM. 20.500 Reichsrundfunkgesellschaft RM 50.000 Auflösung des Festspielfonds RM 240.000
1940	12	Ring 2 H 4	Gesamtzuschuß (KdF) RM 815.000
1941	14	Ring 2 H 6	Gesamtzuschuß (KdF) RM 1.175.000 Zuschuß Reichskanzlei RM 100.000
1942	20	Ring 1 Götterd. 4 H 12	Gesamtzuschuß (KdF) RM 1.600.000
1943	16	M 16	Gesamtzuschuß (KdF) RM 1.100.000
1944	12	M 12	Gesamtzuschuß (KdF) RM ca. 1.000.000

1876—1944: 717 Aufführungen

Festspieljahr	Aufführungen	Werke	Festspieljahr	Aufführungen	Werke
1951	21	Ring 2, P 6, M 7, (Beethoven IX. Sinf.)			M 2, Th 7, H 6
1952	25	Ring 2, P 5, Tr 5, M 7	1962	30	Ring 2, Rheingold 1, P 4, Tr 4, Th 8, L 5
1953	24	Ring 2, P 5, Tr 5, L 6, (Beethoven IX. Sinf.)	1963	30	Ring 3, Walküre 1, P 5, Tr 4, M 8, (Beethoven IX. Sinf.)
1954	25	Ring 2, P 4, Th 6, L 7, (Beethoven IX. Sinf.)	1964	30	Ring 2, P 4, Tr 3, M 8, Th 7
1955	25	Ring 2, P 4, Th 7, H 6	1965	29	Ring 2, P 5, Th 8, H 8
1956	27	Ring 2, P 4, M 8, H 7	1966	30	Ring 3, Rheingold 1, P 5, Tr 3, Th 9
1957	27	Ring 2, P 4, Tr 6, M 9	1967	30	Ring 3, P 4, Th 6, L 8
1958	28	Ring 2, P 4, Tr 5, M 5, L 6	1968	30	Ring 2, P 4, Tr 3, M 8, L 7
1959	28	P 5, Tr 4, M 5, L 7, H 7	1969	30	Ring 2, P 4, Tr 3, M 8, H 7
1960	29	Ring 2, P 4, M 5, L 7, H 4	1970	30	Ring 2, Rheingold 1, P 4, Tr 3, M 7, H 7
1961	28	Ring 2, Götterd. 1, P 4			

154

Fest-spiel-jahr	Auf-führun-gen	Werke	Fest-spiel-jahr	Auf-führun-gen	Werke
1971	30	*Ring* 3 Walküre 1 L 7 H 7	1974	30	*Tr* 6 Th 6 M 6 Ring 3
1972	30	Ring 3 Siegfried 1 P 4 *Th* 7 L 6	1975	30	*P* 8 Tr 6 M 7 Ring 2 Walküre 1
1973	30	Ring 2 Götterd. 1 P 5 M 7 Th 9	1976	30	*Ring* 4 P 7 Tr 6 Siegfried 1

1951-1976 Aufführungen insges.: 1.453

BIBLIOGRAPHIE (Auswahl)

Adorno, Th. W., Versuch über Wagner (1937/38), in Ges. Schriften Bd. 13, Frankfurt 1971.

Bahr-Mildenburg, A. und H., Bayreuth, Lpz. 1912.

Bekker, P., Wagner — Das Leben im Werk, Stuttgart 1924.

Benjamin, W., Das Kunstwerk im Zeitalter seiner technischen Reproduzierbarkeit (1936), Frankfurt 1963.

Blessinger, K., Judentum und Musik, Berlin [2]/1944.

Brenner, H., Die Kunstpolitik des Nationalsozialismus, Reinbek 1963.

Bülow, P., Bayreuth, die Stadt der Wagner-Festspiele, Lpz. 1936.
— A. Hitler und der Bayreuther Kulturkreis, in: Aus Deutschlands Werden H. 9, Lpz. 1933.

Chamberlain, H. St., Richard Wagner, München 1896.

Conrad, H., Bayreuth. Der Lebensweg einer Stadt, Bayreuth 1936.

Conrad, M. G., Wagners Geist und Kunst in Bayreuth, München 1906.

Ebermayer, E., Magisches Bayreuth, Stuttgart 1951.

Ehrenfels, C. v., Richard Wagner und seine Apostaten, Wien 1913.

Ganzer, K. R., Richard Wagner und das Judentum, Schriften des Reichsinstituts f. Geschichte des neuen Deutschlands, Hamburg 1938.

Glasenapp, C. F., Das Leben Richard Wagners I—VI, Lpz. 1905—1911.

Goebbels, J., Das Tagebuch von J. Goebbels 1925/26. Hrsg. v. H. Heiber, Schriftenreihe der Vierteljahreshefte f. Zeitgeschichte Nr. 1, Stuttgart 2/1961.

Goléa, A., Entretiens avec Wieland Wagner, Paris 1967.

Gregor-Dellin, M., Richard Wagner — Die Revolution als Oper, München 1973.

Grunsky, K., Richard Wagner und die Juden. Deutschlands führende Männer und das Judentum 2, München 1920.

Hamann, R. u. Hermand, J., Gründerzeit. Deutsche Kunst u. Kultur von der Gründerzeit bis z. Expressionismus, Bd. 1, Berlin-DDR 1965.

Heckel, K., Die Bühnenfestspiele in Bayreuth, Lpz. 1891.

Kestenberg, L., Musikerziehung u. Musikpflege, Lpz. 1921.

Kloss, E., Wagnertum in Vergangenheit u. Gegenwart, Berlin 1909.
— (Hrsg.) Richard Wagner an seine Künstler. 2. Bd. der »Bayreuther Briefe«, Lpz. 3/1912.

Kniese, J., (Hrsg.) Der Kampf zweier Welten um das Bayreuther Erbe. Julius Knieses Tagebuchblätter aus dem Jahre 1883, Lpz. 1931.

Koch, M., Richard Wagners geschichtliche völkische Sendung. In F. Manns Pädag. Magazin H. 1164. Schriften zur polit. Bildung hrsg. v. d. Gesellschaft »Deutscher Staat«, VII. Reihe (Das Erbe des deutschen Geistes H. 8) Langensalza 1927.

Kraft, Z. v., Der Sohn. Siegfried Wagners Leben u. Umwelt, Graz 1969.

Lukács, G., Von Nietzsche zu Hitler oder Der Irrationalismus u. die deutsche Politik (aus Lukács, G., Die Zerstörung der Vernunft), Frankfurt 1966.

Mann, Th., Leiden und Größe Richard Wagners (1933), in: Wagner u. unsere Zeit, hrsg. v. E. Mann, Frankfurt 1963.

Marcuse, H., Über den affirmativen Charakter der Kultur (1937), in Marcuse, H., Kultur u. Gesellschaft I, Frankfurt 1965.

du Moulin-Eckart, R., Cosima Wagner I-II, München 1929.

Newman, E., The Life of Richard Wagner I—IV, London 1933—47.

Petzet, D. u. M., Die Richard Wagner-Bühne König Ludwigs II. München — Bayreuth, Studien z. Kunst d. 19. Jhs. Bd. 8, München 1970.

Pfitzner, H., Die neue Ästhetik der musikalischen Impotenz (1919), in: Ges. Schriften II, Augsburg 1926.

Pretzsch, P., (Hrsg.) Cosima Wagner — H. St. Chamberlain im Briefwechsel (1888—1908), Lpz. 1934.

Prüfer, A., Das Werk von Bayreuth, Lpz. 1909.

Raabe, P., Die Musik im Dritten Reich. Von deutscher Musik Bd. 48, Regensburg (11.—15. Aufl.) 1935.

— Kulturwille im deutschen Musikleben, Regensburg 1935.

Reichwein, L., Bayreuth, Werden u. Wesen der Bayreuther Bühnenfestspiele, Kulturgeschichtl. Monographien begründet v. H. Zobelitz Bd. 19, Bielefeld 1934.

Rosenberg A., H. St. Chamberlain als Verkünder u. Begründer einer deutschen Zukunft, München 1928/29.

Seidl, A., Neue Wagneriana I—III, Regensburg 1914.

Seifert, W., Die Stunde Null von Neubayreuth, 2 Teile, Neue Zeitschrift f. Musik 132. Jg. (Mainz) 1971, H. 1 u. 2.

Schroeder, L. v., Die Vollendung der arischen Mysteriums in Bayreuth, München 1911.

Schüler, W., Der Bayreuther Kreis. Neue Münstersche Beiträge zur Geschichtsforschung hrsg. v. H. Gollwitzer, Münster 1971.

Sternfeld, R., Richard Wagner und der heilige deutsche Krieg, Oldenburg 1915.

Strauss, R., Betrachtungen u. Erinnerungen, hrsg. v. W. Schuh, Zürich 1949.

Strobel, G., Art. Wagner-Gesellschaften in MGG Bd. XIV, Kassel 1968.

Strobel, O., (Hrsg.) Richard Wagner und das neue Deutschland, in Deutsches Wesen Jg. 1933 (Juli-Heft). Mit Beiträgen von S. Hausegger, K. R. Ganzer, A. Lorenz, H. A. Grunsky, G. Schott, O. Strobel, A. Vogl, L. Reichwein, O. v. Pander u. C. Vering.

— (Hrsg.) König Ludwig II. u. Richard Wagner, Briefwechsel I—V, Karlsruhe 1936—39.

— (Hrsg. zus. mit L. Deubner) Bayreuth die Stadt Richard Wagners, Sonderdruck aus der Heimatzeitschrift Das Bayernland, München 1942. Mit Beiträgen von F. Kempfler, C. v. Westernhagen, K. H. Kröplin, O. Strobel, S. Rützow, H. Opper.

— (Hrsg.) Neue Wagner Forschungen I, Karlsruhe 1943.

Wagner, F., zus. mit P. Cooper, Nacht über Bayreuth, Bern 1946.

Wagner, R., Gesammelte Schriften I—XII, Lpz. o. J.

Westernhagen, C. v., Richard Wagners Kampf gegen seelische Fremdherrschaft, München 1935.

Periodika:

Bayreuther Blätter hrsg. v. H. v. Wolzogen, (Chemnitz) Bayreuth 1878 bis 1938 (insges. 61 Jahrgänge).

Bayreuth, Handbuch für Festspielbesucher, hrsg. v. F. Wild, Lpz. 1894—1914.

Bayreuther Festspielführer, hrsg. v. K. Grunsky, P. Pretzsch u. O. Strobel, Bayreuth 1924 bis 1939.

Programmhefte der Bayreuther Festspiele, hrsg. v. der Festspielleitung, Bayreuth seit 1951.